e-fellows.net
wissen

inkl. E-Book

Perspektive Unternehmensberatung 2024
kostenlos als E-Book herunterladen
– so geht's!

Noch nicht bei e-fellows.net registriert?

1. Kostenlos anmelden unter www.community.e-fellows.net/cv/register
2. Registrierung aktivieren durch Klick auf Link in E-Mail
3. Link unten freirubbeln und aufrufen
4. Bei e-fellows.net einloggen
5. Format wählen (EPUB, PDF)
6. Download startet automatisch

Bereits bei e-fellows.net registriert?

1. Link unten freirubbeln und aufrufen
2. Bei e-fellows.net einloggen
3. Format wählen (EPUB, PDF)
4. Download startet automatisch

9 783946 706939

ISBN 978-3-946706-93-9 Preis 19,90 Euro

Perspektive Unternehmens-beratung 2024

Fallstudien, Branchenüberblick
und Erfahrungsberichte zum Einstieg
ins Consulting

e-fellows.net
wissen

Stand: August 2023

Verlag: e-fellows.net GmbH & Co. KG

Reihenherausgeber: Dr. Michael Hies

Bandherausgeber: Prof. Dr. Thomas Fritz,
thomas.fritz@gmx.de

Redaktion und Koordination: Pia Anhäupl,
perspektive-unternehmensberatung@e-fellows.net

Layout: Punkt 8 | Braunwald + Walter GbR,
www.punkt8-berlin.de

Satz und Illustration: Lesotre®/Conceptual Brand
Creation, www.lesotre.de

Druck und Bindung: Neografia, 03655 Martin, Slowakei

Printed in Slovakia
August 2023

Bildnachweis: Titelbild: welcomeinside – stock.adobe.com;
S. 9: Thomas Fritz; S. 17: Coloures-Pic – Fotolia.com;
S. 39: Rido – Fotolia.com; S. 65: VRD – Fotolia.com;
S. 125: raywoo – Fotolia.com; S. 228 und 229: e-fellows.net;
S. 231: alphaspirit – Fotolia.com; S. 247: .shock – Fotolia.com;
Fotos auf den Seiten 11–16 sowie 232–245 stammen von
den jeweiligen Autoren:innen; Fotos und Anzeigen ab S. 248
stammen von den entsprechenden Unternehmen; sämtliche
Grafiken und Illustrationen wurden umgesetzt von Yvonne
Hagenbach (Lesotre®/Conceptual Brand Creation).

ISBN-13: 978-3-946706-93-9

Franziskanerstraße 14, 81669 München
Telefon: +49 89 23232-300, Fax: +49 89 23232-222
www.e-fellows.net, info@e-fellows.net

Inhalt

e-fellows.net
Das Online-Stipendium und Karrierenetzwerk

Seit über 20 Jahren unterstützt e-fellows.net Studierende und Promovierende mit einem Stipendium und bringt sie ihrem Traumjob näher. Mentoringprogramme, Karriereveranstaltungen sowie Angebote für Praktika und Einstiegsjobs bieten einen direkten Draht in die Wirtschaft und garantieren den mühelosen Karrierestart. Zudem sind e-fellows.net-Stipendiat:innen dank kostenfreier Abos von Zeitungen und Zeitschriften, Zugriff auf fachspezifische Datenbanken und Fachbücher frei Haus immer einen Schritt voraus. In der exklusiven Online-Community und bei regelmäßigen Treffen in zahlreichen Unistädten tauschen sich Studierende untereinander aus. Jetzt informieren: www.e-fellows.net/Stipendiat-werden

e-fellows.net wissen
Die Buchreihe von e-fellows.net

Mit dieser Buchreihe informiert e-fellows.net über attraktive Berufsbilder und Weiterbildungen, darunter das LL.M.-Studium, Berufsperspektiven für Jurist:innen, MINT-Frauen und Informatiker:innen sowie die Tätigkeit in einer Unternehmensberatung, im Investment Banking oder im Asset Management. Die Bücher bieten wertvolle Expertentipps und einen fundierten Überblick über die jeweilige Branche. Persönliche Erfahrungsberichte und ausführliche Unternehmensporträts potenzieller Arbeitgeber helfen bei der eigenen Entscheidungsfindung. Weitere Informationen zu den einzelnen Titeln der Reihe **e-fellows.net** wissen findest du auf den Seiten 304–305.

Vorwort

Ein Ratgeber für angehende Consultants

Was hätte ich vor rund 25 Jahren für ein Buch wie dieses gegeben? Damals bin ich mit dem Schwarz-Weiß-Ausdruck des einzig verfügbaren Beispiel-Case in der Hand zu meinen Vorstellungsgesprächen bei McKinsey in Düsseldorf gefahren. Auch wenn es bei mir vor gut 25 Jahren geklappt hat: Ein Buch wie *Perspektive Unternehmensberatung* bietet denjenigen, die sich heute für einen Einstieg ins Consulting interessieren, eine viel bessere Hilfestellung.

Hier findest du wertvolle Informationen und Tipps zu allen Themen rund ums Consulting: Zur Entscheidung zwischen der Strategieberatung, einer spezialisierten Boutiqueberatung oder dem Inhouse Consulting. Zu Insider-Berichten über den Arbeitsalltag in der Beratung. Und zur Vorbereitung auf die Auswahlgespräche für Praktika oder den Festeinstieg.

Die Gründe für das ungebrochene Interesse an der Beratung sind vielfältig: Die einen reizen die inhaltliche Abwechslung und die spannenden Kolleg:innen, andere wollen wesentliches Handwerkszeug für eine spätere Gründung erwerben, wieder andere sehen in der Beratung das ideale Karrieresprungbrett. Demgegenüber stehen Erzählungen von viel Reiserei, langen Arbeitszeiten und Up-or-Out.

Wie es wirklich ist, kann man nur herausfinden, wenn man es ausprobiert. In *Perspektive Unternehmensberatung* lassen wir Menschen zu Wort kommen, die genau das getan haben. Rund 50 Consulting-Praktikant:innen, Berater:innen und andere Expert:innen teilen ihre Erfahrungen und Ratschläge.

Viele von ihnen haben, wie ich, als Stipendiat:innen vom direkten Draht des Karrierenetzwerks e-fellows.net zu den renommierten Beratungen profitiert. Mehr zu dem Stipendium und deinen Vorteilen als Mitglied bei e-fellows.net erfährst du auf den Seiten 228 und 229.

Damit du nicht auch mit einem schlechten Ausdruck im Zug zu deinen nächsten Vorstellungsgesprächen sitzen musst, lege ich dir besonders die Case Studies im vierten Kapitel ans Herz. Hier findest du eine breite Auswahl an Fragestellungen, mit denen du dich als Berater:in auf dem Weg dorthin auseinandersetzen darfst.

Liebe Leserinnen, liebe Leser, ich freue mich, wenn euch dieser Ratgeber dabei hilft, euren Weg zu finden und den Einstieg in die Beratung zu wagen. Findet heraus, wie es wirklich ist.

Viel Spaß bei der Lektüre!

Prof. Dr. Thomas Fritz
Fachhochschule Aachen und Alumnus von e-fellows.net

Die Autor:innen

Abdelrahim Abdallah, ein gebürtiger Ägypter, hat nach dem Deutschen Internationalen Abitur an der Europa-Schule Kairo sein BWL-Studium in Mannheim aufgenommen. Nach dem erfolgreichen Abschluss seines Bachelorstudiums ist er 2021 bei Oliver Wyman als Consultant eingestiegen und betreut als Junior-Projektleiter Klienten in den Branchen Telekommunikation, Medien und Technologie.

Christian Baier, Geschäftsführer bei Karer Consulting und dort Mitarbeiter der ersten Stunde. Mit mehr als 25 Jahren Erfahrung in der Beratung sorgt er täglich dafür, dass CIO-Organisationen den Unternehmenserfolg dauerhaft unterstützen. Seine Schwerpunkte sind IT-Transformation und IT-Projektmanagement.

Stephan Baur, Dr., Dipl.-Ing., Jahrgang 1984, ist Principal bei Roland Berger. Er führt regelmäßig Bewerbungsgespräche mit potenziellen Praktikant:innen und Berater:innen. Seine Cases basieren häufig auf aktuellen Projekten sowie auf Nachrichten aus der Tagespresse.

Annika Sophia Benecke ist Consultant bei Roland Berger. Vor ihrem Einstieg als Beraterin studierte sie Economics & Finance in Hamburg und Dublin. Praktische Erfahrungen sammelte sie bei UBS, Credit Suisse und McKinsey. Ihre Beratungsschwerpunkte sind aktuell Strategie- und Digitalisierungsprojekte im Banking und Asset Management.

Barbora Demčáková, M.Sc., Jahrgang 1997, ist Assistant Managerin bei der KPMG Deal Advisory Strategy Group. Neben ihrem Studium in Strategie und Finanzökonomie in Glasgow und London hat sie als Analystin in IP-Beratungs- und IP-Bewertungsunternehmen gearbeitet sowie auch Praktika im CAPEX- und Produktentwicklungsbereich gemacht. Ende 2020 ist sie bei der KPMG Strategy Group eingestiegen.

Verena De Smedt-Zügner ist Senior Director bei Simon-Kucher & Partners. Sie leitet Projekte im Bereich Software & Internet für Fortune-500-Unternehmen und wachstumsstarke Start-ups. Ihre Beratungsschwerpunkte liegen in der Gestaltung von digitalen Subscription-Produkten sowie in der Optimierung nachhaltiger Monetarisierung. Sie studierte Internationales Management und Wirtschaftsrecht an der WU Wien.

Thomas Fritz lehrt und forscht seit 2018 als Professor für BWL, insbesondere Personal und Organisation, an der FH Aachen. Zuvor war er 17 Jahre bei McKinsey & Company tätig. Nach dem Einstieg als Berater übernahm er dort 2008 die Leitung des Recruitings. Als Director of Personnel war er ab 2015 für alle Personalangelegenheiten der McKinsey-Berater:innen in Deutschland und Österreich verantwortlich.

Ali Aslan Gümüsay, Prof. Dr., Jahrgang 1985, ist Professor für Innovation, Entrepreneurship & Nachhaltigkeit an der LMU München und Forschungsgruppenleiter für Innovation, Entrepreneurship & Gesellschaft am Alexander von Humboldt Institut für Internet und Gesellschaft in Berlin. Vor seiner Promotion an der University of Oxford arbeitete er als Berater bei der Boston Consulting Group.

Moritz Hahn, Jahrgang 1987, ist Manager bei PD – Berater der öffentlichen Hand. Er hat Wirtschaftsingenieurwesen in Hamburg, Internationales Management in Sydney und Kopenhagen sowie Politikwissenschaften in Berlin studiert. Seine Beratungsschwerpunkte sind Strategie-, Organisations- und Evaluationsprojekte im öffentlichen Sektor.

Kim-Ole Holm, M.Sc., Jahrgang 1995, ist Senior Consultant bei Bayer Strategy & Business Consulting. Vor seinem Einstieg bei Bayer studierte er International Management an der London School of Economics and Political Science und am University College Dublin. Zudem sammelte er praktische Erfahrungen bei Accenture Strategy, BMW und Beiersdorf.

Axel Hüttmann, Dr. rer. pol., Jahrgang 1973, ist Managing Partner bei undconsorten. Nach seinem Studium der BWL und Wirtschaftsinformatik in Passau und Toulouse promovierte er an der Universität Kassel. Vor seinem Einstieg bei undconsorten war er Engagement Manager bei McKinsey & Company mit den Schwerpunkten Logistik, Automobil und HR.

Timo Klees, Dipl.-Volksw., Dipl.-Betriebsw. (FH), Jahrgang 1979, ist Partner bei PwC. Nach seinem Studium in Worms, London und Frankfurt a. M. stieg er 2005 bei KPMG ein und leitete dort als Partner die insolvenznahen Beratungsaktivitäten in Deutschland, bevor er zu PwC wechselte. Sein Schwerpunkt sind Unternehmenstransaktionen in Sanierungs- und Insolvenzsituationen (Distressed M&A).

Dominik Klimmek ist Peak Performance Executive Coach mit Spezialisierung auf „POWER-Identity". Nach seiner langjährigen internationalen Karriere als Unternehmensberater und Medien-CFO zeigt er jetzt erfolgreichen Führungskräften, wie sie leistungsstarke Teams formen und zu Spitzenleistungen motivieren können.

Olaf Kocanda, M.Sc., Jahrgang 1991, ist Consultant bei Horváth. Nach seinem Studium fing er 2018 als Consultant im Bereich Chemicals und Private Equity bei Homburg & Partner an. Nach knapp zwei Jahren folgte der Wechsel zu Lufthansa Systems in das Platform-Solutions-Team. Im Jahr 2022 wechselte er wieder in die Managementberatung zu Horváth, wo er das Business-Intelligence-Team unterstützt.

Stephanie Köstner ist Chief of Staff & Transformation bei Giesecke+Devrient. Ihr Schwerpunkt liegt – neben Post Merger Integration, Carve-out & Value Creation – auf der Steuerung und Umsetzung von strategischen Veränderungen und der Verbesserung der Leistungsfähigkeit im Bereich Connectivity & IoT.

Sarah Kothe ist Managerin bei Simon-Kucher & Partners. Sie arbeitet an Projekten im Bereich Software, Internet und Medien und ist spezialisiert auf Monetarisierungsstrategien, Portfolio-Optimierung, Preisgestaltung und Transformation von digitalen Geschäftsmodellen. Sie studierte Management an der Universität zu Köln und der Nova School of Business & Economics in Lissabon.

Jan-Philipp Kramer, Dr., ist Wirtschaftsgeograf und hat an der Leibniz Universität Hannover sowie der University of California in Berkeley zu Open Innovation und der Rolle von Großunternehmen für die Innovationskraft von Regionen promoviert. Nach seiner Zeit als wissenschaftlicher Mitarbeiter wechselte er 2011 zur Prognos AG nach Düsseldorf, bis er ab 2016 die Leitung des EU-Büros von Prognos in Brüssel übernahm.

Ildiko Kreisz entwickelt und implementiert als Personalleiterin von Accenture die HR-Strategie des Unternehmens in den Märkten Deutschland, Österreich und Schweiz. Nach einem Diplomstudium in BWL stieg sie 1991 bei Accenture im Bereich Finanzberatung ein und wechselte 2002 in die HR-Abteilung.

Maren Ingrid Kropfeld, Dr., ist Beraterin für Sustainability Strategy & Management bei der sustainable AG. Als Projektleiterin betreut sie Kunden auf dem Weg zu einem ganzheitlichen und zukunftsorientierten Nachhaltigkeitsmanagement. Sie studierte Interkulturelles Management & Kommunikation sowie International Business Development und promovierte im Bereich der nachhaltigen Geschäftsmodellentwicklung.

Kilian Kunkel, M.Sc. Wirtschaftsingenieurwesen, ist Associate | Deals bei PwC Deutschland. Mit seiner mehrjährigen Beratungserfahrung unterstützt er Unternehmen bei der erfolgreichen Durchführung (inter-)nationaler Transaktionen in den Bereichen Real Estate, Bergbau, Automobil und Pharma. Dabei vereint er seine Expertise in der IT-Carve-out- und IT-Integrationsberatung sowie der IT Due Diligence.

Yevgen Lantsuzovskyy ist Senior Agile Expert und Dozent. Als Agile Coach hilft er seinen Kund:innen bei Fragen rund um die Agilität und die agile Transformation. Er hat BWL in Deutschland und Frankreich studiert. Später forschte er in China und England. Der ehemalige e-fellows.net-Stipendiat sammelte seine Praxiserfahrung bei Deloitte und Bosch und ist sozial aktiv.

Marlene Lenke ist Senior Associate | Deals bei PwC Deutschland. Mit über drei Jahren Erfahrung in der Transaktionsberatung ist sie spezialisiert auf den Bereich IT und die Durchführung von IT Due Diligence, IT-Carve-outs und IT-Post-Merger-Integrationen. Sie absolvierte ihren Master in International Business Management an der FH Aachen und der University of California in Irvine.

David Liebig, M. A., Jahrgang 1983, ist Gründer und Vorstand der MAGNA Real Estate AG, einem führenden, deutschlandweit tätigen Immobilien-Projektentwickler und Asset Manager. Nach seinem BWL-Studium stieg er als Berater bei Kearney in Wien ein und arbeitete im Anschluss als Vice President für die Deutsche Bank. Neben seiner Tätigkeit bei MAGNA beteiligt er sich an Start-ups und Wachstumsunternehmen.

Franziskus Linsmann, Jahrgang 1995, ist Projektleiter bei der Boutique-Beratung actori, die sich auf Kulturinstitutionen spezialisiert hat. Bevor er anfing, Opernhäuser und Museen zu beraten, studierte er BWL an der Universität Münster und war eineinhalb Jahre als Inhouse-Berater bei Bertelsmann Management Consulting tätig.

Ralph Lippoldt, Dipl.-Ing., Jahrgang 1986, ist Senior Manager bei Safaric Consulting. Nach seinem Studium des Wirtschaftsingenieurwesens an der TU Berlin durchlief er verschiedene Stationen bei Capgemini Invent, bis er 2019 zu Safaric Consulting wechselte. Dort leitet er Digitalisierungsprojekte für Handelsunternehmen.

Ryan Marquez, Jahrgang 1980, ist Senior Manager bei PD – Berater der öffentlichen Hand. Er hat Wirtschaftswissenschaften in Venlo und General Management in Leipzig studiert. Seine Beratungsschwerpunkte sind Organisationsentwicklung, IT-Transformationen und Interimsmanagement sowohl im öffentlichen als auch im privaten Sektor.

Michael Mezger, Dipl.-Ing., ist seit 1999 geschäftsführender Gesellschafter der PROTEMA Unternehmensberatung. Nach Studium und Projekten bei Fraunhofer-IPA in Stuttgart war er Abteilungsleiter bei Fraunhofer-IFF und Projektleiter bei Bosch. Als Experte für Unternehmens- und Organisationsentwicklung sowie Geschäftsprozesse hat er in 30 Jahren zahlreiche (inter-)nationale Projekte in diversen Branchen begleitet.

Stefan Michaelis gestaltet seit 2008 als Berater die Energiewirtschaft, aktuell als Practice Lead Strategy & Operations bei m3 management consulting. Seine Schwerpunkte sind die Entwicklung von Unternehmensstrategien, der Aufbau von Geschäftmodellen und die Organisationsentwicklung. Als Working Dad brennt er zusätzlich für flexible Arbeitszeitgestaltung.

Johanna Moebus, Prof. Dr. rer. physiol., Jahrgang 1981, ist Professorin für Medizinische Biochemie an der Hochschule Hamm-Lippstadt. Als ehemalige McKinsey-Beraterin und promovierte Humanbiologin lehrt sie seit 2011 an der Hochschule Hamm-Lippstadt. Zu ihren Schwerpunkten zählen auch Soft Skills und Bewerbungscoaching.

Fedon Moog, M.Phil., Jahrgang 1976, ist Unternehmensberater eines internationalen Scale-ups. Als Ex-Journalist und Roland-Berger-Berater zählen Interviews zu seinen Spezialgebieten. Er ist davon überzeugt, dass zehn Minuten Gespräch mehr über Bewerber:innen aussagen als 100 Seiten Papierbewerbung.

Jens Müller-Oerlinghausen, Dr. rer. pol., Jahrgang 1966, ist Managing Partner bei undconsorten. Er studierte und promovierte an der Universität St.Gallen. Vor der Gründung von undconsorten war er Trainee und Projektleiter bei Bertelsmann sowie Partner und Leiter der HR Practice bei McKinsey & Company mit den Branchenschwerpunkten Medien und Telekommunikation.

Rolf Pfeiffer, Jahrgang 1967, ist Managing Partner von Schwarz & Pfeiffer Executive Advisory Partners. Er war mehrere Jahre HR Director bei Arthur D. Little und Accenture und arbeitet heute als Executive Coach mit Senior Executives und Leadership-Teams. Er ist u. a. verantwortlicher Designer und Facilitator eines globalen Leadership-Development-Programms für eine der bedeutendsten Beratungen weltweit.

Thiemo Purkart, Dipl.-Wirtsch.-Inf., ist zertifizierter Projektmanager und Leiter Performance & Risk Controlling bei der Bilfinger SE. Seine aktuellen Schwerpunkte liegen im Management Reporting und in der Business Intelligence, dem Financial Controlling sowie der Steuerung der Unternehmensplanung und des Risikomanagements. Davor war er über zwölf Jahre als Berater und als Lehrbeauftragter tätig.

Felix Rank ist Senior Consultant bei metafinanz Informationssysteme GmbH. Er hat nach seinem Masterabschluss an der TU München das Deutsche Forum für Ethisches Maschinelles Entscheiden e. V. gegründet, einen Thinktank für den verantwortungsvollen Einsatz von KI. In seinem Job beschäftigt er sich mit der Digitalisierung von Vertriebsprozessen bei einem Münchner Versicherer.

Tim Ruhoff, Dipl.-Kfm. und B.A. (Hons.) European Business, war nach seinem Studium im Investment Banking in London und anschließend bei Barkawi Management Consultants im Bereich Mobility tätig. 2010 gründete er eine Mobilitätsfirma und entwickelt und vertreibt seither die Cloud-Software fleetster in aktuell 28 Ländern.

Birte von Schwarzenfeld, Dipl.-Phys., MBA, ist SVP Commercial Solutions bei dem Fortune-500-Vertriebsunternehmen Beacon Building Products. Nach ihrem Physikstudium und einem MBA an der Harvard Business School arbeitete sie mehrere Jahre bei BCG und hatte danach Positionen in der Strategie, im Vertrieb und im General Management in der Fertigungsindustrie und in der Baustoffbranche inne.

Sebastian Serfas ist Professor für Finance & Accounting und stellvertretender Gesamtstudienleiter der FOM Hochschule in Nürnberg. Zuvor war er über sieben Jahre als Berater bei McKinsey & Company tätig. Er ist Mitgründer des KompetenzCentrums für Entrepreneurship & Mittelstand und berät Unternehmen bei strategischen und operativen Fragestellungen.

Jonathan Steinbach, Director of Recruiting bei McKinsey & Company, studierte Wirtschaftswissenschaften mit den Schwerpunkten Finance & Management in Frankfurt, Auckland und Warschau und stieg im Bankensektor ein, bevor er 2014 Berater bei McKinsey wurde. Nach fast acht Jahren Beratertätigkeit und zwischenzeitlichem Promotionsstudium leitet er seit Februar 2022 das Recruiting in Deutschland und Österreich.

Brian Titze, M.Sc., Jahrgang 1992, ist Manager in der Deal Advisory Strategy Group von KPMG. Nach seinem Studium der Finanzökonomie an der London School of Economics and Political Science ist er im Jahr 2019 als Strategieberater bei KPMG eingestiegen. Seitdem fokussiert er sich auf die Schnittstelle zwischen Strategieentwicklung und Data & Analytics.

Carl Walinski ist Director im Executive-Compensation-Bereich bei WTW. Er hat langjährige Erfahrung in der Entwicklung und Einführung von markt- und leistungsorientierten Vergütungssystemen. Seine Kenntnisse der Regulatorik und der Prinzipien der Corporate Governance untermauern seine Arbeit in der Erstellung von Vergütungsgutachten und Benchmark-Studien.

Christian Zehner ist Senior Manager | Deals bei PwC Deutschland. Mit mehr als 18 Jahren Berufserfahrung in Beratung und Industrie liegen seine Schwerpunkte auf IT-Carve-outs und IT-Post-Merger-Integrationen im Automobil-, Life-Science-, Chemicals-, Retail- und TMT-Sektor. Er hat einen MBA-Abschluss der University of Bradford sowie einen Honours-Abschluss in Informatik der University of Pretoria.

Philipp Zölzer, Jahrgang 1997, absolvierte neben seinem Studium des Wirtschaftsingenieurwesens an der RWTH Aachen University mehrere Praktika, unter anderem bei BMW in der Produktionsstrategie und in der Beratung bei Simon-Kucher & Partners. Aktuell arbeitet er als Werkstudent in einem Start-up, das Unternehmen im Bereich Batteriezellen und Elektromobilität berät.

1. Branchenüberblick – Orientierungshilfe in einem Markt mit vielen Gesichtern

Der Markt für Unternehmensberatung in Deutschland

Für das Jahr 2022 verzeichnete die Beratungsbranche in Deutschland ein Marktvolumen von 43,7 Milliarden Euro, so die Schätzungen des Bundesverbands Deutscher Unternehmensberatungen, kurz BDU. Im Jahr davor waren es 38,1 Milliarden Euro – das macht ein beachtliches Wachstum von ungefähr 15 Prozent. Der Beratungsmarkt hat sich somit vom coronabedingten Rückgang im Jahr 2020 erholt und das Wachstum in den vier Beratungsfeldern ist sogar größer als in vor-Corona-Jahren:

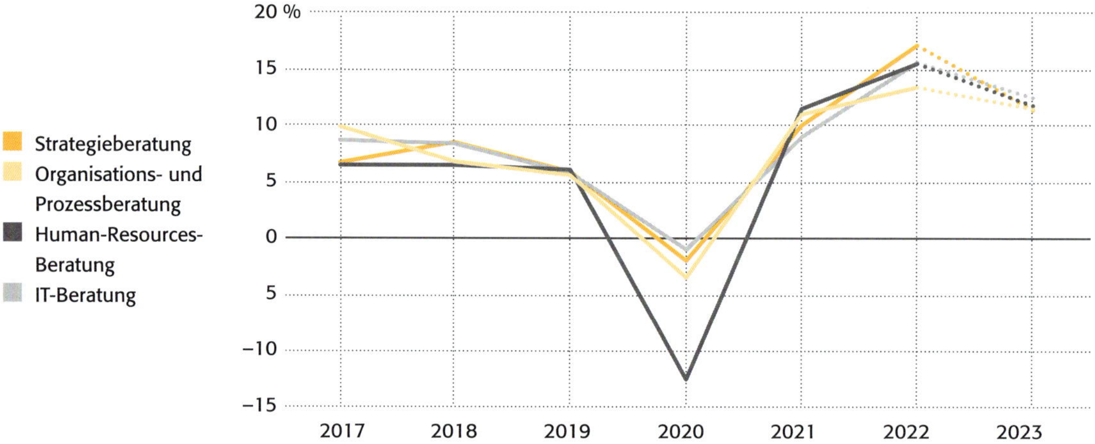

Der Gesamtumsatz inklusive Auslandsgeschäft im Jahr 2022 teilt sich laut BDU wie folgt auf die vier großen Beratungsbereiche auf.

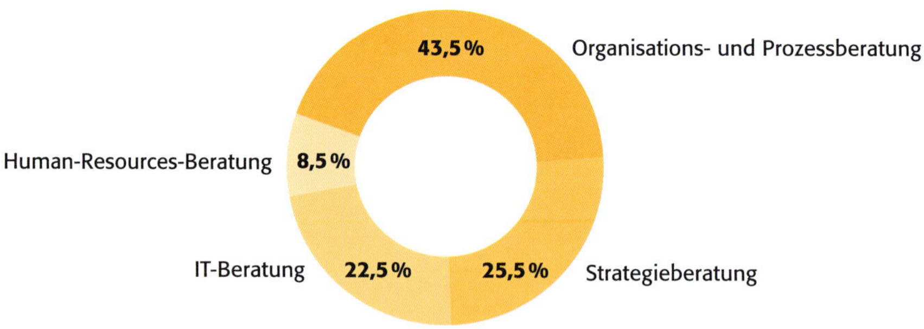

Managementberatungen in Deutschland

Der BDU schätzt die Zahl der Anbieter auf dem deutschen Beratungsmarkt auf rund 26.500. Die Lünendonk GmbH hat im Juli 2023 ihre Lünendonk®-Liste veröffentlicht – mit den zehn umsatzstärksten deutschen Beratungen sowie einer Auflistung von internationalen Managementberatungen und deren Umsätzen und Mitarbeiter:innen in Deutschland (Unternehmen, die ihren Hauptsitz sowie die Mehrheit des Grund- und Stammkapitals nicht in Deutschland haben und im Jahr 2022 signifikante Umsätze mit Managementberatungsleistungen in Deutschland erzielten). Die Liste ist auf der nächsten Seite abgebildet.

Top 10 der deutschen Managementberatungen (Unternehmen, die ihren Hauptsitz sowie die Mehrheit des Grund- und Stammkapitals in Deutschland haben)		**Gesamtumsatz in Mio. Euro**		**Mitarbeitende insgesamt**	
		2022	**2021**	**2022**	**2021**
1	Roland Berger Holding GmbH & Co. KGaA, München[1]	870,0	745,0	3.000	2.400
2	Simon-Kucher & Partners Strategy & Marketing Consultants GmbH, Bonn*	534,9	442,6	2.000	1.700
3	Q_Perior AG, München[2]	286,0	235,0	1.015	905
4	Porsche Consulting GmbH, Bietigheim-Bissingen	271,0	212,0	840	700
5	Horváth AG, Stuttgart[3]	270,0	216,0	1.059	912
6	d-fine GmbH, Frankfurt am Main[3]	221,6	201,3	1.215	1.115
7	Detecon International GmbH, Köln	214,4	186,5	1.217	1.143
8	zeb.rolfes.schierenbeck.associates GmbH, Münster	200,2	190,9	906	884
9	KPS AG, Unterföhring[4]	179,5	158,0	725	647
10	goetzpartners Group, München	140,5	134,5	390	365

Internationalen Managementberatungen in Deutschland (sortiert nach Umsätzen)	**Weltweite Beratungsumsätze 2022 in Mrd. Euro**	**Weltweite Mitarbeitende 2022**
Accenture[5,*]	32,4	160.000
Deloitte[6,*]	29,5	145.700
PwC/Strategy&[6]	19,7	105.960
EY[6,*]	18,7	133.926
McKinsey & Company*	14,7	45.000
KPMG[6,*]	14,7	85.700
Boston Consulting Group*	11,1	30.000
Willis Towers Watson	8,4	46.600
IBM[7,*]	8,4	48.000
Bain & Company	6,4	18.000
Mercer	5,0	26.000
Oliver Wyman	2,7	6.700
Capgemini Invent*	2,0	12.000
Protiviti	1,9	7.000
AlixPartners*	1,8	3.000
Kearney*	1,7	4.604
Aon[8]	1,3	4.600
BearingPoint	0,8	4.583

***** Umsatz- und/oder Mitarbeitendenzahlen teilweise geschätzt
1 Seit April 2023 in einer neuen Rechtsstruktur. Einschließlich der 2022 erworbenen Polarixpartner GmbH.
2 Einschließlich der 2022 erworbenen FIS-SST und FMC Feindt Management Consulting GmbH.
3 Das Geschäftsjahr weicht vom Kalenderjahr ab. Die in dieser Liste gemachten Angaben beziehen sich auf die Kalenderjahre.
4 KPS berichtet für den Zeitraum vom 01.10. bis 30.09. des Folgejahres. Die in dieser Liste gemachten Angaben beziehen sich auf die Geschäftsjahre.
5 Hierbei handelt es sich um den Consulting-Umsatz von Accenture (ohne die Outsourcing-Umsätze).
6 Die Angaben beziehen sich auf die Geschäftsbereiche Consulting und Advisory der Wirtschaftsprüfungsgesellschaften.
7 Die Angaben beziehen sich auf das Consulting-Segment „Business Transformation", Teil der Organisationseinheit Global Business Services.
8 Die Angaben beziehen sich auf die Aon Wealth Solutions.
Hinweis zu Wechselkursen: Euro-Referenzkurs der Europäischen Zentralbank 1 Euro = 1,0530 US-Dollar (2022), 1 US-Dollar = 0,95 Euro im Jahresdurchschnitt.
Quelle: Lünendonk & Hossenfelder GmbH, Mindelheim 2023 – Stand 20.06.2023 (Keine Gewähr für Firmenangaben), luenendonk.de/produkte/listen

Vorstellung einzelner Beratungsbereiche

Wie im vorhergehenden Beitrag beschrieben, kann man den Markt für Unternehmensberatung in Deutschland in vier Beratungsbereiche unterteilen: Strategieberatung, Organisations- und Prozessberatung, IT-Beratung und Human-Resources-Beratung. Was genau sich hinter den einzelnen Beratungsfeldern verbirgt, wird im Folgenden näher beleuchtet.

Strategieberatung

von Dr. Axel Hüttmann und Dr. Jens Müller-Oerlinghausen

Die Strategieberatung gilt gemeinhin als die Königsklasse der Beratung: Sie beschäftigt sich mit der Unternehmensstrategie und somit dem Verantwortungsbereich des Topmanagements. Insbesondere die großen Unternehmensberatungen wie McKinsey, Bain oder Roland Berger bezeichnen sich gerne als Topmanagement- oder Strategieberatungen. Aber auch kleine Beratungsunternehmen – häufig Spin-offs der großen Beratungen wie z. B. undconsorten – unterstützen ihre Klienten bei der Entwicklung ihrer Strategie.

Ein Beratungsfeld so breit wie der Begriff Strategie selbst

Das Feld der Strategieberatung ist genauso breit und leider auch genauso schwer abgrenzbar wie der Begriff Strategie selbst. Als Unternehmensstrategie wird gemeinhin der langfristige Plan zur Erreichung unternehmerischer Ziele verstanden. Daraus leiten sich die Aktivitätsfelder des Unternehmens ab. Die Strategie legt fest, welchen Zielkunden welche Leistungsversprechen gemacht und mit welchem Geschäftsmodell sie erfüllt werden.

In der Regel wird die Unternehmensstrategie anschließend in Teilstrategien aufgeschlüsselt: Markt- und Produktstrategien legen fest, welche Marktsegmente mit welchen Angeboten bedient werden. Entwicklungsstrategien geben vor, auf welche Bereiche ein Unternehmen seine Forschungsaktivitäten fokussiert. Und Finanzstrategien klären, woher das Unternehmen sein Kapital erhält – und in welchen Bereichen es dieses wertbringend einsetzt.

Die Strategie eines Unternehmens ist zukunftsorientiert und agiert daher mit unsicheren Vorgaben. Sie wird gleichermaßen vom externen wie vom internen Umfeld beeinflusst. Es gilt, Märkte und Rahmenbedingungen zu verstehen und ihre Veränderungen zu antizipieren. Dabei muss das Unternehmen stets die eigenen Fähigkeiten und Ressourcen berücksichtigen.

Die Bewertung, Entwicklung und Umsetzung von Strategien als Kerntätigkeitsfelder

Die aufgezählten strategischen Fragestellungen sind komplex. Unternehmen greifen daher oft auf externe Beratungen zurück. Abhängig von der Zielsetzung der Unterstützung lassen sich drei Kerntätigkeitsfelder der strategischen Beratung unterscheiden:

- **Strategiebewertung oder Strategic Review:** Das Unternehmen bittet externe Expert:innen, die intern entwickelte Strategie zu prüfen und kritisch zu hinterfragen: Ist der formulierte Plan geeignet, um die Unternehmensziele zu erreichen? Sind die Annahmen plausibel und realistisch?
- **Strategieentwicklung:** Veränderungen der Rahmenbedingungen – z. B. eine neue Technologie – oder neue strategische Ziele machen eine Überarbeitung des langfristigen Plans erforderlich. Strategieberater:innen helfen dem Management bei der Entwicklung oder Anpassung der Strategie durch Analysen, durch ihre externe Perspektive und als erfahrene Sparringspartner:innen.
- **Strategieumsetzung:** Ein guter Plan macht noch keine gute Strategie. Vielmehr gilt es, den Plan in Stoßrichtungen für einzelne Unternehmensbereiche zu übersetzen und mit konkreten Maßnahmen zu hinterlegen. Erst dadurch werden Strategien für Mitarbeiter:innen richtungsweisend und umsetzbar. Strategieberatungen helfen nicht nur, die richtigen Maßnahmen auszuwählen und zu initiieren, um damit die gesetzten Ziele zu erreichen, sondern auch, deren Kommunikation an alle Mitarbeiter:innen vorzubereiten und umzusetzen.

Typische Beratungsaufgaben in einem Strategieprojekt

Ein Strategieprojekt aus der Praxis einer kleinen Beratung verdeutlicht die typischen Aufgaben von Strategieberater:innen.

Aufgabenstellung: Aufsichtsrat und Vorstand setzen ein ambitioniertes Wachstumsziel für die verschiedenen Sparten eines internationalen Konsumgüterherstellers. Das Management einer Sparte erhält daraufhin die Aufgabe, eine Strategie für das Erreichen des Wachstumsziels in seinem Markt zu entwickeln. Die Strategieberatung erarbeitet gemeinsam mit dem Klienten eine umsetzungsorientierte Strategie und durchläuft dabei folgende Phasen:

- **Bestandsaufnahme:** Gemeinsam mit Mitarbeiter:innen aus Marketing, Vertrieb und Entwicklung wird die Ist-Situation analysiert, und erste Aussagen zu Trends werden erarbeitet. Welche Märkte wachsen in Zukunft besonders schnell? Über welche Marktanteile verfügen wir bereits? Wo können wir dem Wettbewerb Marktanteile abnehmen? Mit welchen Produkten können wir neue Kundensegmente erschließen? Wichtig bereits in dieser Phase: Die Bestandsaufnahme muss mit dem Klienten abgestimmt werden, damit sichergestellt ist, dass von der gleichen Faktenbasis ausgegangen wird.
- **Problemstrukturierung:** Aufbauend auf dieser Faktenbasis geht es darum, mögliche Wachstumshebel zu identifizieren und zu strukturieren – z. B. Wachstum in bestehenden versus Wachstum in neuen Märkten; mit bewährten oder neuen Produkten; über existierende oder über neu aufzubauende Vertriebskanäle.
- **Hypothesenentwicklung:** Erfahrungen der Klienten- und Beraterseite sowie gemeinsame Diskussionen ermöglichen die Formulierung erster Hypothesen zu den verschiedenen Wachstumshebeln, beispielsweise: „Ein Prozent Umsatzwachstum kann durch den Verkauf von Produkten mit erweiterten Funktionalitäten in den Märkten Mexiko und China erreicht werden." Die Hypothesenentwicklung ist eine bewährte Technik, um schnell und systematisch das Vorgehen im Projekt zu fokus-

sieren und die gesetzten Projektziele zu erreichen. Die Klientenorganisation sollte frühzeitig einbezogen sein, indem zum Beispiel erste Hypothesen des engeren Projektteams mit wichtigen Stakeholder:innen im Unternehmen in Interviews diskutiert und verfeinert werden.

- **Analyse und Bewertung:** Gezielte Untersuchungen von Marktforschungsdaten, Interviews mit lokalen Expert:innen oder Tests werden genutzt, um die erarbeiteten Hypothesen zu testen und ein deutlicheres Bild von den Erfolg versprechenden Wachstumshebeln zu gewinnen. Um beim vorherigen Beispiel zu bleiben: Wie groß ist das Marktvolumen aktuell für Basisprodukte in Mexiko und China? Welche zusätzlichen Kundengruppen können über die erweiterten Produktfunktionalitäten erreicht werden? Wie entwickelt sich der Markt in Zukunft? Sind die erforderlichen Vertriebskanäle verfügbar? Welchen Marktanteil hat der Klient beim Markteintritt in vergleichbaren lateinamerikanischen bzw. asiatischen Märkten im ersten/zweiten Jahr gewonnen? Mit diesen Informationen lässt sich letztlich abschätzen, ob ein Markteintritt wirklich ein Prozent Umsatzwachstum generieren kann oder nicht.
- **Szenarioentwicklung:** In einem Excel-Modell wird die Umsatzentwicklung bei verschiedenen Annahmen zu den Wachstumshebeln und ihren Kombinationen simuliert, um anschließend über geeignete Szenarien zu einer Abschätzung von Chancen und Risiken zu gelangen und zu prüfen, ob das Wachstumsziel des Topmanagements durch die entwickelte Strategie erreichbar ist. Genauso wichtig wie die unbedingte Sorgfalt bei der Erstellung der Szenariorechnung ist eine Dokumentation der Annahmen und der Vorgehensweise. Nur so kann das Klienteteam die Berechnungen der externen Beratung nachvollziehen und das Modell nach Abschluss des Projekts eigenständig weiterverwenden.
- **Entscheidungsvorbereitung:** Die gesammelten Erkenntnisse müssen für die finale Entscheidung für das Management konsolidiert und aufbereitet werden – angesichts der Komplexität der Materie eine wirkliche Herausforderung.
- **Umsetzungsplanung:** Ohne Umsetzung bleibt selbst ein sehr detaillierter Plan nur ein Stück Papier. Es gilt, die nächsten Schritte genau festzulegen: Wer macht was bis wann? Welcher Markt wird wann erschlossen? Wann kommen welche Produkte? Welche Werbekampagne ist wann erforderlich? Dies ist einer der kritischsten Schritte des Projekts, denn ohne die erfolgreiche Umsetzung der Strategie war alle vorangegangene Mühe umsonst. Erneut geht es darum, die wichtigen Stakeholder:innen im Unternehmen einzubeziehen und für den Umsetzungsplan zu gewinnen. Um das Umsetzungsteam optimal für die neuen Aufgaben vorzubereiten, kann die externe Beratung ein breites Spektrum von detaillierten Umsetzungsplänen mit Controlling-Logik von Individualgesprächen bis hin zu Teamtrainings anbieten.
- **Strategieimplementierung:** In einer zunehmend volatilen Welt müssen alle Mitarbeiter:innen die Eckpunkte der Strategie kennen, damit sie für ihre Entscheidungen handlungsleitend sein kann. Führungskräfte müssen ihren Mitarbeiter:innen die Strategie für den jeweiligen Verantwortungsbereich operationalisieren und erläutern, wie kritische Geschäftsentscheidungen zu treffen sind. Hier unterscheidet sich die Produktion oder Logistik wesentlich vom Marketing oder Vertrieb. Strategieberatungen helfen Führungskräften bei der Übersetzungsleistung in bereichsspezifische Maßnahmen.

IT-/Technologieberatung

von Ildiko Kreisz

Gemeinsamkeiten mit und Abgrenzung zur Managementberatung

Informationstechnologie ist eine Querschnittsfunktion mit Berührungspunkten zu allen Branchen und Unternehmensbereichen. Wer hier als Berater:in tätig ist, beschäftigt sich nicht automatisch nur mit Bits und Bytes. Vielmehr handelt es sich um eine Aufgabe, in der Theorie und Praxis, Strategie und Umsetzung besonders eng verwoben sind. Zumal die digitale Transformation rasant voranschreitet. Geschäfts- und Technologiestrategien werden zunehmend miteinander verbunden.

Je nach Größe und Fokus der Beratungsgesellschaft finden Spezialist:innen aus verschiedenen Fachbereichen hier ein spannendes Aufgabenfeld. Die Palette reicht von der Spezialberatung in klar umrissenen Themenfeldern wie IT-Sicherheit, Dokumentenmanagement oder Netzwerkplanung bis hin zur Strategieberatung. Bei Letzterer geht es stärker um die technologischen Konsequenzen und Möglichkeiten für strategische Entscheidungen sowie um die Frage nach dem Wertschöpfungsbeitrag von IT.

Abgrenzung zu anderen Beratungsfeldern

Die Grenzen zwischen der reinen Management- und Organisationsberatung und der Technologieberatung sind fließend. Da die Informationstechnologie das Nervensystem einer Organisation darstellt und Prozesse fast immer in Software abgebildet werden, spielen technologische Fragen bei vielen Projekten eine Rolle.

Letztlich ist die Unterscheidung vor allem eine Frage des Blickwinkels: Während die Managementberatung unternehmerische Fragestellungen behandelt, also beispielsweise Konzepte für den Aufbau eines neuen Händlernetzes entwickelt, ist die IT-Beratung eher auf der prozessualen und technologischen Ebene angesiedelt. Im Falle des Händlernetzes würden sie also die Kommunikationsstruktur und die Anbindung der Händler an die Unternehmensprozesse entwickeln.

Mit anderen Worten: IT-Berater:innen müssen noch stärker als Managementberater:innen in der Lage sein, Strategien und Konzepte in konkrete Prozesse zu überführen. Auf Basis dieser Übersetzungsleistung wird dann die für den jeweiligen Bedarf beste IT-Lösung entwickelt. Ausgeprägtes Prozessdenken und hohe technische Affinität sind entscheidend für den Erfolg von IT-Berater:innen.

Typische Tätigkeitsfelder und Beratungsaufgaben

Die IT- und Technologieberatung erfordert natürlich technisches Verständnis und eine hohe Affinität zu IT-Themen. Bei der Entwicklung und Umsetzung von IT-Strategien und -Lösungen müssen verschiedene Fragen beantwortet werden. Sie reichen von der Auswahl der richtigen Systeme über die Zuverlässigkeit und Langfristigkeit von Investitionen bis hin zur Wirtschaftlichkeit einzelner Maßnahmen.

Zur erfolgreichen Planung und Implementierung gehört daher das Wissen um die Möglichkeiten und Grenzen verschiedener Technologien und Produkte. Unternehmen müssen heute mehr technologische Entscheidungen treffen als je zuvor: Von Cloud-Implementierungen über verschiedene KI-Modelle und eine breite Palette hochmoderner Endgeräte bis hin zum Design der Hardware und zur Rechenleistung. Kunden erwarten zudem Impulse, um technische Innovationen für sich nutzbar zu machen. Eine entsprechende Orientierung und Einordnung zu geben, gehört zu den wichtigen Aufgaben der Technologieberatung.

In den seltensten Fällen beginnen Technologieberater:innen mit einem leeren Blatt Papier. In der Regel ist der Ausgangspunkt eine strategische Zielsetzung, die an anderer Stelle formuliert wurde. IT-Berater:innen übersetzen die Strategie in ein IT-Konzept und definieren im Anschluss einen Migrationspfad von der Ausgangssituation hin zum Zielszenario. Klassische Projekte sind beispielsweise die Harmonisierung von IT-Landschaften im Anschluss an eine Unternehmensübernahme. Die Ziele, die mit der Übernahme verbunden waren, haben auch maßgeblichen Einfluss darauf, wie die IT-Landschaften zusammengeführt oder ob neue Infrastrukturen aufgebaut werden.

IT-Berater:innen sind darüber hinaus gefordert, ihren Kunden stets zwei Schritte voraus zu sein. Nur wenn sie sich kontinuierlich über neue Entwicklungen auf dem Laufenden halten und das Potenzial sowie die Anwendungsgebiete neuer Trends und Technologien verstehen, können sie diese kompetent beraten und sinnvolle Anwendungsmöglichkeiten für spezifische Kundenszenarien bestimmen. IT-Verantwortliche in Unternehmen haben nur begrenzte Möglichkeiten, sich kontinuierlich über Neuerungen zu informieren und diese zu bewerten. In Zeiten des akuten Fachkräftemangels fehlen ihnen dazu schlicht die Kapazitäten. Sie sind daher auf Empfehlungen und Urteile der IT-Beratung angewiesen. Im Kern geht es immer um die Frage nach dem Nutzen einer Lösung: Wie kann man daraus zusätzlichen Mehrwert für sein Geschäft generieren?

Von den Berater:innen wird deshalb erwartet, dass sie ihr technisches Know-how konstant weiterentwickeln. Damit die Kunden das bestmögliche Ergebnis erhalten, müssen sich die Berater:innen sowohl in den modernsten Technologien als auch bei den Standardanwendungen auskennen.

Trends in der Technologieberatung

Es gibt auch Bereiche, die man üblicherweise kaum mit IT-Beratung in Verbindung bringt. So spielen beispielsweise IT-Infrastrukturen eine zunehmend wichtigere Rolle für die Rekrutierung von Nachwuchskräften. Die Generation Z drängt immer stärker auf den Arbeitsmarkt. Sie ist mit elektronischen Medien aufgewachsen und erwartet von ihren Arbeitgebern moderne IT-Ausstattung und freien Zugang zu sozialen Netzwerken, die längst nicht mehr nur privaten Zwecken dienen, sondern auch in der beruflichen Vernetzung eine entscheidende Rolle spielen. Hier kann die IT-Beratung Unternehmen dabei helfen, sich von den Wettbewerbern auf dem Arbeitsmarkt abzuheben und optimale Arbeitsbedingungen für Digital Natives zu schaffen.

Aber nicht nur die Mitarbeiter:innen drängen auf eine Öffnung der Unternehmensgrenzen. Auch externe Faktoren tragen zu einer Transformation der Arbeitswelt bei. Seit der Covid-19-Pandemie haben sich Homeoffice und Remote Work in vielen Unternehmen etabliert. So wird die Arbeit in zunehmendem Maße mit Partnern und Kunden außerhalb der vier Unternehmenswände organisiert, was eine Anpassung der IT-Strukturen erfordert. Mit der Veränderung der Arbeitskultur und zunehmenden Anzahl der Übergabepunkte für Informationen steigen auch die Anforderungen an die Sicherheit, um erwünschten Datentransfer nicht zu behindern, unerwünschten jedoch effektiv zu unterbinden. Ganz zu schweigen von der zunehmenden Online-Kriminalität, die immer neue Wege sucht, um illegal an sensible Daten heranzukommen und diese zu missbrauchen. IT-Security ist ein extrem schnell wachsender und beratungsintensiver Bereich mit hohem Innovationstempo.

Neben Sicherheit ist vor allem die globale Orientierung der Wirtschaft eine der zentralen Herausforderungen für die IT. Die Technologieberatung arbeitet deshalb sowohl global wie auch lokal: Management- und Technologieberatungen benötigen eine globale Präsenz, um die Anbindung einer Niederlassung in Indien oder die Zusammenarbeit mit einem Lieferanten in Brasilien nicht nur theoretisch sicherzustellen. Erst das Know-how vor Ort garantiert, dass der Kunde die geplanten Vorteile auch erzielen kann.

Berater:innen arbeiten oft in Teams zusammen, deren Mitglieder verschiedene kulturelle Hintergründe haben. Die Fähigkeit, sich auf unterschiedliche Denk- und Herangehensweisen einzustellen, ist essenziell. In einer vernetzten Welt müssen auch Berater:innen vernetzt denken und arbeiten.

Effizienz in der Informationsverarbeitung wird dabei neu definiert. Feedback und Anregungen von Kunden aufzunehmen und in die internen Entscheidungsprozesse einfließen zu lassen, ist ungleich schwieriger als die Steuerung des Datenflusses im Unternehmen. Neben rein technischen Fragen ist es entscheidend, wie die Kommunikation mit dem Kunden für diesen angenehm und einfach wird. Mithilfe der richtigen Technologie kann ein produktiver Dialog geführt werden. Technologieberatung bedeutet in diesem Fall nicht nur, die richtigen Plattformen zur Verfügung zu stellen, sondern die optimale Verknüpfung der Kommunikationskanäle zu finden.

Einstiegsvoraussetzungen

Abgesehen von den gängigen Anforderungen in der Beraterbranche müssen Kandidat:innen für die Technologieberatung über eine ausgeprägte IT-Affinität, Prozessdenken, Offenheit für Innovationen und Lernwillen verfügen. Für Positionen mit Umsetzungskompetenz sind zudem spezifische Software- oder Programmierkenntnisse gefragt, wie zum Beispiel SAP, Python, Java, JavaScript, C oder C++. Häufig bieten die Unternehmensberatungen Einstiegsprogramme an, um Berufsanfänger:innen an die Arbeit in den technologieorientierten Projekten heranzuführen.

Berater:innen in großen Consulting-Firmen gehen interdisziplinär vor, wenn für ein bestimmtes Projekt in den verschiedenen Phasen unterschiedliche Qualifikationen benötigt werden. Und die Technologieberatung hat zwar traditionell den Ruf einer Männerdomäne, mittlerweile entscheiden sich aber immer mehr Frauen für eine Laufbahn in der IT-Beratung. Die einzelnen Jobprofile in der IT-Beratung werden immer vielfältiger. Sie verändern sich entsprechend der Entwicklungen im Markt. So ist es wichtig, dass Männer wie Frauen die verschiedenen Facetten der IT-Beratung kennen und für sich als möglichen Karriereweg entdecken. Mittlerweile erkennen immer mehr Firmen die Zeichen der Zeit und bieten gezielt Förderprogramme für Frauen sowie Informationsformate für Schülerinnen und Studentinnen an. Das ist wichtig, um mögliche Hemmungen abzubauen und damit erfolgreiche MINT-Laufbahnen für Frauen selbstverständlicher werden. Dafür braucht es auch Möglichkeiten für Frauen wie Männer, Familie mit der beruflichen Karriere zu verbinden.

Organisations- und Prozessberatung

von Christian Baier und Michael Mezger

Einordnung und Abgrenzung zu anderen Beratungsfeldern

Die Organisations- und Prozessberatung ist durch thematische Anknüpfungspunkte und Abhängigkeiten eng mit den Beratungsfeldern Strategie, IT/Technologie, Human Resources sowie Change Management verflochten. Zum besseren Verständnis werden die Beratungsdisziplinen folgend als Prozessabfolge betrachtet.

Die **Strategieberatung** ist quasi eine vorgelagerte Beratungsdisziplin der Organisations- und Prozessberatung, weil durch sie die strategischen Rahmenbedingungen und Prämissen sowie das Geschäftsmodell, also die zu bearbeitenden Märkte, die anzubietenden Produkte und Dienstleistungen, Governance-Elemente sowie Leistungs- und Kostenziele eines Unternehmens, definiert werden (Business Model). Die **Organisations- und Prozessberatung** sorgt dann durch die Definition und Einführung eines geeigneten Betriebsmodells im Sinne einer Aufbau- und Ablauforganisation (Operating Model) dafür, dass die Strategien effizient umgesetzt werden können. Nachgelagert oder begleitend dient die **IT-/Technologieberatung** dazu, durch die Einführung von Hard- und Softwarelösungen die definierten Prozesse technisch abzubilden und zu begleiten. Da der Unternehmenserfolg immer auch davon abhängt, die richtigen Menschen an der richtigen Stelle zur richtigen Zeit zu beschäftigen, hilft die **Human-Resources-Beratung** dabei, die passenden Persönlichkeitsprofile für die definierten Rollen und Positionen in einem Unternehmen zu identifizieren, zu finden und zu entwickeln. Abschließend – und im besten Fall projektbegleitend für alle Beratungsdisziplinen – kommt dem Change Management eine besondere Bedeutung zu, weil jeglicher Veränderungsprozess auf organisatorischer oder prozessualer Ebene, der einer Änderung der Denk-, Arbeits- oder Verhaltensweisen im Unternehmen bedarf, gezielt gelenkt und gesteuert werden muss.

Eine so strikte Abgrenzung wie hier beschrieben, ist in der Realität jedoch nicht möglich, sodass sich Elemente aus allen geschilderten Bereichen zumindest ansatzweise in einem Beratungsmandat der Organisations- und Prozessberatung wiederfinden können. So führt insbesondere die Unterstützung unternehmerischer Prozesse durch IT-Technologie zu einer immer größeren Überlappung der Beratungsfelder.

Entwicklung der Organisations- und Prozessberatung in den letzten Jahren

Die Nachfrage nach Organisations- und Prozessberatung verzeichnet seit Jahren ein stetiges Wachstum. Nicht nur die Digitalisierung wirkt sich in nahezu allen Unternehmen auf die jeweiligen Geschäfts- und Betriebsmodelle aus und führt zu einem vermehrten Bedarf an Organisations- und Prozessberatung, auch der Trend zur Neo-Globalisierung wirft verstärkt Fragen auf: Wie dezentral muss bzw. kann ich aus Sicht der Marktbearbeitung, aber auch aus Sicht der Produktionsfaktoren (Personal, Energie, Material) sein? Ebenfalls im Trend sind Beratungsprojekte zum Umgang mit agilen Organisationsformen im gesamten Unternehmen oder auch nur in einzelnen Funktionen, z.B. in der Produkt- bzw. Serviceentwicklung. Vor diesem Hintergrund verzeichnet das Beratungsfeld seit Jahren – das Coronajahr 2020 einmal ausgenommen – ein stetiges Marktwachstum, welches seit 2021 jährlich im zweistelligen Bereich liegt. Der Marktanteil liegt seit etwa vier Jahren nahezu konstant bei etwa 44 Prozent.

Typische Tätigkeitsfelder und Beratungsaufgaben
Die Organisations- und Prozessberatung findet grundsätzlich in allen Branchen mit vergleichbaren Projektansätzen, Vorgehensweisen und Methoden Anwendung. Beratungsunternehmen bzw. einzelne Berater:innen spezialisieren sich jedoch häufig auf eine Branche (Automobil, Banken, Konsumgüter etc.), einen End-to-End-Geschäftsprozess (Supply Chain vom Auftrag bis zur Bezahlung, Customer Chain vom Marktbedarf bis zum Kundenauftrag, Product Chain von der Idee bis zum Produkt) oder einen Teilprozess in Unternehmen (Finanzen/Controlling, IT, Einkauf, Vertrieb/Marketing, Entwicklung, Produktion/Logistik etc.). Die Beratungsprojekte drehen sich im Kern um die innerbetrieblichen Abläufe und die Beantwortung der Fragen, wie die Produkte oder Dienstleistungen hergestellt und in den Markt gebracht werden oder wie Inhalte und Ziele aus der Strategie in Funktionen und Prozesse heruntergebrochen werden können.

Hierzu sind diverse Fragestellungen zu beantworten:
- Welche Produkte und Services werden angeboten, welche werden selbst erbracht bzw. hergestellt und welche werden eingekauft bzw. ausgelagert?
- Welche Erfolgsfaktoren werden für das Unternehmen gesehen und welche Prozesse sind besonders wichtig für den Unternehmenserfolg?
- Wie sieht die Ablauforganisation im Unternehmen aus? Welche Prozesse sind Kernprozesse, welche sind Unterstützungs- und welche sind Managementprozesse?
- Welche Methoden und Werkzeuge werden/sollen in den verschiedenen Geschäftsprozessen als Standard (z. B. agiles Projektmanagement) zur Anwendung kommen?
- Welche Ordnungskriterien sind für die Gestaltung der Aufbauorganisation im gesamten Unternehmen und/oder in einzelnen Funktionen zweckmäßig, z. B. Einführung von Geschäftsbereichen mit Produktfokus, Vertriebsregionen mit Fokus auf Markt und Kund:innen oder eine Matrix-Organisation aus beiden Dimensionen?
- Welche Rollen braucht es für welche Aufgaben, mit welchen Fähigkeiten, welcher Befugnis und welcher Verantwortung im Unternehmen? Wie kombinieren diese sich zu den entsprechenden Stellen und/oder Organisationseinheiten?
- Welche Anforderungen und Veränderungen ergeben sich an bzw. für die Beschäftigten aufgrund der neuen, angepassten oder veränderten Aufbauorganisation?
- Wie erfolgt der Übergang von der bestehenden in die zukünftige Organisationsstruktur? Welche Funktionen bzw. Aufgaben und Kapazitäten sowie Personen wandern (Wanderungsbilanz mit welchem Veränderungsgradienten)?
- Wie soll das Führungsmodell gestaltet sein, wie werden Entscheidungen zukünftig vorbereitet und getroffen? Welche Prozesse sind dazu installiert bzw. zu etablieren?
- Welcher internationale Footprint ist für welche Unternehmensfunktion (Vertrieb, Entwicklung, Produktion, Logistik, Einkauf, IT, Controlling, Finanzen) zu bedenken?
- Welche übergreifende „Governance and Excellence" muss für verteilte Organisationen (globale Ausprägung unterschiedlicher Funktionen, z. B. Vertriebsniederlassungen oder Werke in einem Land mit einer übergreifenden Koordination) gelten?
- Gibt es Softwarelösungen und IT-Systeme, um die Prozesse im Sinne von Durchlaufzeit, Termintreue, Qualität, Effizienz und Kosten leistungsfähiger zu gestalten?
- Welche Tools und IT-Systeme kommen zur Prozessunterstützung zum Einsatz, welche Daten und Information sind hierfür notwendig?
- Wie erfolgt die Interaktion mit dem Unternehmensumfeld, z. B. mit Kunden, Partnern und Lieferanten?
- Wie erfolgt die Steuerung im Betriebsmodell, welche KPIs sind notwendig, wie werden diese gemessen und wie erfolgt die Berichterstattung?

Berufsbild Organisations- und Prozessberater:in

Die Einsatzgebiete und Betätigungsfelder sind genauso vielfältig wie die zu behandelnden Fragestellungen – immer mit dem Ziel verbunden, nachhaltige Veränderungen in Unternehmen und ihren Prozessen zu bewirken und Spuren statt Präsentationen zu hinterlassen. Ein Einstieg in die Organisations- und Prozessberatung ist mit einem Bachelor- oder Masterabschluss sowie als Young Professional oder mit mehr Berufserfahrung möglich. Es ist kein spezifischer Studiengang notwendig, Abschlüsse aller Fachrichtungen sind willkommen. Berufseinsteiger:innen sollten bereits praktische Erfahrungen in Unternehmen gesammelt haben (z. B. durch Praktika). So können sie schon früh erste wertvolle Beiträge leisten und sich mit der Zeit on-the-Job einen umfassenden Methoden- und Erfahrungsschatz erarbeiten.

Entscheidend ist analytisches und logisches Denken, Problemlösungskompetenz sowie Freude an konzeptioneller Arbeit, d. h. dem Erkennen von Schwachstellen und Problem- bzw. Verbesserungsfeldern und dem Finden von Lösungen für bestimmte Fragestellungen. Eine schnelle Auffassungsgabe wird ebenfalls vorausgesetzt, um sich rasch in die Unternehmenswirklichkeit einarbeiten und deren Prozesse und Strukturen durchschauen zu können. Hierzu sind ein Grundverständnis hinsichtlich der Zusammenhänge in Unternehmen und IT-Erfahrung in zweierlei Hinsicht von Bedeutung. Einerseits zur Bedienung der erforderlichen Softwarelösungen im Beratungsgeschäft sowie andererseits zum Zusammenspiel von Modulen der Business-Software in Firmen.

Unerlässlich sind auch die Freude am Umgang mit Menschen sowie Anschluss- und Teamfähigkeit, denn die Projekte werden (fast) nie allein, sondern im Beratungsteam und immer unter Einbeziehung von Vertreter:innen aus den Unternehmen bearbeitet. Um hierarchie- und funktionsübergreifend ein vertrauensvolles Verhältnis zu den Unternehmensvertreter:innen aufzubauen, gilt es, sowohl zuhören als auch reden und überzeugen zu können. Zugleich sind Einfühlungsvermögen sowie kommunikative Fähigkeiten vonnöten, um Veränderungen behutsam, aber nachhaltig unternehmensweit zu vermitteln, denn Überzeugungsarbeit und Akzeptanz sind Schlüssel zum Erfolg. Im gleichen Kontext sind interkulturelle Erfahrungen und die Fähigkeit zum Umgang mit verschiedenen Kulturen gerne gesehen, da in multinationalen Unternehmen auch am Standort Deutschland schon lange Menschen aus vielen unterschiedlichen Kulturen und Ländern arbeiten. Teilweise werden Workshops und andere Formate in den jeweiligen Muttersprachen oder auf Englisch durchgeführt, sodass schon die Protokollierung einer Veranstaltung auf Englisch erfolgt. Aufgrund der Internationalität vieler Firmen, die in diesem Feld Beratung suchen, ist die englische Sprache in Wort und Schrift für die meisten Beratungsfirmen ein absolutes Muss.

Bundesverband Deutscher Unternehmensberatungen e. V.

Joseph-Schumpeter-Allee 29
53227 Bonn
ww.bdu.de

Carolin Kielhorn
Pressesprecherin
+49 228 9161-16
carolin.kielhorn@bdu.de

Human-Resources-Beratung

von Dr. Axel Hüttmann und Dr. Jens Müller-Oerlinghausen

Die beste Strategie ist wertlos ohne geeignete Mitarbeiter:innen und Führungskräfte. Der Faktor Personal gewinnt durch den Strukturwandel zur Dienstleistungsgesellschaft und Wissensökonomie dramatisch an Bedeutung. Eine erfolgreich umgesetzte Geschäftsstrategie beruht vor allem auf exzellenter Personalarbeit.

Für die Verbesserung der Personalarbeit bieten spezialisierte HR-Beratungen ihre Unterstützung an, die oft ihren Fokus auf Themenfelder wie Vergütung, Altersvorsorge oder Führungskräftevermittlung (Executive Search) legen. Viele Strategieberatungen haben ebenfalls spezialisierte HR Practices, die zusätzlich zum HR-Spezialwissen ihre strategische Beratungsexpertise einbringen. Auftraggeber ist meist der Personalbereich, aber immer öfter auch die Unternehmensleitung. Denn ihre Führung beeinflusst die Leistung der Beschäftigten erheblich. Mit der HR-Beratung verwandt, aber zumindest vom Bundesverband Deutscher Unternehmensberatungen (BDU) dieser nicht zugerechnet, ist der Bereich der Personalberatung. Headhunter:innen unterstützen Unternehmen gezielt darin, die Anforderungen an Kandidat:innen für offene Stellen zu definieren und geeignete Bewerber:innen zu finden.

Herausforderungen und Aufgabenbereiche

Das richtige Personal zur richtigen Zeit am richtigen Ort einsetzen, und das zu möglichst wettbewerbsfähigen Kosten – so lässt sich die Aufgabe der Personalarbeit auf den Punkt bringen. Das verdeutlicht, dass sie eine der anspruchsvollsten und komplexesten Aufgaben im Unternehmen ist. Entweder es gibt nicht genügend fähige Beschäftigte, oder es sind zu viele an Bord. Veränderungen beim Personal haben lange Vorlaufzeiten: Menschen brauchen Zeit, um Neues zu erlernen. Rechtliche und vertragliche Regelungen setzen zudem enge Vorgaben.

Folgende drei Aufgabenbereiche sind innerhalb des HR-Bereichs zentral:

- das **strategische Personalmanagement,** das die quantitative und qualitative Personalplanung mit einer langfristigen Personalstrategie verbindet und durch dynamisches Personalmanagement über entsprechende Flexibilisierungs-, Qualifizierungs- oder Personalanpassungsmaßnahmen für deren Umsetzung sorgt.
- das **Talentmanagement,** das sich um die Gewinnung, Bindung, Motivation, Vergütung, Bewertung und Weiterentwicklung des Personals kümmert – von der Führungskraft bis zu den Auszubildenden.
- die **exzellente Personalfunktion**, die in ihrer Organisation, ihren Prozessen, Instrumenten und IT-Systemen sowie in ihren Fähigkeiten die richtige Balance zwischen effizienter Erbringung von Verwaltungstätigkeiten wie der Lohnzahlung und kompetenter Beratung der Führungskräfte in Personalfragen findet.

Typische Beratungsfelder

Die Entwicklung der Personalstrategie im Kontext der allgemeinen Unternehmensstrategie ist eines der Tätigkeitsfelder der HR-Beratung, das direkte Anknüpfungspunkte an die Strategieberatung bietet. Auch bei der Festlegung der strategischen Stoßrichtungen im Personalbereich sowie der Gestaltung der zur Umsetzung am besten geeigneten Aufbau- und Ablauforganisation finden sich Parallelen zur Strategieberatung. In diesem Feld trifft man sowohl große Beratungshäuser als auch spezialisierte Beratungen an.

Einer der Schwerpunkte der HR-Beratung ist die Konzeption von Personalsystemen: Wie plane ich meine Personalressourcen? Über welche Controlling-Zahlen steuere ich sie? Wie positioniere ich mich als Arbeitgeber, um die richtigen Talente zu gewinnen? Und über welche Systematik entwickle ich ihre Fähigkeiten und identifiziere ich meine Leistungsträger:innen? Welche Vergütungssysteme binden die richtigen Talente und senden die richtigen Leistungsanreize? Oft gibt es hier auf Einzelaspekte spezialisierte Beratungshäuser, aber auch breiter aufgestellte HR-Spezialist:innen. Da in großen Unternehmen die Systeme nur selten ohne IT-Unterstützung auskommen, ist dieser Bereich ein Anknüpfungspunkt für die IT-Beratung, meist durch spezialisierte Softwareanbieter.

Auch Prozessoptimierung ist ein Tätigkeitsfeld der HR-Beratung. Denn nicht erst seit der zunehmenden Verbreitung von sogenannten Shared Service Centers (sozusagen unternehmensweit genutzten Prozessfabriken) gibt es Bedarf an Automatisierung und Spezialisierung, um Prozesse effizienter und effektiver zu gestalten. Auf diesem Feld sind vor allem IT- und Outsourcing-Anbieter aktiv.

Diese Tätigkeiten gewinnen mit zunehmender Unternehmensgröße und -vielfalt an Komplexität. Wenn beispielsweise für ein internationales Telekommunikationsunternehmen mit deutlich über 100.000 Beschäftigten eine neue Personalentwicklungssystematik konzipiert und eingeführt wird, sind vielfältige Schnittstellen mit den Bereichen Personalmarketing, Vergütung sowie Führungskräfteentwicklung zu berücksichtigen. Darüber hinaus können bereits unterschiedliche Modelle existieren, die es in das neue Konzept zu integrieren gilt. Hier muss besonders große Sorgfalt auf die interne Kommunikation und die Umsetzungsbegleitung gelegt werden.

Besondere Anforderungen an HR-Berater:innen

Beschäftigte im HR-Bereich zeichnen sich häufig durch große Begeisterung für ihre Aufgabe und hohe soziale Verantwortung aus, der sie entgegen allem wirtschaftlichen Druck gerecht werden wollen. HR-Berater:innen werden oft in diesem Spannungsfeld aktiv. Ohne Empathie kommt man hier selten weiter. Gleichzeitig braucht man Hartnäckigkeit und Kreativität bei der Versachlichung und Bewertung eines schwer messbaren Themenfelds. Darüber hinaus sind HR-Themen oft sensibel – nicht zuletzt auch vor dem Hintergrund der unterschiedlichen Interessen von Eigentümer:innen, Führungskräften, Beschäftigten und dem Betriebsrat. HR-Berater:innen benötigten hier das richtige Fingerspitzengefühl, um in der Organisation Vertrauen aufzubauen. Zudem sollten HR-Berater:innen wie Strategieberater:innen natürlich auch sehr gute analytische Fähigkeiten und Projektmanagement-Kompetenzen für die strategischen HR-Themen mitbringen.

Unternehmensberatung bei Wirtschaftsprüfungsgesellschaften

von Timo Klees

Das Leistungsspektrum der Wirtschaftsprüfungsgesellschaften befindet sich seit einiger Zeit im Wandel: Ausgehend von ihren originären Aktivitäten in der Wirtschaftsprüfung (Audit) und Steuerberatung (Tax) bauen insbesondere die sogenannten Big Four - bestehend aus PwC, KPMG, EY und Deloitte - ihre Beratungsaktivitäten kontinuierlich aus. Dies eröffnet BWL-Absolvent:innen und Quereinsteiger:innen attraktive Entwicklungsmöglichkeiten im Beratungsumfeld.

Wirtschaftsprüfung und prüfungsnahe Beratung

Bereits in den vergangenen Jahren trugen (prüfungsnahe) Beratungsaktivitäten überdurchschnittlich zum Wachstum der Wirtschaftsprüfungsgesellschaften bei. Insbesondere bei Mandanten, bei denen keine Prüfungsleistungen erbracht werden und somit grundsätzlich eine höhere Beratungsfreiheit besteht, wird ein kontinuierlicher Ausbau der Beratungsleistungen angestrebt. Dies erfolgt zunehmend auch durch die gezielte Übernahme von etablierten Unternehmensberatungen und verändert die Landschaft des Beratungsmarktes. Von besonderem Interesse für die Wirtschaftsprüfungsgesellschaften sind Unternehmensberatungen mit einem spezifischen Fokus, z. B. in bestimmten Fachgebieten oder Sektoren. Sowohl für die Wirtschaftsprüfungsgesellschaften als auch für die übernommenen Beratungen kann sich eine Win-win-Situation ergeben. Vor allem für kleinere Beratungen kann es vorteilhaft sein, unter das Dach einer großen Wirtschaftsprüfungsgesellschaft zu schlüpfen, um von deren globalem Netzwerk zu profitieren.

Steigende Bedeutung der Beratungsaktivitäten

Es wird erwartet, dass sich dieser Trend in den nächsten Jahren weiter verstärkt. Grund dafür sind auch neue Regularien, nach denen kapitalmarktorientierte Unternehmen, Banken und Versicherungen nun regelmäßig ihren Abschlussprüfer wechseln müssen. Um die Unabhängigkeit der Abschlussprüfenden zu wahren, dürfen die Wirtschaftsprüfungsgesellschaften bei Unternehmen nicht gleichzeitig den Jahresabschluss prüfen und umfassende Beratungsleistungen anbieten. Die Pflichtrotation in der Abschlussprüfung eröffnet den Wirtschaftsprüfungsgesellschaften neue Beratungsmöglichkeiten bei Unternehmen, deren Abschlüsse sie bisher geprüft haben und zukünftig nicht mehr prüfen dürfen. Schließlich verfügen die bisherigen Abschlussprüfenden über beste Kenntnisse der Unternehmen und etablierte Kontakte zum Management.

Die einzelnen Wirtschaftsprüfungsgesellschaften verwenden für ihre Beratungsaktivitäten zwar unterschiedliche Bezeichnungen, z. B. Advisory oder Consulting, setzen jedoch ähnliche inhaltliche Schwerpunkte. Sie bündeln hier das fachliche Know-how zu transaktions-, risiko- und prozessorientierten, strategischen sowie regulatorischen Fragestellungen. Dabei zeichnen sie sich vor allem durch eine hohe finanzwirtschaftliche Kompetenz aus und ermöglichen es ihren Mandanten dadurch, den Fokus auf das eigentliche Kerngeschäft zu richten. So werden Unternehmen in Krisensituationen beispielsweise bei der finanziellen, operativen und strategischen Neupositionierung bzw. Restrukturierung unterstützt, um Kosten zu senken, eine tragfähige und nachhaltige Geschäftsplanung zu erarbeiten oder die Finanzierung zu optimieren. Im Aufschwung werden eher Wachstums- und Expansionsstrategien definiert und umgesetzt.

Ausgewählte Beratungsaktivitäten der Wirtschaftsprüfungen

Transaktionsorientierte Fragestellungen
- Mergers & Acquisitions (M&A): Beratung bei der Durchführung von Unternehmenskäufen, -verkäufen und -fusionen sowie Börsengängen (IPOs)
- Durchführung von Unternehmensbewertungen und Kaufpreisallokationen
- Due Diligence: Analyse und Bewertung insbesondere finanzieller, steuerlicher, operativer und ökologischer Chancen und Risiken bei Unternehmenskäufen
- Finanzierungsberatung (Debt Advisory): Unterstützung bei der Identifikation und Realisierung von optimalen Finanzierungsstrategien und -strukturen
- Restrukturierung: Erarbeitung und Umsetzung von Sanierungskonzepten sowie Begleitung der umzusetzenden Maßnahmen

Strategische Fragestellungen
- Wettbewerbsanalyse und Identifikation strategischer Handlungsalternativen
- Erarbeitung von Expansionsstrategien in neue Regionen und/oder Produkte
- Optimierung und Neuausrichtung von Vertriebsaktivitäten
- strategische und integrative Beratung im Bereich Human Resources

Regulatorische Fragestellungen
- Implementierung von IFRS oder US-GAAP: Begleitung bei der Umstellung von HGB auf internationale Rechnungslegungssysteme (sogenannte Conversion)
- Unterstützung bei der Entwicklung, Implementierung und Qualitätssicherung von Rating- und Risikomanagement-Systemen
- Corporate Governance: Beratung zur Erfüllung von Compliance-Anforderungen, z. B. in den Bereichen Rechnungslegung, interne Kontrollsysteme und Informationstechnologie
- Unterstützung bei der Umsetzung der Aufsichtsfunktionen im Finanzsystem: Risikobewertung und Qualitätsprüfung von Assets, Stresstests

Prozessorientierte Fragestellungen
- Performance & Controlling: Konzeption und Realisierung von Planungs-, Informations-, Steuerungs- und Controlling-Instrumentarien
- Forensic: Prävention und Aufklärung von Wirtschaftskriminalität
- Treasury & Working Capital Management: Finanzierungs-, Verbriefungs- und Ratingberatung, Unterstützung bei Liquiditäts- und Working Capital Management

Unterschiede zu den klassischen Strategieberatungen

Die großen Wirtschaftsprüfungsgesellschaften profitieren bei ihren Beratungsaktivitäten stark von ihrer Größe. Die Mitarbeiter:innen bringen fachliches Know-how aus unterschiedlichsten Disziplinen mit. Darüber hinaus gewährleistet die weltweite Organisationsstruktur eine dauerhafte Vor-Ort-Präsenz rund um den Globus und damit auch in Kundennähe. Die Berater:innen folgen also der internationalen Expansion ihrer Kunden. Dies bietet Berufseinsteiger:innen die Chance, bereits frühzeitig in internationalen Beratungsprojekten wertvolle Erfahrungen zu sammeln. Mit zunehmender Komplexität der Themenstellungen werden verstärkt auch spezielle fach- und geschäftsbereichsübergreifende Branchenkenntnisse erforderlich. Daher arbeiten die Berater:innen der Big Four in der Regel in spezialisierten Branchenteams, die die spezifischen Anforderungen einer Industrie kennen (z. B. Automotive, Financial Services etc.). Dieser interdisziplinäre Ansatz aus Fachwissen, lokaler Expertise und Branchenkenntnis zeichnet die Beratungsaktivitäten der Big Four aus. So können sie in einem internationalen Umfeld Lösungen für die wichtigsten Herausforderungen erarbeiten, denen sich Unternehmen heutzutage stellen müssen.

Die Wirtschaftsprüfungsgesellschaften zeichnen sich zudem durch meist langjährige Beziehungen zu ihren Mandanten aus. Dies verschafft ihnen einen strategischen Vorteil, wenn es darum geht, die Geschäftsmodelle der Kunden zu verstehen und weiterzuentwickeln. Während sich klassische Strategieberatungen vor allem auf Konzerne und große Unternehmen konzentrieren, werden für die Beratungsaktivitäten der Big Four auch mittelständische Unternehmen immer wichtiger. Zu den Mandanten gehören nicht nur Industrieunternehmen unterschiedlichster Branchen, sondern auch Finanz- und Dienstleistungsunternehmen, Unternehmen der öffentlichen Hand sowie Non-Profit-Organisationen.

Fazit

Das Beratungsangebot der großen Wirtschaftsprüfungsgesellschaften geht heute weit über ihre ursprünglichen Kernaktivitäten der Wirtschaftsprüfung und Steuerberatung hinaus. Dabei verfolgen sie einen eher analytischen bzw. zahlengetriebenen Beratungsansatz, der aber zunehmend um strategische Komponenten ergänzt wird.

Durch ihre wachsenden Beratungsaktivitäten bieten die Big Four für Hochschulabsolvent:innen und Quereinsteiger:innen viele attraktive Einstiegsmöglichkeiten, insbesondere auch für solche mit Bachelorabschluss. Dazu gehören spezielle Einstiegs- und Trainee-Programme, die während ihrer Laufzeit (meist ein bis zwei Jahre) einen Einblick in unterschiedliche Beratungsfelder und Industrien ermöglichen. Außerdem fördern die Wirtschaftsprüfungsgesellschaften bestimmte Berufsexamina wie Steuerberater:in, Wirtschaftsprüfer:in, CFA, die Teilnahme an Master-Studiengängen sowie Promotionsvorhaben und bieten berufsbegleitende Weiterbildungsmöglichkeiten an.

Ein weiterer Vorteil zu vielen „reinen" Unternehmensberatungen ist die Erfassung der geleisteten Arbeitszeit auf Arbeitszeitkonten. Eventuell anfallende Mehrarbeit wird entweder am Jahresende gesondert vergütet oder kann in Freizeit umgewandelt werden – ein enormer Vorteil, der den Mitarbeiter:innen nicht nur eine ausgeglichenere Work-Life-Balance, sondern auch ein höheres Maß an Selbstbestimmung ermöglicht.

Inhouse Consulting

von Kim-Ole Holm

Eine eigene Inhouse-Beratung ist heutzutage Bestandteil der meisten in Deutschland ansässigen Großkonzerne. Bayer Strategy & Business Consulting, Siemens Advanta Consulting und Volkswagen Consulting gehören zu den führenden und größten Akteuren in Deutschland und weltweit.

Berufsbild Inhouse Consultant

Analog zu externen Beratungen erarbeiten und bewerten Inhouse-Beratungen projektbasiert Handlungsempfehlungen und Strategien für entscheidende Fragestellungen entlang der gesamten Wertschöpfungskette eines Unternehmens. Die Einleitung und Umsetzung großer Transformationsprojekte, das Entwickeln von Wachstumsstrategien, die Vorbereitung und Begleitung effizienzsteigernder Prozesse, die Bewertung von Investitionsentscheidungen sowie die Restrukturierung oder Reorganisation von Unternehmensteilen sind nur einige Beispiele typischer Beratungsprojekte. Der primäre Unterschied zur externen Beratung liegt zumeist darin, dass der Kunde auch der eigene Arbeitgeber ist. Das bedeutet jedoch nicht, dass sich internen Berater:innen weniger Möglichkeiten auf diverse und facettenreiche Projekte bieten: Mischkonzerne wie Siemens und Bayer ermöglichen Projekte in unterschiedlichen Industrien sowie in allen Funktionen entlang der Wertschöpfungskette.

Gründe für das Inhouse Consulting aus der Sicht der Unternehmen

Die wesentlichen Vorteile interner Beratungen liegen in der Stärkung des unternehmensinternen Wissens bzw. der Vermeidung des Abflusses wertvoller Informationen zu Wettbewerbern. Aufgrund einer identischen Kultur sowie gemeinsamer Unternehmensziele zwischen Berater:innen und dem „Kunden" steht die effiziente Entwicklung implementierbarer Projekte im Vordergrund. Als Festangestellte im Unternehmen erleben interne Berater:innen die Umsetzung der entwickelten Maßnahmen und deren langfristige Erfolge auch nach Ende eines Projekts mit. Besonders diese Nähe sowie ihr umfassendes unternehmensspezifisches Wissen verleihen Inhouse Consultants hohe Glaubwürdigkeit und Akzeptanz im Topmanagement. Diese Punkte führen aus Unternehmenssicht zu einer gestärkten Verhandlungsposition bei der Entscheidung zwischen kostenintensiven externen Unternehmensberatungen oder der eigenen internen Beratung.

Gründe für das Inhouse Consulting aus Sicht der Berater:innen

Wesentlicher Erfolgsfaktor für interne Beratungen ist es, methodisches Know-how und Beratungserfahrung mit spezifischem Wissen der jeweiligen Industrie zusammenzubringen. Aufgabe ist es aber nicht nur, durch erstklassige Beratungsleistungen Wert für das Unternehmen zu generieren. Als ebenso relevantes Ziel steht die Entwicklung von kompetentem, motiviertem und änderungswilligem Führungsnachwuchs im Fokus des Konzerns. Neben methodischem Beratungs-Know-how eignen sich Inhouse Consultants im Laufe ihrer Tätigkeit umfangreiches Wissen über die verschiedenen Bereiche des Unternehmens an. Darüber hinaus haben Inhouse Consultants die Möglichkeit, innerhalb eines kurzen Zeitraums in vielen unterschiedlichen und internationalen Projekten Erfahrungen zu sammeln. Insbesondere auf höheren Positionen finden sich zudem meist Kolleg:innen, die bereits über langjährige Erfahrung in der externen Beratung oder der jeweiligen Industrie verfügen. Sie bringen ihr methodisches und branchenspezifisches Wissen in die Projektarbeit ein und lassen jüngere Kolleg:innen davon profitieren. Das Netzwerk und die Kontakte zum Topmanagement, die sie im Zuge ihrer Arbeit knüpfen, bieten eine optimale Vorbereitung auf eine verantwortungsvolle Führungsposition im Konzern. Um diese wertvollen Ressourcen zu bewahren und auszubauen, fördern Unternehmen ihre Berater:innen mit systematischen Entwicklungsplänen, Trainings und Coachings. Durch Mentoring und gezielte Einsätze in entsprechenden Funktionen werden interne Berater:innen zielgerichtet bei der Vorbereitung auf die Rotation in einen angestrebten Bereich des Konzerns unterstützt.

Anforderungsprofil Inhouse Consulting

Der Einstieg bei einer internen Beratung ist idealerweise mit einem gezielten Interesse für bestimmte Industrien oder Funktionen verbunden. So sollten Bewerber:innen bei Bayer Strategy & Business Consulting eine Passion für Life Sciences, Bewerber:innen bei DB Management Consulting Interesse an den Themen Mobilität und Logistik und Bewerber:innen bei VW Consulting eine Begeisterung für die Automobilindustrie mitbringen. Das spiegelt sich auch in den Profilen der Berater:innen wider. Bei der Auswahl von Hochschulabsolvent:innen können neben den für die Beratung typischen Fähigkeiten in den Bereichen Analytik, Problemlösung und Kommunikation auch relevante Branchenkenntnisse und Industrieerfahrung eine wichtige Rolle spielen. Dadurch bieten Inhouse-Beratungen insbesondere für Absolvent:innen, die sich ihrer bevorzugten Branche oder Funktion bereits bewusst sind, oft bestmögliche Entwicklungschancen.

Public Sector Consulting

von Dr. Jan-Philipp Kramer

Der Public Sector steht vor tiefgreifenden Umwälzungen und Herausforderungen. Die technologische, ökologische und zunehmend auch geopolitische Transformation bringt hierbei vielzählige Aufgaben für die unterschiedlichen Ebenen in unserem Multi-Governance-System mit sich. Hinzu kommen die gesellschaftlichen Transformationsprozesse, allen voran der demografische Wandel, welcher auch dem öffentlichen Sektor in unterschiedlicher Weise zusetzt (sowohl bei der Personalgewinnung als auch bei der Planung von Zukunftsaufgaben).

Ähnlich wie die Unternehmensberatung umfasst die Beratung des öffentlichen Sektors die verschiedensten Beratungssegmente – von der Strategieberatung bis hin zur IT- und Organisationsberatung. Insbesondere, wenn es um die Beratung einzelner Institutionen und Behörden geht, zeigen sich somit viele Parallelen zur Unternehmensberatung – wenngleich die Entscheidungs- und Organisationsstrukturen im öffentlichen Sektor nicht direkt mit denen eines Unternehmens vergleichbar sind. Ein zentraler Unterschied zur Unternehmensberatung ist hingegen die Orientierung am sogenannten Policy Cycle. Insbesondere bei der Beratung von Landes- und Bundesministerien, aber auch bei europäischen Institutionen wie der EU-Kommission wird dies sichtbar.

Gemäß BDU belief sich der Umsatzanteil in der deutschen Unternehmensberatungsbranche, der auf den Public Sector entfallen ist, auf rund 3,42 Mrd. Euro (BDU Facts & Figures 2020). Dies entspricht knapp zehn Prozent des gesamten Beratungsmarktes in Deutschland. Zum Vergleich: In den USA macht der öffentliche Beratungssektor knapp 30 Prozent des Gesamtmarktes aus, im EU-Durchschnitt knapp 14 Prozent. Hinsichtlich der Beratungssegmente sind hierbei die IT-Beratung bzw. IT-Dienstleistungen besonders dominant. Sie machen, je nach Quelle, gut die Hälfte des öffentlichen Beratungsmarktes aus. Gleichzeitig sind im Public Sector Consulting sehr unterschiedliche Unternehmen tätig, von den großen Strategieberatungen und den großen Wirtschaftsprüfungsgesellschaften bis hin zu spezialisierten Boutiquen oder Beratungsmanufakturen. Zuweilen bearbeiten auch angewandte Forschungseinrichtungen oder An-Institute von Universitäten Aufträge im öffentlichen Beratungsmarkt.

Typische Tätigkeitsfelder und Beratungsaufgaben

Der öffentliche Sektor als Beratungsmarkt umfasst unterschiedliche Governance-Ebenen, von der kommunalen Ebene über die Landes- und Bundesministerien bis hin zur EU. Neben Städten, kommunalen Institutionen, Landes- und Bundesbehörden gehören auch die europäischen Institutionen, allen voran die Europäische Kommission und die Europäische Investitionsbank, zu typischen Auftraggebern. Hinzu kommen Institutionen mit (halb-)öffentlichen Mandaten, wie z. B. Wirtschaftsförderungen, Industrie- und Handelskammern, Verbände und zuweilen auch Gewerkschaften.

Das vom Public Sector Consulting abgedeckte Themenspektrum ist im Gesamtmarkt sehr breit. Die Vielfalt lässt sich gut an den Ministerien auf Bundesebene und ihren nachgeordneten Behörden charakterisieren. Hier geht es von Familien-, Arbeitsmarkt-, Gesundheits- und Wirtschaftsthemen bis hin zu Energie und Klimaschutz, Verkehr, Steuerfragen, Digitalisierung, Verteidigung. Diese Liste ließe sich fortsetzen.

Zentrale Trends, die den Public Sector beschäftigen, lassen sich unter der sog. „Twin Transition" („Green and Digital Transition") und unter dem Begriff „Resilienz" zusammenfassen. Ähnlich wie in der Unternehmensberatung stehen somit technologische Themen, wie etwa die Nutzung künstlicher Intelligenz, Quantentechnologien, die digitale Transformation der Verwaltung (E-Government, Smart City), im Zentrum vieler Projekte. Gleiches gilt für das Megathema Nachhaltigkeit, von neuen Konzepten für eine zirkuläre Wertschöpfung über Energie- und Ressourceneffizienz bis hin zur Anpassung der Wirtschaft und Infrastruktur an den Klimawandel und vielem mehr. Geprägt durch die Erfahrungen der Covid-19-Pandemie und den (leider) dramatischen Veränderungen der geopolitischen Situation, ist auch das Themenfeld Resilienz zunehmend wichtig. Es wird nach Ansätzen gesucht, Liefer- und Wertschöpfungsketten robuster zu machen – nicht im einzelbetrieblichen Sinn, sondern aus einer Branchen- oder Regionenperspektive. Resilienz steht aber natürlich auch im Zeichen des Abbaus strategischer Abhängigkeiten, gerade auf dem Energie- und Rohstoffmarkt.

All diesen und vielen weiteren Themen widmen sich Berater:innen im öffentlichen Sektor. Sie erfassen und ordnen relevante Trends für ihre Kunden ein (etwa durch Gutachten und Expertisen), entwickeln Strategien und Handlungsempfehlungen für den Staat, konzipieren Förderprogramme, begleiten und setzen öffentliche Initiativen um (z. B. in Form von Geschäftsstellen, Kompetenznetzwerken) und bewerten den Erfolg von öffentlichen Maßnahmen und Initiativen.

Beratung des öffentlichen Sektors als Berufsfeld

So vielfältig wie das Beratungsspektrum, so multidisziplinär setzt sich auch das Absolventenspektrum im Public Sector Consulting zusammen. Je nach Beratungssegment sind die Projektteams etwas heterogener zusammengestellt als in der Unternehmensberatung – abgesehen von der IT-Beratung. So finden sich neben BWL-Absolvent:innen auch viele Volkswirt:innen, Politik- und Verwaltungswissenschaftler:innen, Soziolog:innen, (Wirtschafts-)Geograf:innen und (Wirtschafts-)Ingenieur:innen in der Beratung für den öffentlichen Sektor. Hinzu kommen die immer spezialisierteren Masterabschlüsse, welche in vielen Fällen die Bedarfe des Staats abdecken (z. B. im Bereich Sustainability, Data Analytics, ...).

Viele Berater:innen im öffentlichen Sektor steigen direkt nach dem Studium als Masterabsolvent:in ein; Quereinsteiger:innen, die bspw. aus einem Ministerium in die Beratung wechseln, gibt es – anders als in der Unternehmensberatung – eher selten. Und das, obwohl Seniorität im öffentlichen Sektor schon immer etwas stärker gewichtet wurde als im Privatsektor. Im Berufsalltag macht dies allerdings keinen Unterschied. Hier profitieren alle Beratungshäuser vom frischen Zufluss an Wissen und Kreativität aus den Hochschulen, und der Transfer über Köpfe ist wichtig.

Wer sich für die Arbeit im Public Sector interessiert, sollte neben fachspezifischen Kenntnissen unbedingt auch Interesse an politischen und gesellschaftlichen Zusammenhängen haben. Oftmals ist der Footprint der eigenen Arbeit weit über die beratende Institution hinaus spür- und erfahrbar, etwa im Kontext der Beratung zur Energiewende, Beratung zur Zukunft der Mobilität oder ähnlichen Fragestellungen.

2. Beruf(ung) Unternehmensberater:in

Einstiegsoptionen

von Jonathan Steinbach

Unternehmensberater:in ist ein Beruf sowohl für Absolvent:innen, die sich gerne als Generalist:innen bezeichnen, als auch für ausgewiesene Spezialist:innen in unterschiedlichen Feldern. Das Studienfach spielt eine ebenso untergeordnete Rolle wie der Abschluss. Einstiegsmöglichkeiten gibt es zu jedem Zeitpunkt - egal, ob die Bewerber:innen noch studieren, ob sie bereits graduiert oder promoviert sind oder schon Berufserfahrung mitbringen. Je nach Abschluss bieten die meisten Beratungen verschiedene Einstiegsmöglichkeiten an, die sich an den jeweiligen Voraussetzungen der Interessent:innen orientieren. Dabei bietet die Unternehmensberatung eine hervorragende Möglichkeit, sich auszuprobieren und sich nach dem Kennenlernen vieler Bereiche und Themen, bei entsprechendem Wunsch, zu spezialisieren.

Während des Studiums: Praktikum

Eine hervorragende Gelegenheit, das Berufsfeld der Unternehmensberatung kennenzulernen und den Beratungsalltag einmal live zu erleben, ist das Praktikum. Meist arbeiten Praktikant:innen als vollwertige Teammitglieder Seite an Seite mit erfahrenen Berater:innen beim Klienten vor Ort. Oft übernehmen sie sogar einen eigenen Aufgabenbereich. In der Regel dauern Praktika acht bis zwölf Wochen und bieten Karrierecoaching durch eine persönliche Betreuerin oder einen persönlichen Betreuer, aber auch die Möglichkeit zur Teilnahme an Veranstaltungen und den Zugang zu diversen Recherche- und Informationsquellen.

Nach dem Bachelorstudium

Speziell für Bachelorabsolvent:innen haben viele Unternehmensberatungen besondere Programme ins Leben gerufen. Näheres zu diesem Thema findest du auch ab Seite 53.

Nach dem Diplom-, Magister- oder Masterstudium

Der Einstieg nach einem Diplom-, Magister- oder Masterstudium ist der klassische Start in die Consulting-Laufbahn. Die Berater:innen sind in Projektteams beim Klienten im Einsatz. Ihre Aufgaben können das gesamte Spektrum industrieller und institutioneller Bereiche sowie funktionaler Themen abdecken. In Teams arbeiten die Berater:innen an der Lösung komplexer Probleme: Sie erstellen Analysen, entwickeln in enger Zusammenarbeit mit den Führungskräften des Klienten Empfehlungen und unterstützen deren Umsetzung. Dabei werden junge Berater:innen fortlaufend von erfahrenen Kolleg:innen gecoacht. Parallel zur Projektarbeit absolvieren Berater:innen verschiedene Trainings und individuelle Coachings, die sie auf neue Aufgaben vorbereiten.

Weiterbildung und -entwicklung sind in der Beratung zentrale Elemente. So besteht zum Beispiel bei großen Beratungen oft die Möglichkeit, nach einer gewissen Arbeitsphase freigestellt zu werden, um einen weiteren akademischen Abschluss zu erlangen. In dieser Zeit können die Berater:innen ihre Doktorarbeit schreiben oder einen MBA machen - dabei erhalten sie zudem häufig Unterstützung bei der Finanzierung des Studiums. Bei McKinsey gibt es auch die Alternative, sich während seines Leave für eine soziale Einrichtung zu engagieren. In beiden Fällen beziehen Berater:innen ein Jahr ihr volles Gehalt weiter. Nach der Auszeit steigen die Berater:innen mit zusätzlicher Qualifikation und Expertise wieder in ihrem Beratungsunternehmen ein und übernehmen mehr Verantwortung in ihren Teams.

Nach der Promotion

Einsteiger:innen mit einem zweiten akademischen Abschluss (meist Promotion oder MBA) starten als Berater:innen, die direkt im Team das Topmanagement von Unternehmen oder öffentlichen Institutionen beraten. Bereits nach kurzer Zeit können sie meist schon selbst Führungsaufgaben übernehmen, was sich einige Zeit später in der Beförderung zur Projektleiterin oder zum Projektleiter widerspiegeln kann.

Mit Berufserfahrung

Beratungen schätzen Bewerber:innen, die durch relevante Berufserfahrung bereits gezielte Fachkenntnisse und Praxisexpertise mitbringen. Diese erlaubt ihnen oft den direkten Einstieg in die Beratungstätigkeit spezieller Industriesektoren oder funktionaler Practices wie Marketing oder Operations. Viele Unternehmensberatungen bieten Quereinsteigenden mit Berufserfahrung individuelle Vereinbarungen mit attraktiven Konditionen und Karrierechancen. Selbstverständlich erhalten auch sie maßgeschneiderte Trainingsprogramme und kontinuierliche Coachings. Auch innerhalb der Beratung gibt es noch viele weitere Rollen, die nicht im direkten Klientenkontakt stehen und weitere attraktive Karrierechancen bieten.

What's in it for me? – Einstieg in die Unternehmensberatung als langfristiger Karriereschub

von Rolf Pfeiffer

Unternehmensberatungen erfreuen sich großer Beliebtheit als Arbeitgeber erstklassig ausgebildeter Absolvent:innen. Dafür gibt es sehr offensichtliche Gründe wie anspruchsvolle Aufgaben, hoch qualifizierte Kolleg:innen, spannende Projekte sowie eine steile Lernkurve. Die Betrachtung der Frage, welchem Beratungsunternehmen man den Vorzug geben soll, enthüllt aus einer Langzeit-Karriereperspektive noch ganz andere Gründe, die für die Entscheidung einer Absolventin oder eines Absolventen relevant werden können.

Die Ausgangssituation

Wir gehen von e-fellows.net-Stipendiat:innen oder generell besonders leistungsstarken Studierenden aus, die gut ausgebildet, ambitioniert, praxiserfahren, leistungsbereit und anspruchsvoll sind. Sie haben viele Informationen gesammelt, die ihnen die Entscheidung über den Berufseinstieg ermöglichen bzw. erleichtern sollen. Sie haben mehr Möglichkeiten als andere Studierende, an die „weichen" Informationen zu gelangen, die von den Unternehmen nicht offiziell kommuniziert, sondern von den Mitarbeiter:innen im persönlichen Gespräch weitergegeben werden. Sie haben sich bei mehreren Beratungen beworben und mehr als ein Vertragsangebot unterschriftsreif auf dem Tisch liegen. Wie können sie die Angebote bewerten und zu einer Entscheidung kommen?

Die Herausforderung

Die meisten Absolvent:innen können für einen Zeitraum von ca. zwei bis fünf Jahren relativ genau sagen, was sie machen möchten. Fast jeder kann sagen, was er nicht machen möchte (aber das will in einem Einstellungsinterview keiner hören). Nur sind die erste und die zweite berufliche Entscheidung in der Regel von sehr viel größerer Tragweite, als das den meisten im Moment der Entscheidung bewusst ist. Denn es kommen Aspekte zum Tragen, von denen im Bewerbungsprozess kaum bis gar nicht gesprochen wird und die unterschiedliche Beratungsunternehmen auch höchst unterschiedlich bedienen.

Zur Strukturierung der Ausführungen dient eine erfahrungsbasierte Klassifizierung von Beratungsunternehmen. Wer sich damit vertieft befassen will, sei auf die einschlägige Lünendonk®-Liste verwiesen, in der seit vielen Jahren Beratungsunternehmen nach Umsätzen und Mitarbeiterzahlen aufgelistet werden. Du findest sie auf Seite 19 dieses Buches. Die nachfolgende Klassifizierung orientiert sich an der Ausrichtung/Größe der Beratung sowie an den typischen Projekten.

Ausrichtung/Größe der Beratung

Man kann Beratungen anhand von zwei wesentlichen Merkmalen unterscheiden: die eher strategische oder (erheblich) IT-lastig-implementierende Ausrichtung der Beratungsleistung einerseits und die auf eine/wenige oder viele Branchen bzw. Funktionen ausgerichtete Beratung andererseits. Diese beiden Merkmale führen in ihrer Kombination zu folgenden Profilen:

		Branchen/Funktionen	
		eine/wenige	**mehrere**
Ausrichtung	**Strategieberatung**	c	a
	implementierende/ realisierende Beratung	d	b

a. die auf mehrere Branchen und Funktionen ausgerichtete Strategieberatung (z. B. McKinsey, Boston Consulting Group, Bain & Company)
b. die auf mehrere Branchen und Funktionen ausgerichtete implementierende/realisierende Beratung (z. B. Accenture, IBM, Capgemini)
c. die auf eine/wenige Branchen oder Funktionen ausgerichtete, eher strategische Projekte bearbeitende Beratung (z. B. Simon-Kucher, Horváth)
d. die auf eine/wenige Branchen oder Funktionen ausgerichtete implementierende/realisierende Beratung (z. B. Willis Towers Watson, zeb.rolfes.schierenbeck.associates, Nagler & Company)

Hierin kann man die Grundstruktur einer bei Berater:innen so beliebten Vier-Felder-Matrix erkennen. Daraus lassen sich in gewisser Hinsicht die typischen Projekte ableiten, die man unterscheiden kann nach der Größe der Projektteams, der Dauer, der Intensität der Interaktion mit den Klienten bzw. deren Einbindung in die Projektstrukturen. Damit hängen auch die durchschnittlichen Tagessätze zusammen, die wiederum Aufschluss über die Verdienstmöglichkeiten geben können.

Einige Faustregeln dazu: je strategischer die Ausrichtung eines Projekts, desto kleiner das Projektteam und desto kürzer die Projektlaufzeit (Faustregel: klassisches Strategieprojekt = drei bis fünf Berater:innen; drei Monate Projektdauer; meistens reine Beratungsteams mit sehr vereinzelt integrierten Klientenmitarbeiter:innen; typisches Endergebnis: Konzept und Präsentation), je operativer und umsetzender die Ausrichtung des Projekts, desto größer die Teams (Faustregel: klassisches Implementierungsprojekt = fünf bis fünfzig Berater:innen, teilweise sogar noch mehr; Laufzeit: sechs bis zwölf Monate, teilweise auch länger; häufig gemischte Projektteams mit einem Verhältnis von Berater:innen zu Klientenmitarbeiter:innen von 1 zu >1; teilweise temporäre Übernahme operativer Managementfunktionen beim Klienten durch Berater:innen; typisches Endergebnis: ein funktionierender Prozess bzw. ein funktionierendes System).

Die Frage(n)

Welche Kriterien sind es nun, anhand derer man die Bedeutung der Tätigkeit in einer Beratung für die langfristige Karriereplanung bewerten kann? Wie kann ich das Vorhandensein dieser Kriterien erkennen bzw. erahnen? Woher bekomme ich Informationen über ihre Ausprägung? Welche Bewertungsmaßstäbe sollte ich ansetzen, um mir meine Meinung zu bilden? Wie fälle ich auf Basis dieser Kriterien eine fundierte Entscheidung?

Die Antwort kann – mit Ausnahme der Einstiegsmöglichkeiten – zusammengefasst als persönliches Erfahrungsprofil, als Resultat der Tätigkeit in der Unternehmensberatung bezeichnet werden. Sie unterteilt sich in mehrere Elemente, die im Folgenden näher beschrieben werden. Um folgende Faktoren geht es hauptsächlich:

- Einstiegsmöglichkeiten
- fachliche/funktionale Erfahrungen
- methodische Erfahrungen
- Interaktionserfahrungen
- Ausstiegsmöglichkeiten und Netzwerk/Commercial Signalling

Es mag sein, dass der eine oder die andere noch weitere entscheidungsrelevante Kriterien für sich identifiziert – das ist der Nachweis, dass man sich intensiv mit der Fragestellung auseinandergesetzt hat. Die Reihenfolge der Beschreibung der Kriterien orientiert sich an dem normalen Tätigkeitszyklus von Berater:innen. Mehr als 90 Prozent aller Absolvent:innen, die in der Beratung starten, werden nicht Partner:in. Deshalb ist das Betrachten der Ausstiegsmöglichkeiten und -zeitpunkte eminent wichtig, auch wenn beim Berufseinstieg nur ungern daran gedacht wird.

Einstiegsmöglichkeiten

Die meisten Beratungen haben ein pyramidales Modell von Projekt- und Unternehmensstrukturen und damit zumindest theoretisch vielfältige Einstiegsmöglichkeiten. Einzelne Vertreter der zuvor aufgeführten Gruppen c und d tun sich mit Absolvent:innen schwerer. Es gibt allerdings noch eine zweite, weit weniger transparente Einschränkung: Einige Vertreter der Gruppe a tun sich sehr schwer damit, Mitarbeiter:innen einige Jahre nach Abschluss eines Studiums als Experienced Hire einzustellen. Der Grund dafür liegt darin, dass sie als einen wesentlichen Bestandteil ihrer USP auf eine Kultur setzen, in die hineinzufinden sehr schwer sein kann. Vor allem, wenn man die erste berufliche Sozialisation außerhalb der Beratung, des M&A-orientierten Investment Bankings oder der Private-Equity-Welt erfahren hat. Wer also in einer Beratung der Gruppe a einen Teil seiner Karriere sieht, sollte den Einstieg möglichst bald nach Abschluss des Studiums suchen. Wer als Experienced Hire in die Beratung einsteigen will, der sollte sich darauf gefasst machen, dass nur ein Teil der bisherigen Erfahrung – etwa bei der Gehaltsfindung – berücksichtigt wird. Das hängt mit den unterschiedlichen beruflichen Erfahrungen und der Steilheit der Lernkurve in der Beratung zusammen.

Fachliche/funktionale Erfahrungen

Die fachliche bzw. funktionale Erfahrung ist eines der wesentlichen Argumente für die Arbeit in Beratungen, denn hier ist in der Regel die Lernkurve viel steiler als in den meisten Nicht-Beratungspositionen. Wer seinen bevorzugten Tätigkeitsbereich (z. B. Finanzen, Marketing etc.) gefunden hat und sich dort rasant weiterentwickeln will, dem kann wahrscheinlich nichts Besseres passieren, als einige Jahre in einer einschlägig anerkannten Beratung zu arbeiten. Wer sich dann umentscheiden will, steht vor dem gleichen Dilemma wie eine Mitarbeiterin in einem Konzern, die bislang eine Schornsteinkarriere gemacht hat und nun feststellt, dass das Gras in einer anderen Funktion/Position grüner ist, sie für diese aber nicht die passende Erfahrung hat.

Zwischenfazit

In den ersten vier, fünf Jahren nach Studienende ist die fachliche/funktionale Lernkurve in einer guten Beratung fast unschlagbar, aber bei den später erstrebenswert erscheinenden Positionen kommt es nur zum Teil auf die Tiefe und Breite dieser Erfahrung an. Der Vorteil der Beratungsunternehmen aus den Kategorien a und b liegt hier in der Breite der möglichen Erfahrungen. Die fachliche Einschränkung ist umgekehrt der Nachteil der Unternehmen in den Kategorien c und d. Wenn auch die Expertise, gerade in diesen beiden letztgenannten Gruppen, sehr ausgeprägt sein kann, so ist sie doch auch sehr speziell und damit weniger breit verwertbar als in den Gruppen a und b (siehe auch Ausstiegsmöglichkeiten).

Methodische Erfahrungen

Bei der methodischen Erfahrung schlägt in der Regel die große Stunde der Beratungen. Wer über mehrere Jahre hinweg erfolgreich in einer guten Beratung gearbeitet hat, verfügt über einen persönlichen Methoden-Werkzeugkasten, der für die allermeisten anspruchsvollen Management- und Führungsaufgaben wappnet. Man lernt strukturiertes Arbeiten in unvergleichlicher Weise, und es kann passieren, dass man vor allem von nicht beratungserfahrenen Kolleg:innen den ehrfürchtigen, nicht immer freundlich gemeinten Kommentar hört: „Der arbeitet ja immer so strukturiert." Einziger Nachteil: Es gibt schon ein paar Tausend Alumnae und Alumni der etablierten Beratungsunternehmen, man ist also nicht allein. Sinnvoll ist diese Erfahrung aber allemal. Tendenziell gilt hier: Die Methoden der Beratungsunternehmen aus der Kategorie a sind universeller einsetzbar, dafür aber weniger spezifisch auf die Lösung von Fragestellungen ausgerichtet, die eher eine „Tiefenbohrung" verlangen. Hier sind die Erfahrungen aus Beratungen der Gruppe c unter Umständen hilfreicher. Die Beratungsunternehmen der Gruppen b und d arbeiten selbstverständlich auch methodengestützt. Hier wird man ebenfalls sehr wertvolle Erfahrungen mitnehmen, die einem gute Dienste leisten können.

Interaktionserfahrungen

Die Interaktionserfahrungen sind ein sehr spannendes Gebiet, auf dem man viel lernen kann, das aber auch die Achillesferse vieler Beratungen ist. Interaktion meint in diesem Zusammenhang die Kommunikation mit anderen Menschen, individuell oder in Gruppen, um diese zu informieren, zu überzeugen, zu motivieren, zu führen. Strukturierte Kommunikation lernt man in den meisten Beratungen. Je etablierter die Beratung ist, desto eher gibt es ein formalisiertes Entwicklungsprogramm. Bei jungen Beratungen schaut man sich die Vorgehensweise eher bei den Kolleg:innen ab. Mit dem Überzeugen, dem Motivieren und dem Führen hingegen ist das so eine Sache. Was das Überzeugen angeht, so fühlen sich Berater:innen in aller Regel wohl, wenn sie auf Basis von Analysen und fachlich soliden Fakten argumentieren können. Die dafür nötigen Techniken lernen sie. Problematisch wird es, wenn nicht fachliche oder schwierig zu analysierende Fakten oder gar Emotionen hinzukommen. Das bringt viele Berater:innen in Schwierigkeiten, weil es sich ihren Analysemethoden entzieht. Umgangssprachlich „menschelt" es, fachlich gesprochen gibt es „systemische Gründe", die plötzlich eine große Rolle spielen.

Beim Motivieren und Führen setzt sich das fort. Beratungsunternehmen unterscheiden sich u. a. in einem Punkt sehr deutlich von den meisten anderen Unternehmen: in der Homogenität der Motivstrukturen ihrer Mitarbeiter:innen. Platt formuliert wollen fast alle schnell Karriere machen, sind hoch qualifiziert, zeigen überdurchschnittlichen Einsatz und reagieren auf ähnliche Belohnungs- und Anreizsysteme. In den meisten anderen Unternehmen ist das grundlegend anders: Je größer und älter die Unternehmen, desto ausgeprägter sind in der Regel die Unterschiede. Je früher und je intensiver man mit diesen Umständen zu tun hatte, desto leichter fällt später der Wechsel in eine Linienführungsposition bei einem anderen Unternehmen. Das Problem wird noch verschärft durch die Tatsache, dass in immer mehr großen Unternehmen die Strukturen zunehmend unklarer werden. Das wiederum bedeutet, dass klassische „Command and Control"-Ansagen ausgedient haben und es immer häufiger gilt, Kolleg:innen von Ideen oder Vorgehensweisen zu überzeugen, auch und gerade ohne hierarchisch begründete Machtposition. In diesem Umfeld sind die Mitarbeiter:innen der Beratungsunternehmen der Kategorien b und d klar im Vorteil, denn sie haben die Situation des Führens, Überzeugens und Beeinflussens ohne formale hierarchische Machtposition schon häufig im Projektkontext erlebt.

Ausstiegsmöglichkeiten

Ausstiegszeitpunkte sind in den meisten großen Beratungsunternehmen einigermaßen standardisiert: nach zwei Jahren (das ist der Zeitraum, nach dem man wissen sollte, ob Beratung das Richtige ist); nach vier bis fünf Jahren, also kurz vor oder kurz nach der Übernahme von Projektleitungsfunktionen; nach sieben bis acht Jahren, also bei der Frage, ob man sich auch das Leiten großer Projekte oder die Akquise von Zusatzaufträgen innerhalb von Projekten bzw. Kundenbeziehungen zutraut und sich damit auf den Weg zur Partnerin oder zum Partner machen möchte; oder dann im Falle einer Absage bei der Wahl zur Partnerin oder zum Partner. Man kann natürlich auch als Partner:in aussteigen, weil andernorts interessante, herausfordernde oder lukrative Chancen winken. Der Ausstieg steht jedem jederzeit frei, wenn einem der Lebensstil nicht mehr zusagt – und sei es, weil Lebenspartner:in und Kinder plötzlich nicht mehr nur graue Theorie sind, sondern quicklebendige Wirklichkeit.

Grundlage des Erfolgs bei einem Wechsel aus der Beratung ist im Wesentlichen die Frage, wie gut man mit den Anforderungen der Position und der Vielfalt der erforderlichen Kompetenzen einerseits und der neuen Unternehmenskultur andererseits klarkommt. Der Erfolg ist umso wahrscheinlicher, je ähnlicher die Anforderungen der neuen Position und die neue Unternehmenskultur den bisherigen Erfahrungen sind. Besonders leicht wird also in der Regel der Wechsel von einer Analystenposition in einer Beratung in eine fachlich orientierte Funktion, etwa im Corporate Development eines Unternehmens, sein. Gleiches gilt für den Wechsel aus einer Projektleiterfunktion in der Beratung in eine Projektleiterfunktion in einem klassisch organisierten Unternehmen. Wobei hier schon politische Dimensionen zum Tragen kommen können, die man aus der Zeit in der Beratung nicht kennt. Einfach sind auch Wechsel aus der Beratung in der Natur der Arbeit nach vergleichbare Positionen etwa in Investmentbanken oder Private-Equity-Firmen, deren Unternehmenskultur in der Regel der der Beratungen stark ähnelt. Richtig schwierig können Wechsel werden, wenn in der neuen Position etwa die regelmäßige Interaktion mit sehr heterogenen Beschäftigtengruppen eine Rolle spielt, mit denen man bislang wenig bis keine Erfahrungen hat (also z. B. aus der Strategieberatung in eine Rolle als Produktionsleitung mit vielen gewerblichen Mitarbeiter:innen im unmittelbaren Umfeld). Ähnliches gilt für den Einstieg in eine Position, bei der die eigenen fachlichen Qualifikationen weit in den Hintergrund und die Führungs- und Kommunikationsfähigkeiten in den Vordergrund rücken. Hierzu gehören z. B. Bereichsleiterfunktionen in sehr hierarchisch organisierten Unternehmen, in denen die wahrgenommene Qualität der eigenen Arbeit sehr stark vom Einsatz und der Arbeitsqualität vieler Beschäftigter und Führungskräfte abhängt. Diese haben möglicherweise nicht darauf gewartet, dass ihnen jemand von außen „vor die Nase gesetzt" wird.

Zu all diesen Dimensionen liefern die Beratungsunternehmen der verschiedenen genannten Kategorien aufgrund der typischen Projekte sehr unterschiedliche Erfahrungen. Das sollte man bei der Wahl der Beratung berücksichtigen. Weiterhin gilt, dass etablierte Beratungen z. B. aufgrund des sehr engen Netzwerks, das sie durch viele Alumnae und Alumni haben, den Umstieg in eine neue Funktion außerhalb der Beratung ganz anders unterstützen können, als das bei jungen Beratungen der Fall ist.

Nicht zuletzt zählt das Renommee der Beratung, für die man tätig ist, möglicherweise sehr viel. Einem etablierten Beratungsunternehmen werden viele Eigenschaften zugeschrieben, anders als einem weniger bekannten. Das allerdings kann auch nach hinten losgehen, wenn manche dieser Eigenschaften zu negativen Klischees werden, gegen die man dann individuell antreten muss.

Fazit
Wer sich über diese Fragen Gedanken macht und sie im Auswahlprozess berücksichtigt, wird seinen Erfolg in der Beratung und in seiner Karriere absichern können.

Vergütung in der Unternehmensberatung

von Carl Walinski

In den letzten Jahren scheinen die „Boom-Bust-Zyklen“ leider auf „Bust“ stehen geblieben zu sein. Es jagt immer noch eine Krise die nächste: Kaum klingen die negativen Auswirkungen der Coronapandemie ab, stehen schon Krieg und dann Inflation bereit, um die Geopolitik und nicht zuletzt die Welt der Arbeitnehmer:innen in Deutschland auf den Kopf zu stellen. Vor dem Hintergrund der unsicheren geopolitischen Lage, unterbrochenen Lieferketten und steigender Preise wollen Unternehmen nach wie vor eine professionelle Unternehmensführung und moderne, optimierte Prozesse und Systeme. Um solche Vorhaben voranzutreiben und richtig umzusetzen – und dies, ohne dauerhaft die Kosten zu steigern – holt man sich gern externe Hilfe von Unternehmensberater:innen.

Die Nachfrage nach spezifischen Beratungsleistungen, wie etwa der Strategie- oder Personalberatung, spiegelt sich in der generell positiven Umsatzentwicklung der Gesamtbranche wider. Dementsprechend entwickelten sich auch die Vergütungen – und das für Expert:innen mit unterschiedlichsten Erfahrungen und Kenntnissen. Eine Karriere als Consultant ist nach wie vor nicht nur Wirtschaftswissenschaftler:innen vorbehalten, sondern auch für Ingenieur:innen, Naturwissenschaftler:innen, Psycholog:innen und Soziolog:innen eine attraktive und begehrte Berufswahl. Nicht selten stößt man auf Top-Berater:innen, die aus einem geisteswissenschaftlichen Studium heraus eine erfolgreiche Karriere als Junior Consultant gestartet haben.

Der vorliegende Beitrag liefert dir einen Überblick über die Vor- und Nachteile einer Karriere in der Unternehmensberatung sowie einen Einblick in die in diesem Markt üblichen Vergütungszahlen. Grundlage hierfür sind die von WTW jährlich durchgeführten Vergütungsstudien. Die entsprechenden Daten wurden auf fünf für die Branche typischen Stufen ausgewertet: Junior Consultant, Consultant, Senior Consultant, Manager, und Principal bzw. Director.

Berufsbild und Karrierewege von Unternehmensberater:innen

Eine volatile Arbeitsbelastung sowie häufig hoher Leistungs- und Termindruck gehören zum Beratungsalltag. Andererseits ist die Abwechslung, die der Beratungsjob mit sich bringt und die ihn deutlich von einer klassischen Industriekarriere unterscheidet, ein starkes Argument, mit dem die Beratungsgesellschaften gegenüber der klassischen Industriekarriere punkten können. Die Möglichkeit, in Kundenprojekten bei wirtschaftlich bedeutenden Entscheidungen mitzuarbeiten, in die Umsetzung involviert zu sein und in der eigenen Firma zum Kerngeschäft („Core Business“) zu gehören, erhöht zudem die Attraktivität der Beratungen bei der Suche nach neuem Personal.

Dies trifft besonders auf Hochschulabsolvent:innen und Young Professionals zu. Bei entsprechender Leistung können sich bereits in jungen Jahren schnelle Aufstiegsmöglichkeiten ergeben. Generell werden die Arbeitsleistungen im Vergleich zu klassischen Industrieunternehmen in deutlich kürzeren Intervallen erfasst und bewertet. Erfüllen Einsteiger:innen das erwartete Leistungsniveau nicht, ziehen sowohl die Mitarbeiter:innen als auch die Unternehmensberatungen im Allgemeinen deutlich schneller ihre Konsequenzen.

Im Gegenzug zu der großen Erwartungshaltung bezüglich Leistungsniveau und -bereitschaft bieten Unternehmensberatungen flexible Arbeitsmöglichkeiten, wie u. a. Homeoffice (und taten das auch in „Vor-Covid-Zeiten"), sowie die dafür nötigen Arbeitsmittel, wie Firmenlaptops und -handys. Beratungen sind auch dafür bekannt, eine intensiv gelebte Unternehmenskultur zu fördern, die ein Gemeinschaftsgefühl erzeugt und die Identifikation mit dem Unternehmen stärkt.

Das Remote Working hat aus Sicht der Unternehmenskultur zudem einiges an Positivem mit sich gebracht. Alle Mitarbeitenden sind inzwischen daran gewöhnt, Projekte virtuell zu steuern. Früher waren in einer normalen Arbeitswoche Flüge nach Hamburg, Zürich und London eher die Routine. Diese Zeiten sind vorbei und der positive Effekt für die Umwelt liegt auf der Hand. Es gehört inzwischen zum Alltag, dass sich Gesprächspartner:innen physisch an unterschiedlichen Orten befinden. Alle Beteiligten sind sich in der Regel einig, dass dies genauso gut und erfolgreich funktioniert.

Entwicklung der Vergütungen im Spiegel der Konjunkturlage

Bereits mit Beginn der Wirtschafts- und Finanzkrise im Jahr 2007 war das Vergütungsniveau für Unternehmensberater:innen unter Druck geraten. Aufgrund des ungewissen Marktumfelds herrschte eine große Zurückhaltung bezüglich Neueinstellungen, was sich auch auf die Vergütungshöhe unmittelbar auswirkte. In dieser Hinsicht hat die Coronapandemie eine ähnliche Auswirkung gezeigt. Viele Unternehmen in Deutschland haben mit Einstellungsstopps und Kurzarbeit reagiert. Diese Effekte klingen inzwischen wieder ab, was sich in den (gestiegenen) Vergütungszahlen in der Branche widerspiegelt: Schon im Jahr 2022 waren moderate Sprünge bei den Gehaltserhöhungen empirisch zu beobachten. Für 2023 zeigt sich anhand der aktuellen Lage mit einem gestiegenen Preisniveau eine noch positivere Prognose.

Über fast alle betrachteten Karrierestufen hinweg (mit Ausnahme der Principal- bzw. Director-Positionen) fielen die Erhöhungen des Grundgehalts im Jahr 2022 durchschnittlich größer aus als 2021 (zwischen einem und zwei Prozent).

Karrierestufe	Grundvergütungsspanne im deutschen Markt in Euro	Veränderung 2022 zu 2021 in %
Junior Consultant	45.600–66.000	1,6
Consultant	54.000–80.900	1,9
Senior Consultant	66.000–115.200	1,6
Manager	91.700–140.900	1,8
Principal/Director	110.400–219.200	1,2

Entwicklung der Grundvergütung im Bereich Business Consulting
Quelle: WTW

Heterogene Vergütungslandschaft

Anders als im Vorjahr sind die Gesamtvergütungen im Jahr 2022 heterogener ausgefallen, mit höheren Steigerungen auf den unteren Ebenen und einer Verlangsamung der Steigerungen auf der Senior Consultant- und Manager-Ebene. Die Erhöhungen der Gesamtzielvergütung sind über fast alle Level hinweg betrachtet um gut ein Prozent größer ausgefallen.

Ein Blick auf die absoluten Zahlen der Zielbarvergütung belegt eine große Spreizung der Vergütungsniveaus über die Karrierestufen hinweg. Lag das Gesamtzielgehalt für Einsteiger:innen bzw. Junior Consultants 2022 zwischen 46.400 und 68.500 Euro, wurden auf der nächsthöheren Karrierestufe im Durchschnitt bereits zwischen 55.100 und 84.800 Euro gezahlt. Auch das Erreichen der daruf folgenden Karrierestufen wird von deutlichen Vergütungssprüngen begleitet. Als Senior Consultant können Gehälter zwischen 69.300 und 133.000 Euro verdient werden, für Manager bewegt sich die Zielbarvergütung zwischen 104.300 und 174.000 Euro. Auf der Principal-Stufe fällt die Spanne am deutlichsten aus: Der Rahmen liegt dort zwischen 124.900 und bis zu über 295.700 Euro.

Karrierestufe	Zielbarvergütungsspanne im deutschen Markt in Euro	Veränderung 2022 zu 2021 in %
Junior Consultant	46.400–68.500	1,7
Consultant	55.100–84.800	1,2
Senior Consultant	69.300–133.000	1,3
Manager	104.300–174.000	1,2
Principal/Director	124.900–295.700	0,8

Entwicklung der Zielbarvergütung im Bereich Business Consulting
Quelle: WTW

Nach wie vor können diese teils deutlichen Schritte von einer Stufe zur nächsten dadurch erklärt werden, dass die Beratungen einerseits ihre langjährig ausgebildeten und entwickelten Mitarbeiter:innen als Expert:innen im Unternehmen halten und andererseits Fach- und Branchenkenner:innen mit ihrer Reputation am Markt für sich gewinnen möchten. So fällt der Unterschied in der Zielbarvergütung zwischen der Karrierestufe Manager und der Stufe Director mit durchschnittlich 51 Prozent am deutlichsten aus, eine Beförderung zum Senior Consultant oder Manager wird mit 38 bis 45 Prozent und die Beförderung vom Junior Consultant auf ein Consultant-Level mit knapp 22 Prozent mehr Geld entlohnt.

Spezialisierte Beratungen gewinnen an Bedeutung

Des Weiteren zeigt sich, dass viele Unternehmen neben den traditionellen Strategieberatungen vor allem spezialisierte (d.h. auf Teilbereiche fokussierte) Beratungsgesellschaften zur Unterstützung suchen. So fragen Unternehmen gezielt nach Spezialist:innen, z.B. für die Bereiche Human Resources, Engineering oder IT. Durch den Abbau interner Funktionen in diesen Bereichen haben die Unternehmen Knowhow und Ressourcen für die damit verbundenen Aufgaben verloren. Durch den Zukauf externer, durch Spezialist:innen erbrachter Beratungsleistung können die Unternehmen nun im Bedarfsfall reagieren. Vor allem für die spezialisierten Beratungen besteht hier die Möglichkeit, ihre Mitarbeiter:innen im Rahmen von lukrativen „On-Site"-Projekten beim Kunden zu platzieren – für die Berater:innen selbst ergibt sich dabei die Chance, in ihrem Fachbereich ein enges Verhältnis zum Kunden aufzubauen und sich somit Karrieremöglichkeiten in der Industrie zu eröffnen.

In der Regel verdient ein:e Strategieberater:in dabei in den großen, namhaften Unternehmen der Branche am besten. Dies wird insbesondere bei den Einstiegsgehältern deutlich, die signifikant über denen der kleineren Beratungsgesellschaften positioniert sind. So liegen die kleineren Beratungen eher am jeweiligen unteren Ende der Spanne und die großen Beratungen am oberen Ende.

Variable Vergütungsbestandteile machen den Unterschied

Bei der Diskussion über die Vergütung von Consulting-Spezialist:innen ist auch zu berücksichtigen, dass die Grundvergütung zwar wichtig ist, mit zunehmender Karrierestufe aber in der Gesamtbetrachtung an Bedeutung abnimmt. Erhöhungen in diesem Bereich haben sich in der Vergangenheit stets in überschaubaren Dimensionen bewegt.

Es ist vor allem der jährliche Bonus als variables Element, der als entscheidender Hebel bei der Differenzierung der Vergütung von Berater:innen wirkt. Die im vorliegenden Vergleich ausgewiesenen Werte für die Gesamtvergütung sind Zielwerte, d. h., es sind Vergütungen, die bei einer hundertprozentigen Zielerfüllung zur Auszahlung kommen sollen. Dabei zeigt die Erfahrung, dass gerade in Consulting-Unternehmen die individuelle Jahresvergütung durch außerordentlich gute Leistungen und ein Übertreffen der Performance-Ziele signifikant höher ausfallen kann.

Ein weiteres wichtiges Detail ist hier ebenfalls zu berücksichtigen: Während viele Industrieunternehmen die variablen Bezüge ihrer Beschäftigten ab einem gewissen Vergütungsniveau deckeln, ist dies bei Beratungen eher selten der Fall. Die Chancen für einzelne Beschäftigte, eine höhere Gesamtvergütung zu erzielen, sind damit größer, allerdings steht dem das Risiko gegenüber, in schlechten Zeiten durch das Nichterreichen der Ziele einen deutlich kleineren Bonus zu erhalten.

Der Total-Rewards-Ansatz

Neben den monetären Elementen der Vergütung nutzen immer mehr Unternehmensberatungen einen ganzheitlichen Ansatz, nämlich den „Deal" (auch „Talent bzw. Employee Value Proposition" genannt), um Vergütung, Nebenleistungen, Unternehmenskultur und Karriereperspektiven für den Ausbau ihrer Attraktivität als Arbeitgeber, die Steigerung der Motivation und die Mitarbeiterbindung einzusetzen. Ein Mittel, auf das Unternehmen bei der Gewinnung und vor allem stärkeren Bindung von Beschäftigten zunehmend zurückgreifen, sind Investitionen in die Verbesserung der Vereinbarkeit von persönlichen und familiären Interessen mit den beruflichen Anforderungen. Diese Work-Life-Balance-Leistungen fußen auf zwei grundlegenden Ideen:

- dem Konzept der Total Rewards, dem zufolge die Vergütung weitaus mehr als nur die monatliche Überweisung auf das Konto ist, und
- den wichtigsten Anreiztheorien, nach denen Geld zwar von großer Bedeutung, aber bei Weitem nicht allein und hauptsächlich entscheidend ist für Mitarbeiterbindung und -motivation.

Schon vor der Coronapandemie zählte die Flexibilisierung von Arbeitszeit und -ort zu den wichtigsten Work-Life-Balance-Leistungen. Insbesondere in der Pandemiesituation kam diese Flexibilisierung gerade denjenigen Mitarbeiter:innen entgegen, deren Beschäftigung keine oder nur eine begrenzte zeitliche wie örtliche Kernpräsenz erfordert, und trotzdem die individuelle Bewältigung des Arbeitspensums gestattet. Vor allem Eltern hätten aufgrund der pandemiebedingten Schließung von Kindergärten und Schulen ohne die Mobilität, die Laptop, Handy & Co. bieten, kaum die Möglichkeit gehabt, ihrem Beruf nachzugehen. Durch diese Mobilität konnten in Unternehmensberatungen flexible Lösungen angeboten werden, um Familie und Beruf besser zu vereinbaren und die Bindung an das Unternehmen zu stärken.

Inzwischen haben sich große Teile der arbeitstätigen Bevölkerung an die neue Arbeitswelt gewöhnt. Der Weg vom Frühstückstisch ins Homeoffice ist nun mal kürzer als der Fußweg zur U-Bahn oder die Fahrt zur Arbeit im Schneckentempo auf einer verstauten Autobahn. Trotz der Aufhebung der Covid-19-Restriktionen möchten sehr viele Arbeitnehmer:innen ihre Arbeitswoche weiterhin hybrid gestalten und einen wesentlichen Teil davon von zu Hause aus arbeiten.

Auch das Rekrutieren von Berufseinsteiger:innen erfordert ein breiteres Angebot an Leistungen im Rahmen des Total-Rewards-Pakets. Unter den Stichworten „Post-Millennials" oder auch „Generation Z" lässt sich festhalten, dass vonseiten der Absolvent:innen und jungen Arbeitnehmer:innen immer mehr Erwartungen an den Arbeitgeber über eine angemessene Vergütung hinaus gestellt werden. Dies reicht von Subventionen bei der Anreise zur Arbeit (z. B. Jobticket) über die Unterstützung berufsfremder Aufwendungen (z. B. Fitnessclub) und flexible Arbeitsmodelle bis hin zu größerer Mitbestimmung bei der eigenen Karriereplanung (z. B. 360°- und Upward-Feedback, Entwicklungsgespräche). Dieses an den Spezifika des jeweiligen Unternehmens und seiner Mitarbeiter:innen ausgerichtete Gesamtpaket aus sogenannten harten und weichen Vergütungsbestandteilen macht am Ende den Unterschied im Wettbewerb um die besten Bewerber:innen aus.

Fazit und Ausblick

Angesichts der hohen Anforderungen an Persönlichkeit, Qualifikation, Erfahrung und insbesondere die individuelle Leistungsfähigkeit gilt die Beratungsbranche zu Recht als eines der herausforderndsten Berufsfelder. Allerdings werden Berater:innen, die diesem hohen Anforderungsprofil entsprechen, je nach Branche, Unternehmen und Aufgabenbereich sehr gut vergütet. Dies gilt sowohl für Einsteiger:innen als auch für Mitarbeiter:innen mit langjähriger Berufserfahrung. In Anbetracht eines engen Arbeitsmarktes folgen Unternehmen in ihrer Vergütungsphilosophie immer stärker dem Total-Rewards-Ansatz, der einen ausgewogenen, für Beschäftigte wie Unternehmen attraktiven Deal ermöglicht. Vergütung ist demnach mehr als nur „hard money". Auch hier zeigt sich, wie in anderen Branchen auch, die Bedeutung eines attraktiven Total-Rewards-Pakets, um Toptalente zu finden, zu halten und zu motivieren.

Mit Bachelor in die Unternehmensberatung

von Abdelrahim Abdallah

Während Diplom-Abschlüsse längst der Vergangenheit angehören, glauben viele Studierende immer noch, dass ein Master-Abschluss für einen erfolgreichen Berufseinstieg in Deutschland unumgänglich ist. Doch wer sich für einen Weg in die Strategieberatung interessiert, wird feststellen, dass der Berufseinstieg nach dem Bachelor-Abschluss ebenfalls der richtige Karrierestartpunkt sein kann.

Die eigene Karriere gezielter gestalten und schneller vorantreiben

Der Einstieg in die Strategieberatung erfolgt in der Regel als Generalist:in. In den ersten ein bis zwei Jahren begleitet man Kunden aus verschiedenen Branchen. Dort arbeiten Berater:innen an Lösungen für die wichtigsten Herausforderungen führender Unternehmen und erhalten umfassende Einblicke in verschiedene Bereiche und Geschäftsprozesse. Wer sich am Ende seines Bachelor-Studiums bei der Schwerpunktsetzung noch unsicher ist, findet in der Strategieberatung die Möglichkeit, verschiedene Industrien und Aufgabenstellungen kennenzulernen und somit eine fundierte Entscheidung für den weiteren Berufsweg zu treffen. Manche Kolleg:innen identifizieren im Rahmen der Projekte sogar bestehende Marktlücken und Problemstellungen, die später als Inspiration für eigene Start-up-Ambitionen dienen.

Ein weiterer Vorteil der Beratung ist, dass Leistung belohnt wird und die Option für einen schnelleren Aufstieg besteht. Eine Beförderung nach dem Einstieg als Bachelor entspricht dann zumeist dem Einstiegslevel nach dem Master. Dies dauert in der Regel nicht länger als das Master-Studium selbst und geht mitunter sogar schneller. Bereits nach ca. einem Jahr Berufserfahrung ist – bei entsprechenden Leistungen – eine Beförderung auf die nächsthöhere Karrierestufe möglich. In Ausnahmefällen kann sogar eine Karrierestufe übersprungen werden, denn: Seniorität wird in der Beratung nicht nur am Alter oder den Jahren der Berufserfahrung bemessen, sondern insbesondere an der Leistungsbereitschaft der bzw. des Einzelnen.

Eine steile Lernkurve für sich nutzen

Im Hörsaal erwirbt man sicherlich viel wertvolles Wissen, zum Teil bleiben die Kenntnisse jedoch abstrakt. Wer also nach dem Studium nicht unbedingt in die Forschung gehen möchte, der sollte seine Optionen abwägen. Wer das Studium vielmehr als Sprungbrett für den Berufseinstieg sieht, könnte es vielleicht als lohnender empfinden, an der Entwicklung von Topmanagement-Strategien in einer Unternehmensberatung beteiligt zu sein als Vorlesungen wie MGMT 403 zu besuchen. Denn eines ist sicher: Die Lernkurve bei einer Beratungskarriere ist steil. Neben den Beratungsprojekten, die den Kern des Lernprogramms darstellen, gibt es eine Vielzahl von Angeboten, die einen sowohl persönlich als auch fachlich weiterbringen. Einige dieser Angebote sind formaler Natur, beispielsweise Schulungen und Trainings zu Soft Skills, Storytelling, Problemlösungen und Ähnlichem.

Andere wiederum sind informeller Art, beispielsweise das Karriere-Coaching durch erfahrene Partner:innen, die ihre Tipps und Erfahrungen für eine erfolgreiche Beratungskarriere gerne mit dem Nachwuchs teilen. Es ist keine Seltenheit mehr, dass heutige Partner:innen bereits selbst mit einem Bachelor-Abschluss in die Beratungslaufbahn eingestiegen sind. Ihre Einblicke können für frische Bachelor-Absolvent:innen natürlich besonders relevant sein.

Der Master-Abschluss kann später kommen – Vorteile inklusive

Der Einstieg mit einem Bachelor-Abschluss bedeutet keineswegs, dass man sich vom akademischen Master-Titel verabschieden muss. Im Gegenteil: Die meisten Beratungen bieten Optionen für einen Bildungsurlaub an und wer beispielsweise zwei bis drei Jahre durch Leistung überzeugt, hat die Chance, sich den Master oder MBA ganz oder zumindest teilweise finanzieren zu lassen. Zusammen mit dem bereits im Berufsleben erworbenen Wissen ergeben sich daraus gewisse Vorteile gegenüber einem Master-Studium direkt nach dem Bachelor. Die Studiengebühren renommierter Universitäten spielen in dem Fall eine deutlich geringere Rolle. Wer zudem vom bisherigen Gehalt etwas angespart hat, kann sich das Studentenleben angenehmer gestalten. Am wichtigsten ist jedoch, dass man die akademischen Inhalte in einem anderen Licht betrachtet, wenn man ihre praktische Anwendung bereits gut kennt und sich somit gezielt auf bestimmte Vertiefungen konzentrieren kann.

Grundsätzlich ist der Einstieg in die Strategieberatung für all diejenigen sinnvoll, die beruflich erfolgreich sein und sich fortlaufend verbessern möchten sowie zudem an einer steilen Lernkurve interessiert sind. Wer dies direkt nach dem Bachelor-Abschluss tun möchte, dem stehen heutzutage alle Türen offen.

Eine typische Beraterwoche

von Birte von Schwarzenfeld

„Stefan, hast du irgendwo noch Druckerpapier gesehen?", ruft Tina. „Das Meeting mit dem Vorstand fängt in zehn Minuten an, und die Präsentation ist noch nicht fertig ausgedruckt. Die letzten Änderungen wurden ja noch vor ein paar Minuten gemacht. Und jetzt streikt der Drucker!"

Die Präsentation vor dem Kunden ist häufig das Highlight einer Beraterwoche, bis zur letzten Minute wird darauf hingearbeitet. Doch wie kommt die fertige Präsentation zustande, und was passiert drumherum? Im Folgenden wird am Beispiel von Tina beschrieben, wie die typische Woche eines Consultants aussehen kann.

Montag
Tinas Woche beginnt um 4:45 Uhr morgens. Das Taxi steht um 5:30 Uhr vor der Tür, um sie rechtzeitig zum 7-Uhr-Flieger zu bringen. Am Flughafen geht alles schnell und routiniert, und das Flugzeug hebt pünktlich ab. Das erste Meeting beim Kunden steht bereits um 10 Uhr auf der Agenda. Da bleibt zeitlich nicht viel Spielraum. Zum Glück bekommen Tina und ihre Teamkolleg:innen ohne Probleme ein Taxi, sodass sie die Firmenzentrale des Kunden gegen 9 Uhr erreichen.

Als Erstes trifft Tina sich mit ihrem Projektleiter Stefan, um den Ablauf des heutigen Tages zu besprechen. Sie treffen sich im Teamroom, d. h. in einem Bereich, den der Kunde für sie vor Ort bereitgestellt hat und der eine Art „mobiles Büro" ist, komplett mit Drucker, Wireless-Router und sogar ein paar Snacks.

Im aktuellen Projekt hilft das Team dem Kunden, eine firmeninterne Kommunikation zu entwickeln, die die Vorteile der neuen IT-Strategie beschreibt. Hierfür befragt Tina Abteilungsleiter:innen im Unternehmen, welche Bedenken sie bezüglich der neuen IT-Strategie haben. Für Montag ist eine Reihe von Interviews geplant und aufgesetzt. Den dafür nötigen Interviewleitfaden hat Tina bereits in der letzten Woche erstellt und mit Stefan abgestimmt.

Die Interviews vergehen wie im Flug, gegen 17:30 Uhr ist Tina wieder im Teamroom. Nun macht sie sich daran, aus den Interviewnotizen die häufigsten Bedenken herauszuarbeiten. Um 19 Uhr setzt Tina sich mit Stefan zusammen, um die Ergebnisse und potenzielle Reaktionen zu besprechen. Außerdem zeigt Tina Stefan ein paar Entwürfe von PowerPoint-Folien, die sie für das sogenannte Case Team Meeting am nächsten Tag vorbereiten will – dort kommen alle Berater:innen des Projekts, inklusive der Partner:innen, zusammen, um vorliegende Inhalte zu präsentieren und zu diskutieren. Tina möchte dem Team am kommenden Tag die Hauptbedenken der Abteilungsleiter:innen vorstellen und zusammen mit den Kolleg:innen die möglichen Reaktionen weiter ausarbeiten. Stefan gibt ihr noch eine Reihe von Verbesserungsvorschlägen mit auf den Weg, um die Inhalte auf den Folien möglichst überzeugend darzustellen. Damit wird Tina an diesem Abend noch lange beschäftigt sein.

Um 20 Uhr bestellt das Team Essen in den Teamroom, es gibt Pizza. Gegen 23 Uhr nehmen sie ein Taxi zum Hotel. Einige Berater:innen gehen noch auf einen Drink an die Hotelbar.

Dienstag

Das Case Team Meeting ist für 11 Uhr angesetzt. Die Diskussion ist lebhaft, jeder kann und soll seine Meinung frei äußern. Außer Tina präsentieren noch zwei weitere Kolleg:innen ihre Inhalte. Die Folien werden für die große Vorstandspräsentation am Donnerstag zusammengefasst. Der Partner merkt an, dass Tinas Teil noch mit Best Practices angereichert werden sollte: Was hat bei ähnlichen Aufgabenstellungen am besten funktioniert? Tina und Stefan vereinbaren, wie sie das angehen wollen: Zuerst wird Tina das Wissensmanagement-Team kontaktieren, und dann werden sie Kolleg:innen anrufen, die in diesem Bereich bereits Erfahrung haben.

Nachdem am Montag nur Zeit für ein schnelles Sandwich zum Mittagessen war, geht Tina heute mit Kolleg:innen in die Kantine des Kunden. Am Nachmittag führt sie noch zwei weitere Interviews und integriert die Ergebnisse. Außerdem startet sie mit dem zweiten Arbeitsblock für diese Woche: dem Benchmarking. Das Beratungsteam soll vergleichen, wie effizient die neue IT-Strategie des Kunden im Vergleich zu anderen Unternehmen ist. Nach kurzer Vorrecherche im Intranet der Beratung und im Internet überlegt Tina sich, welche Kennzahlen für den Vergleich sinnvoll wären, und fragt Stefan nach seiner Einschätzung.

Da das Benchmarking bereits am Mittwochnachmittag für eine erste Durchsicht mit dem Projektleiter des Kunden benötigt wird, ist Eile geboten. Tina bereitet ein Template vor, in das eine Kollegin aus dem Wissensmanagement-Team die nötigen Informationen direkt eintragen kann. Nach kurzer Rücksprache verspricht ihr die Kollegin, die Daten bis Mittwochmittag zu liefern. Parallel überlegt Tina sich bereits, wie sie die Ergebnisse auf Folien grafisch darstellen kann. Zusammen mit ihren geänderten Folien sendet sie die Infos für weiteres Feedback an Stefan. Gegen 20 Uhr bricht das Team zu einem gemeinsamen Abendessen auf.

Mittwoch

Das Wissensmanagement-Team hat Tina einige Kolleg:innen genannt, die sie anruft, um Best Practices zu sammeln. Die besten arbeitet sie im Anschluss bereinigt in ihre Folien ein. Außerdem bekommt sie wie versprochen die Benchmarking-Daten und analysiert sie in Excel.

Bis 16 Uhr arbeitet das Team mit Hochdruck daran, die Folien fertigzustellen. Der Projektleiter des Kunden möchte alle Inhalte sehen, bevor sie am nächsten Tag dem Vorstand präsentiert werden. Tina stellt dem Projektleiter die Folien selbst vor, am Donnerstag werden dann Stefan und der Partner dem Vorstand die Ergebnisse präsentieren.

Die Präsentation am Mittwoch läuft gut, der Projektleiter hat noch einige Änderungsvorschläge. Tina kontaktiert erneut das Wissensmanagement-Team, um kurzfristig zusätzliche Daten zu bekommen. Der Partner möchte am Donnerstag um 10 Uhr alle Folien durchgehen, bis dahin müssen alle Änderungen eingearbeitet sein. Es wird also ein langer Abend …

Donnerstag
Nach einer kurzen Nacht sind die Folien um 10 Uhr tatsächlich fertig, und der Partner ist zufrieden. Einige Folien sind allerdings noch nicht ausdrucksstark genug und werden noch ein letztes Mal geändert. Um 15 Uhr geht dann alles zum Vorstand, Tina druckt die Präsentation aus. Während Stefan und der Partner präsentieren, warten Tina und ihre Teamkolleg:innen gespannt: Wie kommen die Folien an? Wird der Vorstand ihren Empfehlungen folgen?

Nach dem Meeting kommt Stefan mit guten Nachrichten zurück: Der Vorstand hat den Vorschlag abgesegnet, das heißt, es kann mit Volldampf in die nächste Phase gehen. Das Team diskutiert grob das weitere Vorgehen.

Um 17 Uhr fährt Tina mit ihren Teamkolleg:innen im Taxi zum Flughafen. Gegen 21 Uhr ist Tina wieder zu Hause.

Freitag
Freitag ist Office Day. Im Heimatbüro erledigt Tina einige administrative Dinge wie die Reisekostenabrechnung und bereitet die nächste Woche vor, indem sie Meetings vereinbart und Analysen vorstrukturiert. Außerdem nutzt sie den Freitag zum Networking – beim Mittagessen kommt das gesamte Büro zusammen. Das ist eine gute Gelegenheit, neue Leute kennenzulernen und sich mit alten Bekannten auszutauschen.

Gegen 19 Uhr geht Tina nach Hause und freut sich auf ein ruhiges Wochenende, bevor am Montag wieder eine neue spannende Woche beginnt.

Work-Life-Balance: Mut zur Selbstentfaltung

von Tim Ruhoff

Balance ist eine Situation, in der unterschiedliche Elemente ausgewogen sind oder in der korrekten Proportion zueinander stehen. Das „Work“ bei Work-Life-Balance ist leicht zu definieren – alles, was zum Job dazugehört: Reisen, Arbeit mit unterschiedlichen Kunden, in diversen Ländern, in vielen Sprachen und mit einer Fülle von spannenden Themen.

„Life“ sollte dementsprechend der Gegenpol sein. Aber ist Arbeit nicht auch ein Teil des Lebens, der sogar Spaß machen kann? Wichtig ist letztlich, dass man außerhalb des Jobs den Kopf frei bekommt und Kraft tankt. Da Unternehmensberatungen eine Menge fordern, wissen sie, dass ihre Consultants diese Balance benötigen, und sind für viele Wege offen – geschenkt wird einem allerdings auch in der Beraterbranche nichts!

Das richtige Unternehmen

Nicht ohne Grund ist der sogenannte Inseltest für beide Seiten ein essenzieller Bestandteil in jedem Bewerbungsgespräch: Könnte ich mit meinem Gegenüber eine Woche auf einer einsamen Insel ausgesetzt werden und gemeinsam dort auskommen? Kann man es sich nicht vorstellen, wird es schwer, die richtige Balance zu finden. Denn auf einem Beratungsprojekt verschwimmt die Grenze zwischen Work und Life oft wesentlich stärker als bei anderen Jobs. Lange Schichten im Project Office, gemeinsame Wochenenden im Ausland und eine sehr intensive Zusammenarbeit sollten weitestgehend harmonisch ablaufen. Bewerber:innen haben nach einem erfolgreichen Gespräch daher oft die Chance, an einem Schnuppertag ihre zukünftigen Kolleg:innen kennenzulernen. Häufig bekommt man aber schon durch die vielen Einzelinterviews im Bewerbungsprozess einen guten Eindruck von den Kolleg:innen. Falls man hier ein schlechtes Gefühl hat, wird man auf lange Sicht in der Firma nicht glücklich.

Beratung und die Zeit mit den Kolleg:innen müssen einem Spaß machen. Jedes Beratungsunternehmen bietet unterschiedliche Chancen und hat einen anderen Spirit. Während man in kleinen Beratungen oft noch familiäre Umgangsformen findet, kann es in großen Beratungen passieren, dass man über Jahre nie auf zwei Projekten mit den gleichen Kolleg:innen arbeitet. Auch deshalb ist es entscheidend, sich vorher zu überlegen, was einem persönlich wichtig ist. Die Probezeit sollte daher immer sehr bewusst genutzt werden, um sich zu überlegen, ob die Beratungspraxis für den eigenen Lebensweg balancierbar ist.

Work-Life-Balance in der Unternehmensberatung

Bevor man sich für eine Karriere als Berater:in entscheidet, sollte man sich überlegen, welchen Stellenwert welche Freizeitaktivitäten im eigenen Leben haben sollen. Es ist schlicht falsch zu sagen, dass es in der Beratung keinen Raum für Freizeit und Selbstentfaltung gibt. In der Praxis muss man sich aber zwei Herausforderungen stellen: Zum einen hat man meist nur einen kurzen Planungshorizont für seine Projekteinsätze und ist die Woche über oft stark eingespannt. Es gibt Kunden, bei denen man morgens um 6:30 Uhr startet, und andere, bei denen man erst ab 10 Uhr mit den Mitarbeiter:innen sprechen kann. Das Arbeiten über unterschiedliche Zeitzonen hinweg verkompliziert die Situation häufig noch. Oft muss man sich kurzfristig auf den nächsten Kunden einstellen und seine Work-Life-Balance den Gegebenheiten anpassen.

Zum anderen ist man abends oft beim Kunden und damit lokal gebunden. Selbst wenn man rechtzeitig aus dem Büro käme, könnte man nicht am Fußballtraining des Heimvereins teilnehmen. Aber: Es gibt durchaus Teams, die einen flexibel mittrainieren lassen. Das gilt für Wien gleichermaßen wie für Kopenhagen.

Aktiver Umgang mit Freizeit im Alltag

Der Alltag als Berater:in ist fordernd: Wenn eine Vorstandspräsentation um Punkt 9 Uhr fertig sein muss, dann muss sie bis dahin auch wirklich fertig sein. Viele wichtige Aufgaben lassen sich langfristig planen und zeitgerecht umsetzen. Es gibt aber auch Kunden, bei denen der Vorstand einem großzügig mitteilt: „Machen Sie sich keinen Stress, es reicht, wenn wir die (noch nicht existierende) Präsentation in einer Stunde haben." Dann ist Einsatz gefragt – und zwar reichlich.

Auf der anderen Seite sollte man auch den Mut haben, seine Freizeit aktiv in das Beraterleben zu integrieren. Eine Beratung, die viel verlangt, sollte auch bereit sein, ihren Berater:innen Raum zur Selbstentfaltung zu geben. Wenn man in den Sommermonaten z. B. abends Sport treiben will, ist es nicht unmöglich, ab und zu um 18 Uhr zu gehen. Wichtige E-Mails können auch noch danach oder frühmorgens beantwortet werden – Hauptsache, die Ergebnisse stimmen. Wenn man am Brückentag arbeitet, der Kunde aber keine Anwesenheit verlangt, lässt sich ein solcher Tag nach Absprache auch im Homeoffice verbringen.

Oft lassen sich Beratung und Freizeit durchaus gut miteinander kombinieren. Hat man den eingangs erwähnten Inseltest bestanden, spricht viel für eine Freizeitgestaltung mit den Kolleg:innen. Dies hilft nebenbei auch dabei, im Beruf besser zu werden, denn Beratung ist ein Teamsport, und man sieht seine Projektkolleg:innen definitiv mehr als seine Partnerin oder seinen Partner und die Familie. Wenn man die Arbeit gelegentlich mit etwas Freizeit kombiniert, kann das auch auf die Zusammenarbeit positive Auswirkungen haben.

Kommst du heut' nicht …

… wird es wohl erst am nächsten Wochenende gehen. Das Wochenende ist der Zeitraum, auf den Berater:innen ihre Freizeitaktivitäten fokussieren, und diese sollte man gut planen. Am Donnerstag kommt man zurück und packt den Koffer aus, freitags sind viele Kolleg:innen im Büro, man hat Meetings, Trainings und Workshops, trinkt anschließend ein Bier an der hauseigenen Bar, und schon ist es 19 Uhr und Wochenende. Am Sonntag muss der Koffer dann gepackt werden, damit es am Montag wieder losgehen kann. Die verbleibende Zeit sollte also sinnvoll genutzt werden.

Besonders wichtig ist die Erkenntnis, dass das persönliche Umfeld oft einen vollkommen anderen Rhythmus hat als man selbst. Anfangs wird man noch zu Kinoabenden und Konzerten am Dienstag eingeladen, aber irgendwann verschwindet man aus dem Verteiler. Auch die besten Freund:innen gewöhnen sich an die Absagen und wollen einem dann auch nicht das Gefühl geben, etwas zu verpassen. Hier sollte man aktiv gegensteuern und sich frühzeitig an die Freizeitplanung für das Wochenende machen, um nicht vom Radar aller Freund- und Bekanntschaften zu verschwinden, und um verpasste Treffen nachzuholen.

Was Unternehmensberatungen bieten

Die Work-Life-Balance ist längst zum Buzzword avanciert und darf auf keiner Bewerbungswebsite fehlen. Im Rahmen ihrer jeweiligen Möglichkeiten bieten große und kleine Unternehmensberatungen ähnliche Modelle. Längere kreative Pausen – wie beispielsweise ein Ausstieg auf Zeit für den Aufbau eines eigenen Unternehmens, eine Promotion, einen MBA oder Ähnliches – sind denkbar. Die Frage ist nur: Wann?

Dabei gilt die Regel: je kleiner die Beratung, desto flexibler die Programme. Auch Weiterbildungsmöglichkeiten werden oft an Bedingungen und festgelegte Zeiten geknüpft. Legt man auf diese Programme Wert, sollte man bereits im Bewerbungsgespräch die grundlegenden Details klären.

Neben den Möglichkeiten für längere Auszeiten bieten Unternehmensberatungen natürlich weitere Programme an, um Bewerber:innen von sich zu überzeugen. Beispiele dafür sind Sommerfeste, Ski-Events mit der Firma, Abendveranstaltungen, exotische Weiterbildungsmaßnahmen und vieles mehr. Hier ist das Angebot in großen Unternehmensberatungen sicherlich breiter, es werden aber nicht zwangsläufig alle Kosten vom Unternehmen getragen. Wie so oft lohnt sich hier genaues Nachfragen.

Darauf sollte man achten

Bevor man sich für den Weg in die Unternehmensberatung entscheidet, sollte man wissen, ob man bereit ist für einen Lebensabschnitt auf der Überholspur. Das Plus an Erfahrung und der Einblick in die unterschiedlichsten Unternehmen, die spannenden Herausforderungen und die steile Lernkurve gehen ganz klar mit einem Minus an flexibler Freizeitgestaltung einher.

Nicht jede Unternehmensberatung ist gleich, und nicht überall gehören Nachtschichten zum täglich Brot. Oft lohnt es sich, genau nachzufragen und sich bewusst bei unterschiedlichen Beratungen zu bewerben. Alle Beratungen suchen fleißige Rundumtalente mit ausgeprägtem Unternehmergeist und generalistische Multispezialist:innen. Nicht immer passt das Unternehmen aber zu den persönlichen Erwartungen, denn nicht alle Beratungen setzen die gleichen Schwerpunkte.

Unabhängig davon, für welche Beratung man sich entscheidet, steht fest, dass zur Regeneration ein Ausgleich nötig ist, der bei jedem Menschen anders gelagert ist. Ohne eine angemessene Work-Life-Balance ist die Profession und Passion eines Consultants auf Dauer nicht lebbar!

Karrieresprungbrett studentische Unternehmensberatung?

von Dominik Klimmek

Ob Student:in im ersten Semester oder frischgebackene:r Absolvent:in – eine Karriere bei den großen Namen der Consulting-Branche ist bei Studierenden verschiedenster Fachrichtungen heiß begehrt. Doch der Einstieg ist mit erheblichen Hürden verbunden: Exzellente Studienleistungen, analytischer Scharfsinn, Unternehmergeist und Projekterfahrung sind nur Auszüge aus der Wunschliste der Topunternehmen, an denen oftmals schon die Aussicht auf ein Praktikum scheitert. Die gute Nachricht: Zumindest in Bezug auf die letzten drei Bereiche können sich Consultants in spe durch die Tätigkeit bei einer studentischen Unternehmensberatung weiterentwickeln, wertvolle Erfahrung sammeln und somit ihren Marktwert erheblich steigern.

Historie

Die Idee, motivierten Studierenden bereits während ihrer Ausbildung die Möglichkeit zu geben, ihre theoretischen Kenntnisse in die Praxis umzusetzen, wurde 1967 in Frankreich geboren und von dort aus in die ganze Welt getragen. 1988 schwappte die Welle nach Deutschland über und führte zur Gründung der ersten deutschen studentischen Unternehmensberatung in Darmstadt. Bis heute sind den Pionieren aus Darmstadt etwa 80 weitere Initiativen an Universitäten und Fachhochschulen im gesamten Bundesgebiet gefolgt, die zumeist in Form eines eingetragenen Vereins organisiert sind.

Um auch angesichts dieser großen Anzahl die Qualität der Beratungsleistungen zu sichern, haben sich 34 studentische Initiativen mit insgesamt über 3.000 Mitgliedern zu dem 1992 gegründeten Bundesverband Deutscher Studentischer Unternehmensberatungen (BDSU) zusammengeschlossen. Der BDSU fördert den Wissens- und Erfahrungsaustausch zwischen den einzelnen Initiativen. Zudem müssen sich die Mitglieder des BDSU zu hohen Qualitätsstandards verpflichten, deren Einhaltung jährlich überprüft wird.

Beratungsbereiche und -leistungen studentischer Unternehmensberatungen

Studentische Unternehmensberatungen decken das gesamte Spektrum der klassischen Beratungsleistungen ab. Neben Marktstudien und Prozessanalysen bieten sie IT-, Personal- und Strategieberatung an, entwickeln Marketing- sowie Markteintrittsstrategien und erstellen Business-Pläne. Einige Initiativen haben sich dabei auf bestimmte Beratungsleistungen oder Branchen spezialisiert und verfügen in diesen Bereichen über eine Expertise, die der kommerzieller Spezialberatungen in nichts nachsteht. Aufgrund ihres engen Kontakts zu Hochschulen und Professor:innen werden studentische Unternehmensberatungen zudem gerne mit der Erstellung wissenschaftlicher Studien beauftragt.

Die Kundschaft der studentischen Berater:innen reicht vom Familienbetrieb über den Mittelstand bis hin zum globalen Großkonzern. Auch Vereine im Profit- und Non-Profit-Sektor schätzen die maßgeschneiderten Lösungen der Studierenden. Beispielsweise veranstaltete das Berliner Campus Projekt einen Marketing-Workshop für den Fußballverein Union Berlin.

Aus Sicht der Kunden spricht eine ganze Reihe von Gründen für studentische Unternehmensberatungen: Ihre Mitglieder zeichnen sich aufgrund des interdisziplinären Ansatzes durch besonders innovative und kreative Lösungen aus und befinden sich durch engen Kontakt zu Hochschulen und Professor:innen stets auf dem neuesten Stand der Wissenschaft. Darüber hinaus legen die Studierenden ein außerordentliches Maß an Motivation an den Tag, da eine gute Leistung einer Empfehlung für potenzielle Arbeitgeber gleichkommt. Im Gegensatz zu den „Großen" sind studentische Beratungen bereit, auch Projekte mit einem Umfang von nur wenigen Tagen zu übernehmen. In puncto Flexibilität bieten sie ihren Kunden ebenfalls einen herausragenden Service, da sie lediglich ein paar Tage Vorlaufzeit benötigen, um ein Projektteam zusammenzustellen und ein Angebot vorzubereiten.

Anforderungen an studentische Unternehmensberater:innen

Um dieser Vielfalt an Beratungsprojekten und Kunden gerecht zu werden, setzen studentische Unternehmensberatungen auf interdisziplinäre Zusammenarbeit. Gesucht werden Generalist:innen wie auch Spezialist:innen aller Fachbereiche, die neben fundiertem Fachwissen aus dem Studium über eine schnelle Auffassungsgabe verfügen und jederzeit dazu bereit sind, sich in neue Sachverhalte und Aufgabenstellungen einzuarbeiten. Letzteres setzt vor allem Durchhaltevermögen und Begeisterungsfähigkeit voraus.

Beratungsprojekte erfolgreich und termingerecht abzuschließen erfordert darüber hinaus Organisationsvermögen, ein gutes Zeitmanagement und die Fähigkeit, auch dann noch einen kühlen Kopf zu bewahren, wenn die Deadline bedrohlich nahe rückt. Da die Projekte stets im Team absolviert werden, sind außerdem ein hohes Maß an sozialer Kompetenz und Kommunikationsstärke ein absolutes Muss.

Wer über diese Schlüsselqualifikationen verfügt, hat gute Chancen, im Auswahlverfahren zu bestehen: Nach erfolgreicher schriftlicher Bewerbung werden die Kandidat:innen zu ausführlichen Einzelgesprächen eingeladen, in denen ihre Motivation für eine Tätigkeit als studentische Beraterin oder studentischer Berater sowie ihre fachliche und persönliche Kompetenz ergründet werden. In einigen studentischen Beratungen müssen sich Bewerber:innen zusätzlich sogar einem kompletten Assessment-Center stellen. Darin können sie ihre Eignung bei der Bearbeitung und Präsentation einer Fallstudie unter Beweis stellen.

Wer diese Hürde genommen hat, erhält zunächst die Anwartschaft und wird mit Pflichtschulungen in den Bereichen Projektmanagement, Rhetorik, Präsentationstechnik und Angebotserstellung auf seine Tätigkeit als studentische Beraterin oder studentischer Berater vorbereitet. Erst nachdem die Anwärter:innen alle Schulungen absolviert und ein vereinsinternes Projekt erfolgreich abgeschlossen haben, erhalten sie den vollen Mitgliedsstatus.

Wie kann man sich die Tätigkeit in einer studentischen Unternehmensberatung vorstellen?

Die Tätigkeit studentischer Unternehmensberater:innen umfasst zwei Bereiche: das ehrenamtliche Engagement innerhalb des Vereins und die Durchführung vergüteter Beratungsprojekte für Kunden.

Wie in jedem Unternehmen besteht auch in studentischen Unternehmensberatungen die Möglichkeit, sich in den Bereichen Finanzen und Recht, Marketing, Qualitätsmanagement, Akquise, Personal oder IT einzubringen. Erst durch dieses vereinsinterne Engagement der Mitglieder können die notwendigen Voraussetzungen und Strukturen für ein funktionierendes Projektgeschäft geschaffen werden. So ist beispielsweise ein professioneller Marketingauftritt unerlässlich zur Steigerung des Bekanntheitsgrads bei potenziellen Kunden. Externe Beratungsprojekte bestehen in der Regel aus den Arbeitsschritten Angebotserstellung, Projektdurchführung und Projektdokumentation.

Potenzielle Kunden bitten meistens mehrere (studentische) Unternehmensberatungen um ein Angebot für die Durchführung eines bestimmten Projekts. Die Beratung mit dem besten Konzept erhält dann den Zuschlag. Das studentische Beratungsteam erstellt daraufhin ein Angebot, das folgende Punkte umfasst:

- das genaue Ziel, das das Beratungsteam nach Abschluss der Projektarbeit erreicht haben will,
- die geplante Vorgehensweise zur Erreichung dieses Projektziels (hierbei wird das Projekt in verschiedene Arbeitsschritte unterteilt),
- den genauen Zeitrahmen, in dem die einzelnen Arbeitsschritte und der Projektabschluss erfolgen,
- die Budgetplanung für die Durchführung des Projekts.

Überzeugt dieses Angebot, wird das studentische Beratungsteam mit der Durchführung des Projekts beauftragt. Da die meisten Projekte beim Kunden vor Ort stattfinden, müssen sich studentische Berater:innen in puncto Kleidungsstil und Auftreten entsprechend anpassen und tragen in der Regel Anzug.

Der wichtigste Aspekt der Projektarbeit ist die regelmäßige Rücksprache mit dem Kunden, damit dieser jederzeit intervenieren kann, wenn der Projektverlauf nicht seinen Vorstellungen entspricht. Zu diesem Zweck erfolgt nach dem Abschluss der wichtigsten Arbeitsschritte eine Zwischenpräsentation. Außerdem muss der tatsächliche Zeit- und Budgetaufwand ständig mit dem Projektplan verglichen werden, um bei Abweichungen rechtzeitig gegenzusteuern.

Nach dem Abschluss der Projektarbeit und der Erreichung des Projektziels hält das studentische Beratungsteam eine Abschlusspräsentation, bei der oft auch der Vorstand des beratenen Unternehmens anwesend ist. In der abschließenden Projektdokumentation werden alle Informationen und Unterlagen zum Projektverlauf gesammelt, sodass bei der Durchführung späterer Projekte auf dieses Wissen zurückgegriffen werden kann.

Studentische Beratung als Sprungbrett für den Einstieg in die Unternehmensberatung?

Eine Tätigkeit bei einer studentischen Unternehmensberatung, die über die reine Mitgliedschaft hinausgeht, wird bei kommerziellen Unternehmensberatungen gern gesehen. Je nach Art, Dauer und Intensität von Projekten, für die man als studentische Unternehmensberaterin oder als studentischer Unternehmensberater mitverantwortlich war, kann ein Engagement bei einer studentischen Beratung die Chancen im Bewerbungsprozess für eine kommerzielle Beratung erhöhen.

Zudem können studentische Berater:innen durch die Angebotserstellung, Planung und Durchführung von Projekten ihr Organisationsvermögen schulen, ihr Zeitmanagement verbessern, sich eine analytische und strukturierte Arbeitsweise aneignen und ihre Teamfähigkeit unter Beweis stellen. Darüber hinaus verfügen studentische Berater:innen über ein souveränes und professionelles Auftreten, da sie bereits eine Reihe von Präsentationen vor Kundenmitarbeiter:innen in Führungspositionen gehalten haben. Daher schlagen sich erfahrene studentische Unternehmensberater:innen oft besser in den Auswahlverfahren großer Consulting-Unternehmen, insbesondere bei der Durchführung von Case Studies.

Doch auch durch ehrenamtliches Engagement innerhalb des Vereins ergeben sich hervorragende Perspektiven für die Consulting-Karriere. Somit können Studierende auch abseits des Studiums praktische Erfahrungen in bestimmten Fachgebieten erwerben. Wer als Vorstand oder Ressortleiter:in Verantwortung übernimmt, kann zudem seine Führungsqualitäten ausbauen und Unternehmergeist beweisen. Vor allem aber können sich studentische Berater:innen durch vereinsinternes Engagement ein Netzwerk aus hoch qualifizierten Nachwuchskräften aufbauen, von dem sie auch im weiteren Verlauf ihrer Karriere profitieren.

Insbesondere für den Bereich Consulting stellt die Tätigkeit als studentische Beraterin oder als studentischer Berater noch ein zusätzliches Karrieresprungbrett bereit: Renommierte Unternehmensberatungen bieten studentischen Unternehmensberatungen zu Recruiting-Zwecken Schulungen und Workshops an, bei denen die Mitglieder nicht nur vom Know-how der hauptberuflichen Consultants profitieren, sondern auch wertvolle Kontakte für den Einstieg in die Unternehmensberatung knüpfen.

3. Tipps zu Bewerbung und Interviewvorbereitung

It's not (only) about the case

von Thomas Fritz

Wer als Berater:in mit seinen Klienten nachhaltige Veränderungen bewirken will, muss sowohl fachlich als auch persönlich überzeugen. Das beste Konzept ist nutzlos, wenn es nicht gelingt, die Menschen in der Organisation dafür zu gewinnen. Daher legen Beratungen neben den Problemlösungsfähigkeiten (im Case-Interview) ebenso großen Wert auf die persönliche Qualifikation der Bewerber:innen. Und dabei geht es um weitaus konkretere Aspekte als den oft beschworenen persönlichen Fit. Viele Bewerber:innen unterschätzen die Bedeutung dieser persönlichen Seite: Lieber werden 100 Cases geübt, als sich einmal hinzusetzen und konzentriert zu überlegen, wie die eigenen Stärken und Erfahrungen zu den Anforderungen der Beratung passen.

Aber auch hier gilt: Erfolg kommt zu denen, die sich vorbereiten. Alle anderen müssen Glück haben, dass ihnen in der Stresssituation des Interviews die richtigen Erfahrungen zu ihren Stärken einfallen und sie diese auch noch überzeugend darstellen können.

Besser ist es da, sich schon im Vorfeld die richtigen Fragen zu stellen:
a. Worauf kommt es der Beratung, bei der ich mich bewerbe, an?
b. Wie passen meine Stärken zu diesen Anforderungen, und wo habe ich diese unter Beweis gestellt?
c. Wie kann ich meine Erfahrungen überzeugend im Interview darstellen?

Ein positiver Nebeneffekt dieser Gedanken ist die positive Auswirkung auf deine eigene Einstellung: Wenn du dir im Vorfeld gute Erfahrungen in Erinnerung rufst, versicherst du dich unterbewusst noch einmal deiner eigenen Qualifikation und gehst optimistischer in die Gespräche.

Whatever it takes

Wer die Unternehmensporträts in diesem Buch aufmerksam liest, bekommt einen guten ersten Eindruck von den individuellen Schwerpunkten, die die Beratungen bei persönlichen Anforderungen setzen. Suche zusätzlich das persönliche Gespräch mit Berater:innen und Recruiter:innen, z. B. auf Recruiting-Events oder Messen. Hier erhältst du häufig wertvolle Hinweise zu den im Interview diskutierten Themen. Es gibt natürlich auch Qualifikationen, die gute Berater:innen ganz grundsätzlich auszeichnen. Dazu gehören Teamfähigkeit, Überzeugungsfähigkeit sowie Flexibilität im Denken und Handeln.

If you want people to think you are funny, don't tell them you are funny, tell them a joke

Im nächsten Schritt ergründest du, wie deine eigenen Stärken zu den Anforderungen passen und wo du diese zeigen konntest. Eine persönliche Stärke ist keine Eigenschaft, die du gerne hättest. Du musst vielmehr glaubhaft davon berichten können, wo du deine Stärken auch tatsächlich unter Beweis gestellt hast.

Wenn du dir nicht sicher bist, wie deine Erfahrungen und die gesuchten Eigenschaften zusammenpassen, helfen die folgenden Fragen:

- In welchen Situationen erhalte ich positives Feedback von Kolleg:innen, Kommiliton:innen und Freund:innen?
- Auf welche Erfahrungen bin ich besonders stolz?
- Wo habe ich zur Lösung von Problemen beigetragen?

Aber Vorsicht: Bleibe bei den Tatsachen und ehrlich zu dir selbst. Wenn du wesentliche Aspekte im Nachhinein ergänzen musst, um deine Stärken deutlich zu machen, ist die Erfahrung ziemlich sicher nicht geeignet. Es kann immer sein, dass deine Interviewerin oder dein Interviewer ebenfalls passionierte Pianistin oder passionierter Pianist war und interessierte Detailfragen zu deiner Konzertreise stellt. Die solltest du sicher beantworten können oder lieber weiter nach anderen geeigneten Erfahrungen suchen. Ebenso macht es dein Gegenüber misstrauisch, wenn du dich bei deinem Bericht von der Gruppenarbeit an der Hochschule nicht mehr an die Namen der anderen Teammitglieder erinnern kannst.

Beschränke dich bei der Suche nach geeigneten Episoden nicht nur auf das Studium oder berufliche Umfelder. Manchmal finden sich die besten Erfahrungen auch im außeruniversitären Engagement, beim Sport oder anderen Hobbys. Mit einer guten Auswahl von Beispielen kannst du zudem persönliche Leidenschaften transportieren und deiner Interviewerin oder deinem Interviewer einen Einblick in deine Persönlichkeit geben.

Es sollte allerdings nicht zu persönlich werden: Krankheiten oder die engere Familie sind tabu. Hier wird schnell eine emotionale Ebene berührt, die sowohl für dich als auch für dein Gegenüber im Interview unangenehm werden kann.

You should have been there

Wenn die passenden Erfahrungen gefunden sind, gilt es, diese überzeugend darzustellen. Je lebendiger du die relevanten Soft Skills mit konkreten Taten illustrierst, desto einfacher machst du es deiner Interviewpartnerin oder deinem Interviewpartner, sich an deine Qualifikation zu erinnern.

Zunächst schreibst du dir dazu für jedes Beispiel auf, was die genaue Herausforderung war und aus welchen konkreten Taten oder Interaktionen dein persönlicher Beitrag bestand. Sollte der Auswahltag aus mehreren Gesprächen bestehen, zahlt es sich aus, wenn du zu den wichtigsten Themen mehr als ein Beispiel parat hast – so musst du nicht in jedem Interview dieselbe Erfahrung schildern. Die Interviewer:innen entscheiden in der Regel am Ende gemeinsam und je breiter das Bild ist, das du anbietest, desto besser sind deine Chancen.

Anschließend solltest du mit einer Partnerin oder einem Partner üben, deine Erfahrungen souverän, authentisch und fokussiert wiederzugeben. Dabei achtet die Sparringspartnerin oder der Sparringspartner vor allem auf die folgenden Punkte:

- **Nicht zu viele Details** – Interviewzeit ist kostbar: Beschreibe den Kontext nur so detailliert, wie es zum Verständnis deiner persönlichen Erfahrung unabdingbar ist. Interviewer:innen sind sehr viel mehr an deiner persönlichen Rolle im Projekt interessiert als an der generellen Situation des Unternehmens, in dem du dein Praktikum absolviert hast.
- **Vermeide Generalisierungen** – Beschreibe konkret, was du meinst, wenn du von den Chancen und Herausforderungen sprichst. Statt einem generalisierenden „die Zusammenarbeit mit Chines:innen ist ja immer sehr schwierig" schilderst du besser genau, was die Teamarbeit in der konkreten Situation herausfordernd gemacht hat.
- **„Ich" statt „man"** – Trau dich, konkret hervorzuheben, worin dein persönlicher Beitrag bestand. Natürlich gewinnt man öfter als Team und seltener alleine. Deine Interviewpartner:innen wollen aber vor allem ein Gefühl dafür bekommen, welche Rolle du persönlich in diesem Team gespielt hast.
- **Chancen statt Probleme** – Schildere nicht nur die Probleme, die du in der Situation gesehen hast. Wer vor allem die Schwierigkeiten sieht bzw. diese besonders detailliert schildert, wird auch nachher eher mit diesen in Verbindung gebracht. Erzähle lieber von den interessanten Möglichkeiten, denen du begegnet bist, und komme dann zu den Hindernissen, die auf dem Weg dorthin zu überwinden waren.
- **Jeder Mensch verdient Wertschätzung** – Schon auf dem Schulhof gilt: Wer immer schlecht über andere spricht, hat irgendwann keine Freund:innen mehr. Versuche auch in der Beschreibung von herausfordernden Persönlichkeiten nicht nur über deren negative Eigenschaften zu sprechen. Zeige, dass du in der Lage bist, jeden Menschen wertzuschätzen und dessen Verhalten in den Kontext der konkreten Situation einzuordnen.
- **Schau mir in die Augen** – Wer selbst nicht überzeugt ist, kann auch andere nicht überzeugen. Zeige, dass du gut vorbereitet bist. Lächele und schau dein Gegenüber an, wenn du zuversichtlich und optimistisch deine Erfahrung schilderst.

Im letzten Schritt musst du im Gespräch die richtige Gelegenheit finden, deine Erfahrung zu teilen. Wann immer du im Interview nach deinen Stärken oder Erfahrungen zu persönlichen Eigenschaften gefragt wirst, ist der Moment gekommen. Lass das generische „ich habe immer gerne im Team gearbeitet" hinter dir und glänze mit deiner Vorbereitung, wenn du lebendig und authentisch von deinen spannendsten Teamerfahrungen berichtest.

Anforderungen an Bewerber:innen

von Jonathan Steinbach

Der Berufseinstieg in die Unternehmensberatung ist ein ideales Karrieresprungbrett. Kein anderes Umfeld bietet die Möglichkeit, so schnell Verantwortung zu übernehmen und einen umfassenden Einblick in die Welt der Wirtschaft oder auch des öffentlichen Sektors zu erhalten. Nur: Wie wird man Consultant? Welche Profile und Qualifikationen werden gesucht – und warum?

Worauf es nicht ankommt

Das Studienfach ist bei den meisten Unternehmensberatungen kein Auswahlkriterium. Im Consulting geht es vor allem darum, Probleme zu lösen – und diese Fähigkeit wird in jeder wissenschaftlichen Ausbildung entwickelt, unabhängig von der Fachrichtung. Gleich zu Beginn wird dabei sichergestellt, dass alle Kolleg:innen die benötigten BWL-Grundlagen haben, um gut vorbereitet in ihre Beratungstätigkeit zu starten.

Was eine Unternehmensberatung stark macht, ist die Vielfalt ihrer Beschäftigten, die Kombination aus wissenschaftlichem Arbeiten, interdisziplinärem Denken und Praxisorientierung. Diese Mischung führt zu optimalen Lösungen, die oft neu und überraschend sind. Aus diesem Grund suchen Beratungen Absolvent:innen und Promovierte aller Disziplinen: Ingenieur:innen, Naturwissenschaftler:innen und Mathematiker:innen ebenso wie Wirtschafts- und Geisteswissenschaftler:innen, Mediziner:innen oder Jurist:innen. Bei McKinsey beispielsweise hat nur die Hälfte der Berater:innen einen wirtschaftswissenschaftlichen Hintergrund. Zur Vielfalt zählt auch, dass Beratungen zunehmend Einsteiger:innen mit relevanter Berufserfahrung suchen, insbesondere aus Industrieunternehmen. Die Kombination aus verschiedensten Fachrichtungen und unterschiedlichen Vorerfahrungen führt nicht nur zu außergewöhnlichen Ansätzen in der Beratungsarbeit, sondern auch zu einem sehr bereichernden Miteinander.

Dieses breite Spektrum spiegelt sich in der Vielfalt der Projekte und Klienten wider. Von der Entwicklung einer Unternehmensstrategie oder Organisationsstruktur über funktionsbezogene Aufgaben in Forschung, Produktion und Logistik, Marketing, IT und Finanzen bis hin zu speziellen Programmen zur Effizienz-, Umsatz- oder Ertragssteigerung – das alles sind Projekte, mit denen Unternehmensberatungen beauftragt werden. Die Arbeit erfolgt stets direkt beim Klienten vor Ort, oft in internationalen Teams.

Auch ein bestimmter Notendurchschnitt ist keine zwingende Voraussetzung, um sich bei einer Beratung zu bewerben. Akademische Leistungen sind wichtig – aber eine Einladung zum Kennenlernen ist nicht ausschließlich daran geknüpft.

Worauf es wirklich ankommt

Relevante Auswahlkriterien sind neben den akademischen Leistungen insbesondere analytische Fähigkeiten, praktische Erfahrungen und Engagement, das über das Curriculum hinausgeht. Tätigkeitsfelder können hier im sozialen, kulturellen, sportlichen oder auch politischen Bereich liegen. Entscheidend ist zu sehen, dass sich Bewerber:innen für verschiedene Themen begeistern können und bereit sind, Verantwortung zu übernehmen.

Grundvoraussetzung für die konstruktive Arbeit im Team und mit dem Klienten sind soziale Kompetenzen. Hierzu zählen insbesondere Kommunikations- und Kooperationsfähigkeit, Teamgeist und Einfühlungsvermögen. Da Unternehmensberater:innen immer wieder neu mit den unterschiedlichsten Aufgaben und Fragen konfrontiert werden, ist große Flexibilität im Denken und Handeln ebenfalls unverzichtbar.

Wie man sich bewirbt

Der Einstellungsprozess bei Unternehmensberatungen umfasst in der Regel zwei Schritte: die schriftliche Bewerbung und den Auswahltag mit Interviews. Für die schriftliche Bewerbung, die jederzeit eingereicht werden kann, sind folgende Unterlagen erforderlich:

- **Lebenslauf:** Er enthält Angaben zum akademischen Werdegang (mit Abschluss- bzw. Zwischennoten), zu Praktika, Berufserfahrung und Auslandsaufenthalten sowie zu Interessen und Engagements außerhalb der Ausbildung.
- **Zeugnisse:** Alle Schul- bzw. Hochschulzeugnisse ab dem Abitur sowie Praktikumszeugnisse und Zertifikate sollten dem Schreiben beigefügt sein.
- **Motivationsschreiben (optional):** Darin erläutern die Bewerber:innen, warum sie sich für das Berufsfeld der Unternehmensberatung interessieren.

Wenn die schriftlichen Unterlagen überzeugen, werden die Bewerber:innen zu Interviews eingeladen. Dabei erwarten die Interessent:innen mehrere etwa einstündige Gespräche mit meist je einem Consultant. Teil dieser Gespräche ist die Diskussion einer Fallstudie. Dafür muss man keinen Mathe-Leistungskurs belegt haben; allerdings sollte man auch einmal ohne Taschenrechner zurechtkommen können.

Immer mehr Beratungen setzen zudem Vorab-Interviews per Videochat oder Online-Spiele zur Problemlösekompetenz ein, wodurch der Auswahlprozess individuell auf die einzelne Bewerberin oder den einzelnen Bewerber abgestimmt wird.

Die Bewerber:innen erhalten in der Regel noch am selben Tag ein persönliches Feedback. Falls sich die Consultants nach den Interviews einig und die Eindrücke positiv sind sowie das Interesse auf beiden Seiten fortbesteht, folgt abschließend ein Interview mit einer Partnerin oder einem Partner. Geeigneten Bewerber:innen wird dann meist direkt ein Angebot gemacht.

Das Auswahlgespräch – mehr als eine Case Study

von Tim Ruhoff

„Sehr geehrte Bewerberin, wir haben Ihre Bewerbung mit Interesse gelesen und möchten Sie zum Bewerbungsgespräch einladen." – Wer ein solches Schreiben von einer Beratung erhält, sollte sich geehrt fühlen. Der Pflichtteil ist somit geschafft; nun folgt die Kür.

Warum es „Bewerbungsgespräch" heißt

Viele Bewerber:innen glauben, dass die Vorbereitung auf ein Bewerbungsgespräch hauptsächlich im Trainieren von Case Studies besteht. Ja – in jedem Interview gibt es eine oder mehrere Case Studies. Ja – mit etwas Übung gelingen diese schneller und sicherer. Das ist jedoch bei Weitem nicht alles! Ein Bewerbungsgespräch ist in erster Linie ein Gespräch, sonst hieße es „Bewerbungs-Case-Study". Genau hier liegt der häufigste Fehler von Bewerber:innen. Auswendig gelernte Antworten, zurechtgelegte Floskeln und das krampfhafte Anwenden von Analyse-Tools sind schlicht unerwünscht. Stell dir den Kunden vor, der dich als Berater:in für viel Geld einkauft. Will der Dinge hören, die er selbst nachlesen kann? Darüber hinaus sind erlernte Beispiele oft nicht übertragbar, und im Interview hagelt es Minuspunkte, wenn der Eindruck entsteht, dass man nicht mitdenkt.

Jedes Beratungsprojekt verlangt, dass man sich in die Probleme des Kunden einfindet und nach Lösungen sucht. Ob das Problem mit oder ohne das Five-Forces-Modell von Porter zu lösen ist, interessiert den Kunden nur marginal. Die Hauptsache ist, es wird gelöst. Es ist noch niemand gescheitert, weil kein Analyse-Tool genutzt wurde. Viele Bewerber:innen haben aber dadurch geglänzt, dass sie sich davon gelöst und unkonventionelle Wege gefunden haben.

Der Bewerbertag

Du bekommst vor einem Interview immer Infos zum Tagesablauf. In den meisten Fällen sollten diese Informationen vollkommen ausreichend sein. Sei dir bewusst, dass deinen Interviewpartner:innen deine Korrespondenzen mit den Personaler:innen, insbesondere E-Mails, zur Verfügung gestellt werden. Schreibe also formal korrekte E-Mails und führe höfliche Telefonate – egal, mit wem. Lies auf jeden Fall vorher alle Unterlagen sorgfältig durch, und wirf zur Sicherheit noch einen Blick auf die Website. Sollte sich bei der Vorbereitung zeigen, dass du nicht sorgfältig vorgehst, wird jede Beratung das vermerken.

Angemessen gekleidet, fit, ausgeschlafen und pünktlich

Consultants kleiden sich schlicht und elegant. Mit einem schwarzen bzw. dunkelgrauen Anzug oder Kostüm liegt man nie falsch. Das äußere Erscheinungsbild ist wichtig, denn Kleider machen bekanntlich Leute. Deshalb solltest du auch Tattoos, Piercings oder auffälligen Schmuck nur so zeigen, wie es im Business passend ist. Dein Gegenüber wird sich sonst immer fragen: Was würde der Kunde jetzt denken? Lass es nicht so weit kommen.

Was brauchst du, um richtig fit zu werden? Literweise Kaffee? Eine Runde Joggen im Park? Musik deiner Lieblingsband? Organisiere es! Man sollte für sein Interview so fit wie möglich sein. Das Auswendiglernen von Kennzahlen oder Formeln gehört unter keinen Umständen an den Frühstückstisch. Du musst nicht alles wissen, sondern dich gut verkaufen. Im Interview können dir die Bücher nicht mehr helfen. Ein erholter Geist kann allerdings einiges bewirken.

Sei pünktlich. Am besten stehst du mit einem Puffer von 20 Minuten am Empfang der Beratung, bekommst ein Namenskärtchen und setzt dich zu den anderen Bewerber:innen. Das ist die erste Schlüsselszene. Sicherlich können nicht alle genommen werden, aber die meisten Beratungen haben keine Quote für einen Bewerbungstag. Das bedeutet, die Mitbewerber:innen sind mögliche Verbündete, denn einige Beratungen machen Team-Stresstests, bei denen analysiert wird, wie du dich in ein Team einfinden kannst. Wenn man von Anfang an den Eindruck erweckt, dass man nur sein eigenes Weiterkommen im Sinn hat, werden einem die übrigen Bewerber:innen diese Einstellung nicht danken. Selbiges gilt übrigens für die Consultants, die sich im Interview überlegen, ob sie sich ein Projekt mit dir vorstellen können. Außerdem: Man sieht sich immer zweimal im Leben.

Der persönliche Eindruck

Könnte ich mir vorstellen, mit meinem Gegenüber auf einer einsamen Insel ausgesetzt zu sein und mich mit ihm dort durchzuschlagen? Nicht mit jeder Kollegin und jedem Kollegen muss man gleich Freundschaft schließen, aber man sollte schon auf einer Wellenlänge liegen, denn Projekteinsätze sind immer strapaziös. Enge Deadlines, Vorstandspräsentationen, lange Flüge und Wochenenden im Ausland lassen sich nur schwer ertragen, wenn man einander persönlich nicht leiden kann. Daher solltest du dir deine Interviewpartner:innen genau ansehen und überlegen, ob du dir eine intensive Zusammenarbeit vorstellen kannst.

Ausschlaggebend für ein erfolgreiches Gespräch ist daher die richtige Einstellung: Bewerberin oder Bewerber und Unternehmen befinden sich an einem Bewerbertag in einer gleichgewichtigen Situation. Schon aus dieser Erkenntnis heraus sollte man offen, ehrlich, aber auch selbstbewusst und durchaus entspannt in solche Bewerbertage starten. Unternehmen suchen nicht den perfekten Menschen mit dem perfekten Lebenslauf und perfekten Fähigkeiten. Sie suchen den perfekten Match. Nutze dieses Wissen!

100 Prozent bis zum Ende

Sollte es letztlich nicht klappen, unterschätze nicht den Wert des abschließenden Gesprächs. Aus Fehlern kann man lernen, aber vielleicht gibt es auch Hinweise, warum du zu genau dieser Beratung nicht gepasst hast. Die Erkenntnisse können sowohl für die Vorbereitung weiterer Interviews als auch für die Auswahl der Beratungen sehr wichtig sein.

Bewerbungscheckliste und Partnertraining

von Tim Ruhoff

In einem Interview soll möglichst naturgetreu simuliert werden, was die Kandidat:innen beim Kunden erwartet. Auch vor einem Beratungsprojekt müssen eine Menge Dinge vorbereitet und erledigt werden - genauso ist es mit dem Bewerbungstag. Nutze die folgende Checkliste, damit du nichts vergisst und dich auf das Wesentliche konzentrieren kannst.

Vier Wochen vor dem Interview – nicht alles geht von heut auf morgen

Check 1: Partnerinterviews
Die beste Vorbereitung auf ein Interview in der Beratung ist das Partnerinterview. Es geht darum, gemeinsam mit einem anderen Menschen einen Fall zu lösen. Zwar müssen die Bewerber:innen die Arbeit machen, aber die Kommunikation und das sinnvolle Fragenstellen sind essenziell. Nutze die Cases in diesem Buch, und plane möglichst drei Partnerinterviews mit anderen Kandidat:innen. Die Anfrage für ein Partnerinterview sollte etwa mit dem Versand der Bewerbungsunterlagen beginnen.

Finde deine:n Trainingspartner:in unter www.e-fellows.net/lernpartner
- Du kannst in Lernangeboten suchen, oder stellst selbst ein Lerngesuch ein.
- Das Formular sollte selbsterklärend sein. Wähle unter „Suche Partner für" die Option „Cases"; in den weiteren Feldern kannst du unter anderem die Region/Stadt, den Zeitraum sowie die Art der Zusammenarbeit (online oder „in echt") angeben.
- Trage im Erläuterungsfeld ein, was du trainieren möchtest (Case Studies, Bewerbungsgespräch inkl. Case Study, inhaltliche Schwerpunkte oder Branchen).
- Meist bekommst du schon nach wenigen Tagen die ersten Rückmeldungen.

Es ist sinnvoll, sich vor dem Training über den Ablauf und den Übungsmodus zu verständigen. Ein persönliches Treffen ist sicherlich die beste Vorbereitungsform, allerdings auch die zeitaufwendigste. Für die Interviews sollte Folgendes vorbereitet werden:
- Austausch der Bewerbungsunterlagen vorab
- zwei Fragen zum Tagesgeschehen
- mindestens zwei kritische Fragen zum CV der Partnerin oder des Partners
- ein Brainteaser und eine Case Study

Was den Ablauf und gewisse Grundregeln betrifft, noch einige Tipps: Erst stellt einer die Fragen. Wenn das Interview nach 45 bis 60 Minuten abgeschlossen ist, tauscht man die Rollen. Der Brainteaser sollte ungefähr fünf bis zehn Minuten der Zeit in Anspruch nehmen, die Case Study maximal 25 Minuten. Damit bleiben mindestens 15 Minuten für das Gespräch. Wer sein Gegenüber hier ins Schwitzen bringt, bietet die beste Vorbereitung auf das reale Interview und verhilft somit zu einem strategischen Vorteil - oft weiß man nämlich selbst nicht, worüber Fremde beim Lesen des CVs stolpern. Im Nachgang kann man sich nun gut auf mögliche Fragen vorbereiten. Das Partnertraining hat den großen Vorteil, dass die Interviewsituation greifbarer wird und man sich schneller auf das Wesentliche konzentrieren kann. Das Selbstvertrauen wächst ebenfalls, was für das Bewerbungsgespräch sehr wichtig ist. Das Partnerinterview ist nicht dazu da, sich gegenseitig fertigzumachen, sondern um sich gegenseitig auf Stresssituationen vorzubereiten. Das ist zweifellos ein schmaler Grat für zwei Menschen, die einander nicht kennen. Daher ist es wichtig, sachlich, professionell und eher eine Spur gutmütiger zu sein, als man es im Interview erwartet – schließlich tut man sich gegenseitig einen großen Gefallen.

Check 2: Zeitungen
Zeitunglesen ist gut für den Background. Du solltest up to date sein, denn in so manchem Interview werden dir auch Fragen zum aktuellen Geschehen gestellt. Außerdem ist es immer gut, wenn man bei einer Case Study den Bogen zu aktuellen Themen schlagen kann.

Check 3: Kopfrechnen
Kopfrechnen ist nicht bei allen Beratungen in gleichem Maße Pflicht, aber an einem souveränen Umgang mit Zahlen werden Bewerber:innen gemessen. Das Schöne daran ist: Man kann es sehr gut üben und beim Interview beispielsweise durch sehr gute Kopfrechen-Fähigkeiten glänzen.

Check 4: Interviewpartner:innen
Meistens sind die Interviewpartner:innen auf der Website des Unternehmens oder auf Plattformen wie Xing zu finden. Wenn du herausfindest, wo sie sich engagieren, ist das sicherlich ein guter Aufhänger für das Gespräch.

Check 5: Beratungen
Beratungen unterscheiden sich nicht nur in ihren Themenschwerpunkten, sondern auch in den Umgangsformen und Erwartungen an die Bewerber:innen. Die Branchenrubrik „Beratung“ auf der e-fellows.net-Website und dieses Buch zeigt dir in den Unternehmensporträts, wen die Firmen suchen.

Check 6: The Case Study State of Mind
„The Case Study State of Mind“ soll bedeuten, dass man bewusst quer und kritisch denken soll, wenn man Informationen aus der Presse erhält oder Dinge im Alltag wahrnimmt.

- Deutschland hat die Energiewende beschlossen und im folgenden Jahr die Subventionen für alternative Energien reduziert – welche Folgen hat das?
- Im Zuge der Euro-Krise zeigte sich, dass Griechenland bei der Aufnahme in die Euro-Zone falsche Wirtschaftsdaten angegeben hat. Warum waren diese Daten so wichtig, und warum wäre es für Griechenland in der Krise gut gewesen, keinen Euro zu haben?
- Wie viel kostet eigentlich ein Döner in der Herstellung, und wann ist ein Schnellimbiss profitabel?
- Wie kann es sein, dass es günstiger ist, Krabben aus England in Thailand pulen zu lassen, um sie dann zum Verkauf wieder nach England zu schicken?

Wenn du solche Fragen mit deinen Freund:innen diskutierst oder selbst eine Antwort suchst, bereitest du dich bestens auf ein Interview in der Beratung vor. Dinge hinterfragen und sehend durch das Leben gehen sind Eigenschaften, die man trainieren kann.

Zwei Wochen vor dem Interview – letzte Vorbereitungen

- Kennst du deine Unterlagen?
- Kennst du das Unternehmen und möglichst dein Gegenüber im Interview?
- Weißt du, warum du genau in dieser Beratung anfangen möchtest?
- Kennst du den Ablauf und das Timing des Interviews?
- Kennst du deine Stärken, und weißt du, wie du sie anschaulich belegen kannst?
- Kennst du die Schwachpunkte deines CVs, und weißt du sie zu rechtfertigen?
- Kennst du Ablauf und Timing von Brainteasern und Case Studies?
- Hast du einige schlaue Fragen vorbereitet?

Eine Woche vor dem Interview – Feintuning

- Die Reiseplanung steht an.
- Erhöhe deinen Nachrichtenkonsum.
- Suche nach realen aktuellen Erfahrungsberichten.

Zu diesem Zeitpunkt solltest du wissen, was auf dich zukommt. Case Studies sollten kein Fremdwort mehr sein, 12 × 19 rechnest du in wenigen Sekunden im Kopf. Warum du das Wartesemester gut genutzt hast, auch wenn du kein Praktikum vorweisen kannst, legst du in drei kompakten Sätzen dar, und was in der Welt der Wirtschaft gerade passiert, weißt du auch. Greife auch auf Erfahrungsberichte anderer Bewerber:innen zurück, die du in diesem Buch, unter www.e-fellows.net/branchen-und-berufe/beratung, in der e-fellows.net community und in weiteren Online-Foren findest.

Wenn du alle genannten Punkte berücksichtigt hast, bist du bestens auf das Interview vorbereitet.

Mit Stress im Bewerbungsgespräch souverän umgehen

von Prof. Dr. Johanna Moebus

Du hast den Termin deines Bewerbungstages rot im Kalender markiert. Du übst fleißig Case Studies, liest regelmäßig Zeitung und kannst Dreisatz und Prozentrechnung ohne Taschenrechner sicher bewältigen. Gratulation, deine Vorbereitung läuft auf Hochtouren! Dennoch bekommst du schweißnasse Hände, wenn du nur an den Bewerbungstag denkst? Keine Panik – diese Stressreaktion ist vollkommen normal. Mit der richtigen Vorbereitung und Einstellung kannst du sie sogar zu deinem Vorteil nutzen.

Jedes Bewerbungsgespräch ist eine Stresssituation – akzeptiere und nutze das!
Herzklopfen, kalte, schweißnasse Hände und ein flaues Gefühl im Magen – diese Symptome kennst du sicher aus anderen Prüfungs- oder Stresssituationen. Mithilfe des vegetativen Nervensystems und des Botenstoffs Adrenalin reagiert dein Körper auf einen Stressor. Der Körper will damit die Energie freisetzen, die für eine angemessene Reaktion auf die „Gefahrensituation" nötig ist. Körperfunktionen, die für das unmittelbare Überleben nicht notwendig sind, werden dabei unterdrückt.

Während unsere Vorfahr:innen gut beraten waren, beim Auftauchen eines Säbelzahntigers vor der Höhle entweder zu kämpfen oder möglichst schnell zu fliehen, solltest du dies natürlich im Bewerbungsgespräch nicht tun. Nutze stattdessen die körperliche Stressreaktion als deinen Bewerbungsturbo – sie ermöglicht dir nämlich, genau im richtigen Augenblick Energie zu mobilisieren und sie deinem Gehirn und damit deiner Konzentration auf das Bewerbungsgespräch zur Verfügung zu stellen. Auch wenn du in der Nacht vor dem großen Tag noch so schlecht geschlafen hast – du wirst im entscheidenden Moment nicht müde sein. Genauso wenig musst du dich sorgen, während des Gesprächs zur Toilette laufen zu müssen.

Stress wird erst dann zum Problem, wenn die Stressdosis zu groß wird und die Stressreaktion deine Leistungsfähigkeit im Bewerbungsgespräch bremst. Dies geht typischerweise damit einher, dass die anregende Wirkung der Stresssituation in Angst oder Panik umschlägt. Du kannst dich dann nicht mehr gut konzentrieren und empfindest vielleicht den Drang, das Gespräch abzubrechen. Damit du im Bewerbungsprozess dein Bestes geben kannst, ist es daher wichtig, sowohl die Stressdosis als auch deine Reaktion darauf zu kontrollieren.

Typische Stresssituationen am Bewerbungstag
Stress entsteht am Bewerbungstag bei einer Unternehmensberatung nicht nur durch das eigentliche Bewerbungsgespräch, sondern auch durch äußere Faktoren und andere Elemente des Bewerbungstages (z. B. schriftliche Tests). Minimiere möglichen Stress durch äußere Faktoren, wo immer dies in deinem Einflussbereich liegt. Plane die Anfahrt sorgfältig, informiere dich genau darüber, wo du erwartet wirst, und kalkuliere einen ausreichenden zeitlichen Puffer ein. Wer bereits in der Bahn den ersten Schweißausbruch erlebt, wird im Bewerbungsgespräch weniger souverän und konzentriert agieren können.

Schriftliche Tests, vor allem Mathematik- oder Logiktests, werden neben den eigentlichen Bewerbungsgesprächen von Bewerber:innen als starke Stressoren empfunden. Problematisch ist hierbei häufig nicht der Schwierigkeitsgrad der Aufgaben, sondern eher der Gesamtumfang und das Gefühl, nicht alles schaffen zu können. Mache dir klar, dass es in der Regel kaum möglich ist, alle Aufgaben eines Tests in der gestellten Zeit zu beantworten. Genauso unwahrscheinlich ist, dass du – oder deine Mitbewerber:innen – alles fehlerlos bearbeiten können. Schriftliche Tests überprüfen neben deiner intellektuellen Leistung immer auch deine Souveränität und gegebenenfalls deine Fähigkeit, mit einer suboptimalen Leistung umzugehen. Versuche daher, einen geschriebenen Test für den restlichen Bewerbungstag mental zur Seite zu legen. Solltest du später auf die Ergebnisse angesprochen werden, ist es immer noch früh genug, deine Leistung selbstkritisch zu diskutieren.

Das eigentliche Bewerbungsgespräch ist in der Regel zweigeteilt. Häufig beginnt das Gespräch mit Fragen zur Person und zum Werdegang, bevor zur Case Study übergegangen wird. Sogenannte Stressfragen, die dich gezielt aus der Fassung bringen oder provozieren sollen, sind im Gespräch mit Consultants eher unüblich. Stress entsteht in dieser Phase des Gesprächs vielmehr durch Fragen, auf die man nicht ausreichend vorbereitet ist: zum Beispiel nach persönlichen Schwächen. Viele Bewerber:innen empfinden auch die persönliche Note des Gesprächs insgesamt als Stressfaktor. Der Druck, als potenzielle neue Kollegin oder potenzieller neuer Kollege möglichst sympathisch zu wirken, kann zum Stressor werden. Während der zweiten Phase des Case-Interviews kommt typischerweise die Angst, den Case nicht richtig oder schnell genug lösen zu können, als Stressfaktor hinzu.

Drei Elemente für mehr Souveränität:
Vorbereitung, Kommunikation, Authentizität

Vorbereitung ist nicht nur für die erfolgreiche Bearbeitung von Case Studies notwendig. Auch im persönlichen Teil des Bewerbungsgesprächs kann mit der richtigen Vorbereitung die Stressdosis deutlich reduziert werden. Viele Bewerber:innen stellen sich zwar auf gängige Fragen ein, geraten aber ins Schwitzen, wenn sie detailliert nach konkreten Beispielsituationen gefragt werden.

Wenn es dann so weit ist und du im Bewerbungsgespräch sitzt, helfen dir richtige Kommunikation und Authentizität, die Stressbelastung zu kontrollieren und mit Sympathie und Souveränität zu punkten.

Vorbereitung: Deine USP, überzeugende Stärken und glaubhafte Schwächen

„Inwiefern machen Sie uns besser – nicht nur größer?" „Warum sollten wir gerade Sie einstellen?" Wenn du auf diese Fragen eine überzeugende Antwort liefern kannst, hast du bereits einen wesentlichen Aspekt der Vorbereitung geleistet: Du kennst dein Alleinstellungsmerkmal, deine Unique Selling Proposition (USP). Der Begriff der USP kommt aus dem klassischen Marketing und passt genauso gut auf dein Selbstmarketing im Bewerbungsprozess. Deine USP beschreibt, welchen Nutzen du der Unternehmensberatung durch die spezielle Kombination deiner Eigenschaften und Fähigkeiten bringst. Deine USP sollte sich nicht nur von anderen Bewerber:innen unterscheiden, sondern auch einen eindeutigen Nutzen für die Beratung haben. Dabei geht es eher selten um rein fachliche Qualifikationen. Natürlich ist beispielsweise ein sehr gutes BWL-Studium beim Einstieg in die Unternehmensberatung von Nutzen – es ist aber noch lange kein hinreichendes Einstellungskriterium.

„Was schätzen Ihre Kommiliton:innen/Ihre Kolleg:innen an Ihnen?“ Dass die Frage nach persönlichen Stärken zum typischen Repertoire eines Bewerbungsgesprächs gehört, ist mittlerweile Allgemeinwissen. Dennoch wird dieses scheinbar harmlose Thema leicht zur Stressfalle. Bedenke, dass Consultants berufsbedingt Expert:innen in kritischen Fragen sind. Wenn du deine Teamfähigkeit als Stärke präsentierst, musst du dich darauf einstellen, diese mit überzeugenden Beispielsituationen belegen zu können. Was genau haben du und dein Team bereits erreicht? Wie kannst du belegen, dass es sich dabei um eine herausragende Leistung und nicht nur um einen Durchschnittserfolg handelt? Inwieweit ist diese Stärke für die Firma von Nutzen? Beschäftige dich daher im Vorfeld der Bewerbung strukturiert mit deinen Stärken. Versuche, mindestens zwei relevante Stärken fachlicher Art (Hard Skills) und zwei persönlicher Art (Soft Skills) zu finden, die du jeweils mit konkreten Beispielen oder Anekdoten belegen kannst. Übe, einer anderen Person deine Stärken zu erklären, und lass dich kritisch hinterfragen. Es kann hilfreich sein, sich die eigene Argumentation wie eine selbstgemauerte Wand vorzustellen – eine Wand, gegen die dein Gegenüber im Interview kräftig tritt. Bleibt deine Wand dabei stehen?

„Was können Sie gar nicht?“ Auch auf eine direkte Frage nach Schwächen solltest du dich einstellen. Widerstehe der Versuchung, Perfektionismus und Selbstkritik als Schwächen zu verpacken, und überlege stattdessen: Wo siehst du bei dir noch Lernbedarf? Bei welchen Aufgaben bist du unsicher? Vielleicht gerade jetzt, im Bewerbungsgespräch, unter Leistungsdruck? Bei dieser Frage geht es primär darum, deine Fähigkeit zur Selbstreflexion und Lösungskompetenz zu überprüfen. Bereite dich darauf vor, zwei Schwächen – am besten je eine aus dem Bereich der Hard und Soft Skills – anhand von realen Beispielsituationen schildern zu können. Je konkreter du dies vorbereitest, desto souveräner kannst du mit der Stresssituation im Gespräch umgehen. Vermeide, dein Unvermögen breitzutreten, und konzentriere dich stattdessen darauf, wie du diese Schwäche im Berufsalltag durch Unterstützung und Kompetenzaufbau überwinden kannst.

Kommunikation: Schweigen ist Silber, Reden ist Gold

Auch bei optimaler Vorbereitung kann es vorkommen, dass du beim Bearbeiten der Case Study vor Nervosität den Faden verlierst. Consultants sind es gewohnt, nicht alleine zu arbeiten, und das sogenannte Team Problem Solving – also die Problemlösung im Team – gehört zu ihrem Tagesgeschäft. Versuche, dir dies zunutze zu machen, indem du deine Interviewpartner:innen aktiv in die Lösung der Case Study einbeziehst. Diese wissen, dass du dich in einer Stresssituation befindest, und sind häufig bereit, dir die ein oder andere Unterstützung zu geben. Dies setzt jedoch voraus, dass du sie Anteil an deinen Gedanken haben lässt. Kommuniziere daher transparent und möglichst strukturiert, aber nimm dir Zeit zum Denken und vermeide Verzweiflung oder gar Panik. Bedenke, dass im Interview meist weniger Wert auf eine perfekte Lösung gelegt wird, sondern auf ein souveränes und strukturiertes Vorgehen. In der Praxis hat sich folgendes Kommunikationsmuster bewährt:

- Fasse zunächst zusammen, was du bereits verstanden hast. Wenn wesentliche Informationen fehlen, wird dein Gegenüber dich höchstwahrscheinlich darauf hinweisen. Du musst hierbei keine intellektuelle Höchstleistung vollbringen! Die richtige Strukturierung der Ausgangslage ist bereits ein guter Schritt in Richtung Lösung.
- Stelle sicher, dass du die Aufgabe verstanden hast, indem du sie paraphrasierst.

- Strukturiere den Lösungsraum: Was benötigst du für die Lösung der Fragestellung? Welche alternativen Lösungswege siehst du? Dein Gegenüber wird dir an dieser Stelle im Interview vermutlich einen Hinweis geben, in welche Richtung du gehen sollst.
- Erarbeite den ausgewählten Lösungsweg mithilfe von lautem Denken und Fragen. Nutze dein Gegenüber als Sparringspartner:in und Informationsquelle. Achte auf die Reaktion deines Gegenübers: Wenn du auf dem Holzweg bist, wird dir das sehr wahrscheinlich zu verstehen gegeben.

Vielen Bewerber:innen hilft es, diese Stresssituation leichter zu bewältigen, wenn sie Stift und Papier zur Hilfe nehmen. Schreibe dir Zahlen, die du genannt bekommst, stets auf. Rechne ruhig schriftlich, und mache dir Notizen zu Lösungsansätzen.

Authentizität: Bitte um Hilfe, und bleibe dir treu

So weit die Theorie – was aber tun, wenn der Test eine gefühlte Katastrophe war, du es nicht geschafft hast, das Thema deiner Masterarbeit allgemeinverständlich zu erklären, und du dich noch dazu bei der Case Study verrechnet hast? Erste Hilfe bei Stress und Panik leistet folgende Regel: Bitte um Hilfe! Konkret bedeutet das: Sage, dass du nervös bist, und nimm dir eine Minute zum Durchatmen. Allein das Ansprechen deiner Aufregung wird dir etwas Erleichterung verschaffen. Bitte um Hilfe, wenn du im Case partout nicht mehr ein noch aus weißt. Gute Consultants kennen auch ihre eigenen Grenzen und wissen, wann sie sich Unterstützung holen müssen. Sie werden dir deine Nervosität in der Regel nicht negativ auslegen, wenn du in der Lage bist, dich aus der Panikfalle zu befreien und das Gespräch beziehungsweise den Case anschließend vernünftig abzuschließen.

Bleibe dir dabei immer treu, und investiere keine Energie darin, dich zu verstellen. In einem Berufsalltag, in dem Zwölfstundentage eher die Regel als die Ausnahme sind, solltest du dich auch am Ende eines Projekts noch im Teamraum wohlfühlen. Wenn du aber bereits im Verlauf des Bewerbungstages das Gefühl bekommst, dass du und die Unternehmensberatung, bei der du dich beworben hast, nicht gut zusammenpassen, solltest du dir die Freiheit nehmen, weiterzusuchen.

Wie Case-Interviewende ticken

von Fedon Moog

Zu einem erfolgreichen Bewerbungsgespräch gehört eine kleine Portion Magie. Sicherlich, du kannst dich inhaltlich blendend vorbereiten, Dutzende Ratgeber lesen, Cases üben, im Internet recherchieren – dein Interview kann trotzdem schiefgehen. Meistens hat das zwei Gründe. Erstens: Du denkst zu viel an dich und zu wenig an deine Gesprächspartner:innen. Zweitens: Du gehst (fälschlicherweise) davon aus, Interviews seien standardisierte, binäre Angelegenheiten, in denen es nur richtig oder falsch gibt. Das ist genau die Haltung, mit der du scheitern wirst. Denn Berater:innen sind auch nur Menschen, die man am besten auch wie Menschen behandelt. Überzeuge deine Gesprächspartner:innen, auch emotional.

Interviews werden meistens von Berater:innen durchgeführt. Das bedeutet, dir sitzt kein psychologisch ausgebildeter Personalmensch gegenüber. Zwar haben die meisten Interviewer:innen einige Seminare besucht, um gute Bewerbungsgespräche zu führen. Berater:innen sind dennoch in der Regel keine Interviewprofis, sondern Beratungsprofis. Versetze dich also in die Lage deines Gegenübers: In welcher Situation befinden sich deine Gesprächspartner:innen, wenn sie ein Interview führen? Und was würde dich an den Bewerber:innen interessieren, wenn du auf der anderen Seite säßst?

Berater:innen gehen davon aus, dass die Welt durch Vereinfachung besser zu verstehen ist. Hilf deinem Gegenüber: Sage einprägsame Dinge mit simplen Worten. Etwas, das im Gedächtnis haften bleibt. Natürlich warst auf einer guten Uni, kannst beeindruckende Abschlüsse vorweisen und dich in endlosen Schachtelsätzen kompliziert ausdrücken. Wenn du das gern tust, dann gehst du am besten an die Uni, nicht in die Beratung. Präsentiere dich also kompakt und klug!

Im Interview ist dein Gegenüber dein Kunde, den du überzeugen willst. Bedenke, dass Berater:innen ein anstrengendes Leben führen (Hotels, Meetings, Präsentationen, Flüge, Telefonkonferenzen etc.) – unterhalte sie, und wecke den Menschen in ihnen. Vielleicht mit einer Anekdote, die sie zum Lachen bringt. Ein seltsames Hobby oder ein skurriles Praktikum wird dir mehr helfen als eine endlose Aufzählung beruflicher Stationen.

Du brauchst diese emotionale Verbindung: Wenn du mindestens eine:n deiner Interviewpartner:innen auf deiner Seite hast, erhöhen sich deine Erfolgschancen erheblich. Das liegt am Prozess der Interviewbewertung. Im Regelfall wirst du von mehreren Berater:innen separat befragt und im Anschluss wird sich zur Beratung zurückgezogen. Wenn sich alle einig sind, dann rutschst du problemlos durch. Aber gerade Wackelkandidat:innen benötigen aktive Fürsprecher:innen, die für sie kämpfen. In einen solchen Kampf wird niemand ziehen, nur weil du den Case richtig gelöst hast (das haben vor dir schon Hunderte geschafft).

Stell dir die meisten Berater:innen wie Diven vor. Zu einer Diva gehört eine Menge Kompetenz und ein Schuss Eitelkeit. Senior Consultants – diejenigen, die dich interviewen – sind meistens seit einigen Jahren in der Beratung und haben dafür sehr viel (auf-)gegeben. Wenn du diese Opfer anerkennst, werden sich die Consultants verstanden fühlen. Bedauere dein Gegenüber nicht, weil es selten zu Hause ist und wenig Zeit für Freund:innen hat – frage lieber: „Wie gehen Sie damit um, dass...?“ Vergiss nicht: Eitle Menschen reden gerne über sich. Sie möchten bewundert werden. Tu deinen Interviewpartner:innen den Gefallen. Lache mit ihnen, streichele ihr Ego, und gib ihnen zu erkennen, dass ihr Projekt total spannend klingt. Das gehört schlicht zum guten Ton.

Über unterschiedliche Firmen, Altersgruppen und soziale Prägungen hinweg kann man drei Gruppen von Beratertypen beobachten: die Macher:innen, die Analytiker:innen und die Sozialen. Jede Gruppe legt in Gesprächen Wert auf unterschiedliche Aspekte. Wer im Interview Erfolg haben will, sollte sich diese Unterschiede bewusst machen. (Natürlich ist die Realität nicht ganz so einfach wie dieses Modell – aber du willst ja in die Beratung!)

Die Macher:innen: Ergebnisse sind alles

Macher:innen unterbrechen schnell, bauen gerne (Zeit-)Druck auf und legen großen Wert auf Geschwindigkeit. Lass dich bloß nicht verunsichern, sondern lege einen Zahn zu – auch wenn du damit höhere Risiken eingehst. Macher:innen werden dir den Rundungsfehler im Kommabereich nicht vorwerfen. Halte dich nicht zu sehr mit der Diskussion von Varianten deiner Annahmen auf – damit nervst du Macher-Berater:innen, die dich dann nur noch öfter unterbrechen werden. Also: Zack, zack Richtung Ergebnis – und die vielen Abers besser außen vor lassen. Wenn du am Ende des Case ein falsches Ergebnis hast, wird dir eine Macherin oder ein Macher das verzeihen. Hast du gar keins, dann hast du ein Problem.

Analytiker:innen: Stringenz zählt

Analytiker:innen sind der Gegenpol der Macher:innen. Schnell-schnell nehmen sie als oberflächlich wahr, eine spontane Antwort empfinden sie als „aus der Hüfte geschossen“. Sie schätzen einen guten Plan und das Abwägen von Varianten. Logik und Gründlichkeit gehen vor Zwischenergebnissen und „Nase“. Du erkennst Analytiker:innen daran, dass sie grundsätzlich ruhig sind und eher langsam sprechen. Sie werden weniger, dafür aber durchdachtere Fragen stellen. Finden sie eine Inkonsistenz in deiner Antwort oder im Lösungsvorgehen, werden sie anfangen zu bohren, bis du entweder den Fehler einsiehst oder das Gespräch beendet ist. Vermeide in jedem Fall Emotionalität; knicke nicht zu schnell ein – Analytiker:innen wissen Sturheit zu schätzen. Gehe lieber etwas langsamer und dafür genauer vor.

Die Sozialen: Der Mensch zählt

Die scheinbar angenehmsten Interviewer:innen sind die Sozialen. Sie sind Menschenversteher:innen, die oft flexibler, nahbarer, weniger penetrant als Macher:innen und weniger scharf als Analytiker:innen wirken. Dumm nur, dass diese Sorte Interviewer:in auch am schwersten mit Fakten zu überzeugen ist. Hier hilft es, den Kopf kurz auf Stand-by-Modus zu schalten und sich auf das Gefühl zu verlassen. Die Sozialen interessieren sich für die Schnittmenge an Chemie zwischen sich selbst, dir und der Firma. Teilt ihr vielleicht Hobbys oder Erfahrungen im Studium, hast du in derselben Stadt gewohnt? Sag es ihnen. Behandle die Sozialen eher wie eine Kneipenbekanntschaft in Köln. Aber Vorsicht: Duze sie nicht, und überschreite ebenso wenig die Respektgrenzen. Zeige dich so, wie du bist – alles andere werden die Sozialen dir wahrscheinlich sowieso nicht abnehmen.

Interviewtipps für fachfremde Bewerber:innen

von Fedon Moog

Unternehmensberatungen bezeichnen sich gerne als „offen für Bewerber:innen aller Fachrichtungen". Das klingt gut und muntert eine Kunsthistorikerin oder einen Kunsthistoriker mit überschaubaren Jobaussichten möglicherweise auf. Freu dich allerdings nicht zu früh. Denn gerade fachfremde Kandidat:innen müssen Hürden im Interview überwinden, bei denen der Exotenstatus im schlimmsten Fall auch hinderlich sein kann.

Der Regelfall: Interviewende mit Wirtschaftshintergrund befragen Exot:innen
Fachfremde Bewerber:innen, also solche ohne einschlägige Wirtschaftskenntnisse, werden oft als etwas Besonderes behandelt, weil die Interviewer:innen nicht so recht wissen, was sie tatsächlich vom vermeintlichen Paradiesvogel verlangen können. Denn die meisten Interviewer:innen – Exotenquote hin oder her – sind eben doch BWLer:innen und artverwandte Exemplare. Deswegen fragen sie sich, ob ihr Case „exotentauglich" ist. Ob vielleicht eine Modifikation erforderlich ist. Wie so eine Exotin oder ein Exot überhaupt an ein Problem herangeht. So viel Unsicherheit gegenüber unserer Kunsthistorikerin oder unserem Kunsthistoriker kann dazu führen, dass sie einen weichgespülten Case lösen dürfen, der nahezu keine BWL-Fachkenntnisse erfordert.

Aber auch dieser glückliche Regelfall bedeutet nicht, dass Keine-Ahnung-Haben eine Option ist. Natürlich musst du auch – und vor allem als Fachfremde:r – die gängigen Frameworks beherrschen; das ist nicht zuletzt eine Frage des Respekts gegenüber deinem potenziellen künftigen Arbeitgeber. „Weichgespült" kann bedeuten, dass die Interviewer:innen nicht die verschiedensten Bilanzpositionen nach unterschiedlichen Rechnungskonventionen erläutert haben wollen. Eine Fachfremde oder ein Fachfremder zu sein wird dich aber nicht davon entbinden, die Grundrechenarten zu beherrschen und Geschäftssinn zu zeigen.

Abweichend vom Normalfall gibt es zwei Extreme. Die Variante: „Der soll als Exot erst recht zeigen, dass er etwas von BWL versteht." Und die Variante: „Die soll beweisen, dass sie wenigstens in ihrem Fachgebiet spitze ist."

Um sich auf BWL-Extrem-Prüfer:innen vorzubereiten, lies die einschlägigen Ratgeber, und lerne vor allem die technischen Teile (Bilanzposten, GuV, Cashflow, buchhalterische Grundregeln etc.). BWL-Extrem-Interviewer:innen werden nicht von dir verlangen, dass du alles kannst. Wenn du aber mit dem einen oder anderen Fachterminus glänzen und im Großen und Ganzen eine akzeptable Figur machst, dann hast du sie für dich gewonnen. Um hier zu bestehen, musst du nur ein wenig büffeln, mehr nicht. Schließlich sind die Grundlagen der BWL keine Hexerei.

Selbst wenn du folgenden Hinweis für selbstverständlich hältst: Sei niemals – auch nicht gegenüber den Extrem-BWLer:innen – arrogant. Es mag ja durchaus sein, dass die BWL eine der vermutlich jüngsten Hilfswissenschaften ist (insbesondere im Vergleich zur Mathematik, Physik, Philosophie etc.). Es mag auch sein, dass dir die vereinfachten Problemstellungen der klassischen BWL eher banal vorkommen. Aber es wird einen Grund geben, warum sich deine Interviewerin oder dein Interviewer dafür entschieden hat. Sei also nett, freundlich und offen.

Der schwierigere Fall: Fachfremde Interviewende befragen fachfremde Bewerber:innen

Schwieriger ist es, wenn fachfremde Bewerber:innen von fachfremden Interviewer:innen geprüft werden. Sind deine Interviewer:innen selbst als Exot:innen eingestiegen, wissen sie aus Erfahrung, was auf dich zukommt – genau deswegen wirst du auch von ihnen befragt. Jetzt musst du aufpassen, denn es kann durchaus sein, dass deine Interviewerin oder dein Interviewer das Gleiche studiert hat wie du.

Als Erstes wird die Interviewerin oder der Interviewer herausfinden wollen, ob du auf deinem Fachgebiet wirklich so viel Expertise hast, wie du in der Papierbewerbung angegeben hast. Es ist (leider) keine Ausnahme, dass Interviewer:innen Bewerber:innen vor sich sitzen haben, die als Studienschwerpunkte Internationale Politik, Internationale Wirtschaftspolitik, Politische Theorie oder Philosophie angeben und bei fachspezifischen Fragen maximale Ahnungslosigkeit beweisen. Grundbegriffe und Überblickswissen Fehlanzeige? So wird das nichts.

Mache es besser. Wenn du schon wenig Ahnung von BWL hast, dann solltest du wenigstens dein Studiengebiet extrem gut beherrschen. Wenn du auch hier wenig zu bieten hast – dann tu nicht so als ob. Lass alles, was du im Interview nicht mit fundiertem Wissen belegen kannst, in deiner Papierbewerbung weg. Es besteht die Gefahr, dass du als Blender:in dastehst – und du gerade deswegen nicht den Einstieg schaffst.

Neben deinem fachspezifischen Know-how werden fachfremde Interviewer:innen deine Beratungsfertigkeiten sehen wollen. Es geht darum zu zeigen, dass du in deinem Wissensgebiet das kleine Beratungseinmaleins anwenden kannst: Gehst du strukturiert an das Problem heran? Wendest du die 80/20-Regel an? Kommst du auf den Punkt? Konzentrierst du dich auf das Wesentliche, gerade dann, wenn du sehr viel Expertise auf einem Fachgebiet mitbringst?

Gerne werden Fachfremde mit komplizierten akademischen Abschlussarbeiten darum gebeten, ihr Werk in wenigen Sätzen für jedermann verständlich darzustellen. Bereite dich auf so eine Frage vor. Erkläre deiner Oma, was du in der Robotik eigentlich vier Jahre lang gemacht hast. Wenn Oma kapiert, wieso dieser Leiter, an dem du geforscht hast, die Menschheit weiterbringt, dann sollten es deine Interviewpartner:innen auch verstehen.

Unterschiedliche Case-Typen erfolgreich meistern

von Dr. Stephan Baur

Im Recruiting-Prozess von Unternehmensberatungen sind Case-Bearbeitungen an der Tagesordnung. Nach einer Begrüßung könnte dein Bewerbungsgespräch mit der Aufforderung starten: „Erstelle bitte ein Marketingkonzept für ein Hotel!" Du hast dich noch nie mit Marketing beschäftigt und kennst die Tourismusindustrie nur als Gast? Dennoch kein Grund, nervös zu werden! Selbst wenn du einschlägige Vorkenntnisse in der Branche besitzt, werden die Interviewer:innen genauer nachbohren, um zu sehen, wie du auf Fragen und Einwände reagierst. Lass dich nicht aus dem Konzept bringen!

Aber warum verwenden Unternehmensberatungen diese Fallstudien und Aufgaben, deren Lösung Bewerber:innen nicht kennen können? Cases sollen Bewerber:innen in eine Situation versetzen, mit der Unternehmensberater:innen jeden Tag konfrontiert sind: Sie müssen sich schnell in neue und ungewohnte Situationen hineindenken und zügig ein Lösungskonzept für eine definierte Aufgabenstellung erarbeiten. Mithilfe eines Case können die Interviewenden schnell erkennen, wie eine Kandidatin oder ein Kandidat eine derartige Aufgabe bewältigen kann. Die Kriterien, die im Rahmen eines Case abgeprüft werden können, sind vielfältig: Die Fähigkeit zu strukturieren, analytisches und logisches Denken sowie Kreativität sind im Interview immer gefragt. Man sollte sich jedoch nicht abschrecken lassen: Mit der richtigen Vorbereitung schaffst du die besten Voraussetzungen, um jeden Case zu lösen.

Der Abschätzungs-Case

Wie oft drückt ein Consultant täglich die Enter-Taste einer PC-Tastatur? Wie viele gebrauchte Autos wechseln in Deutschland jährlich ihre Besitzerin oder ihren Besitzer? Wie viele Fußbälle gibt es in Europa? Die Themenstellungen in Abschätzungs-Cases sind unerschöpflich und unberechenbar. Hier gilt es, strukturiert an die Lösung heranzugehen, damit du alle wesentlichen Aspekte in deinen Überlegungen berücksichtigst. Dir fehlen wichtige Informationen? Frage nach – in der Regel verraten dir die Interviewer:innen dann mehr Details. Wenn nicht, nimm die erhaltenen Informationen als Basis und triff Annahmen. Bringe dabei deine eigene Lebenserfahrung ein: Denke an das Tippen deiner Abschlussarbeit, die Anzahl an Gebrauchtwagenverkäufen im Bekanntenkreis und die Fußballvereine aus deiner Stadt. Sicherlich helfen dir diese Erfahrungen im Case weiter und geben dir auch Ansatzpunkte, um dir selbst Abschätzungs-Cases zur Übung zu überlegen. Zudem hilft es, wenn du eine ungefähre Vorstellung von den Einwohnerzahlen in Deutschland hast oder der Stadt, in der du wohnst.

Der Business Case

Business Cases geben Unternehmensberatungen die Möglichkeit, die Fähigkeiten ihrer Bewerber:innen unter praxisnahen Voraussetzungen zu beurteilen. Viele der Cases beruhen auf tatsächlichen, aber stark vereinfachten Projekterfahrungen der Berater:innen und geben Bewerber:innen einen guten Einblick in die Beratungstätigkeit und eine typische Projektsituation. Oft werden auch offene Fragen formuliert: Stell dir vor, du hast eine Million Euro zur Verfügung und möchtest ein Unternehmen gründen. Welche Branche wählst du? Zeige die Profitabilität deines Unternehmens auf. Ein Verständnis für wirtschaftliche Grundbegriffe ist von Vorteil – auch wenn du keinen wirtschaftswissenschaftlichen Hintergrund mitbringst. Ein gutes Allgemeinwissen und Erfahrungen aus Praktika und Studium helfen, um die Interviewer:innen mit realitätsnahen Grundannahmen zu beeindrucken.

Wenn du in die Detailanalyse eines Business Case eintauchst, versetze dich in die Lage des Unternehmens. Um zu vermeiden, dass du dich in den zahlreichen potenziellen Problemstellungen verlierst, biete deinem Gegenüber früh eine Grundstruktur für deinen Lösungsansatz an. So kannst du rasch in die Diskussion mit einsteigen und eventuell einzelne Aspekte ausklammern.

Im Rahmen aller dieser Cases kann es auch sein, dass du quantitative Abschätzungen (im Kopf oder auf dem Papier) machen sollst. Dies wird dir sicherlich dank deiner guten Vorbereitung und der Wiederholung der Grundrechenarten keine Probleme bereiten. Solltest du dich dennoch einmal verrechnen, dann bemühe dich, nicht nervös zu werden, sondern gehe nochmals in Ruhe den Rechenweg durch.

Es kommt vor, dass Business Cases auch von einer Gruppe von Bewerber:innen gelöst werden sollen, um deren Teamfähigkeit zu beobachten. Finde deine Rolle im Team! Allerdings kann nicht jeder Wortführer:in sein. Beteilige dich aktiv an Diskussionen und Analysen, und treibe nicht nur stumm deine eigene Analyse voran. Reflektiere im Vorfeld Teamerfahrungen aus Studium oder Praktika: Auf welche Stärken kannst du dich verlassen, und wobei benötigst du Unterstützung?

In der Vorbereitung auf den Business Case kann es hilfreich sein, sich mit Grundzügen der Betriebswirtschaft, wie zum Beispiel einer Gewinn-und-Verlust-Rechnung oder einer Bilanz, aber auch mit den einschlägigen Lösungsmodellen wie Porters Five Forces oder den 4 Ps des Marketing vertraut zu machen, die in diesem Ratgeber im Kapitel „Frameworks zur Bearbeitung von Cases" (ab Seite 104) näher betrachtet werden. Interviewer:innen kennen oft die angewendeten Modelle und werden deshalb nicht sonderlich beeindruckt sein. Du solltest diese Modelle also nur als Starthilfe betrachten und eigene Ansätze entwickeln.

Der Brainteaser
Eineinhalb Hühner legen an eineinhalb Tagen genau eineinhalb Eier. Wie viele Eier legt ein Huhn an einem Tag? Falls du nicht das Glück hast, bereits während deiner Vorbereitung über den gefragten Brainteaser gestolpert zu sein, gilt es Ruhe zu bewahren. Deine Analysefähigkeit und dein Vorstellungsvermögen werden in dieser Situation auf die Probe gestellt. Oft landest du bei deinem Lösungsweg in einer Sackgasse und musst noch mal von vorne anfangen. Dies bedeutet jedoch nicht, dass du gescheitert bist. Du solltest deine Überlegungen aussprechen, eventuell geben die Interviewer:innen dir zusätzliche Hinweise. Ändere deinen Blickwinkel, und überzeuge sie auch mit unkonventionellen Ansätzen. Vermutlich bist du so auch darauf gekommen, dass ein Huhn an einem Tag genau zwei Drittel Eier legt.

Neben den verschiedenen Fallstudien solltest du im Bewerbungsgespräch eines nicht vergessen: Überzeuge durch deine Persönlichkeit. Deine Gesprächspartner:innen suchen neben deiner fachlichen und analytischen Klasse auch zukünftige Kolleg:innen, die neue Perspektiven einbringen und mit denen die Arbeit Spaß macht.

Case Studies und Brainteaser zur Übung findest du im vierten Kapitel.

Tipps für Case-Interviews:

1. **Bleibe ruhig!** Lass dich nicht unter Druck setzen. Solltest du merken, dass deine Antwort nicht den Vorstellungen deines Gegenübers entspricht, bewahre Ruhe. Wichtig ist, dass du weiterhin konzentriert bleibst und nach Alternativen suchst. Übrigens: Man muss nicht alle Fragen richtig beantworten, um bei einer Bewerbung Erfolg zu haben.
2. **Strukturiere!** Die Aufgabenstellungen einer Case Study sind mitunter komplex. Umso wichtiger ist eine strukturierte Herangehensweise. Gib deinem Gegenüber das Gefühl, dass du durch deine eigene Ordnung der Themenbereiche die Problemstellung verstehst und im Griff hast. So wird es für dich auch leichter, nach Detailausführungen zu den Kernpunkten des Case zurückzufinden. Als hilfreich erweist es sich hierbei auch, die Aufgabenstellung und die Annahmen des Case zu notieren, sodass du dir während der Bearbeitung immer sicher sein kannst, dass du die richtige Frage beantwortest.
3. **Arbeite ergebnisorientiert!** Verliere dich nicht in Details, und beziehe dich immer wieder auf die Ausgangsfrage. So gelingt es dir, in der gesetzten Zeit die geforderte Lösung zu erarbeiten. Bedenke: Die Dauer des Interviews ist begrenzt. Je schneller du zu einer Lösung kommst, desto mehr Zeit haben die Interviewer:innen, dich durch weitere Fragen als interessante Gesprächspartnerin oder interessanten Gesprächspartner kennenzulernen.
4. **Teile deine Gedanken!** Ein richtiges Ergebnis im Case genügt nicht für den Interviewerfolg. Der Lösungsansatz spielt eine entscheidende Rolle. Du solltest also die Interviewer:innen an deinen Überlegungen teilhaben lassen, um zu zeigen, dass du die Problemstellung erfasst und eine gute Lösung erarbeitet hast.
5. **Stell Fragen!** Aus deiner Sicht fehlen Informationen für ein erfolgreiches Lösen des Case? Frage nach! Dies gilt ebenso, wenn dir Einzelheiten während des Case unklar erscheinen.
6. **Begeistere!** In der Unternehmensberatung musst du deine Kunden überzeugen. Hierzu solltest du in der Lage sein, mit deinen Ideen zu begeistern und dein Gegenüber mitzureißen. Das setzt neben der inhaltlichen Qualität deines Vortrags auch ein nahbares Auftreten und gute kommunikative Fertigkeiten voraus.
7. **Sei du selbst!** Bei einer Fallstudie kommt es in erster Linie auf fachliche Kompetenz an. Dennoch werden sich die Interviewenden fragen, wie die Zusammenarbeit mit dir im Team wäre. Bleibe authentisch und verstelle dich nicht.
8. **Bereite dich auch auf virtuelle Case-Interviews gut vor!** Im Rahmen des Bewerbungsprozesses kann es vorkommen, dass du einzelne Interviews virtuell führst. Die bisherigen Hinweise sind auch hier gültig. Zusätzlich gibt es für virtuelle Interviews noch das Folgende zu beachten: Stelle sicher, dass du in einem ruhigen Raum ohne Nebengeräusche und Ablenkungen bist, und überlege dir, ob du den Hintergrund des Zimmers zeigen möchtest oder einen geeigneten virtuellen Hintergrund wählst. Stelle eine ausreichende Beleuchtung sicher und übe im Sitzen zu präsentieren. Zuletzt: Stelle dir Wasser und auch ggf. ein paar Snacks bereit.

Neun Stolpersteine beim Lösen von Cases

von Fedon Moog

Eine Menge Bewerbungsratgeber behaupten, Case-Interviews bei Unternehmensberatungen seien eine spezielle, maßgeschneiderte Angelegenheit. Das stimmt zwar in Bezug auf den Inhalt der Cases, aber nicht auf deren Beurteilung. Denn die Beurteilung der Leistung folgt ungeschriebenen, aber recht einheitlichen Standards. Firmenübergreifend sind die Kriterien für Erfolg, Mittelmaß und Scheitern ziemlich stereotyp. Welche Faktoren sind die wichtigsten, und welche Fehler führen mit hoher Sicherheit zur Ablehnung?

Cases sind zwar individuell – die Beurteilung ist aber einheitlicher, als man denkt

Unabhängig davon, bei welcher Unternehmensberatung du dich bewirbst und wie selektiv das Unternehmen bei der Personalauswahl vorgeht – Berater:innen, die typischerweise ein Case-Interview mit Bewerber:innen durchführen, prüfen vier Faktoren: Struktur, Wissen, Geschäftssinn und Ergebnis. Natürlich wirst du keine Beratung finden, die explizit genau diese oder nur diese vier Faktoren prüft. Dennoch: Es sind die wichtigsten Aspekte, die in eine Vielzahl von Einzelprüfungskriterien einfließen.

- **Struktur:** Bewerber:in entwirft einen Plan, hat diesen logisch strukturiert, folgt ihm und macht Annahmen während der Case-Bearbeitung transparent.
- **Verständnis:** Bewerber:in versteht den Case, und kennt sich zumindest grob mit dem (Geschäfts-)Umfeld aus, in dem der Case angesiedelt ist.
- **Gespür:** Geschäftssinn ist erkennbar. Bewerber:in fokussiert sich auf die businessrelevanten Fragestellungen.
- **Ergebnis:** Der Case endet mit einem (Zwischen-)Ergebnis, das mindestens plausibel, idealerweise auch richtig ist.

Als Faustregel gilt: Erfüllen Bewerber:innen alle vier Kriterien, haben sie den Case gemeistert. Drei von vier sind okay bzw. Mittelmaß. Weniger heißt: Die Bewerber:innen haben den Case nicht bewältigt. Ob das nun bedeuten muss, dass sie als künftige Mitarbeiter:innen nicht infrage kommen, hängt vom Unternehmen und dessen Auswahlstandards ab. Auch wenn es kaum eine Personalerin oder ein Personaler zugeben würde – von der Laune der Interviewpartner:innen hängt das Glück natürlich auch ab, vor allem bei Grenzfällen.

Was bedeuten die Bewertungskriterien nun in der Praxis? Am einfachsten ist es, einen exemplarischen Case durchzugehen, der einem auch im Interview begegnen könnte – mit dem Ziel, mögliche Stolpersteine zu (er)kennen und diesen geschickt auszuweichen.

Aufgabenstellung des exemplarischen Case

„Ein befreundeter Skilehrer möchte netto mehr verdienen. Ihm ist aufgefallen, dass es in seinem Skigebiet nur wenige Möglichkeiten gibt, Snacks und Getränke direkt auf der Piste zu kaufen. Er fragt dich, ob es sich lohnen würde, wenn er mit einer Art mobilem Kiosk (im Sinne eines Bauchladens) im Skigebiet unterwegs wäre. Was rätst du ihm?“

Auf den ersten Blick sieht dieser Case einfach aus. Es gibt wenige Zahlen und Fakten, der Case ist nicht kompliziert dargestellt. Zudem spielt er in einem Umfeld, das einigen Bewerber:innen möglicherweise bekannt ist (anders als vielleicht IT-Netzwerke, Backoffice-Prozesse einer Bank etc.). Doch hinter der Oberfläche stecken eine Reihe von Fallen, die sich auch in anderen Cases wiederfinden.

Struktur

Beratung lebt davon, unstrukturierten Kunden zu helfen, passende Lösungen zu finden. Meistens kennen die Kunden unendlich mehr Details ihrer Branche. Was vielen Kunden aber fehlt, sind die Methoden, um strategische Fragen zu beantworten. Hier können Berater:innen wie du helfen.

Fehler 1: zu breit denken

Das erste K.o.-Kriterium bei einem so breiten Case lauert darin, den Case nicht einzuschränken. Es ist zwar verlockend, die Frage des Skilehrers aus steuerlicher, rechtlicher, organisatorischer, logistischer, Marketing- und Pricing-Sicht zu beleuchten. Realistischerweise wird man das allerdings in 20 bis 35 Minuten nicht schaffen.

Eine mögliche Einschränkung könnte man vornehmen, indem man eines der vielen Frameworks anlegt. Wichtig ist, ein passendes Framework einzusetzen. Man könnte zum Beispiel Porters Five Forces einsetzen, alternativ auch eine Marketingbetrachtung (4 Ps) oder eine Gewinnabschätzung (Kosten/Umsätze im Vergleich zum aktuellen Nettoeinkommen des Skilehrers). Experimentiere besser nicht zu viel – lieber ein bekanntes Framework als eine bunte Lösung, in der du und deine Gesprächspartnerin oder dein Gesprächspartner den Überblick verlieren.

Fehler 2: keinen Plan skizzieren

Natürlich bist du intelligent und clever. Deswegen willst du auch Berater:in werden. Vielleicht glaubst du, dass nur Halbschlaue einen Plan auf Papier skizzieren. Falsch! Ohne Plan wirst du dich verrennen. Auf jeden Fall aber wirst du deine Interviewerin oder deinen Interviewer irgendwo auf deinem genialen, aber intransparenten Lösungsweg verlieren. Selbst wenn du begnadet bist – dein Gegenüber wird davon ausgehen, dass du keinen Plan hast. Also: Skizziere dein Lösungsvorgehen, und sprich es mit deinem Gegenüber durch. „Erstens schaue ich mir an …, zweitens werde ich …“ Nutze die Gelegenheit, um klärende Fragen zu stellen.

Fehler 3: einen Plan haben, ihn aber nicht einhalten
Häufig fangen Bewerber:innen gut an: Sie denken nach, strukturieren das Problem und schreiben den Lösungsweg auf einen Zettel. Die Interviewer:innen freuen sich. Und dann passiert es leider, dass die Bewerber:innen sich von ihrem Plan lösen. Manchmal liegt das an der Aufregung: Man kann nicht mehr geradeaus denken und vergisst selbst, dass man ja einen Plan skizziert hat.

Manchmal aber liegt es auch an den Interviewer:innen, die Fragen stellen, um zu verunsichern, Druck aufzubauen oder einfach nur abzulenken. Sie wollen sehen, wie du mit solchen Situationen umgehst. Das Beste ist, freundlich, aber bestimmt darauf hinzuweisen, dass du nun die Bearbeitung des Case kurzzeitig unterbrichst, aber gleich zum Case zurückkehren wirst. Wenn es zeitlich kritisch wird, weist du darauf hin, dass die Beantwortung dieser Extra-Frage möglicherweise die finale Antwort auf die Frage des Skilehrers in Gefahr bringt. Damit zeigst du, dass du den Fokus auch unter Druck nicht verlierst.

Fehler 4: intransparent vorgehen
Angenommen, du hast dich dafür entschieden, für den Skilehrer das Gewinnpotenzial zu ermitteln, und du hast dieses Ziel mit deiner Interviewerin oder deinem Interviewer abgestimmt. Du planst, zunächst die Umsatzseite zu analysieren, um besser zu verstehen, welche Produkte für welche Skifahrergruppen und zu welchem Preis angeboten werden könnten. Viele Bewerber:innen vergessen dabei jedoch, ihr Gegenüber im detaillierten Denkprozess mitzunehmen.

Wenn du festlegst, nur Energy-Drinks anzubieten, von drei Euro pro Stück ausgehst und abschätzt, wie viele Skifahrer:innen auf der Piste an solchen Drinks interessiert wären, musst du dies erklären. Es reicht nicht, sich einfach an das Flipchart zu stellen und „500 Euro pro Tag“ hinzuschreiben. Stell dir vor, deine Interviewerin oder dein Interviewer ist blind, und du willst ihnen über den Gehweg helfen – auch in so einer Situation würdest du erklären, was du nun genau machst und warum.

Verstehen

Oft heißt es, man brauche keinerlei Fachkenntnisse, um einen Bewerbungsprozess erfolgreich zu durchlaufen. Das mag in Ausnahmefällen stimmen. In der Regel musst du aber zumindest sehr genau begreifen, um was es in einem Case eigentlich geht. Das setzt voraus, dass du den Case zu 100 Prozent durchdringen und das Umfeld des Case zumindest einschätzen kannst.

Fehler 5: den Case nicht verstehen
Logisch, du musst nachvollziehen können, um was es in diesem Case geht. Bei dem Skilehrer-Case sollte das kein Problem sein. Schwierigkeiten kann es aber bereiten, wenn du zu etwas Untypischem aufgefordert wirst, z. B. einen Umsetzungsplan bzw. einen Netzplan zu erstellen oder eine Rede zu halten. Grundsätzlich gilt: Wenn du auch nur einen Hauch Unsicherheit verspürst, ob du den Case richtig verstanden hast und die an dich gestellte Aufgabe: Frage nach! Es ist besser zu fragen, als auf Verdacht in die falsche Richtung zu starten. Das könnte dir als Mangel an Struktur ausgelegt werden. Zudem gilt: Interviewer:innen werden dir Fragen fast immer nachsehen.

Um das richtige Framework für die Case-Lösung anzuwenden, musst du das Umfeld verstehen, in dem der Case spielt. Du musst dir vorstellen können, wie das Geschäftsmodell in der Praxis aussieht. Du musst vernünftige Annahmen treffen können, etwa in Bezug darauf, was die meisten Skifahrer:innen interessiert, wie ein Skigebiet funktioniert und was ein Bauchladen ist. Wenn du noch nie Skifahren warst, dann hast du ein Problem. Der größte Fehler, den du jetzt machen kannst, wäre zu bluffen. Frage nach! Sage, dass du noch nie Skifahren warst. Tu nicht so, als sei alles klar, wenn du in Wahrheit Zweifel hast.

Gespür

Ärgerlicherweise kann man Gespür nicht auswendig lernen. Streber:innen haben hier keine Chance. Den richtigen Riecher für ein gutes Geschäft, eine kreative Strategie oder einen vernünftigen Umsetzungsplan kannst du nicht üben. Interviewer:innen prüfen dieses schwer zu fassende Gespür oft unbewusst ab. Schließlich würden Berater:innen niemals zugeben, ein derartig schwammiges Kriterium heranzuziehen. Britische Berater:innen würden möglicherweise von „common sense" sprechen.

Fehler 6: weltfremd denken

Bei unserem Skilehrer-Case hast du viele Möglichkeiten, mangelnden Geschäftssinn zu beweisen. Du kannst beispielsweise auf die Idee kommen, warme Snacks anzubieten (das wird logistisch kaum funktionieren). Du kannst auch vorschlagen, Skistöcke anzubieten (Skifahrer:innen verlieren die Stöcke gelegentlich beim Liftfahren). Auch das ist keine sonderlich pragmatische Idee, weil Stöcke schwer sind und in sehr individuellen Größen angeboten werden. Beide Ideen sind hübsch, aber funktionieren wohl eher nicht.

Fehler 7: zu theoretisch vorgehen

Einer der größten Fehler von Bewerber:innen ist, dass sie einen Case verkomplizieren, anstatt ihn zu vereinfachen. Beim Skilehrer könnte das bedeuten, dass man nicht das Umsatzpotenzial (grob) überschlägt, sondern sich in vielfältigen Szenarien bezüglich der Produkt- und Kundenvarianten verirrt. Theoretiker:innen würden eine Matrix aufmalen, Kundensegmente nach Interesse und Alter aufzeigen, Einkaufskosten danebensetzen, sich vielleicht noch über Sourcing bestimmter Warengruppen Gedanken machen. Alles richtig, aber trotzdem nicht hilfreich. Eine so weitverzweigte Analyse lässt sich in der Kürze der Zeit kaum umsetzen.

Besser ist es, sich zunächst zu überlegen, wie vielen Skifahrer:innen unser mobiler Bauchladen überhaupt pro Tag begegnen könnte. Die Kundengruppen spielen bei dieser Betrachtung zunächst einmal keine Rolle. Ist die Zahl klein, macht eine Segmentierung keinen Sinn, weil die Geschäftsidee unseres Skilehrers vermutlich nicht funktionieren wird (es sei denn, er bietet hochpreisige Produkte mit großer Marge an).

Ergebnis

Berater:innen mögen geniale Strateg:innen sein. Der Kunde wird in der Regel aber nicht am Gedankenprozess seiner Berater:innen, sondern an einem Ergebnis interessiert sein. Dasselbe gilt für die Interviewer:innen. Auch wenn es seltsam klingen mag: Deine Interviewer:innen sind deine Kund:innen. Sie wollen von dir beraten werden. Vor allem aber wünschen sie sich eine Antwort auf ihre Frage. Kein Ergebnis zu liefern ist daher keine Option.

Fehler 8: gar kein Ergebnis liefern

Cases können eine eigenständige Dynamik entwickeln. Man startet mit dem Skilehrer, plaudert hier und da, schiebt noch einen Brainteaser dazwischen - und zack, die Zeit ist um. Das ist schlecht für die Interviewer:innen, zeigt es doch, dass sie den Prozess nicht sonderlich gut gemanagt haben. Es ist aber auch schlecht für dich als Bewerber:in - denn im Zweifel wird notiert, dass du keine Lösung für den Case gefunden hast (auch wenn das ungerecht erscheinen mag).

Um sich abzusichern, solltest du deine (Zwischen-)Ergebnisse am Ende des Case darstellen. Vier Punkte sind hierbei wichtig:
- Was war die Aufgabe?
- Wie bist du die Aufgabe angegangen?
- Was hast du herausgefunden?
- Was empfiehlst du?

Auch wenn man zu keinem konkreten Ergebnis gekommen ist, lässt sich das als Ergebnis darstellen. Wenn du also festgestellt hast, dass die Geschäftsidee des Skilehrers stark von der Größe des Skigebiets und von rechtlichen Rahmenbedingungen abhängt (Lizenz für den Bauchladen), verkaufst du diese Erkenntnis als Ergebnis. Das ist zwar nicht sonderlich spannend, aber besser als gar nichts.

Fehler 9: ein völlig unplausibles Ergebnis anbieten

Selbst wenn du einen tollen Plan herausgearbeitet hast, strukturiert vorgegangen bist, Zwischenfragen beantwortet hast - du bist am Case gescheitert, wenn deine Empfehlung komplett danebenliegt. Kommst du beim möglichen Umsatz auf 100.000 Euro pro Monat, dann bist du vielleicht ein bisschen zu optimistisch für die Beratung. Oder du hast tatsächlich eine geniale Geschäftsidee und solltest dir überlegen, ob du wirklich als Greenhorn in der Beratung anfangen willst.

BWL-Basiswissen zur Case-Bewältigung

von Thiemo Purkart

Die Grundlagen der Betriebswirtschaftslehre (BWL) sowie deren Grundkonzepte sind eine wichtige Basis für die Arbeit in einer Unternehmensberatung. Zusammen mit den im nächsten Beitrag erläuterten Frameworks sind sie essenziell für die Bearbeitung von Case Studies. Die Modelle und Methoden der BWL basieren auf dem Grundsatz, dass Mittel und Waren in der Regel nicht unbegrenzt verfügbar sind. Die BWL umfasst den gesamten Prozess unternehmerischer Tätigkeiten von der Planung über die Organisation und die Steuerung bis hin zur Durchführung und Kontrolle. Grundlegend für die BWL ist das sogenannte ökonomische Prinzip. Es beschreibt die betriebswirtschaftliche Notwendigkeit, die nötigen Mittel zur Erreichung der Unternehmensziele möglichst ideal einzusetzen. Die Ziele (z.B. Nutzen-, Gewinn- oder Umsatzsteigerung) können auf verschiedene Art und Weise erreicht werden:

- **Minimalprinzip:** Bei vorgegebenem Ziel ist der Mitteleinsatz so gering wie möglich zu halten.
- **Maximalprinzip:** Bei vorgegebenem Mitteleinsatz ist das höchstmögliche Ziel zu erreichen.
- **Optimalprinzip:** Weder das zu erreichende Ziel noch die verfügbaren Mittel sind fest vorgegeben. Die Auswahl der besten Handlungsalternative erfolgt über eine Funktion, die die anfallenden Kosten dem erzielbaren Nutzen gegenüberstellt.

Grundlagen der Betriebswirtschaftslehre

Die Grundlagen der Betriebswirtschaftslehre bilden die einzelnen Funktionen innerhalb eines jeden Unternehmens. Alle hier genannten Funktionen spielen prinzipiell in jedem Unternehmen eine Rolle und sind lediglich je nach Branche oder Ausrichtung eines Unternehmens unterschiedlich stark ausgeprägt. Ein Dienstleistungsunternehmen beispielsweise hat in der Regel weniger stark ausgeprägte Logistikbereiche als ein Unternehmen aus dem produzierenden Gewerbe. Aber auch ein Dienstleistungsunternehmen greift auf „Lieferanten" (z.B. andere Dienstleister) zurück und betreibt eine „Produktion" (z.B. Wissensgenerierung, Wissensspeicherung), die gesteuert werden muss. Bei der Bearbeitung von Case Studies sind entweder einzelne Funktionen im Detail zu erläutern und ein spezifisches Problem zu lösen, oder es muss der übergreifende Zusammenhang der einzelnen Bereiche innerhalb und außerhalb des Unternehmens hergestellt werden.

Logistik

Die Logistik beschäftigt sich mit den Waren- und Informationsflüssen zwischen Lieferanten (Beschaffungsmarkt), Produktion, Lagern und Kunden (Absatzmarkt). Ebenso sind Abfallentsorgung und Recycling ein wichtiges Aufgabengebiet dieser Teildisziplin. Grosvenor Plowman hat mit der Formulierung der sogenannten Seven Rights eine bekannte Kurzdefinition der Logistik formuliert: Es gilt, das richtige Gut in der richtigen Menge, im richtigen Zustand, am richtigen Ort, zur richtigen Zeit, für den richtigen Kunden und zu den richtigen Kosten bereitzustellen.

Logistikkette nach Ihde

Produktionswirtschaft

Die Produktionswirtschaft behandelt die Planung und Steuerung von Produktionsprozessen sowie deren vor- und nachgelagerte Aufgaben, wie etwa die Bedarfsplanung oder Qualitätskontrolle. Im Allgemeinen unterscheidet diese spezielle Betriebswirtschaftslehre (SBWL) nach der Art der Produkterzeugung zwischen Fertigungs- und Prozessindustrie. In der Fertigungsindustrie werden Produkte in der Regel durch die Montage einzelner Bauteile hergestellt (z. B. Autoindustrie, Maschinenbau etc.). Die Prozessindustrie erzeugt Waren im Zuge durchgängiger Produktionsprozesse, die als Ergebnis stets eine bestimmte Menge, wie etwa Gewicht oder Volumen, eines Produkts haben (z. B. Chemie-, Stahl-, Pharmaindustrie etc.).

Marketing

Das Marketing setzt sich zum Ziel, betriebswirtschaftliche Entscheidungen optimal an den Anforderungen des Marktes auszurichten. Im sogenannten Marketingmix werden die langfristig geplanten Vorgaben in konkrete Aktivitäten betreffend Produkt (Product), Preis (Price), Kommunikation (Promotion) und Distribution (Placement) umgesetzt. Mit der steigenden Bedeutung des Dienstleistungssektors wurde der klassische Marketingmix um die Perspektiven Personal, Prozesse und physisches Umfeld erweitert, um die besonders in diesem Industriesektor relevanten Aspekte zu erfassen.

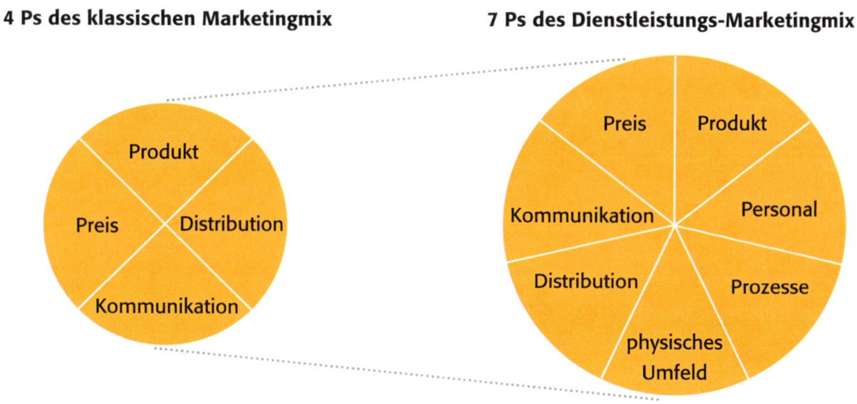

Marketingmix nach Homburg

Finanzwirtschaft

Die Finanzwirtschaft beschäftigt sich mit drei wichtigen Aufgaben unternehmerischen Handelns: Beschaffung von Kapital, Investition und Risikomanagement. Bei der Finanzierung von Unternehmenszielen kommen der Absatzmarkt für die eigenen Produkte, aber auch die Mittel des Kapitalmarktes zum Einsatz. Durch die finanzielle Bewertung von Investitionsalternativen werden Entscheidungshilfen gegeben, wie das Kapital des Unternehmens optimal eingesetzt werden kann. Im Rahmen des Risikomanagements erfasst und bewertet die Finanzwirtschaft die Risiken des unternehmerischen Handelns, wie etwa Kredit- und Anlagerisiken, Umweltrisiken oder auch Produkt- und Absatzrisiken. Nach nationalem und internationalem Gesetz (z. B. Aktiengesetz, Sarbanes-Oxley-Act – SOX etc.) sind zahlreiche Unternehmen gesetzlich verpflichtet, ihren Fortbestand durch gezieltes Risikomanagement abzusichern.

Regelkreis des Risikomanagements

Internes und externes Rechnungswesen

Im Rechnungswesen werden Methoden und Werkzeuge entwickelt und eingesetzt, die es ermöglichen, Finanzströme innerhalb und außerhalb des Unternehmens zu erfassen und einzelnen Situationen und Positionen zuzuordnen. Das interne Rechnungswesen bildet mit der Kosten- und Erlösrechnung die Grundlage zur Steuerung und Kontrolle unternehmensinterner Leistungserbringung durch das Unternehmens-Controlling. Das externe Rechnungswesen unterliegt meist handels- und steuerrechtlichen Anforderungen (z. B. Handelsgesetzbuch – HGB, International Financial Reporting Standards – IFRS etc.) und dokumentiert die Vermögens-, Finanz- und Ertragslage des Unternehmens für Außenstehende. Die wichtigsten Elemente des externen Rechnungswesens sind die Bilanz sowie die Gewinn-und-Verlust-Rechnung.

Unternehmenspolitik

Mit der Unternehmenspolitik legt ein Unternehmen fest, auf welchen Gebieten es tätig ist und welche Verhaltensgrundsätze für diese Tätigkeiten gelten müssen. Die wichtigste Aufgabe der Unternehmenspolitik besteht darin, den verschiedenen Interessen von Eigentümer:innen (Shareholder) und anderen Anspruchsteller:innen

(Stakeholder; z. B. Angestellte, Kunden, Lieferanten etc.) gerecht zu werden. In jüngster Vergangenheit sind die Aufgaben der Unternehmenspolitik unter dem Begriff „Corporate Governance" in den Mittelpunkt des öffentlichen Interesses gerückt.

Organisation und Personalwesen

Das Organisationsmanagement beschäftigt sich mit der Aufbau- und Ablauforganisation eines Unternehmens, in neuerer Zeit auch mit der Systemkonfiguration. Die Aufbauorganisation, z. B. visualisiert durch ein Organigramm, legt fest, wie einzelne Arbeitsschritte im Unternehmen aufgeteilt werden. Die wichtigsten Bausteine der Aufbauorganisation sind dabei u. a. Betriebsstätten und Werke, aber auch kleinere Einheiten wie etwa Abteilungen, Stabsstellen oder Berichtslinien. Die Ablauforganisation bestimmt und optimiert die Koordination zwischen den Organisationseinheiten zur Erstellung der gesamtbetrieblichen Leistungen. Die resultierende Form von Aufbau- und Ablaufstruktur hat wiederum großen Einfluss auf die Gestaltung und Anpassung der Systemkonfiguration. Die Systemkonfiguration definiert, welche Arbeitsmittel den einzelnen Einheiten der Aufbauorganisation zur Verfügung stehen, und legt fest, wie die Ablauforganisation dadurch unterstützt wird, z. B. durch Kommunikations- und Informationssysteme.

Die Hauptaufgaben des Personalwesens liegen in der Personalführung (Personalplanung und -entwicklung, Kommunikation etc.) und der Personalverwaltung (Personaleinsatz und -betreuung, Lohn- und Gehaltswesen etc.). Auch diese Disziplin der BWL unterliegt zahlreichen Gesetzen und Regelungen. International agierende Unternehmen müssen sich dabei mit einer Vielzahl unterschiedlicher Bestimmungen auseinandersetzen, um eine gleiche und faire Behandlung der Mitarbeiter:innen zu gewährleisten.

Informationsmanagement

Informationsmanagement ist einer der am stärksten wachsenden Bereiche in heutigen Unternehmen. Das Informationsmanagement bekommt insbesondere dann großes Gewicht, wenn es darum geht, Informationen und Daten aus verschiedenen Bereichen und den dort genutzten Informations- und Anwendungssystemen innerhalb eines Unternehmens oder z. B. auch nach Fusionen allgemein zugänglich und auswertbar zu machen. Die drei Kerninformationstypen, die zur Steuerung eines Unternehmens benötigt werden, sind:

- Informationen, die eine Aussage über die Zielerreichung der Unternehmensstrategie ermöglichen
- Informationen, die zur Erfüllung rechtlicher und anderer Verpflichtungen dienen
- Informationen, die die Mitarbeiter:innen des Unternehmens benötigen, um ihre täglichen Aufgaben optimal zu erfüllen

Das Informationsmanagement ist eine der wichtigsten Querschnittsfunktionen im Unternehmen, da es insbesondere durch die Bereitstellung der Informations- und Systeminfrastruktur die Arbeitsgrundlage für die meisten anderen Unternehmensbereiche schafft. Mit dem Informationsmanagement wird unternehmensweit festgelegt, wie und wo Informationen gespeichert werden, wer Zugang zu diesen Informationen braucht und bekommt sowie welche Werkzeuge zur Analyse und Nutzung der Daten bereitgestellt werden.

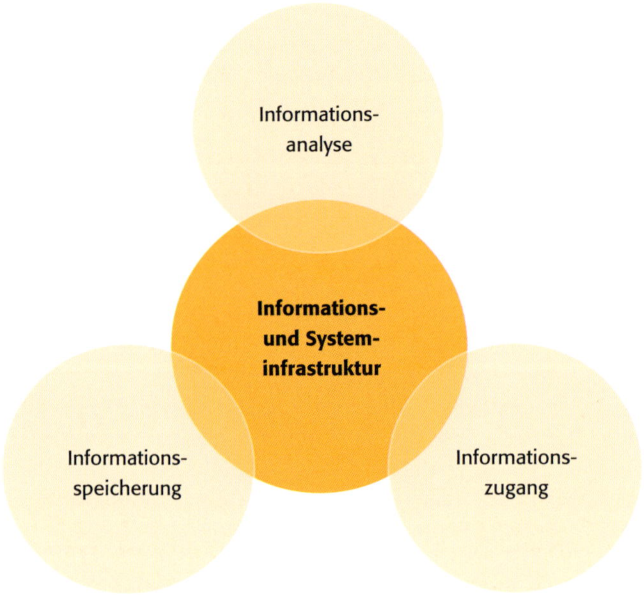

Kerngebiete des Informationsmanagements

Betriebswirtschaftliche Grundkonzepte

Die im Folgenden erläuterten betriebswirtschaftlichen Grundkonzepte bilden – gemeinsam mit den im nächsten Beitrag beschriebenen Frameworks – die Grundlage für die Bearbeitung von Case Studies. Häufig stehen diese Grundkonzepte im Kontext mit den oben aufgeführten Funktionen innerhalb jedes Unternehmens. Bei Fragestellungen aus dem Bereich Marketing spielen oftmals die Konzepte zur Preispolitik eine Rolle, in der Produktionswirtschaft dagegen Skalen-, Verbund- und Dichtevorteile sowie Erfahrungskurven und Produktlebenszyklwen. Für Case Studies aus den Bereichen Finanzwirtschaft oder Rechnungswesen werden häufig die Gewinn-und-Verlust-Rechnung, die Bilanz oder bestimmte Kennzahlen benutzt.

Preispolitik

Die Preispolitik beschäftigt sich maßgeblich mit den zwei wichtigsten Marktfaktoren eines Produkts: der Preisuntergrenze und der Preisobergrenze. Die Preisuntergrenze lässt sich aus den Material- und Produktionskosten der Herstellung berechnen und definiert somit die Gewinnschwelle. Die Preisobergrenze ist in der Regel marktorientiert und wird unter anderem von den Preisen konkurrierender Unternehmen oder auch dem Kaufverhalten der Kundschaft beeinflusst. Das Ziel der Preispolitik ist die Maximierung des Gewinns, der mit einzelnen Produkten oder Dienstleistungen erzielt werden kann. Die gängigsten Preisstrategien sind die Festpreisstrategie (Hochpreis- oder Niedrigpreisstrategie), die Wettbewerbspreisstrategie (Preisführer, -folger oder -kämpfer) und die Preisabfolgestrategie (mit der Zeit sinkende oder mit der Zeit steigende Preise; auch als Abschöpfungs- bzw. Penetrationsstrategie bekannt).

Skalen-, Verbund- und Dichtevorteile

In der BWL spricht man von Skalenvorteilen (Economies of Scale), wenn sich die produzierte Menge über die Zeit stärker vergrößert als die Menge der dafür eingesetzten Mittel. Die häufigsten Ursachen für das Auftreten von Skaleneffekten sind steigende Automatisierung, effizientere Arbeitsteilung und Produktionsstätten sowie die Erfahrungskurve. Skaleneffekte können ein entscheidender Faktor in der Preispolitik sein, ermöglichen sie es doch einem Unternehmen, ein Produkt mit der Zeit immer günstiger zu produzieren und somit entweder den Profit zu steigern oder den Preis zu senken.

Darüber hinaus lassen sich Kostenvorteile auch durch effektivere Produktionsmethoden oder eine sinnvolle Erweiterung der Produktpalette erreichen. Realisieren lassen sich diese sogenannten Verbundvorteile (Economies of Scope) beispielsweise durch die Nutzung derselben Produktionsstätten und -mittel für zusätzliche Produkte und Dienstleistungen. Dies führt zu einer Senkung des Anteils der fixen Kosten je Produkt oder Serviceleistung.

Eine dritte Möglichkeit, Kosten zu senken, ergibt sich, wenn die Nachfrage räumlich konzentriert ist. Diese Dichtevorteile (Economies of Density) lassen sich besonders bei Unternehmen realisieren, deren Produkte und Dienstleistungen im Transport von Gütern bestehen oder vom Anschluss an ein Versorgungsnetz abhängen, z. B. Post- und Paketdienste, Schienen- und Straßenverkehr, Wasser-, Strom- und Gasversorger etc.

Erfahrungskurve

Die Erfahrungskurve ergibt sich aus der Betrachtung der Auswirkungen von Skalen-, Verbund- und Dichtevorteilen. Anhand dieses Konzepts lässt sich aufzeigen, dass sich ein möglichst hoher Marktanteil zu Beginn eines Produktlebenszyklus vorteilhaft auf die langfristige Wettbewerbsfähigkeit auswirkt. Wichtig ist bei dieser Betrachtung, dass sich die Erfahrungskurve nicht auf die absolute Produktionsmenge bezieht, sondern auf die kumulierte. Vereinfacht ausgedrückt trägt dies der Tatsache Rechnung, dass man pro produzierter Einheit immer weniger dazulernen und somit optimieren kann. Die Erfahrungskurve ist branchenabhängig und lässt deshalb keine generellen Aussagen zu. Für das produzierende Gewerbe geht man davon aus, dass sich die Produktionsstückkosten bei einer Verdoppelung der kumulierten Produktionsmenge um 20 bis 30 Prozent senken lassen.

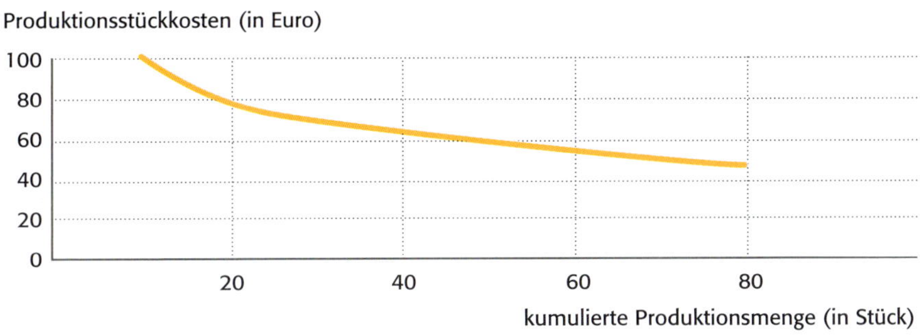

Erfahrungskurve (exemplarisch)

Produktlebenszyklus
Das Modell des Produktlebenszyklus beschreibt die typischen Phasen, die ein Produkt oder eine Dienstleistung durchläuft. Es beginnt mit der Entwicklung und endet mit der Ablösung des Produkts durch einen Nachfolger oder den vollständigen Rückzug aus dem Markt. Das Produktlebenszyklus-Management (kurz: Produktmanagement; engl. Product Lifecycle Management) ist das Kerngebiet der Produktpolitik eines Unternehmens. Dadurch wird entschieden, wie ein Unternehmen auf neue Anforderungen mittels Produktinnovation reagiert oder sich durch Produktvariation auf veränderte Bedingungen einstellt.

Eines der wichtigsten Ereignisse im Produktlebenszyklus ist der Durchbruch der Einnahmen-/Ausgabenkurve durch null, der sogenannte Break-even. Ab diesem Punkt hat das Produkt genug Umsatz erwirtschaftet, um nicht nur die Produktions- und Vertriebskosten zu decken, sondern auch die bis dahin entstandenen Entwicklungskosten. Jedes Unternehmen ist bestrebt, die Phasen des Wachstums und der Reife so lange wie möglich auszudehnen, indem es beispielsweise durch die Preispolitik oder gezieltes Marketing seine Marktposition gegen andere Wettbewerber verteidigt.

Ein oft unterbewertetes Handlungsgebiet des Produktmanagements ist die Sättigungsphase. Gelingt es dem Unternehmen in dieser Phase nicht, durch Diversifikation oder Differenzierung den Rückgang der Verkäufe abzufangen, muss das Produkt konsequent und rechtzeitig aus der Produktion und vom Markt genommen werden, bevor Verluste entstehen. Besonders zu beachten ist dabei, dass sich die durch ein Produkt anfallenden Kosten nicht allein durch die Einstellung der Produktion auf null reduzieren lassen. Vielmehr fallen die sogenannten Verkaufsfolgekosten, wie z. B. Service- und Garantieleistungen oder die Bereitstellung von Ersatzteilen, weiterhin an.

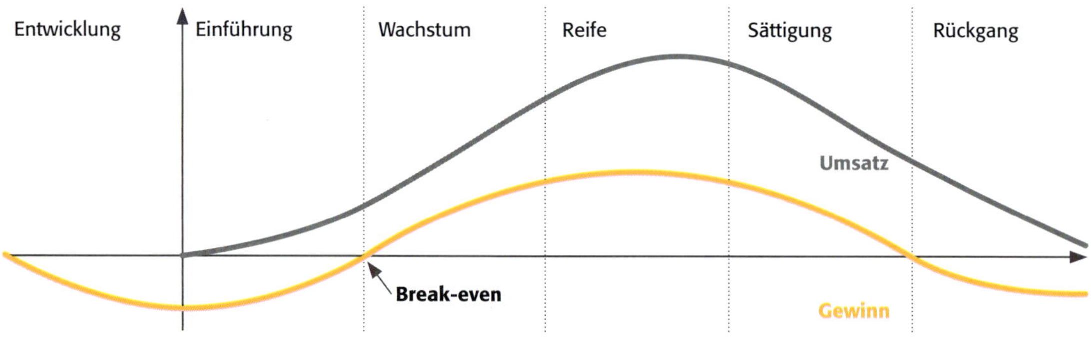

Produktlebenszyklus nach Vernon/Hirsch

Gewinn-und-Verlust-Rechnung (GuV)
Die Gewinn-und-Verlust-Rechnung (GuV) fällt unter das Aufgabengebiet des externen Rechnungswesens und ist neben der Bilanz ein Hauptbestandteil des Jahresabschlusses. Da sich die GuV primär an unternehmensexterne Instanzen richtet, z. B. Kapitalgebende, Kunden, Lieferanten, Arbeitnehmer:innen etc., unterliegt sie zahlreichen nationalen und internationalen handels- und steuerrechtlichen Vorschriften, z. B. Handelsgesetzbuch (HGB), International Financial Reporting Standards (IFRS),

International Accounting Standards (IAS), United States Generally Accepted Accounting Principles (US-GAAP) etc. Die Rechengrößen der GuV sind die Aufwendungen und Erträge zur Ermittlung des Betriebsergebnisses oder Jahresüberschusses eines Geschäftsjahres. Obwohl diese Größen grundsätzlich periodengerecht erfasst werden müssen, gibt es Unterschiede in den einzelnen Vorschriften, wie das Betriebsergebnis daraus zu berechnen ist. Die US-GAAP schreiben das sogenannte Umsatzkostenverfahren (UKV) vor, während das HGB, aber auch die IAS zusätzlich das sogenannte Gesamtkostenverfahren (GKV) zulassen. Der wesentliche Unterschied zwischen den Berechnungsmethoden ist, dass das UKV nur die Umsätze und Kosten der in der Periode abgesetzten Produkte und Dienstleistungen berücksichtigt, während das GKV auch Bestandsveränderungen an fertigen und unfertigen Erzeugnissen einbezieht.

Gewinn- und Verlustrechnung

	Gesamtkostenverfahren (GKV)		**Umsatzkostenverfahren (UKV)**
	Periodenumsatz		Periodenumsatzerlöse
+/–	wertmäßige Bestandsveränderungen an fertigen und unfertigen Erzeugnissen	–	Periodengesamtkosten (Kosten des Umsatzes)
–	Periodengesamtkosten		
=	**Betriebsergebnis/Jahresüberschuss nach GKV**	**=**	**Betriebsergebnis/Jahresüberschuss nach UKV**

Neben der Erfüllung von rechtlichen Anforderungen hat das UKV zudem den Vorteil, dass sich mithilfe der Kostenstellen- und Kostenträgerrechnung die Ergebnisse über Absatzgebiete, Kundenbereiche oder Unternehmensteile aufgliedern lassen. Im GKV werden Aufwendungen und Erlöse lediglich auf einzelne Kostenarten, z. B. Material-, Personal-, Energiekosten etc. aufgeteilt.

Bilanz

Die Bilanz bildet zusammen mit der GuV den Jahresabschluss eines Unternehmens. Wie die GuV auch, richtet sich die Bilanz primär an unternehmensexterne Instanzen und erfüllt aufgrund ihrer Vergangenheitsorientierung in erster Linie eine Dokumentationsfunktion. Im Gegensatz zur GuV bezieht sich die Bilanz immer auf einen bestimmten Zeitpunkt, den sogenannten Bilanzstichtag, und weist die Vermögens-, Finanz- und Ertragslage eines Unternehmens zu diesem Zeitpunkt aus. Die Bilanz gliedert sich in Vermögen (sogenannte Aktiva) zur Auskunft über die Mittelverwendung und Verpflichtungen (sogenannte Passiva) zum Ausweis der Mittelentstehung und der Finanzierung des Unternehmens.

Innerhalb der Aktiva wird das Vermögen in zwei Gruppen aufgeteilt: zum einen das sogenannte Anlagevermögen, das im Unternehmen langfristig verwendet wird, zum anderen das sogenannte Umlaufvermögen, das dem Unternehmen nur kurzfristig zur Verfügung steht. Die Passiva werden in drei Gruppen untergliedert: das Eigenkapital, das das von den Anteilseigner:innen eingebrachte Stamm- bzw. Grundkapital zuzüglich der erwirtschafteten Rücklagen und Gewinne umfasst; die Rückstellungen, die beispielsweise für Pensionen oder Steuerzahlungen gebildet werden; außerdem das Fremdkapital, das die von Dritten zur Verfügung gestellten Mittel ausweist.

Analog zur GuV müssen Aufwendungen und Erträge auch bei der Bilanz periodengerecht erfasst werden. Zu diesem Zweck können auf beiden Seiten der Bilanz zusätzlich sogenannte Rechnungsabgrenzungsposten gebildet werden, die es ermöglichen, Vermögen und Verpflichtungen der richtigen Bilanzperiode zuzuordnen, z. B. wenn der Zeitpunkt der Lieferung und Rechnungsstellung in eine andere Abrechnungsperiode fällt als der Zahlungseingang.

Bilanz

Aktiva	**Passiva**
A. Anlagevermögen	**A. Eigenkapital**
I. Sachanlagen	I. Gezeichnetes Kapital
II. Immaterielle Vermögensgegenstände	II. Kapitalrücklagen
III. Finanzanlagen	III. Gewinnrücklagen
B. Umlaufvermögen	IV. Gewinnvortrag/Verlustvortrag
I. Vorräte	V. Jahresüberschuss/Jahresfehlbetrag
II. Forderungen und sonstige Vermögensgegenstände	**B. Rückstellungen**
III. Wertpapiere	I. Rückstellungen für Pensionen und ähnliche Verpflichtungen
IV. Kassenbestand, Bundesbankguthaben, Guthaben bei Kreditinstituten und Schecks	II. Steuerrückstellungen
C. Rechnungsabgrenzungsposten	III. Sonstige Rückstellungen
	C. Verbindlichkeiten
	I. Anleihen
	II. Verbindlichkeiten
	III. Erhaltene Anzahlungen
	D. Rechnungsabgrenzungsposten
Bilanzsumme	**Bilanzsumme**

Kapitalstrukturkennzahlen

Eigenkapitalquote: Die Eigenkapitalquote drückt den Anteil der Eigenmittel am Gesamtkapital bzw. der Bilanzsumme eines Unternehmens aus.

- Eigenkapitalquote [%] = (Eigenkapital ÷ Gesamtkapital) × 100

Fremdkapitalquote: Die Fremdkapitalquote gibt den Anteil des Fremdkapitals am Gesamtkapital bzw. der Bilanzsumme an.

- Fremdkapitalquote [%] = (Fremdkapital ÷ Gesamtkapital) × 100

Verschuldungsgrad: Der Verschuldungsgrad gibt das Verhältnis von Fremdkapital zu Eigenkapital an.

- Verschuldungsgrad [%] = (Fremdkapital ÷ Eigenkapital) × 100

Erfolgskennzahlen/Gewinnkennzahlen

Zur Berechnung des Gewinns eines Unternehmens haben sich zahlreiche Varianten mit unterschiedlicher Zielrichtung und kontextbezogener Aussagekraft entwickelt. Als Ausgangslage dient all diesen Kennzahlen der Jahresüberschuss, der in der Gewinn-und-Verlust-Rechnung ausgewiesen wird.

- **EBT** Ertrag vor Steuern (Earnings before Taxes): Im Gegensatz zum Jahresüberschuss ist der Gewinn vor Steuern unabhängig von Steuereffekten wie z. B. Steuernachzahlungen oder Steuerminderung. Er eignet sich daher besser für den Vergleich des Gewinns verschiedener Abrechnungsperioden oder Unternehmensbereiche.
- **EBIT** Ertrag vor Zinsen und Steuern (Earnings before Interest and Taxes): Um die Vergleichbarkeit weiter zu erhöhen, wird zur Berechnung des EBIT der Jahresüberschuss zusätzlich zu den Steuereffekten auch um alle Zinsaufwendungen und -erträge bereinigt.
- **EBITA** Ertrag vor Zinsen, Steuern und Abschreibungen auf immaterielle Vermögenswerte (Earnings before Interest, Taxes and Amortisation): Diese Kennzahl ist gegenüber dem EBIT zusätzlich noch um die Abschreibungen auf Firmenwerte bereinigt.
- **EBITDA** Ertrag vor Zinsen, Steuern und Abschreibungen auf Sachanlagen sowie auf immaterielle Vermögenswerte (Earnings before Interest, Taxes, Depreciation and Amortisation): Als Erweiterung zum EBITA wird hier der Gewinn nicht nur um Abschreibungen auf Firmenwerte, sondern um alle Abschreibungen auf Vermögensgegenstände bereinigt. Diese Kennzahl ermöglicht somit den Vergleich von Unternehmen, die nach unterschiedlichsten Gesetzgebungen bilanzieren. Die Aussagekraft des EBITDA ist jedoch umstritten, da er im Vergleich mit dem EBT oder dem EBIT zahlreiche Aufwendungen ignoriert.
- **Geldfluss** (Cashflow): Der Cashflow wird aus der Differenz von Einnahmen und Ausgaben ermittelt und gibt an, in welchem Umfang ein Unternehmen finanzielle Mittel aus eigener Kraft erwirtschaften kann. Eine genauere Erklärung sowie die bekannten Berechnungsmethoden folgen auf Seite 103.

Gewinnkennzahlen

Jahresüberschuss + Steueraufwand – Steuererträge + außerordentlicher Aufwand – außerordentliche Erträge	
= EBT	
+ Zinsaufwand – Zinserträge	+ Zinsaufwand – Zinserträge + Abschreibungen auf Firmenwerte – Zuschreibungen auf Firmenwerte
= EBIT	**= EBITA**
+ Abschreibungen auf das Anlagevermögen – Zuschreibungen zum Anlagevermögen	+ Abschreibungen auf Sachanlagen – Zuschreibungen auf Sachanlagen
= EBITDA	

Rentabilitätskennzahlen

Als Basis zur Berechnung der meisten Rentabilitätskennzahlen wird in der Regel der Gewinn vor Steuern (Earnings before Taxes – EBT) benutzt. Dadurch wird eine vergleichende Bewertung der Rentabilität verschiedener Unternehmen oder Abrechnungsperioden, z. B. wegen unterschiedlicher Steuergesetze, möglich.

Umsatzrendite: Die Umsatzrendite (Return on Sales) bezeichnet das Verhältnis von Gewinn zu Umsatz innerhalb einer bestimmten Periode.

- Umsatzrendite [%] = (Gewinn ÷ Umsatz) × 100

Eigenkapitalrentabilität: Die Eigenkapitalrentabilität (Return on Equity) gibt an, wie hoch sich das Eigenkapital innerhalb einer bestimmten Periode verzinst hat.

- Eigenkapitalrentabilität [%] = (Gewinn ÷ Eigenkapital) × 100

Die Vergleichbarkeit zwischen verschiedenen Unternehmen allein auf Basis dieser Kennzahl ist nur eingeschränkt möglich, da durch die Senkung der Eigenkapitalquote (z. B. durch die Aufnahme von Fremdkapital) die Eigenkapitalrentabilität steigt. Dieser Effekt wird auch als Hebeleffekt (Leverage Effect) bezeichnet.

Gesamtkapitalrentabilität: Die Gesamtkapitalrentabilität (Return on Investment – ROI) gibt an, wie hoch sich das Gesamtkapital innerhalb einer bestimmten Periode verzinst hat.

- Gesamtkapitalrentabilität [%]
  = [(Gewinn + Fremdkapitalzinsen) ÷ Ø Gesamtkapital] × 100

Da das Gesamtkapital aus Eigenkapital und Fremdkapital besteht, müssen zur Berechnung der Gesamtkapitalrentabilität sowohl der Gewinn (erwirtschaftet durch den Einsatz des Eigen- und Fremdkapitals) als auch die Fremdkapitalzinsen (an die Fremdkapitalgeber:innen abgeführter Gewinn) mit einbezogen werden. Durch die Verwendung dieser Kennzahl lassen sich die Nachteile der Eigenkapitalrentabilität umgehen.

Durch Erweiterung der obigen Formel um

- Umsatzrendite = (Gewinn + Fremdkapitalzinsen) ÷ Umsatz

- Kapitalumschlag = Umsatz ÷ Ø Gesamtkapital

erhält man eine ebenfalls weit verbreitete Darstellung zur Berechnung der Gesamtkapitalrentabilität bzw. des Return on Investment (ROI).

- ROI [%] = (Umsatzrendite × Kapitalumschlag) × 100

Cashflow
Der Cashflow ist eine betriebswirtschaftliche Kennzahl, die eine Aussage über die Fähigkeit eines Unternehmens erlaubt, die benötigten finanziellen Mittel selbst zu erwirtschaften. Im Zusammenhang mit dem Cashflow spricht man häufig auch vom sogenannten Innenfinanzierungspotenzial, das sich aus der Differenz von Einnahmen und Ausgaben innerhalb einer bestimmten Periode ergibt. Als Einnahmen und Ausgaben sind alle Erträge und Aufwendungen zu verstehen, die innerhalb der Periode zu Ein- oder Auszahlungen geführt haben, d.h. zahlungswirksam waren.

Bei der Berechnung des Cashflows im engeren Sinn, dem sogenannten Cashflow aus Geschäftstätigkeit oder auch operativem Cashflow, können zwei Methoden angewandt werden: Bei der indirekten Methode werden alle nicht zahlungswirksamen Erträge und Aufwendungen vom Jahresüberschuss abgezogen. Bei der direkten Methode ergibt sich der Wert aus der Addition der zahlungswirksamen Erträge und Aufwendungen. Darüber hinaus gibt es noch weitere Varianten von Cashflow-Kennzahlen, die entweder eine Aussage über einen bestimmten Bereich der unternehmerischen Tätigkeit (z.B. Cashflow aus Investitionstätigkeit, Cashflow aus Finanzierungstätigkeit etc.) oder einen bestimmten Teil des finanziellen Potenzials des Unternehmens treffen sollen (z.B. Free Cashflow – freies Kapital beispielsweise zur Rückzahlung von Krediten oder zur Ausschüttung an Anteilseigner:innen).

Cashflow aus Geschäftstätigkeit

Indirekte Methode	**Direkte Methode**
Jahresüberschuss	
+/– Abschreibungen/Zuschreibungen	[+] Einzahlungen aus Umsätzen
+/– Erhöhung/Minderung des Gewinnvortrags	+ Einzahlungen aus Forderungen
+/– Erhöhung/Minderung von Rückstellungen	– Auszahlungen aufgrund der betrieblichen Tätigkeit (z.B. Personal, Betriebsmittel etc.)
+/– Erhöhung/Minderung von Rücklagen	– Auszahlungen für Verbindlichkeiten
+/– Erhöhung/Minderung am Bestand fertiger und unfertiger Erzeugnisse	
= Cashflow aus Geschäftstätigkeit (operativer Cashflow)	

Cashflow aus Investitionstätigkeit

[+] Einzahlungen aus Anlagenabgängen (Desinvestitionen)
– Auszahlungen für Anlagenzugänge (Investitionen)
= Cashflow aus Investitionstätigkeit

Cashflow aus Finanzierungstätigkeit

[+] Einzahlungen von Eigenkapital
– Auszahlungen von Eigenkapital
+ Einzahlungen aus Aufnahme von Krediten/Verbindlichkeiten
– Auszahlungen zur Tilgung von Krediten/Verbindlichkeiten
= Cashflow aus Finanzierungstätigkeit

Free Cashflow

Cashflow aus Geschäftstätigkeit
– Cashflow aus Investitionstätigkeit
= Free Cashflow

Frameworks zur Bearbeitung von Cases

von Ali Aslan Gümüsay und David Liebig

Frameworks bieten Strukturen für die Lösung von Case Studies und sind daher wichtige Instrumente in Bewerbungsgesprächen. Sie stellen jedoch lediglich ein unterstützendes Hilfsmittel zur Lösung von Cases dar. Zur erfolgreichen Lösung eines Falls sind in der Regel Flexibilität und Kreativität gefragt, was zudem die Auslassung oder Anpassung von Frameworks sowie Outside-the-Box-Denken erfordert. Das Beherrschen der Frameworks alleine garantiert nicht, dass stets ein passendes Tool zur Falllösung zur Verfügung steht, das dann nur noch mit Inhalten zu füllen ist. Vielmehr sollten Bewerber:innen zeigen, dass sie in der Lage sind, schnell individuelle und kontextspezifische Strukturen zur Fallstudien-Bearbeitung zu schaffen bzw. bekannte Frameworks so umzugestalten bzw. zu verknüpfen, dass diese den meist komplexeren Ansprüchen des Case gerecht werden.

Ein Vorschlag für eine strukturierte Übersicht und Anwendung von Frameworks ist nachstehend dargestellt. Die Aufteilung erhebt dabei nicht den Anspruch auf Vollständigkeit. Sie bietet Bewerber:innen vielmehr Werkzeuge für die erfolgreiche Bearbeitung von Case Studies. Strategische Fallbeispiele können meist in drei Kategorien untergliedert werden: interne, externe und gemischte Fragestellungen. Je nach Fragestellung können unterschiedliche Frameworks genutzt werden. Dies bedeutet, dass man den Case für die Auswahl des richtigen Frameworks zunächst einer der drei Problemstellungen zuordnen sollte.

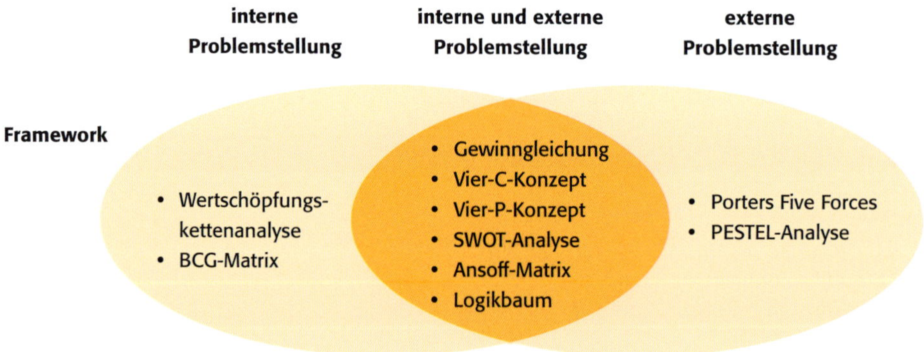

Untergliederung strategischer Fallbeispiele

Externe Problemstellung

Eine externe Problemstellung fokussiert sich auf die Faktoren, die außerhalb des Unternehmens zu finden sind. Nicht die internen Prozesse und Faktoren des Unternehmens stellen das primäre Problemfeld dar, sondern die Umwelt, der Markt, Kunden oder andere Unternehmen sowie von diesen erzeugte Effekte. Folgende zwei Frameworks werden zur Identifikation und Analyse externer Problemstellungen erläutert:

- Five-Forces-Modell
- PESTEL-Analyse

Interne Problemstellung
Fallbeispiele mit internen Problemstellungen betrachten unternehmensinterne Fragestellungen. Sie behandeln beispielsweise eine zu hohe Kostensituation bei den Vertriebsmitarbeiter:innen oder einen zu hohen Lagerbestand aufgrund einer fehlenden Prozesssichtweise. Für die interne Analyse sind folgende Frameworks hervorzuheben:
- Wertschöpfungskettenanalyse
- BCG-Matrix

Interne und externe Problemstellung
Meist sind sowohl interne als auch externe Betrachtungen des Falls notwendig, um herauszufinden, welche Problemstellung vorliegt. Neben der Anwendung der bereits vorgestellten Frameworks zur Analyse von internen und externen Problemstellungen können folgende Analyse-Tools für beide Analyseebenen verwendet werden:
- Gewinngleichung
- Vier-C-Konzept
- SWOT-Analyse
- Vier-P-Konzept
- Ansoff-Matrix
- Logikbaum

Ein gemischter Fall könnte beispielsweise der Gewinneinbruch eines Unternehmens sein. Dies kann sowohl unternehmensinterne Gründe haben, die sich auf die Kostensituation des Unternehmens niederschlagen, als auch externe Ursachen, die beispielsweise die abgesetzte Menge oder eine falsche Preispolitik betreffen. In diesem Fall sollten Bewerber:innen mögliche interne wie externe Ursachen erkennen und den Interviewer:innen eine strukturierte beidseitige Analyse präsentieren.

Five-Forces-Modell von Michael Porter

Das Five-Forces-Modell ist ein Analysewerkzeug, das von Michael E. Porter im Jahr 1979 entwickelt wurde. Porter definierte fünf Faktoren, die eine Branche maßgeblich beeinflussen und die es zur Bewertung der Wettbewerbsintensität und Branchenattraktivität zu berücksichtigen gilt. Für Unternehmen und Organisationen bietet die Betrachtung der fünf von Porter definierten Einflussfaktoren eine Möglichkeit zur systematischen Beobachtung der Marktkräfte sowie deren Zusammenspiel. Es handelt sich bei diesem Modell um ein strategisches Analysewerkzeug, bei dem in Case Studies die ganzheitliche Betrachtung der Umwelt im Vordergrund steht und nicht die Detailbewertung des Unternehmens. Ziel der Analyse anhand der Five Forces ist die Bewertung der Marktkräfte und die Ermittlung der Attraktivität einer Branche.

Die Betrachtung der Haupteinflussfaktoren auf eine Branche und das Verständnis für die Zusammenhänge werden in Case-Interviews häufig und gern abgefragt. Die Anwendung des Five-Forces-Modells bietet eine Möglichkeit der ersten Bearbeitung.

Fünf Faktoren des Five-Forces-Modells

Im Folgenden wird das Modell näher erläutert:

Verhandlungsmacht der Lieferanten
Als einen Einflussfaktor bestimmt Porter die Verhandlungsmacht der Lieferanten. Im Case-Interview ist hier beispielsweise die Anzahl sowie die Größe und Marktmacht der Lieferanten abzuschätzen. Bei nur wenigen Anbietern im Markt (Oligopol) werden diese ihre starke Machtposition ausnutzen und erhöhte Preise verlangen. Sofern es sich um einen fragmentierten Lieferantenmarkt mit geringen Marktanteilen der einzelnen Zulieferer handelt, hat das beziehende Unternehmen eine gestärkte Verhandlungsmacht und kann die verschiedenen Lieferanten gegeneinander ausspielen. Dies ist auch abhängig von den Möglichkeiten und/oder Kosten eines Produktwechsels. Im Fall eines Spezialprodukts fällt es in der Regel schwerer, das Produkt zu ersetzen bzw. ist ein Wechsel mit höheren Kosten verbunden.

Rivalität innerhalb der Branche
Die Rivalität innerhalb der Branche ist meistens der am stärksten wirkende Einflussfaktor. Hierbei ist zu hinterfragen, welcher Wettbewerbssituation das Unternehmen ausgesetzt ist. Anzahl und Marktmacht der Wettbewerber geben hier bereits eine gute Basis für die Bewertung. Häufig kann als erster Anhaltspunkt eine Abschätzung der Concentration Ratio (CR) herangezogen werden. Diese misst den Marktanteil der größten Unternehmen und gibt dadurch Auskunft über die Konzentration in einem Markt. Vereinen beispielsweise die vier größten Unternehmen mehr als 80 Prozent des gesamten Marktes, ist dies ein mögliches Indiz für eine hohe Konzentration in einem Markt, wodurch auf eine eher niedrige Konkurrenzsituation geschlossen werden kann. Hoch fragmentierte Märkte weisen demgegenüber in der Regel einen weitaus größeren Wettbewerb auf. Auch eine fehlende Produktdifferenzierung erhöht den Wettbewerbsdruck.

Verhandlungsmacht der Kunden
Die Marktmacht der Kunden ist eng mit dem angebotenen Produkt verbunden. Handelt es sich um ein undifferenziertes Standardprodukt, können Kunden möglicherweise schnell, günstig und unkompliziert den Anbieter wechseln. Hierbei ist insbesondere auch die Preissensitivität der Kunden einzubeziehen. Bei hoher Sensitivität werden Kunden bei Preissteigerungen schneller geneigt sein, einen Produktwechsel vorzunehmen. Zusätzlich ist die Anzahl der Kunden zu bewerten. Basiert der Absatz eines Unternehmens auf nur wenigen Schlüsselkunden, so ist deren Machtposition deutlich stärker einzustufen als die einer großen, unbekannten Kundenmasse.

Bedrohung durch neue Marktteilnehmer

Neue Marktteilnehmer können sich im Markt etablieren und stellen dabei eine potenzielle Bedrohung dar. In diesem Zusammenhang sind Eintrittsbarrieren in der Branche ein mögliches Hemmnis für Neueintritte. Bestehen beispielsweise rechtliche Beschränkungen in Form von restriktiven Lizenzen, ist der Eintritt von Wettbewerbern schwieriger bzw. seltener der Fall. Weiterhin stellen Kostenvorteile und Skaleneffekte einen wichtigen Bewertungspunkt dar. Besonders kapitalintensive Branchen wie Luft- und Raumfahrt, Pharma oder die Automobilindustrie bieten weniger Möglichkeiten für schnelle Neueintritte und sind dadurch eher weniger von neuen Wettbewerbern bedroht.

Bedrohung durch Substitute

Substitute sind Güter oder Dienstleistungen, die das Potenzial aufweisen, das bestehende Gut oder die bestehende Dienstleistung zu ersetzen. Sie stellen hierdurch eine direkte Bedrohung dar. Klassische Substitutionsgüter sind z. B. Butter und Margarine. Substitutionsprodukte, die unter anderem durch technologischen Fortschritt entwickelt werden, können das vom Unternehmen angebotene Produkt sogar überflüssig werden lassen.

PESTEL-Analyse

Die verschiedensten Umweltfaktoren wirken kontinuierlich auf Unternehmen ein. Die PESTEL-Analyse ist ein Umweltanalyse-Modell, das die strukturierte Betrachtung dieser verschiedenen externen Faktoren ermöglicht. Die Buchstaben sind ein Akronym und stehen für „political, economical, social, technological, environmental, legal", also die politischen, ökonomischen, soziokulturellen, technologischen, ökologischen und rechtlichen Faktoren. Es existieren verschiedene Zusammenstellungen der Buchstaben, wie zum Beispiel PESTLE; zudem gibt es Modelle mit weniger Faktoren wie STEP oder STEEP, die dementsprechend weniger Buchstaben im Akronym beinhalten. Je nach Fallstudie kann die Betrachtung der Faktoren auch auf eine Auswahl beschränkt werden.

Politische Faktoren

Zu den politischen Faktoren gehören unter anderem Wirtschaftsabkommen, Steuern oder andere Beschlüsse der verschiedenen Institutionen. Wirtschaftsabkommen können z. B. das Bewegen von Waren, Dienstleistungen, Personen und Kapital erleichtern, was für das einzelne Unternehmen positive wie auch negative Auswirkungen haben kann. Einerseits können sie für einen stärkeren Wettbewerb sorgen, andererseits mögen dadurch Faktorpreise sinken. Um die jeweiligen Auswirkungen im fiktiven Fallbeispiel zu analysieren, hilft es, mögliche Effekte zu benennen und sie seinem Gegnüber im Gespräch aufzuzeigen, sodass dieses den fiktiven Kontext erläutern kann.

Ökonomische Faktoren

Ökonomische Faktoren sind zum Beispiel Zinsraten, Währungsschwankungen, Inflation oder Arbeitslosigkeit. Ein Unternehmen, das sehr viel exportiert, mag unter einer starken heimischen Währung leiden, da es nur bedingt die gestiegenen Produktionskosten auf den Preis aufschlagen kann. Gleichzeitig kann ein Unternehmen so vergünstigt nötige Ressourcen importieren. Ein hoher Zinskurs kann größere Investitionen erschweren, weil die Kapitalbeschaffung dadurch teurer ist.

Soziokulturelle Faktoren
Soziokulturelle Faktoren wie die demografische Lage, die Einkommensverteilung oder das Arbeitsverständnis wirken sich auf Arbeitnehmer:innen wie auch Konsument:innen aus. So kann der demografische Wandel für ein Unternehmen bedeuten, dass es seine Kundenzielgruppe ändern, das Produkt anpassen oder neue Märkte erschließen muss.

Technologische Faktoren
Technologische Faktoren beinhalten Aspekte rund um Forschung, Innovation, Trends und Produktlebenszyklen. Ein Unternehmen kann seinen Wettbewerbsvorteil verspielen, wenn es nicht inkrementelle und disruptive Innovationen hervorbringt bzw. auf diese reagiert. Innovation umfasst hierbei nicht nur neue Erfindungen, sondern auch ihre Implementierung bzw. Kommerzialisierung.

Ökologische Faktoren
Zu den ökologischen Faktoren gehören unter anderem Emissionen, Ressourcenverbrauch und die Nutzung von Ökosystemen. Ressourcenknappheit kann zum Beispiel zu einem Preisanstieg oder zum Bedarf an alternativen Mitteln führen; eine Veränderung der Ökosysteme bzw. des ökologischen Bewusstseins kann die Nachfrage beeinflussen.

Rechtliche Faktoren
Zuletzt sind rechtliche Faktoren wie Gesetzesänderungen zu analysieren – sei es im Wettbewerbsrecht, Arbeitsrecht oder bei anderen Gesetzen an tatsächlichen wie potenziellen Produktions- und auch Vertriebsstandorten. Auch Entscheidungen zu Fusionen und Übernahmen sind stark von den rechtlichen Rahmenbedingungen abhängig.

BCG-Matrix

Die 1968 von der Boston Consulting Group (BCG) entwickelte Matrix bietet eine Portfolioübersicht und dient der Bewertung der unternehmensspezifischen Geschäftseinheiten (Business Units) oder Produkte. Sie ist die wohl bekannteste 2×2-Matrix und wird daher im Folgenden detaillierter beschrieben. Hintergrund der Bewertung von Produkten oder Geschäftseinheiten mithilfe der BCG-Matrix ist die andauernde und teilweise unreflektierte Weiterentwicklung von Unternehmen. Produktinnovationen wurden in der Vergangenheit vom Unternehmen geschaffen und am Markt etabliert, ohne jedoch näher auf den Markterfolg oder das Potenzial zu achten. Die BCG-Matrix positioniert die Bewertungsgegenstände, beispielsweise Produkte oder Business Units, anhand der zwei Dimensionen Marktwachstum und relativer Marktanteil.

Marktwachstum
Die Positionierung der Bewertungsgegenstände anhand der Marktwachstums-Dimension zeigt die Marktattraktivität eines Produkts und macht das zukünftige Entwicklungspotenzial transparent. Besonderen Einfluss hat dabei die Produktlebenszyklus-Kurve, die als Grundlage der Bewertung des Marktwachstums herangezogen wird. Ein Produkt, das am Beginn der Lebenszyklus-Kurve steht, sieht sich in der Regel einem hohen Marktwachstum ausgesetzt und ist dementsprechend in der BCG-Matrix hoch zu positionieren.

Relativer Marktanteil

Die Bewertung des relativen Marktanteils ergibt sich aus dem Verhältnis des eigenen Marktanteils zu dem des stärksten Konkurrenten. Ein relativer Marktanteil > 1 weist auf die Marktführerschaft eines Produkts bzw. der Geschäftseinheit hin, da in diesem Fall das Produkt des stärksten Wettbewerbers einen kleineren Marktanteil aufweist als das eigene. Je höher der relative Marktanteil des Produkts, desto weiter links steht es in der Matrix.

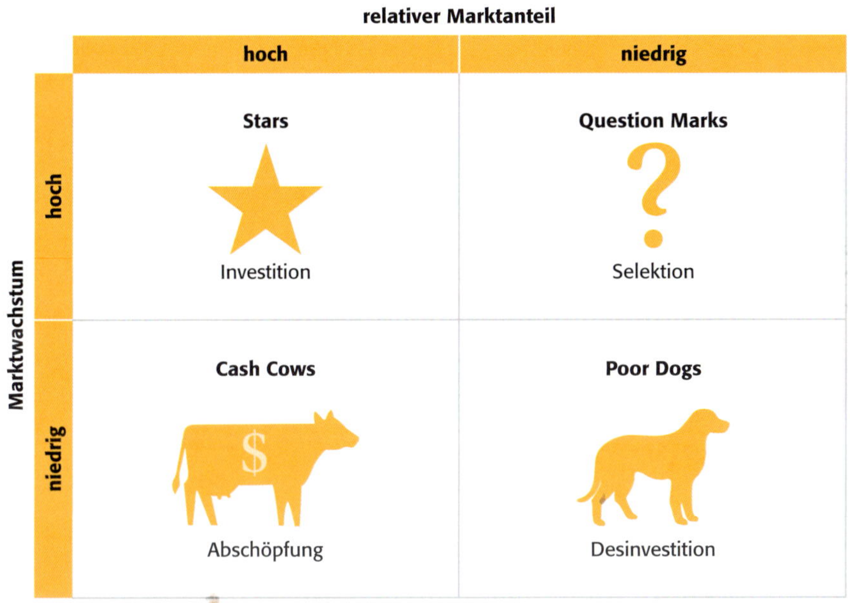

BCG-Matrix

Die Positionierung der unternehmensspezifischen Produkte und Geschäftseinheiten erfolgt in vier Quadranten, denen jeweils unterschiedliche Interpretationen und Handlungsempfehlungen zukommen:

Fragezeichen oder Question Marks

Fragezeichen sind Neuprodukte, die über ein hohes Wachstumspotenzial verfügen, bisher jedoch nur geringe Marktanteile erzielen konnten. Die Produkte bedürfen daher zunächst einer Bewertung in Hinblick auf das tatsächliche Potenzial, um zu einer Aussage über die Weiterentwicklung zu gelangen. In potenzialträchtige Produkte ist zu investieren. Rückflüsse zu Beginn der Markteinführung sind jedoch nicht zu erwarten. In weniger aussichtsreiche Produkte sollte hingegen desinvestiert werden. Bei den Fragezeichen ist somit eine Selektion vorzunehmen.

Stars
Hierunter fallen die Geschäftseinheiten und Produkte, die bereits hohe Rückflüsse generieren, große Marktanteile aufweisen und zudem über weiteres Potenzial verfügen. Trotz des hohen Investitionsbedarfs für die Festigung und den Ausbau der Marktsituation verfügen die Stars bereits über einen hohen Cashflow, der auch zukünftig als aussichtsreich einzuschätzen ist. Strategisch ist daher eine weitere Investition in die Stars zu empfehlen.

Cash Cows
Cash Cows sind durch einen hohen Marktanteil, jedoch nur niedriges Marktwachstum gekennzeichnet. Sie weisen eine hohe Profitabilität, allerdings keine langfristige Ausbaubarkeit auf. Cash Cows stellen allerdings die notwendige Liquidität zum Ausbau der anderen Produkte und Geschäftseinheiten zur Verfügung und sind daher weiter zu „melken". Für Produkte und Geschäftseinheiten der Cash Cows empfiehlt sich eine Abschöpfungsstrategie.

Poor Dogs
Schließlich befinden sich im rechten unteren Quadranten die Poor Dogs. Dabei handelt es sich um auslaufende Produkte, die über einen niedrigen Marktanteil und nur geringes Wachstum verfügen. Obwohl sie meist unprofitabel sind, verbrauchen Poor Dogs Ressourcen im Unternehmen. Mögliche Erträge sind daher kurzfristig weiter abzuschöpfen, langfristig sollte jedoch desinvestiert werden. Für die Poor Dogs empfiehlt sich daher eine Desinvestitionsstrategie.

Mithilfe der BCG-Matrix können im Rahmen von Fallstudien Geschäftseinheiten und Produkte bewertet werden. Möglicherweise lassen sich aber Cases durch abweichende und individualisierte Matrixformen treffender behandeln. In solchen Fällen sollten die Dimensionen der BCG-Matrix angepasst werden.

Wertschöpfungskettenanalyse

Zahlreiche Case-Interviews beschäftigen sich mit den internen Prozessen in Unternehmen. Das von Michael E. Porter 1985 vorgestellte Modell zur Analyse der Wertschöpfungskette (Value Chain) bietet in diesem Zusammenhang eine systematische Analyse der im Unternehmen ablaufenden Aktivitäten und Prozesse.

Im Case-Interview ist die Value Chain eine äußerst hilfreiche Methode zur strukturierten Identifikation unternehmensinterner Problemfelder. Nach Porter ist die Wertkette in primäre und sekundäre bzw. unterstützende Aktivitäten untergliedert. Bewerber:innen sollten das Problem zunächst anhand der primären Aktivitäten zu ergründen versuchen und anschließend Fragen zu den unterstützenden Aktivitäten stellen. Primäre Aktivitäten sind in diesem Zusammenhang unmittelbar auf den Kunden ausgerichtete Prozesse, wohingegen sekundäre Aktivitäten die primären unterstützen.

Primäre Aktivitäten umfassen folgende Bereiche:

- **Eingangslogistik:** Die Eingangslogistik umfasst den Wareneingang, die Qualitätskontrolle, gegebenenfalls die Lagerung und den anschließenden Transport.

- **Operationen:** Die Operationen stellen den Kern der Leistungserstellung im Unternehmen dar. Dabei kann es sich um eine Weiterverarbeitung oder Zusammenführung mit anderen Komponenten handeln.
- **Marketing und Vertrieb:** Marketing und Vertriebsleistungen umfassen alle mit dem Absatz der Produkte in Zusammenhang stehenden Aktivitäten, wie z. B. Werbeannoncen, Preispolitik etc.
- **Ausgangslogistik:** Die Ausgangslogistik umfasst eine weitere Lagerung und Distribution der im Unternehmen erstellten betrieblichen Leistung.
- **Kundendienst:** Serviceleistungen im Unternehmen finden im Anschluss an die Leistungserstellung und den Absatz des Produkts statt. Hierzu sind im Rahmen der Wertschöpfungskettenanalyse vor allem Kundenbetreuung, Ersatzteillieferung, Garantien etc. zu zählen.

Sekundäre Aktivitäten haben unterstützenden Charakter und sind daher abteilungsübergreifend zu betrachten:

- Als **Unternehmensinfrastruktur** wird die Unternehmensführung bezeichnet. Bei der Identifikation von Problemfaktoren können Bewerber:innen z. B. Fragen zur betrieblichen Infrastruktur stellen, da diese von der Unternehmensinfrastruktur festgelegt werden. Dazu gehören Ressourcen-Allokationen, Organisationsstrukturen, Strategiedefinitionen etc.
- Die **Personalwirtschaft** umfasst die Rekrutierung, die Einsatzplanung, Entlohnung und Freisetzung von Arbeitskräften. Darüber hinaus sind Trainings und Weiterbildungsmaßnahmen in diesem Bereich zu berücksichtigen.
- **Technologieentwicklung** betrifft die IT-Systeme im Unternehmen, die Datenspeicherung und -verwaltung, das unternehmensinterne sowie gegebenenfalls externe Daten- und Wissensmanagement.
- Abschließend ist als unterstützende Aktivität die **Beschaffung** von Produktionsfaktoren im Unternehmen von großer Wichtigkeit. Diese umfasst alle Kommunikations- und Informationsaustausch-Beziehungen zwischen dem Unternehmen und seinen Lieferanten.

Die hier vorgestellte Wertschöpfungskette von Porter stellt ein generisches Instrument dar, das unbedingt der Anpassung und Spezifizierung auf die jeweilige Unternehmenssituation bzw. den Case bedarf. Die Wertschöpfungskette bietet eine mögliche Prozessschritt-Übersicht an, die von der tatsächlichen abweichen kann und daher meist auf unternehmensspezifische Aspekte angepasst werden muss.

Primäre und sekundäre Aktivitäten der Wertschöpfungskette nach Porter

Gewinngleichung

Die aus den betriebswirtschaftlichen Grundlagen bekannte Gewinngleichung lässt sich ebenfalls als gute Strukturierungshilfe heranziehen. Die Gewinngleichung besteht in ihrer Grundform aus drei Bestandteilen: Gewinn = Erlöse – Kosten.

Häufig stehen Bewerber:innen im Case-Interview vor der Situation eines Gewinnrückgangs, oder das Unternehmen im Fallbeispiel ist sogar in die Verlustzone geraten. Anhand der Gewinngleichung kann nun eine strukturierte Analyse aufgebaut werden. Hierzu sind zunächst die Bestandteile der rechten Seite der Gleichung vertieft zu betrachten.

Erlöse

Eine Ursache für den Gewinnrückgang kann im abnehmenden Umsatz liegen. Der Umsatz ergibt sich aus der Anzahl der verkauften Produkte (Menge) zum jeweiligen Verkaufspreis. Da die abgesetzte Menge und der Preis den Umsatz bestimmen, sind diese beiden Bereiche von Bewerber:innen zu analysieren. Zu geringe Absatzzahlen können beispielsweise auf falsch eingeschätzte Kundenwünsche, eine verfehlte Produktpolitik oder eine mangelhafte Ermittlung des optimalen Vertriebskanals zurückzuführen sein. Möglicherweise ist jedoch die Verkaufsmenge im Interview-Case gleich geblieben oder gar gestiegen, wohingegen die Preise gesunken sind. Dies kann beispielsweise an durch den Vertrieb zusätzlich eingeräumten Rabatten liegen.

Kosten

Die Ursache für einen Gewinnrückgang kann neben einer Umsatzabnahme auch eine Kostensteigerung sein. Die Kosten der Gewinngleichung lassen sich in variable und fixe Kosten unterteilen. Fixkosten fallen unabhängig von der tatsächlich produzierten Menge der Produkte an. Hierzu gehört beispielsweise die Abschreibung für Maschinen. Variable Kosten hingegen sind abhängig von der produzierten Menge und fallen somit nur an, wenn tatsächlich ein Produktionsprozess stattfindet. Hierunter fallen beispielsweise die meisten Input-Faktoren, die in das Produkt einfließen. Dabei sollte auch bewertet werden, ob etwa Komplexitätsvereinfachungen möglich sind, weil das Produkt „over-engineered" ist.

Bewerber:innen können hierbei das Verhältnis der fixen und variablen Kosten untersuchen, wobei vor allem die Ausnutzung von Skalen- und Lerneffekten zu analysieren ist. Zudem sind vor diesem Hintergrund mögliche Investitionsplanungen zu beobachten. Neben dem Verhältnis fixer und variabler Kosten sollten Bewerber:innen auf die internen Prozesse des Unternehmens eingehen, wobei eine Verknüpfung mit der bereits oben dargestellten Wertschöpfungskette möglich ist.

Insgesamt stellt die Gewinngleichung somit ein gleichermaßen einfaches und effektives Mittel zur Fallbearbeitung dar: Gewinn = Menge × Verkaufspreis – (fixe Kosten + variable Kosten), siehe Grafik auf der nächsten Seite.

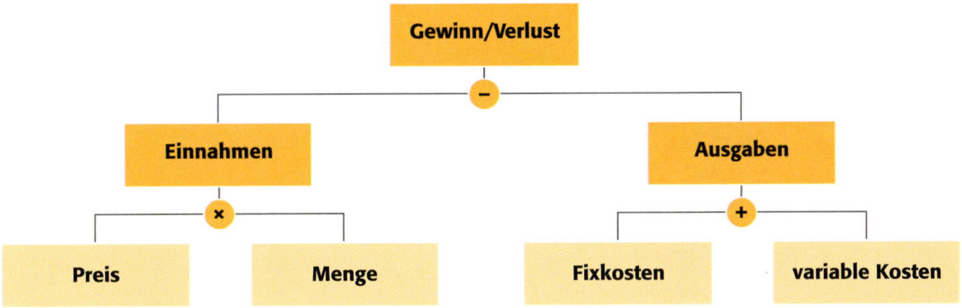

Vier-C-Konzept

Das Vier-C-Konzept (4 Cs) bewertet vier maßgeblich auf das Unternehmen wirkende Einflussfaktoren und ermöglicht hierdurch eine grobe Evaluierung des Kerngeschäfts. Die Einflussfaktoren sind dabei sowohl interner als auch externer Natur und bieten dadurch die Grundlage für eine umfassende und übergeordnete Bewertung.

Kunden (Customers)
Zur Bewertung des Kerngeschäfts eines Unternehmens sind zunächst die Kunden zu analysieren. Ähnlich wie in dem bereits vorgestellten Five-Forces-Modell stellt sich die Frage nach der Anzahl und Marktmacht der Kunden. Preissensitive Kunden reagieren anders auf Preiserhöhungen als weniger sensitive. Weiterhin sind in einigen Bereichen mögliche Stammkunden in Erwägung zu ziehen, die für einen kontinuierlichen Umsatz sorgen. Zusätzlich können Kunden in Segmente untergliedert und gegebenenfalls mit differenzierten Produkten angesprochen werden.

Wettbewerb (Competitors)
Eine weitere externe Bewertung ist in Bezug auf den Wettbewerb vorzunehmen. Auch dies ist analog zum Five-Forces-Modell durchzuführen, wobei auf die Stärke der Wettbewerber einzugehen ist. Zudem sind hierbei potenzielle neue Wettbewerber zu analysieren sowie hemmende Marktein- und -austrittsbarrieren in die Bewertung einzubeziehen.

Fähigkeiten (Capabilities)
Die Fähigkeiten eines Unternehmens sind in Bezug auf den Gegenstand der Geschäftstätigkeit zu bewerten. Bewerber:innen sollten die Ressourcen des Unternehmens abschätzen können, die diesem zu einem Wettbewerbsvorteil verhelfen. Hierunter können beispielsweise die Organisationsstruktur, besondere Logistiksysteme oder ein herausragendes Produktdesign fallen. Neben der Identifikation von positiven Fähigkeiten sind weitere Verbesserungspotenziale offenzulegen.

Kosten (Costs)
Zuletzt ist die Kostenstruktur eines Unternehmens zu betrachten. Hierbei können Bewerber:innen auf das Verhältnis von fixen zu variablen Kosten eingehen und auf eventuelle Risiken hinweisen. Zudem können Vergleiche zu anderen Unternehmen durchgeführt werden. Ebenfalls ist in diesem Zusammenhang auf Skaleneffekte einzugehen, die bei einer höheren Produktionsauslastung möglich werden.

Das Vier-C-Konzept bietet ein ausgezeichnetes Modell für die erste interne und externe Bewertung von Unternehmen und gibt in den meisten Case Studies insbesondere bei Marketingthemen eine gute Strukturierungshilfe. Allerdings sollten Bewerber:innen auch hierbei eine Erweiterung oder Einschränkung in Erwägung ziehen. Zudem analysiert das Vier-C-Konzept die Kernkompetenzen eines Unternehmens und bietet daher nur eingeschränkte Analysemöglichkeiten, wenn es um diversifizierte Unternehmen geht.

SWOT-Analyse

Die SWOT-Analyse unterstützt Bewerber:innen bei der Analyse von strategischen Fragen und Problemstellungen, die sowohl intern als auch extern begründet sein können. Sie stellt eine einfache und flexible, aber eher oberflächliche Methode dar, bei der sowohl die innerbetrieblichen Stärken und Schwächen (Strengths & Weaknesses) als auch die externen Chancen und Risiken (Opportunities & Threats) in die Betrachtung einfließen:

intern	**Strengths (Stärken)** • Konzentration auf High-Value-Kundschaft ermöglicht hohe Margen • Personenbeförderungsschein bereits vorhanden • langjährige Erfahrung in der Personenbeförderung	**Weaknesses (Schwächen)** • geringe Fahrerqualifikationen im Team vorhanden • geringes Startkapital für hochklassige Limousinen vorhanden • wenig bestehende Kontakte zu potenzieller Kundschaft
extern	**Opportunities (Chancen)** • steuerliche Absetzbarkeit von Limousinenservices • alter Fahrzeugbestand der Konkurrenzunternehmen • lokaler Markt für High-Value-Kundschaft vorhanden • Wirtschaftsaufschwung und aufstrebendes Marktumfeld	**Threats (Gefahren)** • problematischer Markt für qualifiziertes Personal und mehrsprachige Fahrer:innen • Existenz langjährig etablierter Konkurrenzunternehmen

SWOT-Analyse zur Eröffnung eines Limousinenservices

Aus dieser ganzheitlichen Betrachtung kann eine übergeordnete Strategie für das Unternehmen abgeleitet werden, die neben internen Prozessoptimierungen langfristige Zielrichtungen unter Berücksichtigung der Marktentwicklung umfasst. Eine effektive SWOT-Analyse zeichnet sich nicht dadurch aus, dass für jeden der vier Bereiche möglichst viele Themen identifiziert werden, sondern vor allem durch die Selektion der wichtigsten drei bis fünf Inhalte. Bewerber:innen sollten daher bemüht sein, den wirklichen Kern jeder Kategorie zu identifizieren.

Die SWOT-Analyse kann beispielsweise zur Bewertung von Unternehmen, Geschäftseinheiten, Produkten oder zur Standortplanung eingesetzt werden. Die einzelnen Analyseteile werden im Folgenden dargestellt:

Interne Analyse

Die interne Analyse fokussiert das Unternehmen selbst und dient dazu, die wesentlichen Stärken und Schwächen zu identifizieren. Hierbei empfiehlt sich ein klar strukturiertes Vorgehen, damit nicht der Eindruck vermittelt wird, dass man beliebig nach Stärken und Schwächen sucht. Bewerber:innen haben selbstverständlich die Möglichkeit, die SWOT-Analyse mit anderen Frameworks zu verknüpfen, sodass im Rahmen der internen Analyse beispielsweise die Wertschöpfungskette untersucht werden kann. Die im Unternehmen ablaufenden Wertschöpfungsstufen werden schrittweise durchgegangen und in Bezug auf ihre Stärken und Schwächen analysiert.

Neben der prozessorientierten Analyse können auch Abteilungen des Unternehmens wie Produktion, Marketing und Personalabteilung durchleuchtet werden. Andere Strukturen, beispielsweise die Betrachtung von verschiedenen Kosten und Produkten, z. B. anhand der Bilanz sowie Gewinn-und-Verlust-Rechnung, sind selbstverständlich ebenso anwendbar.

Zusätzlich sollte darauf geachtet werden, dass nicht nur materielle Stärken und Schwächen identifiziert, sondern auch immaterielle Bereiche miteinbezogen werden. Beispielsweise können das Produktdesign oder die äußerst hohe Qualifikation der Mitarbeiter:innen ein Herausstellungsmerkmal sein.

Wichtig ist bei der Durchführung der internen Analyse zudem die Gegenüberstellung des Untersuchungsgegenstands mit anderen Vergleichseinheiten (z. B. Unternehmen, Produkten etc.). Eine Stärke oder Schwäche des Unternehmens sollte nur dann als solche identifiziert werden, wenn es sich darin signifikant von den Wettbewerbern unterscheidet.

Externe Analyse

Die externe Analyse umfasst die Untersuchung und Identifikation der Chancen und Risiken. Sie beschäftigt sich mit der Umwelt des Unternehmens und betrachtet somit Einflussfaktoren, die in der Regel exogen sind. Da die Unternehmensumwelt kaum beeinflussbar ist, bedarf es einer Anpassung des Unternehmens an die Umweltsituation. Das Unternehmen kann somit lediglich reagieren.

Die externe Analyse sollte ebenfalls strukturiert gestaltet werden und umfasst beispielsweise die Themenbereiche Markt, Wettbewerb, Kunden und Zulieferer. Mögliche Chancen und Risiken ergeben sich dabei aus gesättigten Märkten, Bevölkerungsabnahme, demografischen Veränderungen in der Bevölkerung etc.

Im Anschluss an die interne und externe Analyse sind Handlungsanleitungen zu generieren und Empfehlungen abzuleiten. Vereinfacht kann dies durch die Kombination der vier Bereiche geschehen:

- **Stärken – Chancen:** Die Stärken eines Unternehmens sollten im Hinblick auf die gebotenen Chancen bestmöglich genutzt werden. Beispielsweise kann eine charismatische Unternehmensführerin oder ein charismatischer Unternehmensführer (Stärke) dazu genutzt werden, mithilfe neuer Medien (Chance) Online-Werbung für das eigene Produkt zu machen.

- **Stärken – Risiken:** Eine Unternehmensstärke kann ebenfalls dazu verwendet werden, auftauchenden Risiken zu begegnen. Beispielsweise kann die charismatische Führungskraft (Stärke) aktive Lobbyarbeit zur Verbesserung der politischen Rahmenbedingungen (Risiko) leisten.
- **Schwächen – Chancen:** Hierbei sollten sich Bewerber:innen fragen, wie die Chancen zu nutzen sind, um die Schwächen des Unternehmens zu reduzieren. Beispielsweise kann die Globalisierung (Chance) zu einem höheren Absatz in aufstrebenden Ländern verhelfen, wodurch durch verbesserte Skaleneffekte die Kostensituation des Unternehmens verbessert wird.
- **Schwächen – Risiken:** Bei dieser Kombination sollten Bewerber:innen für mögliche Bedrohungen sensibilisiert werden. Wenn das Unternehmen beispielsweise einen extrem hohen Energieausstoß bei der Erzeugung seiner Produkte hat (Schwäche), müssen bei einer Änderung der energiepolitischen Rahmenbedingungen in Richtung Restriktionen dringend Maßnahmen ergriffen werden.

Trotz ihrer Einfachheit bietet die SWOT-Analyse somit eine Methodik zur Analyse der internen und externen Situation und führt zudem zu sinnvollen Vorschlägen.

Vier-P-Konzept

Das Vier-P-Konzept (4 Ps) wurde von Jerome McCarthy entwickelt und umfasst als Hauptelemente die wichtigsten absatzpolitischen Entscheidungsdimensionen. Dieser Marketingmix dient der Ableitung konkreter Handlungsalternativen und hilft Bewerber:innen vor allem bei der Identifikation von Schwachstellen einer Produktpositionierung. Das Vier-P-Konzept umfasst die vier Bereiche Product, Price, Promotion und Place, die unmittelbar auf den Markterfolg eines Produkts einwirken. Die Methode unterstützt Bewerber:innen sowohl bei der Bewertung einer Neuprodukteinführung als auch bei der Identifikation von Stärken und Schwächen bestehender Produkte.

Product

Der Erfolg eines Produkts am Markt wird maßgeblich durch eine passende Produktpolitik beeinflusst. Das Produkt muss den Markterfordernissen gerecht werden und sich an den Bedürfnissen der Konsument:innen orientieren. Nur ein von den Konsument:innen wahrgenommener Nutzen des Produkts führt zum Kauf. Wichtig ist hierbei, dass das Produkt ein eindeutiges Differenzierungsmerkmal gegenüber anderen Produkten aufweist, wobei häufig von einem einzigartigen Verkaufsargument (USP – Unique Selling Proposition) gesprochen wird.

Neben dem Produkt selbst sind im Rahmen der Analyse auch weitere Aspekte der Produktpolitik zu analysieren. Beispielsweise können hierbei ein modularer Aufbau des Produkts, das Angebot von Nebenleistungen oder Zusatzausstattungen analysiert werden.

Price
Ein entscheidendes Kriterium für den Markterfolg ist die Preispolitik. Diese steht in Zusammenhang mit der Produktpolitik und ist daher nicht ohne deren Einbeziehung zu bewerten. Differenziert sich das Produkt stark von Wettbewerbsprodukten und leistet dieser Unterschied einen wesentlichen Vorteil, so ist in der Regel ein höherer Angebotspreis gerechtfertigt. Ein extrem niedriger Preis, beispielsweise bei einem Standardprodukt, kann ebenfalls sinnvoll sein und zu einer Verdrängung der Wettbewerber führen.

Zusätzlich sind hierbei auch mögliche Rabattaktionen, Sonderkonditionen, Skonti oder Boni zu analysieren, die ebenfalls einen Einfluss auf die Preispolitik des Produkts haben.

Promotion
Maßgeblichen Einfluss auf den Erfolg hat weiterhin die Werbung, die beispielsweise für eine Produktneueinführung durchgeführt wird. Bewerber:innen haben diesbezüglich die Art und das Medium der Werbung zu analysieren, deren Angemessenheit zu bewerten sowie Verbesserungspotenziale aufzuzeigen.

Place
Zuletzt ist im Rahmen des Vier-P-Konzepts auf die Distributionspolitik des Produkts einzugehen. Hierbei wird bewertet, welche Distributionskanäle für die Marktplatzierung optimalerweise zu wählen sind und wie die Kundschaft zielgerichtet angesprochen werden kann.

Die Ansoff-Matrix

Die Ansoff-Matrix, benannt nach ihrem Erfinder Harry Igor Ansoff, ist ein Instrument zur strategischen Betrachtung unterschiedlicher Wachstumsstrategien. Da sie die vier Produkt-Markt-Kombinationen beleuchtet, wird sie auch Produkt-Markt-Matrix genannt. Die vier Wachstumsstrategien sind Marktdurchdringung bei bestehenden Märkten und Produkten, Produktentwicklung bei bestehenden Märkten und neuen Produkten, Marktentwicklung bei neuen Märkten und bestehenden Produkten und Diversifikation bei neuen Märkten und Produkten. Entlang dieser vier Strategieoptionen können Unternehmen Szenarien der Produktgestaltung entwickeln, die Risiken und Nutzen abwägen und eine Wachstumsstrategie oder eine Kombination auswählen.

		Produkt	
		bestehend	**neu**
Markt	**bestehend**	Marktdurchdringung	Produktentwicklung
	neu	Marktentwicklung	Diversifikation

Ansoff-Matrix

Die vier Produkt-Markt-Optionen:

- **Marktdurchdringung:** Eine Intensivierung der Marktbearbeitung erfolgt z. B. durch Kosten- und Preissenkungen und verstärktes Marketing. Ziel ist es, den Marktanteil mindestens zu halten oder auszubauen, indem der Absatz bei bestehenden Kunden erhöht wird und/oder die Produkte an neue Kunden verkauft werden. Das Wachstumspotenzial ist hierbei begrenzt, wenn der Markt bereits gesättigt ist. Dafür ist das Risiko bei dieser Strategie meist gering.
- **Produktentwicklung:** Die Gestaltung von Neuprodukten oder neuen Produktlinien entsteht durch eine Weiterentwicklung oder die Einführung eines vollständig neuen Produkts in den bestehenden Markt. Das Unternehmen kann auf eine hohe Marktkenntnis und eine bestehende Infrastruktur zurückgreifen, z. B. bei Organisation, Logistik und Vertrieb.
- **Marktentwicklung:** Die Marktentwicklung erfolgt durch eine geografische Expansion in neue Exportmärkte oder eine Marktausweitung auf neue Kundenzielgruppen. Da bestehende Märkte häufig gesättigt sind, kann das Verkaufspotenzial durch neue Distributions- und Absatzkanäle wirksam erhöht werden.
- **Diversifikation:** Die Diversifikation ist ein doppelter Aufbruch, da sich das Unternehmen außerhalb von gegenwärtigen Produkten und Märkten bewegt. Sie ist damit die risikoreichste Strategie, weil wenig Synergieeffekte zu bestehenden Produkten vorhanden sind und das Unternehmen Neuland betritt. Ansoff unterscheidet hierbei drei Typen der Diversifikation: Die horizontale Diversifikation umfasst artverwandte neue Produkte im Einklang mit Kernkompetenzen des Unternehmens. Die vertikale Diversifikation ist eine Ausweitung der Wertschöpfungskette des Unternehmens auf vorgelagerte (Rückwärtsintegration) oder nachfolgende (Vorwärtsintegration) Prozesse. Die laterale/konglomerate Diversifikation schließlich ist die Ausweitung auf gänzlich neue Markt- und Produktgebiete.

Die Ansoff-Matrix wurde vor über 50 Jahren entwickelt und wird noch heute als Analysewerkzeug genutzt. Zwar beschränkt sie sich auf die beiden Faktoren Märkte und Produkte, ist wachstumsfixiert und erklärt weder die spezifischen Strategie- noch Implementierungsprozesse; dennoch ermöglicht sie eine unkomplizierte Strukturierung von Wachstumsstrategien. Die Ansoff-Matrix ist daher ein hilfreiches Instrument, um die unternehmerische Produkt- und Marktgestaltung in Cases zu analysieren und zu bewerten.

Logikbaum

Entscheidungs- oder Logikbäume dienen der strukturierten Herangehensweise an ein Problem und sind gleichermaßen für interne und externe Problemstellungen geeignet. Der Logikbaum zerlegt das Problem in seine Einzelteile und gewährleistet hierdurch eine übersichtliche Darstellung der Teilprobleme und Gesamtzusammenhänge. Der Top-down-Ansatz ist die am häufigsten verwendete Vorgehensweise, wobei jedoch ein Bottom-up-Ansatz ebenso gut denkbar ist.

Bei der Problemzerlegung muss jedoch beachtet werden, dass die Teilprobleme jeweils auf der richtigen Ebene angesiedelt sind und zudem dem MECE-Prinzip entsprechen. MECE steht hierbei für einen Ansatz, der „Mutually Exclusive“ (ME) und „Collectively Exhaustive“ (CE) ist. Die Bestandteile des Logikbaums sollen demnach überschneidungsfrei sein, gleichzeitig aber im Ganzen ausreichen, um das Problem zu erfassen. Beispielhaft kann dies anhand des Logikbaumes der Gewinngleichung verdeutlicht werden.

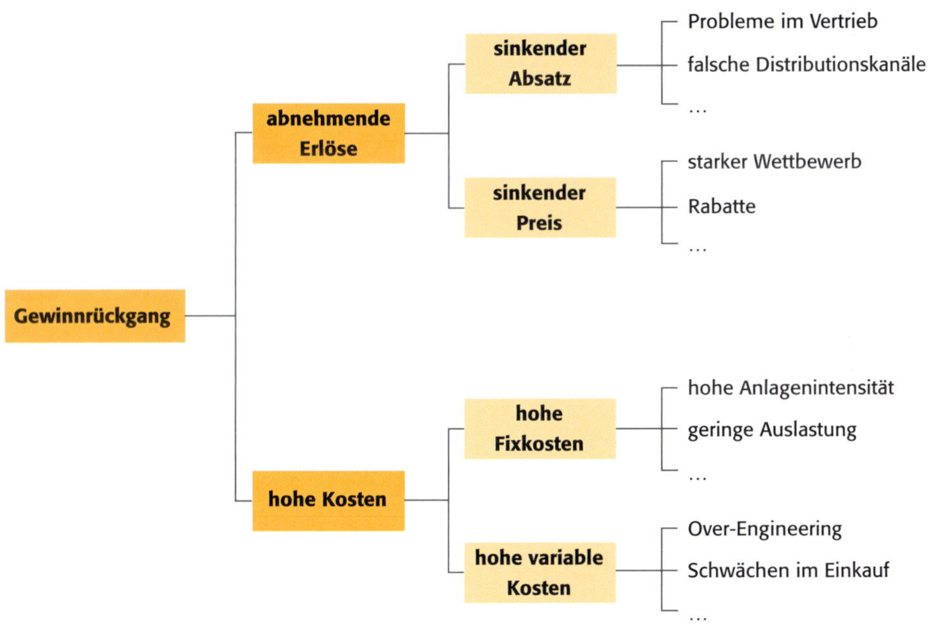

Logikbaum

Weitere Frameworks

Wie anfangs erwähnt, dienen Frameworks als Stütze bei der Bearbeitung von Fallstudien und sind besonders nützlich, wenn sie kritisch und kreativ angewendet werden. Es gibt zahlreiche Konzepte, die als Repertoire dienen. Fünf weitere seien hier kurz erwähnt:

- Benchmarking bezeichnet den Vergleich von Produkten, Dienstleistungen, Prozessen, Methoden und Praktiken zwischen Unternehmen, um Verbesserungspotenzial zu erkennen und entsprechend umzusetzen.
- Die Wettbewerbsmatrix von Michael Porter, die auch unter dem Konzept der generischen Strategien bekannt ist, ist ebenfalls ein Instrument für die Produktpolitik eines Unternehmens. Porter benennt darin die drei Wettbewerbsstrategien Differenzierung, Kostenführerschaft und Fokussierung.
- Eine Alternative zum Five-Forces-Modell bietet das Wertnetz von Adam Brandenburger und Barry Nalebuff. Es betont insbesondere kooperative neben kompetitiven Strategien und führt das Konzept von Komplementoren ein. Komplementoren sind Unternehmen, die zum eigenen Produkt bzw. zur eigenen Dienstleistung ergänzende Produkte oder Dienstleistungen anbieten.
- Das Konzept des Shared Value von Kramer und Porter verortet das Unternehmen in der Gemeinschaft und ist ein integrativer Ansatz von sozialem und wirtschaftlichem Fortschritt. Die Konkurrenzfähigkeit eines Unternehmens und das Befinden der Gemeinschaft bedingen einander in diesem Ansatz.
- Die Szenariotechnik dient als Analysemethode zur strategischen Unternehmensplanung, indem sie Trend- und Extremszenarien aufzeigt, woraus sich Handlungsempfehlungen für das betroffene Unternehmen ableiten lassen.

Abschließend ist anzumerken, dass zahlreiche weitere Frameworks herangezogen werden können, um Cases zu verstehen, zu strukturieren sowie Handlungsalternativen zu erkennen und aufzuzeigen. Herausragende Bewerber:innen zeichnen sich insbesondere durch einen neuartigen und kreativen Ansatz aus, der die bekannten Frameworks abändert oder selbstständig neue erschafft.

LINK-TIPP:

Mindmap zum Lösen von Case Studies

Der ehemalige e-fellows.net-Stipendiat Sebastian Paasch hat eine Mindmap angefertigt, die zeigt, wie man an Case Studies herangehen kann. Sie steht unter folgendem Link zum Download zur Verfügung: download.e-fellows.net/mind_map.pdf

Hilfreiche Basisdaten für Case Studies

Ob konkreter, realitätsnaher Business Case oder kreative Abschätzung - grundlegende Daten helfen nicht nur beim Meistern von Fallstudien, sie zeigen außerdem ein solides Grundwissen und eine gute Vorbereitung auf das Bewerbungsverfahren. Im Folgenden sind einige Basisdaten zu Deutschland, Europa und der Welt zusammengestellt.

Länderprofil – Deutschland

Basisdaten Deutschland

Fläche	**357 Tsd. km²**
N-S-Ausdehnung	ca. 870 km
O-W-Ausdehnung	ca. 630 km
Straßennetz (außerorts)	**230 Tsd. km**
Autobahnnetz	13 Tsd. km
Schienennetz	**34 Tsd. km**
Einwohnerzahl	**83,1 Mio.**
< 15 Jahre	11 Mio.
15 bis 65 Jahre	54 Mio.
≥ 65 Jahre	18 Mio.
männlich/weiblich	41 Mio./42,1 Mio.
Erwerbstätige	45 Mio.
Geburten	788 Tsd.
Anzahl privater Haushalte	**41,4 Mio.**
mit Internetzugang	38 Mio.

Viele weitere Daten und Statistiken zu den Themenfeldern Wirtschaft, Umwelt und Gesellschaft finden sich zum Beispiel auf der Website des Statistischen Bundesamts. Zusätzlich zu den oben genannten Fakten ist es nützlich, über aktuelle politische sowie wirtschaftliche Entwicklungen informiert zu sein. Hierzu empfiehlt sich die Lektüre der gängigen Tageszeitungen.

Zahlen, Daten, Fakten zu Europa

Kommt man im Interview auf das Thema Europa zu sprechen, ist es zunächst wichtig, abzuklären, „welches" Europa gemeint ist: das geografische Europa, die Europäische Union oder etwa die Eurozone. Die folgende Übersicht der Basisgrößen bezieht sich auf Daten der Europäischen Union mit ihren 27 Mitgliedsstaaten.

Basisdaten EU

Mitgliedsstaaten	**27**
Amtssprachen	**24**
Fläche gesamt	**ca. 4,1 Mio. km²**
flächengrößter Staat: Frankreich (exkl. Übersee)	544 Tsd. km²
flächenkleinster Staat: Malta	316 km²
Einwohnerzahl gesamt	**447,1 Mio.**
Euroraum (19 Länder)	341,2 Mio.
Frankreich	66,9 Mio.
Italien	60,5 Mio.
Spanien	46,7 Mio.
Polen	38,4 Mio.
Geburten gesamt pro Jahr	**5,1 Mio.**
Erwerbstätigenquote (15- bis 64-Jährige) gesamt	**73,1 %**
Frauen	68,4 %
Männer	79,3 %

Mithilfe von Eckdaten einiger EU-Staaten lassen sich nun, falls benötigt, die Größenordnungen z. B. von Einwohnerzahl oder Fläche weiterer Länder grob abschätzen. Statt ins Blaue hinein etwa die Fläche von Spanien zu schätzen, macht es einen besseren Eindruck, die Schätzung mit logischen Annahmen zu begründen:

„Die Fläche Spaniens ist etwas kleiner als die Fläche des größten EU-Landes Frankreich mit ca. 550.000 km². Sie ist allerdings weit größer als die Fläche Deutschlands mit ca. 360.000 km². Deshalb schätze ich die Fläche Spaniens auf rund 500.000 km²."

Auf der Website des statistischen Amts Eurostat der Europäischen Kommission sind zusätzlich zu den oben genannten Daten eine große Zahl von Statistiken, Grafiken und Veröffentlichungen über eine weite thematische Bandbreite frei zugänglich.

Basisinformationen – die Welt

Basisdaten global

Anzahl Staaten/Territorien	**ca. 270**
UN-Mitgliedsstaaten	**193**
Erdoberfläche	**510 Mio. km²**
Meeresfläche	ca. 360 Mio. km²
Landfläche	ca. 150 Mio. km²
landflächengrößte Staaten:	
Russland	17,1 Mio. km²
Kanada	10,0 Mio. km²
USA	9,8 Mio. km²
China	9,6 Mio. km²
landflächenkleinster Staat: Vatikanstadt	0,4 km²
Weltbevölkerung	**7,7 Mrd.**
bevölkerungsreichste Staaten:	
China	1.398 Mio.
Indien	1.392 Mio.
USA	329 Mio.
Indonesien	268 Mio.
bevölkerungsärmster Staat: Vatikanstadt	ca. 450
Anteil < 15 Jahre	**25 %**
Anteil ≥ 65 Jahre	**9,0 %**
Ø jährl. Bevölkerungswachstum	**1,1 %**
max. Bevölkerungswachstum: Angola	3,49 %
min. Bevölkerungswachstum: Cookinseln	–2,72 %

QUELLEN:

- CIA: www.cia.gov/the-world-factbook
- Destatis (Statistisches Bundesamt Deutschland): www.destatis.de
- Eurostat (statistisches Amt der Europäischen Kommission): ec.europa.eu/eurostat
- Lexas: www.lexas.de/erde/index.aspx
- United Nations, Overview: www.un.org/en/about-us

4. Case Studies zur Übung

Umsatzsteigerung an der Staatsoper

von Franziskus Linsmann

Aufgabenstellung

Die Staatsoper einer deutschen Großstadt hat ein Problem. Die Umsätze dieses größten Opernhauses in Deutschland stagnieren und es fehlt eine Strategie zu deren Steigerung. Zudem, so sagt dir der Intendant des Hauses, wissen die Verantwortlichen vor Ort gar nicht, wie viel Umsatz pro Abend überhaupt realistischerweise erzielt werden kann.

Als Berater:in kannst du natürlich helfen. Beantworte vor diesem Hintergrund bitte folgende Fragen.

Frage 1: Welche Umsatzquellen können einem Abend direkt zugeordnet werden?

Frage 2: Wie hoch ist der Umsatz je Einnahmequelle und wie hoch entsprechend der Gesamtumsatz eines Opernabends?

Frage 3: Welche Möglichkeiten hat die Staatsoper ihren Umsatz weiter zu steigern? Welche weiteren Umsatzquellen wären denkbar?

HINWEIS: Im Interview hast du für die ersten beiden Fragen ca. 25 Minuten Zeit. Für die letzte Frage darfst du dir fünf Minuten Zeit nehmen.

Lösungsweg

Frage 1: Identifikation von Umsatzquellen

Im ersten Schritt sollen die möglichen Umsatzquellen eines Abends identifiziert werden. Dabei sollten mindestens drei der vier möglichen Quellen genannt werden.

Umsatzart	Beschreibung	Kundengruppe
1. Kartenverkäufe	Umsätze, die durch Kartenverkäufe erzielt werden	Jede:r Besucher:in
2. Gastronomie	Umsätze, die durch Getränke und Snacks (z.B. in der Pause) erzielt werden	Einige Besucher:innen
3. Programmhefte	Umsätze, die durch den Verkauf von Programmheften erzielt werden	Einige Besucher:innen
4. Garderobe	Umsätze, die durch die Garderobengebühr generiert werden (auch o.k.: Trinkgeld)	Jede:r Besucher:in

Frage 2: Abschätzung des Umsatzes
HINWEIS: In der Regel bekommen Bewerber:innen im Interview keine Zahlen geliefert. Es besteht aber die Möglichkeit, Rückfragen zu stellen. Du wirst dadurch die Lösung nicht einfach erhalten, die Interviewenden können dir jedoch Hilfestellungen oder Denkanstöße geben und gemeinsam mit dir Überlegungen vornehmen.

Für die Berechnung der Erlöse aus allen vier Umsatzquellen benötigst du zunächst die **Besucherzahl pro Abend**. In einem ersten Schritt lohnt es sich daher, diese zu schätzen, bevor du mit den weiteren Berechnungen fortfährst. Dafür gehst du am besten in zwei Schritten vor:

- **Berechnung der Kapazität:** Wie viele Besucher:innen fasst die Staatsoper?
- **Berechnung der Besucherzahl:** Wie viele der Plätze sind an einem Abend realistischerweise besetzt (Auslastung)?

Um einen **Schätzwert für die Kapazität** zu ermitteln, könntest du z. B. die Anzahl der Reihen und der Sitzplätze pro Reihe in der Staatsoper als Hilfsgrößen heranziehen. Dabei gilt es, das Parkett zu berücksichtigen und ggf. auch Balkone bzw. Ränge mit deutlich weniger Reihen und Plätzen. Hier ist ein Realitätscheck sinnvoll: Das Theater in deiner Stadt hat wahrscheinlich 500 bis 800 Plätze. Die Staatsoper – als größtes Opernhaus Deutschlands – wird deutlich mehr Plätze haben. Zur Berechnung der Kapazität der Staatsoper könntest du folgende beispielhafte Annahmen treffen:

▸ 1 Parkett (35 Reihen × 40 Sitzplätze) +
3 Balkone (2 Reihen × 90 Sitzplätze) ≈ 1.940 Sitzplätze

HINWEIS: Wenn du eine Kapazität errechnet hast, tu dir selbst einen Gefallen und wähle eine Zahl, mit der du gut rechnen kannst, d. h.: runden!

Nachdem du nun die Kapazität der Staatsoper geschätzt hast, gilt es noch, eine realistische **Auslastung mit Besucher:innen pro Abend** zu ermitteln. Denn: Nicht alle Karten werden jeden Abend verkauft. Wähle also eine Auslastungszahl, die dir realitätsnah erscheint.

▸ 2.000 Sitzplätze × 80 % Auslastung = 1.600 Besucher:innen pro Abend

Nun kannst du mit der Abschätzung der Erlöse aus den verschiedenen Umsatzquellen beginnen.

1. **Kartenverkäufe:** Um die Kartenumsätze zu ermitteln, multiplizierst du die Anzahl der Besucher:innen pro Abend mit dem geschätzen Kartenpreis. Du kannst entweder selbst einen begründeten Kartenpreis annehmen oder die Interviewenden fragen. Sie geben dir zur Antwort, dass eine Opernkarte zwischen 10 Euro für Studierende und 80 Euro für Parkettplätze kostet. Der durchschnittliche Kartenpreis liegt genau in der Mitte.

   ▸ (80 Euro + 10 Euro) ÷ 2 = 45 Euro pro Karte

   ▸ 1.600 Besucher:innen × 45 Euro = 72.000 Euro Umsatz pro Abend

2. **Gastronomie:** Zur Ermittlung der Gastronomieumsätze benötigst du zusätzlich zur Anzahl der Besucher:innen zwei weitere Werte, nämlich den Anteil der Gäste mit Gastronomieumsatz und den Umsatz pro Gast. Hier musst du also zunächst weitere Informationen von den Interviewenden erfragen. Du bekommst die Antwort, dass ca. ein Viertel der Gäste vor der Vorstellung etwas konsumiert und ca. die Hälfte der Gäste noch etwas in der Pause. Vor der Vorstellung wird meist nur ein Sekt getrunken. In der Pause kommt bei der Hälfte der Gastronomiekonsument:innen auch ein Snack dazu (z. B. ein belegtes Brötchen).

Zeitpunkt	Anzahl der Gäste	Art	Kosten	Umsatz
Vor der Vorstellung	400	Sekt	5 Euro	2.000 Euro
In der Pause	800	Sekt	5 Euro	4.000 Euro
In der Pause	800 ÷ 2 = 400	Snack	10 Euro	4.000 Euro
Summe				**10.000 Euro**

3. **Programmhefte:** Auch bei der Schätzung des Programmhefte-Umsatzes benötigst du zusätzlich zur Besucherzahl zwei weitere Werte, und zwar die Anzahl der gekauften Programmhefte und den Programmheftpreis. Dieses Mal gibt es keine Hinweise seitens der Interviewenden (hier soll deine Schätzfähigkeit getestet werden). Es braucht maximal ein Heft pro Haushalt. Die meisten Leute kommen zu zweit in die Oper. Ein Heft kann nicht viel kosten.

   ▸ (1.600 Besucher:innen ÷ 2) × 4 Euro = 3.200 Euro

4. **Garderobe:** Du bekommst den Hinweis, dass die Garderobe kostenlos ist und nicht berechnet werden muss.

Aus der Summe der Erlöse aus den verschiedenen Umsatzquellen ergibt sich somit folgender Gesamtumsatz pro Abend:

Umsatzart	
1. Kartenverkäufe	72.000 Euro
2. Gastronomie	10.000 Euro
3. Programmhefte	3.200 Euro
4. Garderobe	kostenlos
Summe	**85.200 Euro**

Frage 3: Möglichkeiten zur Umsatzsteigerung
Um eine Umsatzsteigerung zu erzielen, gibt es verschiedene Möglichkeiten. So könnte man z. B. die Preise im Kartenverkauf erhöhen, durch eine zusätzliche Differenzierung der Kartenkategorien gezielt Zahlungsbereitschaften abschöpfen oder die Anzahl der Besucher:innen durch verstärktes Marketing oder eine Veränderung der künstlerischen Ausrichtung erhöhen (Umsatzsteigerung durch Bestands- bzw. Neukund:innen). Weiterhin gibt es die Option, neue Umsatzquellen zu erschließen. Dazu zählen die Monetarisierung der Garderobe, ein umfangreicheres Gastronomieangebot, die Vermietung von Parkplätzen oder auch die Eröffnung eines Opernshops.

Zudem spielen auch Sponsoring und Spenden eine große Rolle im Kulturbetrieb.

Bei allen vorgeschlagenen Maßnahmen solltest du auch die Risiken mitdenken und abwägen. Ein breiteres Angebot bedeutet z. B. nicht zwingend einen größeren Umsatz.

Windradbedarf in Deutschland für die Elektromobilität

von Philipp Zölzer

Aufgabenstellung

Im Zuge der Elektrifizierung des privaten Mobilitätssektors versucht die Bundesregierung einen Rahmen zu schaffen, der es ermöglicht, alle privaten E-Autos mit grünem Strom zu laden. Ziel ist es, sicherzustellen, dass genug Strom geliefert wird, um allen Bürger:innen mit einem E-Auto zu garantieren, dass sie ihr Auto ein Mal am Tag komplett mit erneuerbaren Energien laden können. Deshalb beauftragt die Bundesregierung das Ministerium für Wirtschaft und Klimaschutz damit, abzuschätzen, wie viele neue Windräder gebaut werden müssten, um alle E-Autos in Deutschland mit Windenergie zu versorgen, wenn man davon ausgeht, dass diese Windräder ausschließlich für die Stromversorgung der E-Autos verwendet werden. Zudem soll eine Machbarkeitseinschätzung abgegeben werden.

HINWEIS: Aufgrund der begrenzten Zeit im Interview, wird von Bewerber:innen nicht verlangt, dass sie schon bestehende Windkraftanlagen mit in ihre Berechnungen einbeziehen. Es kann vereinfacht davon ausgegangen werden, dass der Strom für die E-Autos ausschließlich von den neu gebauten Windkraftanalgen geliefert wird.

Datenblatt für Windräder:

	Onshore-Windräder	Offshore-Windräder
Nennleistung	5 MW	15 MW
Jahresnutzungsgrad	25 %	50 %

Lösungsweg

Folgende Schritte sind zur Beantwortung notwendig:
- Schätzung der Anzahl der in Deutschland betriebenen E-Autos
- Schätzung der durchschnittlichen Batteriekapazität
- Ableitung des benötigten Energiebedarfs
- Berechnung der Leistung eines Windrads
- Ableitung der benötigten Windräder
- Einordnung der Ergebnisse und Abschätzung der Machbarkeit

Schätzung der Anzahl der in Deutschland betriebenen E-Autos
Hierfür gibt es mehrere Möglichkeiten: Entweder man hat die Zahl der gemeldeten E-Autos im Kopf (840.000 E-Pkws, Stand 2022) oder man nimmt eine Abschätzung über die Einwohnerzahl in Deutschland vor (84 Mio., Stand 2022).

Für die Herleitung des E-Auto-Bestands über die Einwohnerzahl machen wir folgende Annahmen: Zuerst nehmen wir zur Vereinfachung eine Einwohnerzahl von 80 Millionen an und gehen von durchschnittlich zwei Personen je Haushalt aus.

Weitere Annahmen sind, dass 20 Prozent der Haushalte kein Auto, 50 Prozent ein Auto und die restlichen 30 Prozent zwei Autos besitzen. Die Anzahl der Haushalte mit mehr als zwei Autos wird als marginal betrachtet und fließt in die Abschätzung nicht mit ein.

Zur Vereinfachung schließen wir im Folgenden auch die Plug-in-Hybride (Plug-in Hybrid Electric Vehicle (PHEV)) aus und betrachten nur die rein elektrisch angetriebenen Autos (Battery Electric Vehicle (BEV)). Als Begründung dafür kann genannt werden, dass viele der Plug-in-Hybride eine sehr geringe Reichweite haben und von vielen Besitzer:innen eher als Steuersparmodell anstatt als Mobilitätslösung genutzt werden.

Der Anteil der BEVs an der Gesamtzahl der zugelassenen Pkws in Deutschland beträgt zwei Prozent (Stand 2022).

Mit diesen Annahmen ergibt sich für das Jahr 2022 die folgende Anzahl zugelassener BEVs in Deutschland:

- ((80 Mio. ÷ 2) × (20% × 0 + 50% × 1 + 30% × 2)) × 2% = 880.000 E-Autos

Schätzung der durchschnittlichen Batteriekapazität
Zur Ableitung der Batteriekapazität müssen zunächst die durchschnittliche Reichweite und der Verbauch von E-Autos geschätzt werden. Da die meisten BEVs in den letzten zwei Jahren zugelassen wurden, kann man eine mittlere Reichweite von 500 km pro Ladung annehmen. Wenn bei einem durchschnittlichen BEV von einem E-Golf ausgegangen wird, dann liegt der Verbauch bei 15 Kilowattstunden (kWh) auf 100 km. Mit diesen Annahmen kann nun die Batteriekapazität pro BEV berechnen werden:

- 500 km × 0,15 kWh/km = 75 kWh

Ableitung des benötigten Energiebedarfs
Zur Ableitung des Energiebedarfs muss nur noch die Batteriekapazität mit der Anzahl der BEVs multipliziert werden:

- 75 kWh × 880.000 BEVs = 66 Mio. kWh

Berechnung der Leistung eines Windrads
Für die Berechnung der Energieleistung eines Windrads muss zunächst zwischen On- und Offshore-Windrädern unterschieden werden. Im Jahr 2022 waren nur fünf Prozent aller Windkraftanlagen Offshore-Windräder. Mit diesem Wissen und den Informationen aus dem Datenblatt auf Seite 130 kann die Leistung eines durchschnittlichen Windrads pro Tag berechnet werden. Dazu multipliziert man die Nennleistung mit dem Jahresnutzungsgrad und den Stunden pro Tag pro Windrad-Typ und das Produkt daraus wiederum mit dem Anteil des Windrad-Typs an der Gesamtzahl der Windkraftanlagen:

- (5.000 kW × 25% × 24 h) × 95% +
  (15.000 kW × 50% × 24 h) × 5% = 37.500 kWh

Ableitung der benötigten Windräder

Als letzter Schritt muss nur noch der benötigte Energiebedarf aller BEVs durch die Jahres-Durchschnittleistung eines Windrads geteilt werden:

- 66.000.000 kWh ÷ 37.500 kWh = ca. 1.760 Windräder

Es ergibt sich somit, dass ca. 1.760 Windräder (davon fünf Prozent Offshore und 95 Prozent Onshore) benötigt werden, wollte man alle aktuell auf deutschen Straßen fahrenden E-Autos mit grünem Strom betreiben.

Einordnung der Ergebnisse und Abschätzung der Machbarkeit

Im Jahr 2022 wurden in Deutschland ca. 550 neue Windräder gebaut. Das bedeutet, es würde beim jetzigen Ausbautempo ca. drei Jahre dauern, bis alle BEVs in Deutschland ausschließlich mit Windenergie geladen werden könnten – unter den Prämissen, dass die neu gebauten Windräder exklusiv für die Stromversorgung der BEVs genutzt werden und schon bestehende Anlagen nicht berücksichtigt werden.

Nun wird in den drei Jahren der Anteil der BEVs in Deutschland jedoch weiter steigen. Das lässt den Schluss zu, dass das Ziel der Elektrifizierung und der CO_2-Neutralität in Deutschland nicht erreichbar ist, wenn sich am Tempo des Ausbaus der erneuerbaren Energien nichts verändert.

Herausforderungen und Chancen der Energiekrise für GrünStadt

von Stefan Michaelis

Aufgabenstellung

Interviewer:in: GrünStadt ist ein Stadtwerk und bietet die folgenden Leistungen an: Entwicklung und Betrieb von Strom-, Gas- und Wärmenetz sowie ein vertriebliches Angebot von Strom, Gas und Wärme für Haushalte und Unternehmen. Weiterhin werden Energiedienstleistungen, wie etwa der Aufbau einer Ladeinfrastruktur für E-Mobilität, der Ausbau von Photovoltaik und Wärmepumpen sowie Energieberatung, angeboten.

Das Stadtwerk ist Grundversorger für Strom im eigenen Netz bzw. Versorgungsgebiet mit ca. 200.000 Haushaltskund:innen (Grundversorgungs- und Vertriebskund:innen). Außerhalb des eigenen Versorgungsgebiets konnten mit einem Grünstrom-Angebot weitere 50.000 Haushalte vertrieblich gewonnen werden.

Durch eine vorausschauende Unternehmensstrategie wurde in den vergangenen Jahren in erneuerbare Energieerzeugung in der Region investiert, sodass ein beträchtlicher Anteil an „grünem" Strom verfügbar ist. Darüber hinaus wurden ca. 50 Prozent des jährlichen Strombedarfs der Haushaltskund:innen bereits frühzeitig über den Strommarkt eingekauft.

Die gegenwärtige Situation auf dem Energiemarkt mit einer signifikanten Steigerung der Energiebezugskosten und Unsicherheit über die mittelfristige Verfügbarkeit verschiedener Energieträger führt zu Handlungsbedarf bei GrünStadt. Die Energiebeschaffung sowie die Vertriebsstrategie bis hin zur Weiterentwicklung des Geschäftsmodells sind zu hinterfragen.

Frage 1: Welche Preisanpassung auf der Stromrechnung der Kund:innen ist durch die Steigerung der Energiebezugskosten bei unveränderter Gewinnerwartung notwendig?

Frage 2: Welche Möglichkeiten gibt es, die Preisanpassung beim Strom für die treuen Grundversorgungskund:innen geringer ausfallen zu lassen, ohne dass dadurch das Unternehmensergebnis von GrünStadt zurückgeht? Was ist dabei zu berücksichtigen?

HINWEIS: Bei der Beantwortung dieser Frage wird keine Rechnung erwartet.

Frage 3: Aus der Politik gibt es die Vorgabe, dass die Region, in der GrünStadt aktiv ist, bis 2035 CO_2-neutral werden soll. Skizziere ein mögliches Vorgehen, um die Vorgabe umzusetzen, und überlege, welche Rolle bzw. Aufgaben GrünStadt dabei einnehmen könnte.

Lösungsweg

HINWEIS: Bevor zur Bearbeitung der Fragestellungen übergegangen wird, sollten zunächst weitere für die Beantwortung der Fragen notwendige Informationen eingeholt werden und unbekannte Konzepte geklärt werden.

Bewerber:in: Zunächst habe ich einige Klärungsfragen: Was ist ein Grundversorger und was unterscheidet Grundversorgungskund:innen von Vertriebskund:innen?

Interviewer:in: Das Energieunternehmen, das die meisten Haushaltskund:innen in einer Region mit Strom und Gas beliefert, ist der Grundversorger. Alle Haushalte werden zunächst mit einem Grundversorgungstarif mit Strom und Gas vom Grundversorger beliefert, bis sie sich aktiv für einen anderen Tarif entscheiden.

Vertriebskund:innen sind Kund:innen, die sich aktiv für einen anderen Energieversorger oder zumindest einen anderen Tarif entschieden haben. Die Kündigung eines Grundversorgungsvertrags durch den Stromanbieter ist nur in Ausnahmefällen möglich, Vertriebstarife können hingegen bei Beachtung einer Kündigungsfrist jederzeit beidseitig beendet werden.

Bewerber:in: Wie hoch ist der Grundversorgungsanteil von GrünStadt?

Interviewer:in: GrünStadt hat durch eine tiefe Verankerung des Unternehmens in der Region einen hohen Anteil an Kund:innen in der Grundversorgung - 40 Prozent beim Strom und 30 Prozent beim Gas. Zusätzlich haben ca. 120.000 Kund:innen-Haushalte aus dem Versorgungsgebiet den Online-Grün-Tarif.

Bewerber:in: Vielen Dank für die Erläuterungen. Ich habe noch eine Frage zur Stromherkunft: Wie viel Strom erzeugt GrünStadt im eigenen Netzgebiet?

Interviewer:in: In den vergangenen Jahren konnten 850 eigene Photovoltaikanlagen (PV) mit einer Gesamtkapazität von rund 100 Megawatt (MW) installiert und angeschlossen werden. Zusätzlich wurden vor zwei Jahren 114 Gigawattstunden (GWh) pro Jahr über Power Purchase Agreements (PPAs) mit einer Laufzeit von 15 Jahren gesichert. Der Strom stammt aus regionalen Freiflächen-Photovoltaikanlagen mit einer Gesamtleistung von 200 MW. Das städtische Wärmenetz wird mit einem Blockheizkraftwerk (BHKW) betrieben. Bei diesem BHKW wird aus dem Brennstoff Erdgas gleichzeitig Wärme und Strom generiert. Mit einer Brennstoffenergie von 9,6 MW kann eine thermische Leistung von 4,3 MW und eine elektrische Leistung (Strom) von 4 MW generiert werden. Das BHKW hatte in der Vergangenheit jährlich ca. 5.000 Vollnutzungsstunden, das entspricht der Betriebszeit abzüglich der Wartungszeit. Durch das reduzierte Heizverhalten der Haushalte im Zuge der gestiegenen Energiekosten werden sich die Volllaststunden um ca. 20 Prozent reduzieren.

Bewerber:in: Gut, dann würde mich noch die Beschaffungsseite interessieren. Wie haben sich die Preise hier im Vergleich zum Vorjahr entwickelt?

Interviewer:in: An der Strombörse konnte die Hälfte der benötigten Strommenge für das kommende Lieferjahr 2024 frühzeitig zu einem durchschnittlichen Preis von ca. 50 Euro pro Megawattstunde (MWh) eingekauft werden. Zum damaligen Zeitpunkt ging GrünStadt noch davon aus, dass diese Preise auch für die weiteren Mengen gelten würden.

Im Zuge der Marktentwicklung ist der Preis an der Strombörse aber zwischenzeitlich auf über 300 Euro/MWh angestiegen, aktuell liegt der Beschaffungspreis bei 150 Euro/MWh.

Das Gas für das BHKW muss kurzfristig beschafft werden. Durch die reduzierten Gaslieferungen hat es eine Preissteigerung beim Gas von 20 Euro/MWh auf 100 Euro/MWh gegeben.

Bewerber:in: Abschließend habe ich noch eine Frage zur angestrebten CO_2-Neutralität der Region. Was wurde in dieser Hinsicht bereits unternommen und welche Kompetenzen hat GrünStadt, um dies zu unterstützen?

Interviewer:in: Es gibt eine Vielzahl an Einzelinitiativen, wie etwa den Ausbau von erneuerbarer Energie, den Austausch von Straßenbeleuchtung hin zu LED-Technik, eine Studie für die Entwicklung der E-Mobilität und Ladeinfrastruktur und vage Pläne für den Umbau der Wärmeversorgung. GrünStadt ist der Ansprechpartner für Energie in der Region und hat in der Vergangenheit wichtige Projekte für die Region in enger Abstimmung mit der Politik und den Bürger:innen vorangetrieben, wie beispielsweise den Aufbau von Nahwärmeinseln und Mieterstrom-Gemeinschaften.

Frage 1: Preisanpassung beim Strom

Bewerber:in: Vielen Dank für die Informationen. Dann möchte ich nun mit der Bearbeitung der ersten Frage beginnen und werde dabei folgendermaßen vorgehen:

1. Kalkulation des Strombedarfs
2. Kalkulation der vorhandenen Strommenge aus Eigenerzeugung, langfristigen Lieferverträgen, dem BHKW und dem an der Strombörse erworbenen Strom
3. Kalkulation der entstehenden Kosten durch die Marktpreissteigerung
4. Ermittlung der Kostensteigerung für die Haushalte

Interviewer:in: Das hört sich gut an. Dann beginne gerne zunächst mit der Berechnung des Strombedarfs.

Bewerber:in: Vereinfachend gehe ich von 3.000 Kilowattstunden (kWh) Strom pro Haushalt und 250.000 Haushalten aus.

▶ 250.000 × 3.000 kWh = 750.000.000 kWh = 750.000 MWh = 750 GWh

Interviewer:in: Das klingt realistisch. Um zu ermitteln, wie viel Strom noch beschafft werden muss, um den Bedarf zu decken, solltest du nun berechnen, wie hoch der bereits abgedeckte Anteil ist, der sich aus den vorhandenen Strommengen aus der Eigenerzeugung, den langfristigen Lieferverträgen, dem BHKW sowie aus der bereits an der Strombörse erworbenen Strommenge ergibt.

Bewerber:in: Folgende vorhandenen Strommengen können den vorangegangenen Erläuterungen entnommen bzw. aus ihnen errechnet werden:

	Elektrische Leistung	Megentreiber qualitativ	Energiemenge	Kommentar
PPAs aus PV in der Umgebung	200 MW	Sonnenstunden pro Jahr	114 GWh/ Jahr	In diesem Fall sind die elektrische Leistung sowie die Energiemenge bereits gegeben.
Eigene PV-Anlagen	100 MW	Sonnenstunden pro Jahr	57 GWh/ Jahr	Zur Herleitung der Energiemenge gehen wir vom gleichen Wirkungsgrad und der gleichen Anzahl an Sonnenstunden wie bei den Freiflächen-PPAs aus. Die Annahme ist gut begründbar, da sich beide PV-Quellen in der gleichen Region befinden.
BHKW	4 MW	Volllaststunden	16 GWh/ Jahr	Zur Herleitung der Energiemenge wird die elektrische Leistung mit der Anzahl an Volllaststunden multipliziert. Es wird von 4.000 Volllaststunden ausgegegangen (20 Prozent weniger als in der Vergangenheit).
An der Strombörse erworbene Strommenge			375 GWh	Die Hälfte des gesamten Bedarfs von 750 GWh.
Summe			**562 GWh**	

Interviewer:in: Sehr gut, dann kannst du nun mittels einfacher Subtraktion berechnen, wie viel Strom das Stadtwerk noch beschaffen muss, um den Gesamtbedarf von 750 GWh zu decken.

Bewerber:in: Genau, es ergeben sich 188 GWh (750 GWh - 562 GWh), die zu den aktuellen Preisen am Markt beschafft werden müssen.

Interviewer:in: Richtig. Wie viel kostet GrünStadt das?

Bewerber:in: Gegenüber der ursprünglichen Kalkulation sind die Preise für Strom um ca. 100 Euro/MWh gestiegen. Hieraus ergeben sich aktuelle Mehrkosten in der Beschaffung für das neue Lieferjahr von ca. 18,8 Millionen Euro (188.000 MWh × 100 Euro/MWh).

Interviewer:in: Mit welchen weiteren Mehrkosten sieht sich Grünstadt konfrontiert?

Bewerber:in: Da muss ich überlegen… Also in der Eigenerzeugung sind die Preise für den Strombezug aus Photovoltaik nicht gestiegen, unter der Annahme, dass eine inflationsbedingte Steigerung der Wartungskosten vernachlässigt werden kann. Das Gleiche gilt für die Power Purchase Agreements. Außer sie sind marktpreisgekoppelt. Sind sie das?

Interviewer:in: Nein, das kannst du vernachlässigen. Weitere Mehrkosten sind in der Eigenerzeugung zu verorten…

Bewerber:in: Aha! Ich erinnere mich, dass das Gas für das BHKW kurzfristig beschafft werden muss. Das heißt, dass es hier aufgrund der Verteuerung des Brennstoffs Erdgas, den das BHKW für die Stromerzeugung nutzt, wohl zu Mehrkosten kommt.

Interviewer:in: Genau. Bitte berechne nun den entsprechenden Preiseffekt.

Berwerber:in: Es ergibt sich folgender Preiseffekt:

- Eingesetzte Gasmenge: 9,6 MW × 4.000 Volllaststunden = 38.400 MWh bzw. 38,4 GWh

- Resultierende Stromerzeugung: 4 MW (elektrisch) × 4.000 Volllaststunden = 16.000 MWh bzw. 16 GWh

- Effekt durch die Preissteigerung beim Gas: von 20 Euro/MWh auf 100 Euro/MWh entspricht einem Anstieg von 80 Euro/MWh

Somit ergibt sich in der Summe eine Kostensteigerung von 80.000 Euro/GWh bzw. insgesamt 3,072 Millionen Euro (80.000 Euro × 38,4 GWh). Davon sind ungefähr 50 Prozent, also 1,5 Millionen Euro, für den erzeugten Strom anzusetzen, da in vergleichbarer Wirkung auch Wärme über das BHKW generiert wird.

Interviewer:in: Vielen Dank. Abschließend stellt sich dann noch die Frage, wie hoch die gesamten zusätzlichen Beschaffungskosten für GrünStadt sind.

Bewerber:in: In Summe kommt das Unternehmen damit auf zusätzliche Beschaffungskosten in Höhe von 20,3 Millionen Euro (18,8 Millionen Euro für Strom + 1,5 Millionen Euro für Gas).

Interviewer:in: Wie viel mehr Geld muss das Stadtwerk also von seinen Kund:innen verlangen, wenn wir annehmen, dass es die zusätzlichen Kosten direkt auf die Kund:innen umlegt?

Bewerber:in: Verteilt auf die 250.000 Stromkund:innen ergibt dies eine erforderliche Preiserhöhung von durchschnittlich 80 Euro pro Kundin bzw. Kunde und Jahr (20 Millionen Euro ÷ 250.000 Kund:innen).

Interviewer:in: Vielen Dank, du hast meine erste Frage damit sehr zufriedenstellend beantwortet. Ich möchte mit Frage 2 fortfahren: Welche Möglichkeiten gibt es, die Preisanpassung beim Strom für die treuen Grundversorgungskund:innen geringer ausfallen zu lassen, ohne dass bei GrünStadt das Unternehmensergebnis zurückgeht?

Frage 2: Minderung des Effekts auf die Kund:innen in der Grundversorgung
Bewerber:in: Mir fallen die folgenden Möglichkeiten für die Minderung des Preiseffekts für die Grundversorgungskund:innen ein:

- Kund:innen zum Stromsparen animieren, beispielsweise über eine Kampagne oder einen Gamification-Ansatz
- politisches Lobbying für die Unterstützung einkommensschwacher Kund:innen, von denen sich eine Vielzahl in der Grundversorgung befinden (entspricht einer „Strompreisbremse“)
- Reduzierung der Beschaffungskosten für die Grundversorgungskund:innen, indem „günstig“ beschaffte Energiemengen an diese Kundengruppe vergeben werden (entspricht einer Kostenerhöhung für andere Kundengruppen)
- Kündbaren Kund:innen außerhalb der Grundversorgung könnte – unter Berücksichtigung der bestehenden Kündigungsfristen – gekündigt werden oder sie könnten durch überdurchschnittliche Preiserhöhungen zur Eigenkündigung motiviert werden. Die hierfür bereits beschafften Mengen könnten auf die „Grundversorgungslücke“ übertragen werden.

Interviewer:in: Vielen Dank. Welche Konsequenzen könnten insbesondere die zwei letzteren Ansätze für das Stadtwerk haben?

Bewerber:in: Bei den Punkten 3 und 4 ist zu berücksichtigen, dass ein derartiges Verhalten zu Unmut bei den anderen Kund:innen führen, negative Schlagzeilen produzieren („Stadtwerk kündigt seinen Kund:innen.“) und zukünftige Vertriebserfolge erschweren kann („Zu dem Versorger gehe ich nicht mehr.“).

Interviewer:in: Sehr gut, vielen Dank. Dann möchte ich zum Abschluss noch wissen, inwiefern sich das Stadtwerk beim Erreichen einer CO_2-Neutralität der Region einbringen kann.

Frage 3: Unterstützung auf dem Pfad zur CO_2-Neutralität der Region
Bewerber:in: Um eine CO_2-Neutralität in der Region zu erreichen, ist es wesentlich, einen ganzheitlichen Blick auf die Ausgangssituation, die vorhandenen Möglichkeiten (Potenziale) und die zur Verfügung stehenden Ressourcen zu haben. Es scheint schon viele Einzelinitiativen zu geben, womöglich fehlt der Gesamtblick.

Das Vorgehen könnte folgendermaßen aussehen:

Schritt 1: Ist-Aufnahme	**Schritt 2:** Potenzialanalyse	**Schritt 3:** Zielbild	**Schritt 4:** Roadmap entwickeln	**Schritt 5:** Umsetzen
• Erfassung des Ist-Zustands und der voraussichtlichen Entwicklung ∘ Emissionen ∘ Maßnahmen ∘ Player	• Untersuchung möglicher Potenziale für CO_2-Einsparungen ∘ Sektoren ∘ Technologien ∘ Kosten ∘ Wechselwirkungen	• Priorisierung von Maßnahmen • Definition von verbindlichen Zielen • Allianzen	• Umsetzungspfad • Beteiligte • Priorisierung • Zeitplan • Kostenplanung	• Governance • Verantwortliche • Reporting • Budgets

GrünStadt könnte sich in den folgenden Aufgaben und Rollen in das Transformationsprojekt einbringen:

- Mit gutem Beispiel vorangehen, indem die eigenen Aktivitäten CO_2-neutral durchgeführt werden
- Dienstleistungsangebot für Unternehmenskunden, neben „grünem" Strombezug auch die Wertschöpfungskette der Unternehmen CO_2-neutral auszugestalten
- Produkte entwickeln, die es Haushalten ermöglichen, einen Beitrag zur CO_2-Reduzierung zu leisten, wie beispielsweise Balkon-PV-Contracting
- Allianzen mit anderen Versorgungsunternehmen für einen Wissens- und Ressourcenaustausch organisieren
- Koordination des Projekts übernehmen, und zwar aufgrund der vorhandenen Projektmanagementerfahrungen und des Umgangs mit diversen Stakeholdern
- Gewinnung, Ausbildung und Qualifizierung von technischen Mitarbeitenden und Dienstleistern für die Umsetzung der Maßnahmen
- Bürgerdialog moderieren und Bürger:innen für Einsparungen gewinnen

Interviewer:in: Herzlichen Dank für die ausführliche Antwort. Das Gespräch hat mir sehr gut gefallen.

Digitales Lernangebot für ein Aus- und Weiterbildungszentrum

von Annika Sophia Benecke

Aufgabenstellung

Die Finanzakademie Nord-West bietet zertifizierte Aus- und Weiterbildungen für Bankangestellte an. Die Seminare sind auf die Bedürfnisse von Berater:innen für Privat- und Firmenkunden ausgerichtet und vermitteln neben theoretischen Konzepten auch konkretes, direkt anwendbares Praxiswissen. Teilnehmer:innen der Lehrgänge schätzen besonders die Seminare zu aktuellen Themen und die erstklassigen Referent:innen. Diese sind ausgewiesene Expert:innen oder erfahrene Praktiker:innen. Bekannt ist die Finanzakademie Nord-West vor allem im Raum Niedersachsen und Bremen.

Im Rahmen der weltweiten Covid-19-Pandemie musste die Finanzakademie Nord-West viele ihrer Veranstaltungen virtuell abhalten. Nun erwägt die Geschäftsführung, dauerhaft ein digitales Basisangebot bereitzustellen.

Fragestellung 1

Welche Faktoren sollte die Geschäftsführung bei ihrer Entscheidung, ein digitales Angebot bereitzustellen, berücksichtigen?

Lösungsweg zu Fragestellung 1

HINWEIS: Bei dieser Frage geht es darum, eine Struktur zu entwerfen mit der verschiedene Faktoren systematisch erfasst werden können. Dabei liegt der Fokus vor allem auf der Entwicklung dieser Struktur und weniger auf der vollständigen Erfassung aller Faktoren.

Eine Unterteilung in unternehmensinterne und -externe Faktoren bietet sich an dieser Stelle an. Dafür gibt es diverse Frameworks. Im hier beschriebenen Kontext könnte man beispielsweise auf eine Kombination aus Kernkompetenzanalyse (intern) und Branchenstrukturanalyse (extern) zurückgreifen.

Kernkompetenzenanalyse

Durch die Kernkompetenzanalyse sollen die Möglichkeiten bewertet werden, ein digitales Angebot mit den bestehenden Ressourcen und Fähigkeiten bereitzustellen. Eine solche Bewertung dient der Beantwortung der Frage, ob der Einstieg in den Markt für das Unternehmen mit seinen derzeitigen Kompetenzen möglich ist, und bildet die Grundlage für die Entwicklung einer langfristigen Strategie sowie für einen gezielten Kompetenzaufbau im Unternehmen. Zu den Kernkompetenzen eines Unternehmens zählen dessen Ressourcen (materiell und immateriell) und die Fähigkeit, diese Ressourcen möglichst optimal einzusetzen.

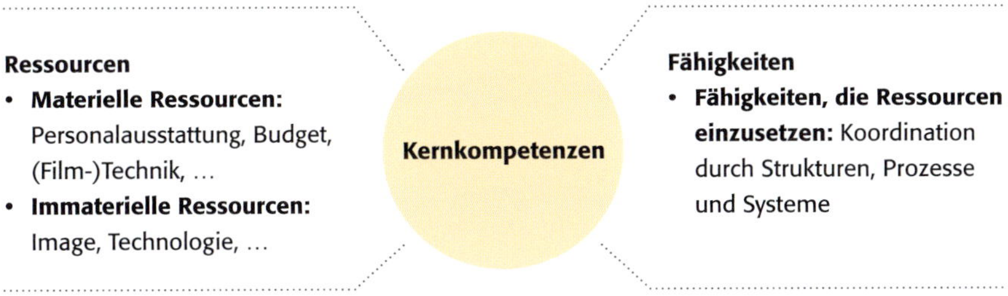

Im Fall der Finanzakademie Nord-West bestehen bisher nur rudimentäre Ressourcen bzw. Fähigkeiten im Bereich der digitalen Aus- und Weiterbildung. Dies geht implizit aus dem Einleitungstext hervor. Zwar hat die Finanzakademie im Zuge der Coronapandemie viele Veranstaltungen virtuell abhalten müssen, der Fokus lag jedoch weiterhin auf den erstklassigen Vor-Ort-Seminaren. Im Einleitungstext finden sich keine weiteren Details. Mit der gezielten Bitte um zusätzliche Informationen kannst du deine:n Gesprächspartner:in davon überzeugen, dass du die richtigen Fragen stellst.

Im weiteren Verlauf kannst du davon ausgehen, dass die Finanzakademie im Bereich der **materiellen Ressourcen** eingeschränkt ist. Bisher gibt es kein Fachpersonal, das Videos aufnehmen und professionell bearbeiten kann. Behelfsmäßige Filmtechnik aus Coronazeiten ist zwar vorhanden, für einen professionellen digitalen Auftritt müsste aber neue Hard- und Software angeschafft werden. Die Geschäftsführung würde zu diesem Zweck ausreichende Budgets zur Verfügung stellen.

Im Bereich der **immateriellen Ressourcen** könnte die Finanzakademie unter ihrem bisherigen eingeschränkten Image als erstklassige Anbieterin von Vor-Ort-Seminaren leiden. Als Anbieter von hochwertigen Online-Formaten konnte sie bislang keine entsprechende Reputation aufbauen. Bisher ist die Bekanntheit der Finanzakademie zudem regional auf Niedersachsen und Bremen beschränkt. Eine Plattform zum Abruf von digitalen Seminaren müsste erst noch aufgebaut werden.

Neben den bisher nicht vorhandenen Ressourcen hat die Finanzakademie auch damit zu kämpfen, dass im Unternehmen aktuell noch keine **Strukturen, Prozesse und Systeme** für den Aufbau eines Online-Angebots etabliert sind. Diese müssten ebenfalls neu eingeführt werden.

Branchenstrukturanalyse

Mithilfe der Branchenstrukturanalyse soll zusätzlich die Attraktivität des Marktes bewertet und ermittelt werden, ob sich der Einstieg in den Markt lohnt. Der Grundgedanke der Branchenstrukturanalyse ist, dass sich die Attraktivität des Marktes vor allem aus dessen Struktur ableitet. Die Verhandlungsmacht von Lieferanten und Kunden, die Bedrohung durch neue Wettbewerber und Ersatzprodukte sowie die Wettbewerbsintensität der Branche bestimmen die Möglichkeiten eines Unternehmens, in einer bestimmten Branche erfolgreich zu sein.

Für die weitere Fallbearbeitung muss zunächst die Branche genauer abgesteckt werden. Eine enge Branchendefinition kann die Fallbearbeitung erleichtern, da dann im Folgenden beispielsweise weniger Wettbewerber bedacht werden müssen.

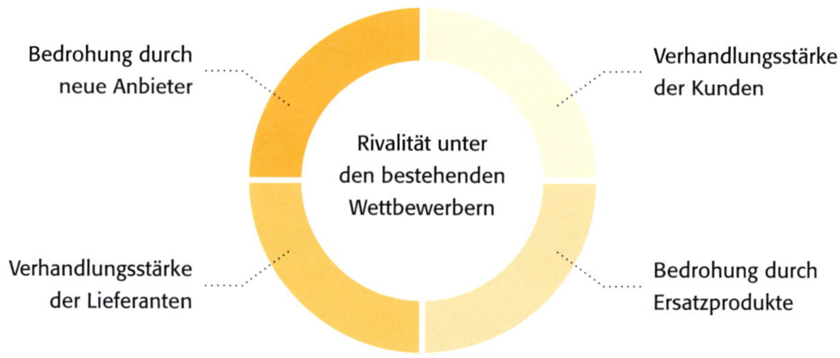

Aus dem Einleitungstext kann geschlussfolgert werden, dass direkte **Wettbewerber** vor allem andere Aus- und Weiterbildungsinstitute im Raum Norddeutschland sind, die zertifizierte Lehrgänge für Bankangestellte, speziell für Berater:innen von Privat- und Firmenkunden, anbieten. Durch die geplante Erweiterung der Produktpalette um ein digitales Basisangebot kommen weitere potenzielle Wettbewerber hinzu. Die Finanzakademie konkurriert dadurch auch mit Anbietern, die nicht im Raum Norddeutschland angesiedelt sind. Man kann jedoch von einer Beschränkung auf den deutschsprachigen Raum ausgehen. Zudem ist die Abgrenzung von anderen Wettbewerbern durch Zertifizierung wichtig: Die Finanzakademie konkurriert weniger mit Anbietern digitaler Lernangebote, die nicht zertifiziert sind, wie etwa YouTube Creators.

Ersatzprodukte für das digitale Basisangebot wären beispielsweise Vor-Ort-Schulungen. Da dieses Produkt jedoch ebenfalls von der Finanzakademie angeboten wird, kann dieser Bereich in der Analyse vernachlässigt werden.

Wichtig ist an dieser Stelle besonders die Klärung des Kundenbegriffs. Zwar werden die Seminare von den Berater:innen besucht, über die Teilnahme und die Anbieterauswahl entscheidet jedoch in der Regel der Arbeitgeber, in diesem Fall also die jeweilige Bank. Es ist zudem davon auszugehen, dass nicht jede Filiale einen eigenen Schulungsanbieter engagiert, sondern dass die Banken die Schulungen zentral organisieren. Statt vieler individueller Berater:innen hat die Finanzakademie also nur einige wenige Schlüsselkunden. Dies erhöht die **Verhandlungsmacht der Kunden** bei den Preisen und senkt die Attraktivität der Branche.

Als **Zulieferer bzw. Lieferanten** sind erstklassige Referent:innen erfolgskritisch für die Finanzakademie. Sollte es nicht gelingen, die gewohnte Qualität an Referent:innen auch für das digitale Angebot zu gewinnen, könnte die Finanzakademie mit ihren Plänen scheitern. Daneben ist ein zuverlässiger Anbieter einer Online-Schulungsplattform für den Erfolg des digitalen Angebots unabdingbar.

Die genauen Analyseergebnisse sind für die weitere Bearbeitung der Case Study nicht von zentraler Bedeutung. Wichtig ist, zu verstehen, dass die Finanzakademie NordWest, die bisher nur Vor-Ort-Seminare angeboten hat, keinerlei Kompetenzen im Bereich der Videoproduktion besitzt. Der Markt wird von der Geschäftsführung jedoch als attraktiv eingestuft, sodass die Finanzakademie den Markteinstieg wagen will.

Fragestellung 2

Aufgrund der Herausforderung, ein qualitativ hochwertiges digitales Angebot mit den bestehenden Kompetenzen bereitzustellen, entscheidet sich die Finanzakademie dazu, eine externe Produktionsfirma zu beauftragen. Diese bietet verschiedene Preismodelle an:

- **Preismodell A** beinhaltet eine Pauschale von 100.000 Euro. Die Produktion von jeweils einer Stunde Videomaterial kostet zusätzlich 5.000 Euro.
- **Preismodell B** beinhaltet eine Pauschale von 250.000 Euro. Die Produktion von jeweils einer Stunde Videomaterial kostet zusätzlich 2.000 Euro.

Für welches Preismodell sollte sich die Geschäftsführung der Finanzakademie entscheiden?

Lösungsweg zu Fragestellung 2

Für die Beantwortung dieser Frage sind zwei Schritte notwendig: Die Durchführung einer einfachen Rechnung und das Treffen einer Annahme zu den geplanten Produktionsvolumina.

Zunächst ist der Punkt zu ermitteln, an dem Preismodell B aufgrund der geringeren variablen Kosten günstiger ist als Preismodell A. Die Rechnung kann im Kopf durchgeführt werden:

- Die Differenz zwischen den beiden Pauschalen beträgt 150.000 Euro.
- Die Differenz bei den variablen Kosten beträgt 3.000 Euro.
- Entsprechend ist Angebot B ab 50 Stunden Videoproduktion zu bevorzugen: 150.000 Euro ÷ 3.000 Euro = 50 Stunden

Für die Beantwortung der Eingangsfrage müssen nun Annahmen zum geplanten Produktionsvolumen getroffen werden. Angenommen, die Finanzakademie plant, ein zweiwöchiges Basisseminar zu digitalisieren – dann werden 80 Stunden Videomaterial benötigt.

- 2 Wochen × 5 Seminartage pro Woche × 8 Stunden pro Tag = 80 Stunden Videomaterial

In diesem Fall wäre Preismodell B vorteilhafter.

Fragestellung 3

Das digitale Angebot wird von den Kund:innen der Finanzakademie gut angenommen. Mehr und mehr Seminare finden ausschließlich online statt. Der Erfolg hat jedoch auch seine Schattenseiten: Die Seminarräume sind nicht mehr vollständig belegt. Das Management sucht nun nach Möglichkeiten, die Raumauslastung zu erhöhen.

Mit welchen Maßnahmen kann die Finanzakademie die Nutzungsquote der Räumlichkeiten verbessern?

Lösungsweg zu Fragestellung 3

Zum Abschluss der Case Study kannst du deine Kreativität unter Beweis stellen. Vergiss jedoch nicht, deine Gedanken für die Interviewenden zu strukturieren. Am besten verwendest du dafür einen Logikbaum (siehe Seite 145).

Grundsätzlich hat die Finanzakademie zwei Möglichkeiten, die Raumauslastung wieder zu erhöhen: Die Räume könnten für eigene Seminare verwendet werden oder für neue Raumnutzungskonzepte.

Da mit den weiterhin laufenden Vor-Ort-Seminarangeboten die Räume nicht mehr ausgelastet werden, könnte sich die Finanzakademie entscheiden, a) die bereits existierenden Vor-Ort-Seminare häufiger durchzuführen (z. B. könnte ein Seminar viermal anstelle von einmal pro Quartal angeboten werden) oder b) zusätzliche Seminare anzubieten (z. B. weitere Seminare zu aktuellen Themen bzw. Sonderthemen).

Darüber hinaus könnte man neue Raumnutzungskonzepte einführen. So könnten die Räumlichkeiten auch für andere Veranstaltungsformate der Finanzakademie genutzt werden, wie etwa für Panel-Diskussionen, Konferenzen oder Teambuilding-Maßnahmen. Neben der Eigennutzung käme auch eine Fremdnutzung infrage: Freie Räumlichkeiten könnte die Finanzakademie beispielsweise an ihre Firmenkunden für deren eigene Events oder Kundenseminare weitervermieten. Ein Café im Erdgeschoss würde zudem auch die Seminarteilnehmer:innen freuen.

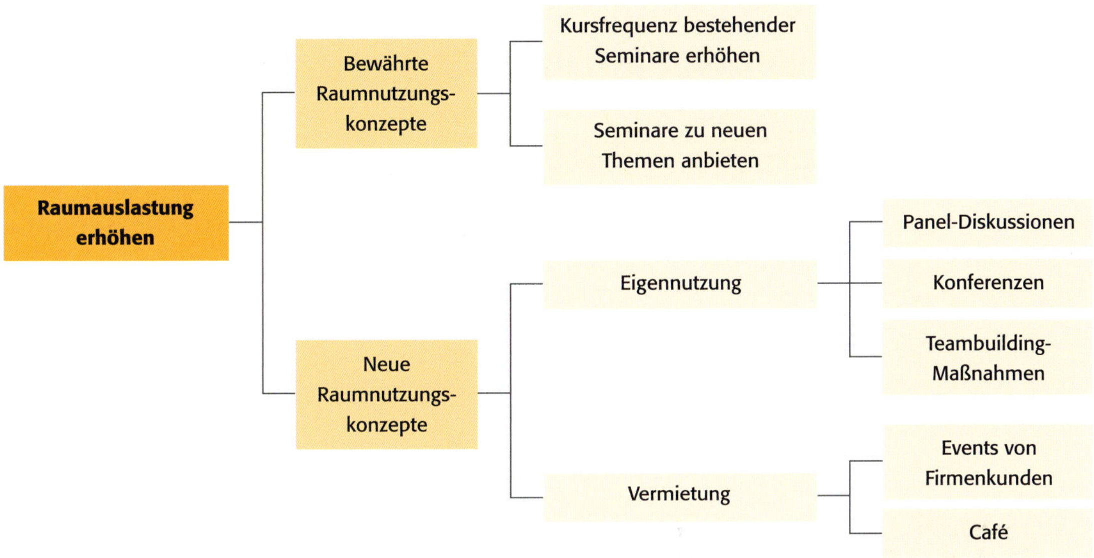
Raumauslastung erhöhen
Bewährte Raumnutzungs-konzepte
Kursfrequenz bestehender Seminare erhöhen
Seminare zu neuen Themen anbieten
Neue Raumnutzungs-konzepte
Eigennutzung
Panel-Diskussionen
Konferenzen
Teambuilding-Maßnahmen
Vermietung
Events von Firmenkunden
Café

Lebenszyklusrechnung für eine Augmented-Reality-Anwendung

von Sebastian Serfas

Aufgabenstellung

Eine studentische Unternehmensberatung möchte ein Projekt für eine Kunstgalerie durchführen. Die Studierenden schlagen vor, eine Augmented-Reality-Anwendung (AR-Anwendung) zu erstellen, mit der die Kund:innen der Galerie vor dem Kauf eines Bilds schnell und einfach mithilfe ihrer Handykamera „ausprobieren" können, ob bzw. wie gut das Bild in ihre Wohnung oder ihr Büro passt. Die AR-Anwendung würde dazu das ausgesuchte Kunstwerk virtuell einblenden, während mit einem Handy oder Tablet der jeweilige Raum, für den es gedacht ist, gefilmt wird, sodass verschiedene Bilder, Größen und Bildpositionen „ausprobiert" werden können.

Die Programmierung der App könnte von IT-Studierenden der Hochschule übernommen werden. Die angehenden Berater:innen schlagen vor, im Stil einer Lebenszyklusrechnung zu analysieren, welcher Wert durch die AR-Anwendung für die Galerie geschaffen wird, um dann ein Zehntel dieses Lebenszykluswerts als Projektpreis für die Beratung und vor allem für die Erstellung der App von der Galerie zu erhalten.

Auf Basis der durch die Galerie zur Verfügung gestellten Informationen (pro Jahr werden ca. 400 Bilder mit einem durchschnittlichen Deckungsbeitrag von ca. 500 Euro pro Bild verkauft) sowie einiger weiterer, eigener Annahmen, haben die Berater:innen einen Lebenszykluswert von 200.000 Euro und somit einen Projektpreis von 20.000 Euro errechnet. Sie sind dabei davon ausgegangen, dass die AR-Anwendung für ca. fünf Jahre im Einsatz sein wird; danach wäre sie aufgrund der sich schnell weiterentwickelnden Technologie obsolet, da nicht mehr zeitgemäß (und würde eventuell durch eine umfassendere Virtual-Reality-Anwendung ersetzt werden). Eine Blitz-Umfrage der studentischen Unternehmensberatung hatte zudem ergeben, dass ca. ein Fünftel aller Kund:innen der Galerie eine solche AR-Anwendung gerne nutzen würden. Bei der Berechnung selbst wurde der Einfachheit halber auf eine Abzinsung der in der Zukunft liegenden Zahlungen verzichtet, zumal der Effekt nicht signifikant sei.

Frage 1: Ist der oben genannte Lebenszykluswert rechnerisch nachvollziehbar? Überprüfe dazu den durch die angehenden Berater:innen berechneten Wert – zunächst davon ausgehend, dass sämtliche getätigten Annahmen bzw. Prämissen zutreffen und korrekt sind.

Frage 2: Wie schätzt du die für die Berechnung des Lebenszykluswerts relevanten Annahmen ein, die die studentische Unternehmensberatung getroffen hat?

Frage 3: Im Anschluss an die kritische Diskussion der Prämissen wurden in einem gemeinsamen Workshop einige Annahmen noch einmal überarbeitet bzw. ergänzt: Der Anteil der Verkäufe, bei denen die AR-Anwendung ausschlaggebend für den Kauf ist, beträgt fünf Prozent. Im zweiten und vierten Jahr fallen jeweils Kosten von 2.500 Euro für die technische Überarbeitung der App an. Die laufenden Kosten betragen

2.000 Euro pro Jahr. Die Kapitalkosten der Galerie betragen zehn Prozent; diese sollen als Diskontierungszinssatz verwendet werden. Der Einfachheit halber soll davon ausgegangen werden, dass sämtliche Zahlungen am jeweiligen Jahresende anfallen. Berechne nun den Lebenszykluswert noch einmal neu, unter Berücksichtigung der überarbeiteten bzw. ergänzten Annahmen.

Frage 4: Welche weiteren Aspekte bzw. Überlegungen sollten deiner Meinung nach mit in die Entscheidung einfließen, ob die vorgeschlagene AR-Anwendung eingeführt werden soll? Was würdest du den Inhaber:innen der Galerie empfehlen?

Lösungsweg

HINWEIS: Es ist wichtig, sich im Case-Interview nicht durch ein gegebenenfalls unbekanntes Thema verunsichern zu lassen! Im Zentrum dieser Fallstudie stehen eigentlich ganz klassische Unternehmensberatungs-Skills, wie z. B. eine strukturierte Herangehensweise, sicherer Umgang mit Zahlen, Kreativität und Vorstellungskraft, logisches Denken, und Business-Verständnis-Basics. Zudem ist es im Alltag von Unternehmensberater:innen nicht ungewöhnlich, sich schnell in neue, unbekannte Themen eindenken zu müssen.

Frage 1: Überprüfung des berechneten Lebenszykluswerts

Die Berechnung des Lebenszykluswerts lässt sich sehr schnell und einfach nachvollziehen, da die angehenden Berater:innen der Einfachheit halber auf eine Abzinsung der in der Zukunft liegenden Zahlungen verzichtet haben. Dies bedeutet, dass der Zeitpunkt des Verkaufs eines Bilds keine Rolle spielt und somit sämtliche Aktivitäten über die fünf Jahre Lebensdauer der App hinweg „in einem Rutsch“ betrachtet werden können.

Die Galerie verkauft im relevanten Zeitraum insgesamt 2.000 Bilder (400 Bilder pro Jahr × 5 Jahre), darunter 400 an Nutzer:innen der AR-Anwendung (ein Fünftel aller Kund:innen würde laut Blitz-Umfrage die App nutzen, also 1/5 × 2.000 Bilder). Bei einem Deckungsbeitrag von 500 Euro pro Bild ergibt sich insgesamt ein Lebenszykluswert von 200.000 Euro (400 Bilder × 500 Euro Deckungsbeitrag pro Bild).

Wenn man also davon ausgeht, dass sämtliche der getroffenen Annahmen angemessen sind, dann kommt man auf genau den Lebenszykluswert, den auch die angehenden Berater:innen berechnet haben. So gesehen ist die Kalkulation durchaus nachvollziehbar.

Frage 2: Kritische Diskussion der getroffenen Annahmen

HINWEIS: Bei dieser Frage ist es einerseits wichtig, die getroffenen Annahmen kritisch zu diskutierten. Andererseits sollten aber auch nicht getroffene Annahmen adressiert werden. Vor allem Letzteres wird häufig übersehen. Für die Praxis in der Unternehmensberatung ist der kritische Umgang sowohl mit getroffenen als auch mit fehlenden Prämissen und Annahmen jedoch ein ganz entscheidender Erfolgsfaktor für die Qualität von Schätzungen und Modellen und könnte deshalb im Case-Interview sehr ausführlich diskutiert werden.

Auf eine detaillierte Diskussion von Stückzahl und Deckungsbeitrag der verkauften Bilder kann verzichtet werden, da diese Informationen direkt von der Galerie stammen und nicht als Annahmen von der studentischen Unternehmensberatung selbst getroffen wurden. Diese objektive Fundierung ist in diesem Kontext sehr positiv.

Die Validität der erwarteten Lebensdauer der App von fünf Jahren ist per se schwer einzuschätzen, da sie nicht nur von der genannten allgemeinen technologischen Weiterentwicklung, sondern auch von vielen weiteren Faktoren abhängt. Eine sehr große Rolle spielt z. B. auch, wie intensiv die Anwendung gepflegt wird: Wird sie regelmäßig an Änderungen der Mobiltelefone und Betriebssysteme angepasst? Sowohl Apples iOS als auch Googles Android werden regelmäßig weiterentwickelt. Werden auftretende Fehler (sog. Bugs) zuverlässig erkannt und beseitigt? Wird die Anwendung in dieser Hinsicht nicht kontinuierlich gepflegt, könnte es sogar sein, dass sie nur sehr viel kürzer funktioniert als angenommen; bei regelmäßiger Aktualisierung und Überarbeitung könnte sie dagegen vielleicht sogar deutlich länger im Einsatz sein.

Sehr kritisch zu sehen ist zudem der Umgang mit der Annahme, dass ein Fünftel der Kund:innen die AR-Anwendung nutzen würde, auch wenn diese Prämisse auf den ersten Blick objektiv fundiert erscheint (sie stammt aus einer eigenen Umfrage; wobei man auch über deren Qualität und Aussagekraft diskutieren könnte). Ein zentrales Problem ist, dass die Aussage „würden (gerne) nutzen" keineswegs bedeutet, dass der Gebrauch der AR-Anwendung auch wirklich ursächlich für den Kauf eines Bilds ist! Der Anteil der Verkäufe, bei denen die App tatsächlich ausschlaggebend für den Erwerb ist, wird also vermutlich deutlich niedriger sein.

Auch die Prämisse, dass auf eine Abzinsung der in der Zukunft liegenden Zahlungen verzichtet wird, ist kritisch zu sehen. Denn einerseits ist die Berechnung der Abzinsung nicht so kompliziert, dass man „der Einfachheit halber" darauf verzichten müsste, und andererseits wird der Effekt einer mehrjährigen Abzinsung häufig unterschätzt. Zudem sind die Kapitalkosten von Unternehmen (die in der Praxis häufig als Basis für den Abzinsfaktor verwendet werden) nahezu immer deutlich höher als null Prozent (selbst in Niedrigzinsphasen).

Wie im Vorhergehenden schon dargestellt, ist es sehr wichtig, auch die Thematik der nicht getroffenen Annahmen zu adressieren. Die Notwendigkeit einer gelegentlichen technischen Überarbeitung bzw. Aktualisierung der App wurde bereits oben kurz angesprochen; dementsprechend ist davon auszugehen, dass im Verlauf der Lebenszeit der AR-Anwendung in unregelmäßigen Intervallen weitere Zusatzkosten anfallen, die bisher bei der Berechnung des Lebenszykluswerts nicht berücksichtigt wurden. Darüber hinaus entstehen vermutlich auch laufende Kosten für den Betrieb der App, beispielsweise für die Pflege der Inhalte (z. B. neue Bilder hochladen und alte, verkaufte Bilder herausnehmen), für Technik und Hosting, für das Bekanntmachen der App bei potenziellen Kund:innen etc.

In der Gesamtschau kann bereits hier festgehalten werden, dass der zuvor berechnete Lebenszykluswert tendenziell zu hoch ist und letztlich viel geringer ausfallen wird.

Frage 3: Neuberechnung des Lebenszykluswerts auf Basis verbesserter Annahmen

Auf Basis der angepassten und ergänzten Annahmen kann der Lebenszykluswert noch einmal neu berechnet werden. Diesmal spielt jedoch der Zeitpunkt des Verkaufs eines Bildes (und auch, wann welche Kosten anfallen) eine Rolle, da nicht mehr auf die Abzinsung verzichtet wird. Dementsprechend muss nun zuerst jedes der fünf Jahre separat betrachtet werden, bevor die Beträge anschließend diskontiert und zum Lebenszykluswert aggregiert werden können.

HINWEIS: Die Basis-Methodik der Abzinsung bzw. Diskontierung wird in der Unternehmensberatung als Grundwissen für Case-Interviews vorausgesetzt und typischerweise von allen Bewerber:innen erwartet, auch wenn diese keinen wirtschaftswissenschaftlichen Hintergrund haben! In den meisten Case-Interviews sind Taschenrechner nicht erlaubt, sodass gegebenenfalls schrittweise „manuell" abgezinst werden muss; dementsprechend sind hier grobe Näherungswerte ausreichend. Im Lösungsvorschlag werden trotzdem die exakten, berechneten Werte angegeben, zur besseren Orientierung und zwecks Nachvollziehbarkeit.

Der Deckungsbeitrag aller verkauften Bilder ist in jedem Jahr 200.000 Euro (400 Bilder im Jahr × 500 Euro Deckungsbeitrag pro Bild). Da die AR-Anwendung bei fünf Prozent aller Verkäufe ursächlich für den Erwerb des Bildes ist, beträgt der relevante Deckungsbeitrag 10.000 Euro pro Jahr (200.000 Euro × 5 Prozent). Im zweiten und vierten Jahr fallen jeweils Zusatzkosten von 2.500 Euro an. Die laufenden Kosten betragen jährlich 2.000 Euro. Daraus ergibt sich ein relevanter jährlicher Netto-Cashflow (Deckungsbeitrag der App-induzierten Verkäufe minus aller Kosten) von 8.000 Euro im ersten, dritten und fünften Jahr sowie von 5.500 Euro im zweiten und vierten Jahr. Die folgende Tabelle verdeutlicht dies nochmals im Überblick:

	Jahr 1	Jahr 2	Jahr 3	Jahr 4	Jahr 5
Gesamter Deckungsbeitrag	200.000	200.000	200.000	200.000	200.000
Deckungsbeitrag durch AR-App	10.000	10.000	10.000	10.000	10.000
Zusatzkosten	0	2.500	0	2.500	0
Laufende Kosten	2.000	2.000	2.000	2.000	2.000
Netto-Cashflow	8.000	5.500	8.000	5.500	8.000
Barwert (gerundet)	7.273	4.545	6.011	3.757	4.967
Lebenszykluswert	**26.553**				

Berechnung des Lebenszykluswerts (in Euro, gerundet)

Die Netto-Cashflows der einzelnen Jahre werden anschließend mit zehn Prozent abgezinst, um die jeweiligen Barwerte zu erhalten.

Berechnung der Barwerte; n steht für das jeweilige Jahr:

- $\frac{\text{Netto-Cashflow}}{(1 + 10\%)^n}$

So wird z. B. im zweiten Jahr der Netto-Cashflow von 5.500 Euro durch $1{,}10^2$ geteilt, um einen Barwert von 4.545,45 Euro zu erhalten. Die Summe aller Barwerte ergibt dann den Lebenszykluswert, der im Fall der AR-Anwendung für die Galerie 26.553 Euro beträgt

HINWEIS: Sowohl die Barwerte in der obigen Tabelle als auch der Lebenszykluswert wurden auf ganze Euro gerundet.

Frage 4: Diskussion weiterer entscheidungsrelevanter Aspekte und Empfehlung

Die Frage ist bewusst sehr offen gestellt und lässt ein breites Spektrum an Antwortmöglichkeiten zu. Sie verdeutlicht zudem, wie wichtig es ist, bei entsprechenden Investitionen immer auch die spätere Umsetzung mit im Blick zu haben und auf die möglichen operativen Auswirkungen zu achten, anstatt nur auf die initialen Kosten zu schauen. Nachfolgend werden einige der zahlreichen möglichen Faktoren für eine Diskussion weiterer entscheidungsrelevanter Aspekte beispielhaft aufgegriffen.

Ein interessanter Startpunkt für die Diskussion könnte die Frage sein, inwiefern der Einsatz einer AR-Anwendung zur Zielgruppe der Galerie passt. Für welche Zielgruppen wäre eine solche App gegebenenfalls besonders gut geeignet, und für welche eher nicht? Könnten damit unter Umständen vielleicht ganz neue Zielgruppen erschlossen werden? Passen diese zur strategischen Ausrichtung und zum Angebot der Galerie?

Ebenso könnte es sinnvoll sein, zu diskutieren, ob die anvisierte Funktionalität der AR-Anwendung ausreicht oder ob es Sinn machen würde, gleich noch weitere, zusätzliche Features einzubauen, beispielsweise, um das Handling der App für die Kund:innen so optimal wie möglich zu gestalten oder Cross-Selling zu ermöglichen. So könnte z. B. darüber nachgedacht werden, ob in der Anwendung verschiedene Rahmen zum Bild ausprobiert werden können sollten oder ob die App Vorschläge für ähnliche Bilder machen können sollte oder Empfehlungen für Bilder, die optisch gut in einen bestimmten Raum passen würden (z. B. von den Farben her).

Ein weiterer zu diskutierender Aspekt ist die zu erwartende technische Qualität der Anwendung und deren programmiertechnische Umsetzung. Diese beeinflusst einerseits, wie gut die App funktioniert und wie sie von den Kund:innen wahrgenommen wird, aber andererseits auch, wie aufwändig und teuer spätere technische Anpassungen sind und wie häufig diese vorgenommen werden müssen. Gerade die Tatsache, dass die Programmierung von Studierenden der Hochschule übernommen werden soll, könnte in dieser Hinsicht sowohl positiv (z. B. hohe Motivation, Einsatz neuester Techniken etc.) als auch negativ (z. B. mangelnde praktische Erfahrung) gesehen werden.

Auch die spätere operative Umsetzung seitens der Galerie wäre ein wichtiger Aspekt. Wer kümmert sich in der Galerie um die laufenden, operativen Aufgaben im Zusammenhang mit der AR-Anwendung (z. B. neue Bilder einpflegen und verkaufte Kunstwerke entfernen)? Was passiert, wenn in der Anwendung Fehler auftreten oder ein anderweitiger Aktualisierungsbedarf besteht (z. B. bei der notwendigen Anpassung an eine neue Android-Version)? Müssten die Inhaber:innen der Galerie hier einen externen Dienstleister beauftragen (hohe Folgekosten) oder bliebe ein verlässlicher Kontakt zur Hochschule (z. B. in Form einer Rahmenvereinbarung) bestehen oder gäbe es im Team der Galerie vielleicht sogar jemanden, die oder der kleinere Anpassungen selbst vornehmen könnte?

Zudem wäre zu diskutieren, wie die AR-Anwendung bekannt gemacht werden soll, damit durch sie überhaupt ein Mehrwert generiert werden kann. Soll aktiv Werbung für die Anwendung gemacht werden? Falls ja, gibt es hierfür ein Budget? Wie erfahren bestehende Kund:innen von der App? Wie können potenzielle neue Kund:innen angesprochen werden? Wie viel Erfahrung hat die Galerie schon mit digitalen Werbeformaten?

HINWEIS: Bei der Frage nach einer abschließenden Empfehlung kommt es meist gar nicht so sehr darauf an, zu welchem Vorgehen letztlich geraten wird (hier: für oder gegen die AR-Anwendung); viel wichtiger ist, dass du nachvollziehbar und strukturiert darlegst, wie du vorgegangen bist bzw. warum du zu dieser Entscheidung gekommen bist, sowie, welche Faktoren einbezogen wurden und wie diese bewertet bzw. gegeneinander abgewogen wurden. Deshalb ist es wichtig, sich an dieser Stelle kurz Zeit zu nehmen, um die Gedanken und Ideen zu sortieren und dann strukturiert zu antworten.

Im Rahmen einer gesamtheitlichen Betrachtung aller Aspekte ist abschließend noch eine Empfehlung für die Inhaber:innen der Galerie zu geben. Wie diese konkret ausfällt, hängt stark davon ab, welche Aspekte zuvor herausgearbeitet wurden und wie diese eingeschätzt werden. Dabei sollten neben der monetären Perspektive des Lebenszykluswerts unbedingt auch die weiteren, nicht finanziellen Faktoren in die Entscheidung einbezogen werden. Letztlich sind jedoch beide Optionen (d. h. für oder gegen die AR-Anwendung) grundsätzlich vertretbar.

HINWEIS: Je nach Ziel, Vorkenntnissen der Gesprächspartner:innen, Rahmenbedingungen und Verlauf des Case-Interviews können Schwerpunkte, Detaillierungsgrad und Intensität der Betrachtungen sowie der dadurch angestoßenen Diskussionen stark variieren.

IT-Post-Merger-Integration

von Christian Zehner, Marlene Lenke und Kilian Kunkel

Aufgabenstellung

Das Unternehmen Best of Rocks will das Bergbaugeschäft des Konkurrenten Fine Mining übernehmen und in die bestehenden Unternehmensstrukturen integrieren. Fine Mining ist mit der Bergbausparte in insgesamt zehn Ländern vertreten. Für die Vorbereitung des Day 1 bleiben fünf Monate Zeit. Die Herausforderung für den CIO besteht in der effizienten IT-Integration des zugekauften Unternehmensteils und der Gewährleistung der betrieblichen Kontinuität am Day 1. Jedoch ist nicht nur ein gelungener Day 1 wichtig. Die Post-Merger-Integrationsphase ist gleichermaßen entscheidend für einen nachhaltig erfolgreichen Deal und die Realisierung der gesetzten Synergieziele.

In einem solchen Integrationsprojekt übernimmt die IT eine bedeutende unterstützende Rolle, da alle Geschäftseinheiten auf eine funktionierende IT-Organisation und reibungslos arbeitende IT-Services angewiesen sind.

Aufgabe ist es, einen Überblick über die wichtigsten IT-Projektleistungen und -Ergebnisse zu erstellen sowie Beispielaktivitäten für die Vorbereitung und Durchführung der Integration zu beschreiben.

HINWEIS: Die Aufgabenstellung setzt ein grundlegendes Verständnis der Deal-Timeline bei der Post-Merger-Integration voraus. Solltest du damit nicht vertraut sein, kläre unbekannte Konzepte zu Beginn des Interviews mit deiner Gesprächspartnerin bzw. deinem Gesprächspartner:

- **PMI**: Post-Merger-Integration
- **Sign to close**: Phase zwischen der Unterzeichnung des Kaufvertrags und dem Tag des rechtlichen und operativen Übergangs der Gesellschaft an den Käufer – dient in der Regel zur Umsetzung von vertraglich vereinbarten oder rechtlich notwendigen Vollzugsbedingungen (z. B. IT Closing Conditions).
- **Day 1/Closing**: beschreibt den Tag, an dem die Gesellschaft aus rechtlicher und operativer Sicht in das Eigentum des Käufers übergeht (z. B. Übergabe einer funktionsfähigen IT-Organisation).
- **Post Closing:** Phase nach dem Übergang der Gesellschaft, üblicherweise findet hier die **Hypercare Phase** statt – ein begrenzter Zeitraum nach dem Closing, für den Verkäufer und Käufer vereinbart haben, die Gesellschaft zu unterstützen, um die betriebliche Kontinuität zu sichern.
- **Day 100**: Die ersten 100 Tage nach dem Closing gelten als richtungsweisend für den Erfolg einer Transaktion. Zu den Zielen dieser Phase zählen, die betriebliche Kontinuität zu gewährleisten, Synergieziele zu bestätigen und ein Zielbetriebsmodell zu definieren, während Integrationsrisiken minimiert werden.

HINWEIS: Die dargestellten Lösungswege geben lediglich einen ersten Einblick in die Ansätze und Aufgaben der Post-Merger-Integration.

Fragestellung 1

Welche Informationen sind für den Projektstart von Bedeutung und welche Arbeitsergebnisse ermöglichen eine erfolgreiche Projektsteuerung?

Lösungsweg zu Fragestellung 1

Fine Mining ist mit der Bergbausparte in insgesamt zehn Ländern vertreten. Daher ist es zunächst wichtig, sich einen **Überblick über die transaktionsrelevanten Informationen pro Land** zu verschaffen. Für gewöhnlich wird hierbei zwischen allgemeinen und IT-spezifischen Informationen unterschieden. Wichtige Fragestellungen für die IT sind beispielsweise:

- Wie viele Mitarbeiter:innen werden am Day 1 transferiert?

HINWEIS: Die IT ist nur für die Bereitstellung der nötigen Geräte und Zugänge verantwortlich; das Mitarbeiter:innen-Onboarding wird in der Regel von HR übernommen.

- Welche IT-Assets werden übertragen oder müssen neu beschafft werden (z. B. Laptops, Drucker, Mobiltelefone etc.)?
- Welche Applikationen, Prozesse und Daten benutzen die Mitarbeiter:innen täglich und sind damit essenziell für den Erhalt des Betriebs ab Day 1?

Mithilfe dieser Fragestellungen wird ein Mengengerüst in der Regel zu den Kategorien Personen, Prozesse, Daten und Systeme aufgebaut, aus dem sich Projektaktivitäten ableiten lassen. Solche **Übersichten pro Land** ermöglichen die Planung, Durchführung und Steuerung des Day 1.

Als Nächstes ist ein Austausch mit den einzelnen Geschäftseinheiten für die Erstellung eines **Business Blueprint** erforderlich. In diesem werden die Kernkompetenzen und -prozesse der Geschäftssysteme inklusive der wichtigsten Geschäftsdaten abgebildet. Somit entsteht ein Verständnis für die Bedürfnisse der unterschiedlichen Bereiche. Die IT muss nachvollziehen, wie die Funktionen arbeiten (d. h. welche Systeme genutzt werden und welche Abläufe ab Day 1 zwingend möglich sein müssen). Nur so kann die IT die Geschäftsfunktionen dabei unterstützen, die betriebliche Kontinuität nach dem Day 1 sicherzustellen.

Gemeinsam mit dem Verkäufer wird für gewöhnlich ein granularer **Separation Plan** zum Zeitpunkt des Signing erstellt. Dieser enthält Aufgaben und Verpflichtungen beider Parteien für einen reibungslosen Day 1 sowie eine erfolgreiche Integration (z. B. Bereitstellung von Testdaten durch den Verkäufer, Validierung der Testdaten durch den Käufer, Separierung der Produktivdaten sowie Einspielen in Käufer-Systeme).

Bei umfangreichen Projekten kann es vorkommen, dass nicht alle Systeme bzw. Daten rechtzeitig für den Day 1 separiert werden können. In solchen Fällen werden sogenannte **TSAs (Transitional Service Agreements)** aufgesetzt, um den Weiterbetrieb des Geschäfts rechtlich abzusichern. Hierbei handelt es sich um Services, die der Verkäufer für eine bestimmte Zeit weiterhin für den Käufer bereitstellt. Diese Services werden im Rahmen der TSA-Periode in Rechnung gestellt, bis der Käufer eigene Lösungen geschaffen hat (z. B. Aufsetzen eines neuen Systems) oder um mehr Zeit für die Trennung und Übertragung von wichtigen Geschäftsdaten zu gewinnen. Die TSA-Services werden ab Day 1 schrittweise durch käufereigene Lösungen ersetzt und gleichzeitig vertraglich storniert, um ein vom Verkäufer unabhängiges Geschäft zu erreichen.

Für einen erfolgreichen Projektablauf ist außerdem ein **Day-1-Konzept** pro IT-(Sub-) Workstream wichtig (z. B. Infrastruktur, Applikationen, Organisation). Darin werden Meilensteine und Aufgaben sowie Verantwortlichkeiten und Abhängigkeiten zu anderen Workstreams festgehalten. Außerdem wird eine erste Indikation der Kosten erfasst (z. B. Anzahl von Lizenzen für ein System, zu dem alle Mitarbeiter:innen Zugriff benötigen).

Schließlich kann aus den zuvor genannten Informationen und Konzepten ein detaillierter und belastbarer **Projektplan** entwickelt werden. In diesem Plan werden die Aktivitäten pro Workstream inklusive Verantwortlichkeit und Fristen festgelegt. Über die Dauer des Projekts dient der Plan zur Kontrolle des Fortschritts und Ableitung des Status-Reports.

Aus der Kombination von Projektplan, Day-1-Konzepten und Länderübersichten ergibt sich ein **kritischer Pfad**, welcher die Aufgaben und Meilensteine der einzelnen IT-Workstreams in eine zeitliche und logische Abfolge bringt. Die einzelnen Elemente des Pfads hängen voneinander ab und sind ohne zeitliche Reserve geplant. Mithilfe des kritischen Pfads kann der Projektfortschritt überwacht werden. Ist zu erkennen, dass kritische Aufgaben nicht rechtzeitig erledigt werden können, müssen Maßnahmen zur Risikominimierung ergriffen werden, um den Projekterfolg nicht zu gefährden.

Fragestellung 2

Definiere die möglichen IT-Kernbereiche eines Post-Merger-Integration-Projekts und nenne Beispielaktivitäten.

Lösungsweg zu Fragestellung 2

ERP- und Non-ERP-Systeme

- Analyse des Ist-Zustands und Definition der spezifischen ERP- und Non-ERP-Anforderungen
- Definition der Applikations-Ziellandschaft für das integrierte Unternehmen
- Validierung der vom Verkäufer erhaltenen Testdaten zur Integration (iterativer Prozess, bis die Qualität der Daten den System- und Prozessanforderungen entspricht)
- Migration der Daten in die Produktivumgebung sowie Integration der übertragenen Systeme in die zukünftige Ziellandschaft
- Erstellung der Schnittstellen des Ziel-ERP-Systems zu den jeweiligen Applikationen inklusive anschließendem Funktionstest
- Entscheidung für oder gegen die Übernahme von Applikationen mit nachfolgendem Umzug der Applikationen inklusive Daten in das Rechenzentrum des Käufers oder deren Dekommissionierung

Lizenzen und Verträge

- Analyse des Ist-Zustands und Definition der spezifischen Bereichsanforderungen
- Prüfung der transferierten Verträge bezüglich Change-of-Control-Klausel, Vertragsablauf, Kündigungsfristen, Kosten etc.
- Verhandeln von neuen Verträgen mit relevanten Drittdienstleistern bzw. Beistellung von Lizenzen für bereits unter Vertrag stehende Systeme

Infrastruktur

- Analyse des Ist-Zustands und Definition der spezifischen Infrastrukturanforderungen
- Identifikation der aktuellen IT-Landschaft und Ableitung der zukünftigen Ziel-IT-Landschaft
- Planung und Organisation der Anschaffung notwendiger IT-Assets (z. B. Laptops, Handys, Router etc.)
- Aufbau bzw. Integration des WAN-Netzwerks und der Rechenzentren (physisch bzw. virtuell) in die zukünftige IT-Landschaft
- Definition eines Migrationsplans von Daten, wie z. B. Office 365 via Tenant-to-Tenant, oder zu anderen notwendigen Applikationen im Unternehmensnetzwerk

Organisation und Prozesse

- Analyse des Ist-Zustands und Definition der spezifischen IT-Bereichsanforderungen inklusive Definition des IT-Service-Katalogs
- Definition der zukünftigen Organisationsstruktur des integrierten Unternehmens
- Durchführung des Bewerbungsprozesses sowie Onboarding für die transferierten und neuen IT-Mitarbeiter:innen
- Integration der Helpdesk-Prozesse in die bestehende Struktur oder Aufbau eines Interim-Helpdesks

Fragestellung 3

Der CIO möchte von dir wissen, welche Aktivitäten kurz vor und nach dem Day 1 erfolgen müssen. Beschreibe kurz, welche Dokumente (inklusive deren Inhalte) du für den Kunden vorbereiten würdest.

Lösungsweg zu Fragestellung 3

Cutover Plan

Eine der wichtigsten Tätigkeiten für einen erfolgreichen Day 1 ist die Identifizierung von Aktivitäten, die in einem sogenannten Cutover Plan dargestellt werden. Zusätzlich werden die zeitliche Reihenfolge, Verantwortlichkeiten und (Sub-)Workstream-Abhängigkeiten in dem Plan definiert. Neben diesen Aspekten werden des Weiteren Testpläne, beispielsweise für Applikationen, entwickelt, um sicherzustellen, dass die Funktionalitäten vor und nach dem Day 1 weiterhin bestehen.

Kommunikationsplan

Zusätzlich zu einem Cutover Plan müssen die Endanwender:innen im Rahmen eines Kommunikationsplans Informationen erhalten, die ihnen Veränderungen, wie beispielsweise Login-Verfahren oder die Nutzung von neuen Applikationen, mitteilen.

Definition der Hypercare-Phase

Für die Zeit kurz nach dem Day 1 muss die Hypercare-Phase definiert werden. Dies umfasst die Definition des Hypercare-Teams, die Definition eines skalierbaren Vorgehensmodells in Absprache mit den jeweiligen Stakeholdern und die Definition von regionalen und zeitlichen Abfolgen, sodass sichergestellt wird, dass die notwendigen Ressourcen zum richtigen Zeitpunkt bereitstehen.

Fragestellung 4

Definiere zentrale Erfolgsfaktoren für ein Post-Merger-Integration-Projekt.

Lösungsweg zu Fragestellung 4

Ein erfolgreiches PMI-Projekt erfordert das effiziente Zusammenspiel von allen beteiligten Stakeholdern. Je komplexer die Details der Integration sind, desto wichtiger ist eine effektive Planung und Durchführung sowie Steuerung des Projekts.

Zu den zentralen Erfolgsfaktoren für ein Integrationsprojekt zählen unter anderem:
- effiziente **Ressourcenplanung** und Sicherstellung der Verfügbarkeit
- **frühe Abstimmung** mit den einzelnen Stakeholdern bzw. Geschäftseinheiten bezüglich der Applikations-Ziellandschaft
- **Validierung des Projektplans** mit den einzelnen Geschäftseinheiten
- klare **Rollendefinition** und Verteilung der Verantwortlichkeiten
- Einsatz eines **Projektmanagement-Tools** für eine einheitliche Arbeitsweise sowie als Referenzpunkt und zur Reduzierung von manueller oder Doppelarbeit (z. B. Midaxo, Jira)
- regelmäßige **Status-Abstimmungen** innerhalb des Projektteams sowie Aufstellung von Arbeitsprämissen als belastbare Basis für die Erstellung und Verteilung der Projektaufgaben
- **regelmäßige Kommunikation** mit allen Stakeholdern zur Sicherstellung der Unterstützung des Projekts sowie von Motivation und Teamspirit
- intensive **Abstimmung mit der Rechtsabteilung** zur Definition von sogenannten IT Closing Conditions (im Anteilskaufvertrag festgelegte, zwingend zu erfüllende Bedingungen vor Vertragsabschluss) sowie für die kontinuierliche rechtliche Beratung hinsichtlich IT-Themen

Fragestellung 5

Aufgrund des erfolgreichen Day 1 und der Hypercare-Phase möchte der CIO dich für die nachfolgenden Aktivitäten beauftragen. Bitte schildere die Aktivitäten, die für eine erfolgreiche Day-100-Planung durchgeführt werden müssen.

Lösungsweg zu Fragestellung 5

Für einen erfolgreichen Projektverlauf sind ein **langfristiges Zielbild** für die gesamte Konzern-IT sowie eine entsprechende Roadmap in Form eines **Day-100-Plans** zu entwickeln. Die IT-Strategie sollte als **Input für Diskussionen des IT-Zielbilds auf Vorstandsebene** dienen, um anschließend das **IT Target Picture** in Form eines Day-100-Plans widerzuspiegeln.

Der Day-100-Plan dient dazu, schrittweise und strukturiert TSA-Services durch eigene Lösungen zu ersetzen und durch weitere Integrationsmaßnahmen die **Synergieeffekte** der beiden Unternehmen zu realisieren. Dabei bieten die Synergieeffekte eine Vielzahl von Vorteilen, die die Organisation stärken und verbessern können. Überflüssige Systeme, Prozesse und Aktivitäten innerhalb der IT-Landschaft können eliminiert werden, was zu Kostensenkungen beiträgt. Diese Aspekte können den Gesamtwert des Konzerns erhöhen und ihn gegenüber Konkurrenten stärken, indem die Leistung und Effizienz verbessert werden.

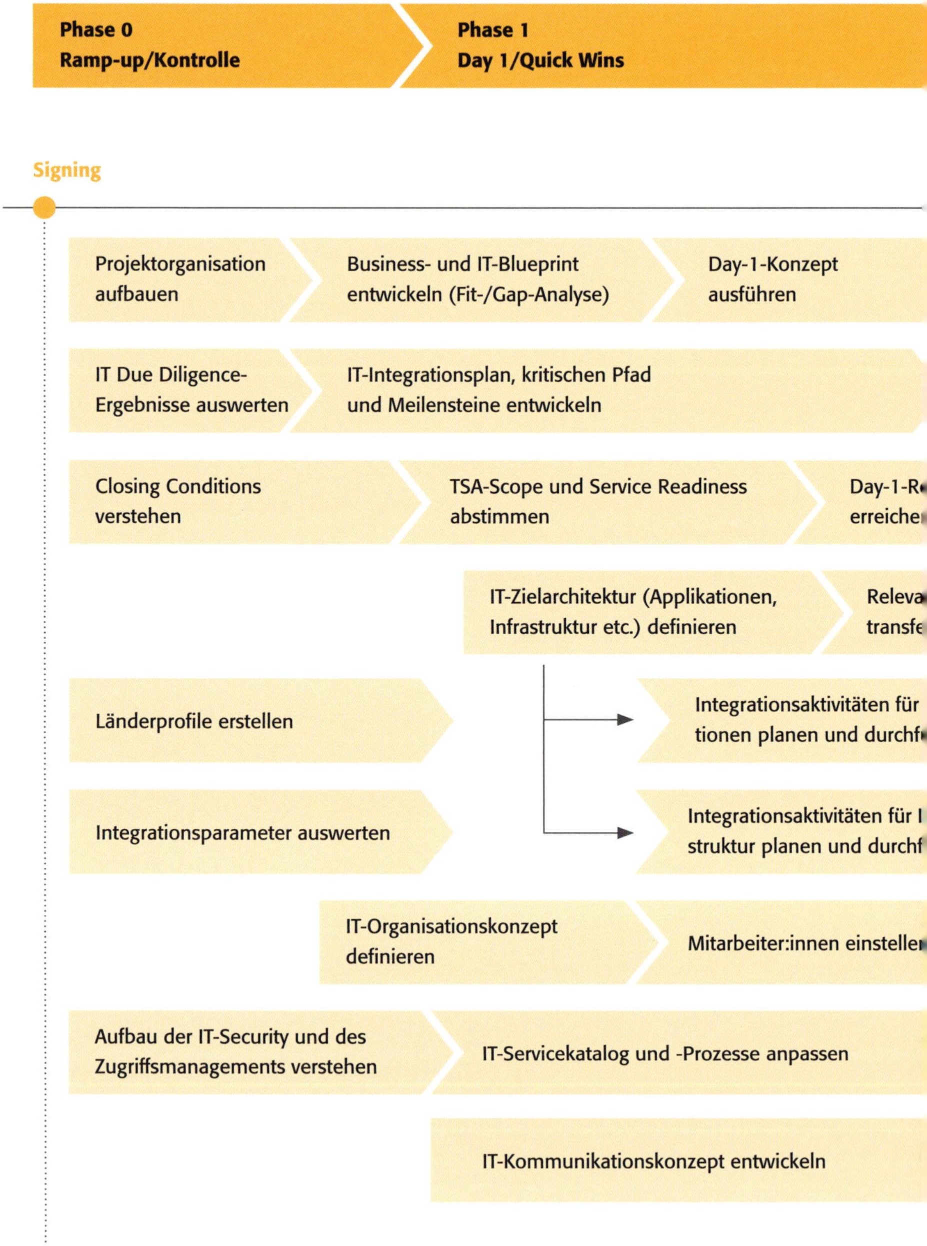

Indikative Darstellung der wesentlichen Meilensteine und Aufgaben eines IT-Post-Merger-Integration-Projekts

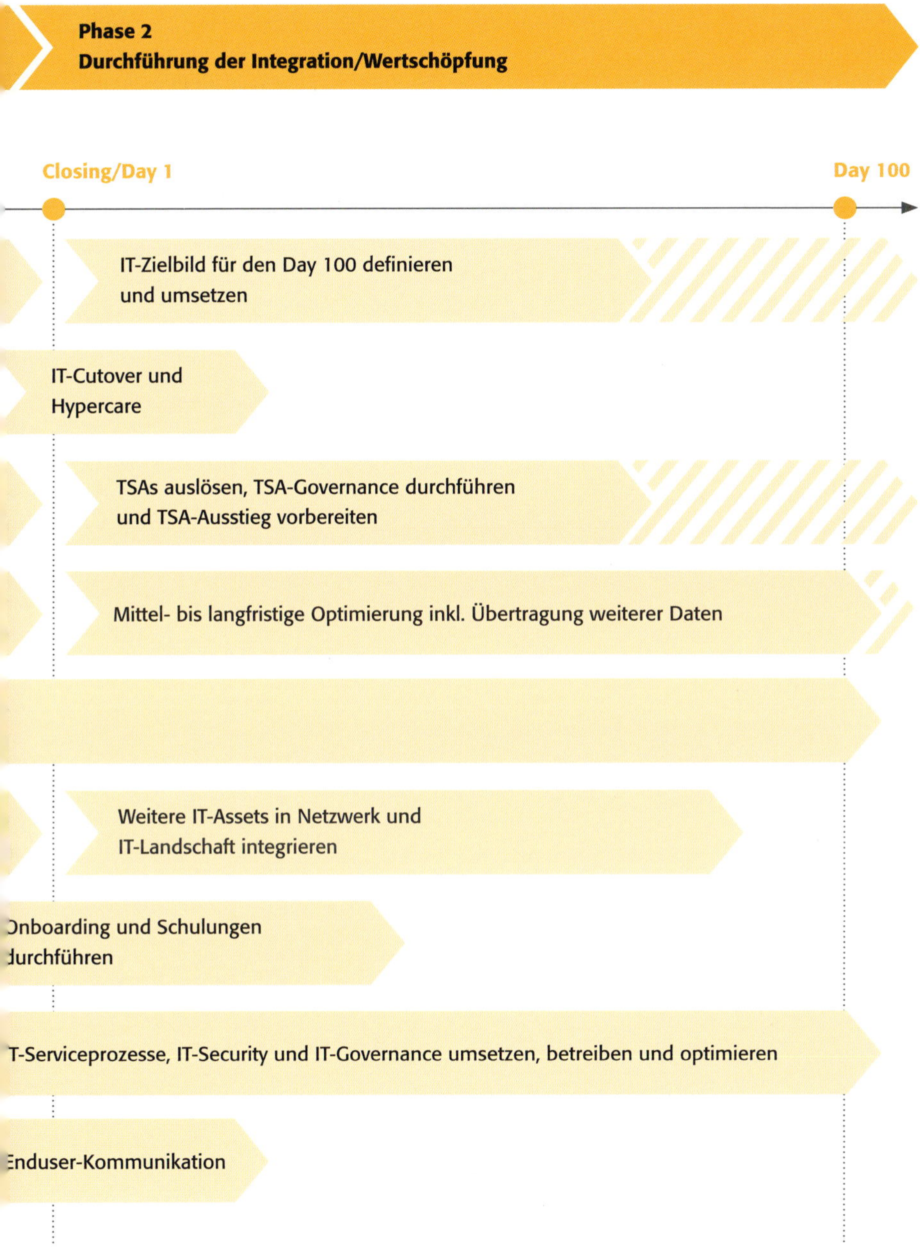
Phase 2
Durchführung der Integration/Wertschöpfung
Closing/Day 1
Day 100
IT-Zielbild für den Day 100 definieren und umsetzen
IT-Cutover und Hypercare
TSAs auslösen, TSA-Governance durchführen und TSA-Ausstieg vorbereiten
Mittel- bis langfristige Optimierung inkl. Übertragung weiterer Daten
Weitere IT-Assets in Netzwerk und IT-Landschaft integrieren
nboarding und Schulungen urchführen
T-Serviceprozesse, IT-Security und IT-Governance umsetzen, betreiben und optimieren
nduser-Kommunikation

Die vorhergehende Darstellung erlaubt einen vereinfachten Überblick über die wesentlichen Meilensteine und Aufgaben, die für ein IT-Post-Merger-Integration-Projekt von Bedeutung sind. Die gesamte Abbildung ist nur als indikativ zu verstehen. Je nach Komplexität des Projekts variieren der Umfang und die zeitliche Abfolge der Meilensteine. Die detaillierte Planung der durchzuführenden Aktivitäten ist bei jedem Projekt erforderlich.

Optimierung des Aktionsgeschäfts bei einem Handelsunternehmen

von Ralph Lippoldt

Aufgabenstellung

Die Supermarktkette REDEKO beklagt Probleme mit dem eigenen Aktionsgeschäft. Deshalb wurdest du mit deinem Beraterteam beauftragt, das Unternehmen bei dieser Thematik zu unterstützen. Das Problem ist durch rückläufige Aktionsumsätze, (zu) hohe Aufwände bei der Planung der wöchentlichen Prospekte sowie steigende Kosten für die wöchentlichen (Papier-)Prospekte gekennzeichnet. Nun stellt sich die Frage, welche Maßnahmen die Supermarktkette ergreifen sollte, um das Problem zu lösen.

Du wirst von REDEKO gebeten, eine Analyse vorzunehmen und damit einhergehend eine Einschätzung bezüglich mehrerer Fragestellungen abzugeben. Nutze zur Bearbeitung der Fragestellungen die beigefügte Tabelle und die Abbildung.

Frage 1: Wie würdest du die Problemanalyse strukturieren?

Frage 2: Was könnten zehn Gründe für die hohen Aufwände in der Planung sein?

Frage 3: Welche Ideen hast du, um auf die steigenden Kosten für die wöchentlichen (Papier-)Prospekte zu reagieren?

Frage 4: Wie hoch schätzt du das Einsparpotenzial ein, wenn die (Papier-)Prospekte vollständig durch Werbung auf anderen Kanälen ersetzt werden?

Frage 5: Welche Empfehlung würdest du der Supermarktkette auf Basis deiner Analyse geben?

HINWEIS: Grundsätzlich wird im Lebensmittelhandel zwischen Normalgeschäft und Aktionsgeschäft unterschieden. Das Aktionsgeschäft umfasst alle Verkäufe, die durch einen besonderen Anreiz incentiviert werden. Dazu zählen insbesondere Preisreduktionen (Aktionspreise), für einen Aktionszeitraum neu gelistete und beworbene Artikel (z. B. Dirndl und Lederhosen in der Oktoberfestwoche) sowie sonstige besondere Werbemaßnahmen (z. B. Bewerbung im wöchentlichen Prospekt).

Marketingkanal	Marketingbudget	Zielgruppen	Personalaufwand*
Zeitungen	54 Mio. Euro	Familien, Paare, Rentner:innen	10 %
Printwerbung	90 Mio. Euro	Familien, Paare, Rentner:innen	50 %
TV	45 Mio. Euro	Junge Menschen, Familien, Paare, Rentner:innen	20 %
Radio	45 Mio. Euro	Familien, Paare, Rentner:innen	15 %
Digital	30 Mio. Euro	Junge Menschen, Familien, Paare	5 %

* Der gesamte Personalaufwand entspricht 50 Vollzeit-Mitarbeiter:innen.

Marketingkanäle REDEKO

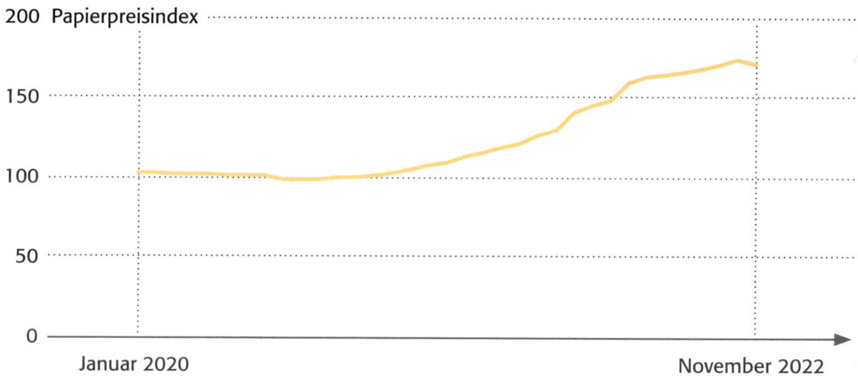

Preisentwicklung von Papier und Pappe
Quelle: Statistisches Bundesamt

Lösungsweg

Frage 1: Strukturierte Problemanalyse mit Framework für das Aktionsgeschäft
Bei dieser Aufgabe geht es darum, das Problem in Kategorien zu gliedern, um so potenzielle Störquellen zu identifizieren. Es bietet sich an, wie folgt zu differenzieren:

- kundenorientierte Sicht (Aktionsangebot): beschreibt die für Kund:innen sichtbaren Faktoren des Aktionsangebots
- intern orientierte Sicht (Aktionsmanagement): beschreibt interne Abläufe und Strukturen, die ein Unternehmen benötigt, um das Aktionsangebot zu realisieren

Gelingt es dir, möglichst viele potenzielle Problemquellen zu identifizieren, kannst du zum einen dein Branchenwissen präsentieren und zum anderen gestaltet sich die darauf folgende Projektarbeit deutlich einfacher. Es wird dabei nicht gefordert, das unten stehende Framework für das Aktionsgeschäft perfekt zu benennen. Der Fokus liegt darauf, ein Gefühl für die verschiedenen Abhängigkeitsfaktoren innerhalb des Aktionsgeschäfts zu bekommen. Die Grafik stellt eine mögliche Musterlösung dar:

Aktionsangebot
(kundenorientiert)

- Kanäle
- Frequenz und Impuls
- Zeitraum
- Format und Gestaltung
- Umfang
- Sortiment
- Anreiz
- Menge
- Platzierung

↔

Aktionsmanagement
(intern orientiert)

- Aufgaben und Prozesse
- Organisation und Kultur
- Governance
- Mitarbeiter:innen und Fähigkeiten
- Daten und Informationen
- Informationstechnologie (IT)

Frage 2: Nennung von potenziellen Gründen für die hohen Aufwände in der Planung des Aktionsgeschäfts
Diese Fragestellung prüft, ob du in der Lage bist, dich gedanklich dem Thema zu widmen und gleichzeitig deine in Frage 1 entwickelte Struktur zu nutzen, um potenzielle Gründe für die hohen Aufwände zu identifizieren.

HINWEIS: Hier ist die Einordnung in das Framework von Frage 1 gerne gesehen!

Vordergründig solltest du erläutern, dass die wesentlichen Aufwandstreiber innerhalb des Aktionsmanagements liegen, sie sich allerdings auch im Aktionsangebot verstecken können. Hier wird nicht nach einer expliziten Lösung gesucht. Du bekommst einen breiten Lösungsrahmen geboten, weshalb auch kreative Antworten möglich sind. Einige Antwortmöglichkeiten kannst du der folgenden Tabelle entnehmen.

Aktionsangebot	
Kanäle	Unterschiedliches Aktionsangebot je Werbekanal (z. B. unterschiedliche Artikel für TV und Prospekt)
Umfang	Zu viele Seiten in den Werbeprospekten
Sortiment	Zu hoher Anteil marktspezifischer Aktionen (z. B. eigene Aktionsartikel je Markt)
Aktionsmanagement	
Aufgaben und Prozesse	Zu viele kurzfristige Angebotsänderungen
Organisation und Kultur	Ineffiziente Schnittstelle zwischen externen Agenturen und internen Mitarbeiter:innen
Governance	Keine klar geregelten Kompetenzen und dadurch hohe Entscheidungsaufwände
Mitarbeiter:innen und Fähigkeiten	Unqualifizierte Mitarbeiter:innen
Daten und Informationen	• Keine einheitlichen Datengrundlagen für die Auswahl der Artikel im Prospekt • Keine Wiederverwendung der Vorjahresplanung
Informationstechnologie	Manuelle Prozesse ohne Schnittstellen zwischen den Systemen

Frage 3: Vorschläge, um auf die steigenden Kosten für die wöchentlichen (Papier-)Prospekte zu reagieren

Innerhalb dieser Fragestellung gilt es, erste Handlungsschritte zu identifizieren. Auch hier gibt es ein breites Lösungsspektrum. Du könntest folgenden zweigliedrigen Lösungsweg wählen:

Handlungsmöglichkeiten zur Reduktion der Kosten pro gedruckter Prospektseite	Weitere Handlungsmöglichkeiten zur Kostenreduktion
• Reduktion der Papierqualität • Nutzung einer Einkaufsgenossenschaft mit anderen Händlern zur Stärkung der Verhandlungsposition gegenüber Druckereien	• Reduktion des Angebotsumfangs (= weniger Seiten) • Reduktion der Frequenz (= weniger Prospektzyklen) • Reduktion der Auflage • Verringerung der marktspezifischen Angebote mit dem Ziel einheitlicher Prospektdrucke zu besseren Konditionen • Werbebudgetverlagerung auf andere Werbekanäle (z. B. digitale Smartphone-App) • Abschaffung des gedruckten Prospekts als Werbemedium der REDEKO

Außerdem solltest du kurz auf die potenziellen Nachteile der Kostenreduktionen hinweisen (z. B. führen Reduktionen des Aktionsangebots in der Regel zu einer Reduktion der Kundenfrequenz in den Märkten und damit zu Umsatzverlusten).

Frage 4: Berechnung des Einsparpotenzials, wenn die (Papier-)Prospekte vollständig durch Werbung über andere Kanäle ersetzt werden

Du solltest bei dieser Frage die zur Verfügung gestellte Tabelle mit Marketingkanälen als Argumentationsgrundlage wählen und auf diese eingehen. Wichtig ist dabei, dass du dich auf die relevanten Aspekte der Tabelle fokussierst und dich nicht von irrelevanten Informationen ablenken lässt. Die Interpretation der in der Tabelle genannten Zahlen sollte zu folgenden Schlüssen führen:

- Eine reine Streichung des bisherigen Marketingbudgets für Printwerbung ist nicht sinnvoll, da damit die Kundenfrequenz in den Märkten sinken würde. Stattdessen sollte das bisherige Print-Budget in andere Marketingkanäle verschoben werden.
- Das Einsparpotenzial im Bereich der Printwerbung ist an den Personalaufwand gekoppelt. Die Printwerbung bindet im Vergleich z. B. zu digitalen Marketingkanälen deutlich mehr Personal, welches durch eine Budgetverlagerung eingespart werden könnte.
- Der digitale Marketingkanal hat den geringsten Personalaufwand.

Basierend auf diesen Erkenntnissen, gilt es zu bestimmen, wie viele Mitarbeitende bei einer Verschiebung des bisherigen Marketingbudgets für Printwerbung zur Kategorie „digital" eingespart werden können und wie hoch die daraus resultierende Gesamtersparnis an Personalkosten ist. Folgender Rechenweg sollte dabei vorgetragen werden:

Berechnung des Marketingbudgets pro Vollzeit-Mitarbeiter:in „digital":

- 30 Mio. Euro (Marketingbudget „digital") ÷ [5 % (Personalaufwand „digital") × 50 (gesamter Personalaufwand Marketing)] = 30 Mio. Euro ÷ 2,5 = 12 Mio. Euro

Berechnung der aktuell benötigten Vollzeit-Mitarbeiter:innen „Printwerbung":

- 50 (gesamter Personalaufwand Marketing) × 50 % (Personalaufwand „Printwerbung") = 25 Vollzeit-Mitarbeiter:innen „Printwerbung"

Berechnung der zusätzlich benötigten Vollzeit-Mitarbeiter:innen „digital" bei einer Budgetverlagerung:

- 90 Mio. Euro (Marketingbudget „Printwerbung") ÷ 12 Mio. Euro (Marketingbudget pro Vollzeit-Mitarbeiter:in „digital") = 7,5

Berechnung der eingesparten Vollzeit-Mitarbeiter:innen bei einer Budgetverlagerung von „Printwerbung" zu „digital":

- 25 (Vollzeit-Mitarbeiter:innen „Printwerbung") – 7,5 (zusätzlich benötigte Mitarbeiter:innen „digital" bei einer Budgetverlagerung) = 25 – 7,5 = 17,5

Berechnung des (jährlichen) Einsparpotenzials an Personalkosten:

- 17,5 (eingesparte Vollzeit-Mitarbeiter:innen bei einer Budgetverlagerung) × 60.000 Euro (angenommene Durchschnittskosten pro Vollzeit-Mitarbeiter:in pro Jahr) = 1,05 Mio. Euro

Außerdem solltest du kurz auf die potenziellen Nachteile der Kostenreduktionen hinweisen, z. B., dass der Marketingkanal „digital“ die „Printwerbung“ gegebenenfalls nicht vollständig ersetzen kann.

Frage 5: Handlungsempfehlung für die Supermarktkette auf Basis der getätigten Analyse

Innerhalb dieser Abschlussfragestellung solltest du die ursprüngliche Aufgabenstellung und Problemschilderung aufgreifen, um eine Empfehlung für die REDEKO auszusprechen. Die Probleme sind:

- rückläufige Aktionsumsätze
- (zu) hohe Planungsaufwände
- steigende Papierkosten

Auf Grundlage der vorherigen Ausarbeitungen solltest du zu dem Schluss kommen, dass eine Verschiebung des Fokus auf andere Marketingkanäle folgende Auswirkungen haben könnte:

- Reduktion der Planungsaufwände für die Printwerbung
- Reduktion der Papierkosten
- jedoch kein (positiver) Effekt auf die rückläufigen Aktionsumsätze

Deshalb solltest du weitere Ansätze einbringen, die du teilweise bereits im Verlauf des Case erwähnt hast, um auch für die rückläufigen Aktionsumsätze eine passende Lösung zu finden. Diese könnten z. B. sein: Optimierung der Aktionsartikel, der Aktionspreise, der Aktionsmenge und der Platzierung der Artikel im Markt.

Der Lösungsrahmen ist auch hier sehr breit. Wichtig ist die Schlüssigkeit deiner Argumentation. Abschließend solltest du noch ein angemessenes Fazit ziehen.

Lösungsstruktur auf einen Blick

Anwendungsgebiete von künstlicher Intelligenz im digitalen Marketing

von Felix Rank

Aufgabenstellung

Interviewer:in: Liebe:r Bewerber:in, vielen Dank für deine Zeit und dein Interesse an unserer Firma. Dein Lebenslauf ist uns sehr positiv aufgefallen und wir wollen daher gerne mehr über dich, insbesondere über deine analytischen Fähigkeiten sowie deine eigenständige Denk- und Arbeitsweise, erfahren. Dafür sehen wir uns nun gemeinsam eine Fallstudie an, die dich so oder so ähnlich auch bei einem unserer Projekte erwarten könnte.

Stell dir bitte die folgende Situation vor: Ein Kunde aus der Versicherungsbranche, mit dem du und deine Kolleg:innen bereits seit Jahren erfolgreich zusammenarbeiten, ruft dich an einem Freitagnachmittag an. Die Ansprechperson erzählt dir, dass in ihrem Unternehmen in letzter Zeit viel über das Thema künstliche Intelligenz (KI) gesprochen wird und der Vorstand nun den Auftrag erteilt hat, KI im digitalen Marketing einzuführen. Dafür zählt der Kunde auf deine Unterstützung.

Dabei wollen die Vorstandsmitglieder nicht lediglich dem Hype rund um diese neue Entwicklung folgen, sondern konkrete und sinnvolle Use Cases für die Zukunftstechnologie entwerfen.

Daher ist zunächst meine Frage, ob du bereits Berührungspunkte mit KI hattest.

Lösungsweg

Bewerber:in: Das klingt nach einem spannenden Projekt! Ich hatte während meines Studiums eine Vorlesung zum Thema Algorithmen belegt, in der auch ein Ausblick auf die KI gegeben wurde. Da die Vorlesung eher theoretisch geblieben ist, habe ich mir im Anschluss einen Online-Kurs zur Einführung in die KI gesucht und diesen absolviert.

Interviewer:in: Mir gefällt sehr, wie proaktiv du an das Thema herangegangen bist. Wie würdest du KI jemandem beschreiben, der diese Technologie nur aus den Medien kennt?

Bewerber:in: Grundsätzlich ist KI der Versuch, die menschliche Intelligenz technisch nachzubilden. Dies geschieht oft durch Algorithmen, die aus einer Reihe von Daten eine Entscheidung ableiten. Als Beispiel kann ich hier eine Bilderkennungs-Software nennen, welche durch die Vorbereitung zahlreicher Fotos von Katzen und Hunden trainiert werden kann. Daraufhin könnte die Software auf einem neuen, ihr bisher unbekannten Bild mit relativ hoher Wahrscheinlichkeit erkennen, ob sich darauf eine Katze oder ein Hund befindet.

Eine Einschränkung bei dieser Art von KI besteht darin, dass die Software nur auf einen bestimmten Anwendungsfall trainiert ist.Würde man ihr nun ein Bild von einer Giraffe vorlegen, könnte sie trotzdem nur zwischen Katze oder Hund entscheiden und würde die Wahrscheinlichkeiten für diese beiden Optionen ausgeben, da sie nie gelernt hat, was eine Giraffe ist.

Interviewer:in: Ein spannendes Beispiel, vielen Dank. Ich würde gerne noch kurz auf das Konzept des Algorithmus zurückkommen, das du angesprochen hast. Bitte beschreibe den Begriff kurz.

Bewerber:in: Ein Algorithmus beschreibt eine Vorgehensweise zur Lösung eines Problems. Dabei wird in einzelnen Schritten vorgegangen, die nacheinander ausgeführt werden, und es wird oft vorausgesetzt, dass bei den gleichen Eingabeparametern auch das gleiche Ergebnis herauskommt. Ein wichtiges Kriterium von Algorithmen ist, dass sie in endlicher Zeit zu einem Ergebnis kommen.

Man kann sich einen Algorithmus als eine Art „Rezept" vorstellen, wie etwa beim Kochen oder Backen. Aus einer bestimmten Menge von Zutaten entsteht, durch Anwendung einer aufeinanderfolgenden Reihe von Schritten, eine Mahlzeit. Dabei ergibt sich bei den gleichen Zutaten und dem gleichen Rezept immer das gleiche Gericht, vorbehaltlich des Faktors Mensch bei der Zubereitung.

Interviewer:in: Danke für die Erläuterung, ich stimme hier vollständig zu. Nun habe ich eine letzte einführende Frage, bevor wir in die Case Study starten: Wo siehst du bereits heute, dass KI im Alltag eingesetzt wird?

Bewerber:in: Mir fallen hier als Beispiel sofort die Algorithmen der Social-Media-Plattformen ein, welche auf der Basis des Verhaltens der einzelnen Nutzer:innen Inhalte anbieten sollen, die für diese Nutzer:innen maßgeschneidert sind. In den Medien bekommt man oft mit, dass dies nicht immer gut funktioniert.

Des Weiteren findet sich KI an Orten, wo eine große Anzahl von Daten verarbeitet und klassifiziert werden soll. Ich habe z. B. mitbekommen, dass einige größere Unternehmen eine KI dafür einsetzen, die Lebensläufe von Bewerber:innen vorzusortieren.

Schließlich würde ich an dieser Stelle noch die text- oder sprachbasierten Assistenzsysteme nennen, insbesondere im Bereich der sogenannten generativen KI. Spätestens seit der Veröffentlichung von ChatGPT im November 2022 ist die Verbreitung dieser Systeme in der Mitte der Gesellschaft angekommen. Auch hier wurde schnell bemerkt, dass die Ergebnisse nicht immer den Erwartungen und manchmal auch nicht der Faktenlage entsprechen.

Interviewer:in: Ich finde es gut, dass du so reflektiert an das Thema herangehst und bereits ein breites Grundverständnis von KI zeigst.

Kommen wir nun zurück zur Case Study. Wie eingangs erwähnt, soll es hier um den Entwurf von Use Cases zur Einführung von KI gehen. Dem Vorstand des Kunden liegt hierbei besonders der Bereich des digitalen Marketings am Herzen. Da sich Use Cases oft auf andere Branchen übertragen lassen, setze ich an dieser Stelle – auch wenn es bei dem Kundenszenario um ein Versicherungsunternehmen geht – keine besonderen Kenntnisse über die Versicherungsbranche voraus.

Bitte fokussiere dich bei deiner Antwort auf nichttechnische Aspekte, wie etwa auf die Herangehensweise beim Einsatz von KI und den Projektablauf für die Realisierung. Wenn dir an bestimmten Stellen konkrete Umsetzungen in den Sinn kommen, kannst du diese gerne nennen.

Wie würdest du grundsätzlich an die Fragestellung des Kunden herangehen?

Bewerber:in: Ich sehe mir zunächst die aktuellen Aktivitäten des Kunden im digitalen Marketing an, um die bereits vorhandenen Ansätze zu verstehen. Daraufhin können konkrete technische Umsetzungen von KI empfohlen werden.

Wenn ich eine Frage stellen darf: Wie steht es um die Datenlage bei dem Kunden?

Interviewer:in: In diesem Fall darfst du davon ausgehen, dass der Kunde vor einigen Jahren ein Customer-Relationship-System (CRM) eingeführt hat – vielleicht hast du die entsprechende Case Study im Ratgeber „Perspektive Unternehmensberatung 2023" gelesen (siehe Seite 186ff. der genannten Ausgabe). Nimm also gerne an, dass das Versicherungsunternehmen über eine gute Datengrundlage für seine Endkund:innen verfügt.

Bewerber:in: In diesem Fall sind aus meiner Sicht alle Voraussetzungen für den Start der Ist-Analyse gegeben.

Interviewer:in: Vielen Dank für deine Antwort. Ich würde hier noch einen Punkt hinzufügen: Nach der von dir angesprochenen Ist-Analyse sollten auch Ziele definiert werden, z. B. eine höhere Kundenzufriedenheit. Solche Ziele bringen zweierlei Vorteile: Zum einen lässt sich nach der Einführung der KI-Lösungen deren Effektivität einfacher messen. Zum anderen erleichtern sie die Suche nach passenden Implementierungen, da sich Use Cases ableiten und mit Customer Journeys verknüpfen lassen.

Lass uns nun von den folgenden Ergebnissen der Ist-Analyse ausgehen:
- Die digitalen Kampagnen laufen hauptsächlich über die folgenden Kanäle: E-Mail, Social Media und die Kunden-App (sowohl für Bestands- als auch Neukund:innen)
- Die persönliche Ansprache wird über vorhandene demografische Daten durchgeführt,
- Eine Erfolgsmessung besteht bisher nur für den Kanal E-Mail (Klickrate von Links).

Welche quantifizierbaren Ziele schlägst du dem Unternehmen auf dieser Basis vor?

Bewerber:in: Mir kommen direkt eine Vielzahl von Möglichkeiten in den Kopf. Ich würde zunächst gerne die genannte Kundenzufriedenheit ansprechen. Mir ist aufgefallen, dass das Versicherungsunternehmen bislang nur in eine Richtung kommuniziert und es für die Endkund:innen keine Möglichkeit gibt, Feedback zu den Angeboten zu geben. An dieser Stelle empfehle ich ihm, z. B. eine Fünf-Sterne-Bewertungsskala einzuführen oder binäre Rückmeldungen (hilfreich/nicht hilfreich) zu ermöglichen. Dies sollte sowohl für bestehende Kund:innen als auch für Interessent:innen zutreffen.

Bezüglich der Bestandskund:innen können die Weiterempfehlung über den Net Promoter Score (NPS) oder Wiederkauf-Raten sinnvolle Ziele sein. Während sich der NPS auch bei Erstkund:innen erheben lässt, wird die Wiederkauf-Rate besonders bei wiederkehrenden Kund:innen interessant.

Interviewer:in: Vielen Dank für deine Antwort, diese Ziele findet der Kunde sicherlich spannend. Lass uns den Fokus im Folgenden auf die Steigerung der Wiederkauf-Rate legen.

Fällt dir eine Implementierung von KI ein, welche dieses Ziel unterstützen könnte?

Bewerber:in: Aufgrund der bestehenden Daten im CRM denke ich hier an Empfehlungs-Systeme für passende Produkte. Diese Systeme können beispielsweise komplementäre Empfehlungen aussprechen und passgenaue Produkte vorschlagen (Next Best Offer). Als Grundlage hierfür wird auf Daten wie etwa die zuletzt gekauften Produkte, die aktuellen Lebensumstände oder die Präferenzen der Kund:innen zurückgegriffen. Besonders die Berücksichtigung der Kaufhistorie stellt für das Versicherungsunternehmen eine Erweiterung des bisherigen Vorgehens dar.

Die KI kommt hier ins Spiel, um in den zugrunde liegenden Daten neue Muster zu erkennen. Ein passender Algorithmus kann eine Clustering-Analyse durchführen und ermöglicht damit eine gemeinsame digitale Ansprache von Kund:innen mit ähnlichen Merkmalen. Dabei kann diese Art von Algorithmen eigenständig, also ohne Eingaben von außen, Cluster in den gegebenen Daten erkennen.

Hier lassen sich also, einfach gesagt, Gruppen von Kund:innen mit ähnlichen Bedürfnissen identifizieren, denen dann optimierte Vorschläge für passende Produkte gemacht werden können.

Interviewer:in: Das klingt nach einer sinnvollen technischen Lösung, vielen Dank. Welche Möglichkeiten bieten sich für die individuelle Ansprache?

Bewerber:in: Auf der Ebene einzelner Kund:innen können Algorithmen unterstützen, indem sie eine Funktion der Abhängigkeiten entwickeln. Diese schlägt ein passendes Produkt zu jedem einzelnen Profil vor, wobei die individuellen Eigenschaften und die Kaufhistorie der Kund:innen als Parameter genutzt werden.

Interviewer:in: Danke, das finde ich einen guten Vorschlag. Gibt es noch weitere Aspekte, die beachtet werden sollten?

Bewerber:in: Vor der Einführung des Algorithmus sollte ausreichend Zeit für das Feintuning der Parameter eingeplant werden. Andernfalls riskiert das Unternehmen, dass die Vorschläge nicht zu den Bedürfnissen der Endkund:innen passen und die Wiederkauf-Rate nicht wie erwünscht steigt oder sogar sinkt.

Interviewer:in: Vielen Dank für deine Einschätzungen. Könntest du bitte dein Vorgehen in einem kurzen Fazit zusammenfassen?

Bewerber:in: Zunächst wird die aktuelle Situation mithilfe einer Ist-Analyse der bestehenden Aktivitäten im digitalen Marketing untersucht. Anschließend folgt die Festlegung von messbaren Zielen, in diesem Beispiel einer Steigerung der Wiederkauf-Rate. Dies soll über Next Best Offers erreicht werden, also Vorschläge zu weiteren passenden Produkten für bestehende Kund:innen. Schließlich werden die geeigneten KI-Anwendungen, in diesem Fall Clustering-Algorithmen, für den Use Case identifiziert.

Interviewer:in: Vielen Dank für die sinnvollen Vorschläge! Ich bin mir sicher, dass der Kunde mit diesen Ideen zufrieden sein wird und sich auf die zeitnahe Umsetzung, gemeinsam mit dir, freut.

HINWEIS: Bei dieser Case-Lösung kommt es darauf an, die Fragestellung analytisch anzugehen und durch ein grundlegendes Verständnis der geforderten Technologie (KI) zu überzeugen. Dies hat die Bewerberin bzw. der Bewerber insoweit erfüllt, als dass die Struktur für das Vorgehen, nach etwas Hilfestellung zum Thema „Ziele“, sauber und lösungsorientiert erarbeitet und befolgt wurde. Besonders die direkte Veranschaulichung durch konkrete Beispiele ist sehr positiv aufgefallen.

Northern Renewable Energy Union: Entscheidungsgrundlage für Green Transformation

von Olaf Kocanda

Aufgabenstellung

EU-weit ist die 30 Millionen Einwohner:innen starke Northern Renewable Energy Union die Region mit dem höchsten Anteil erneuerbarer Energien an der Energieerzeugung. Obwohl sie bereits bedeutende Fortschritte beim Ausbau der erneuerbaren Energien gemacht hat, wird der Stromverbrauch privater Haushalte im Jahr 2023 noch nicht komplett durch erneuerbare Energien abgedeckt. Genauere Details können der nachfolgenden Tabelle entnommen werden:

Jahr	Windenergie auf See	Windenergie an Land	Große Solaranlagen	Kleine Solaranlagen	Wasserkraft
2019	10.000	5.000	6.300	2.800	900
2020	10.500	5.250	6.615	2.940	945
2021	11.025	5.512	6.946	3.087	992
2022	11.576	5.788	7.293	3.241	1.042
2023	12.155	6.078	7.658	3.403	1.094

Verteilung der erneuerbaren Stromerzeugung 2019–2023, Angaben in GWh (Region Northern Renewable Energy Union)

Die Regierung der Region hat sich ehrgeizige Ziele gesetzt und möchte bis Ende des Jahres 2033 den Stromverbrauch von Privathaushalten zu 100 Prozent aus erneuerbaren Energien decken.

Diese Fallstudie wird dir präsentiert von

HORVÁTH

Horváth

Wir Horváths sind gemeinsam mehr als nur ein Team. Wir bieten dir ein Umfeld freundschaftlicher Zusammenarbeit, unzählige Möglichkeiten zur persönlichen Weiterentwicklung, spannende Aufgaben mit fachlichem Tiefgang und eine steile Lernkurve. Auf Augenhöhe zu arbeiten und Erfolge nicht nur zu versprechen, sondern in die Tat umzusetzen: Das schätzen unsere Kunden an uns. Wir überzeugen durch Kompetenz und ausgeprägte Umsetzungsstärke. Erfolge gestalten wir als Team und mit unseren Kunden. Unser Grundsatz? Successfully together.

Der Stromverbrauch eines durchschnittlichen Privathaushalts lässt sich aus der folgenden Grafik ablesen.

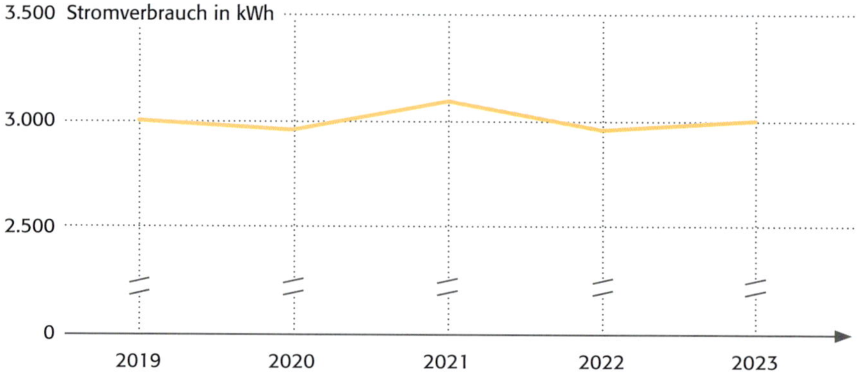

Stromverbrauch eines durchschnittlichen Privathaushalts in den Jahren 2019–2023, Angaben in kWh (Region Northern Renewable Energy Union)

Der Regierungsausschuss für erneuerbare Energien hat dich kontaktiert, damit du der Regierung eine Entscheidungsgrundlage zu folgenden Inhalten erstellst:

Aufgabe 1: Wie hoch ist der voraussichtliche Stromverbrauch aller Privathaushalte im Jahr 2033 in Gigawattstunden (GWh)? Welche Annahmen müssen in diesem Zusammenhang getroffen werden?

Aufgabe 2: Im Jahr 2023 beträgt der Anteil erneuerbarer Energien an der Stromerzeugung rund 60 Prozent des Stromverbrauchs der Privathaushalte (Zweipersonenhaushalte) in der Region. Angenommen, die Regierung möchte die jeweiligen Anteile der einzelnen erneuerbaren Energiearten gleich halten und auch das Wachstum der vergangenen Jahre bleibt konstant: Wird das Ziel, den Stromverbrauch von Privathaushalten im Jahr 2033 zu 100 Prozent aus erneuerbaren Energien zu decken, erreicht? Hältst du die Annahme der gleich bleibenden Anteile für realistisch? Was sind weitere Annahmen bzw. Limitationen der Berechnungen?

Aufgabe 3: Die Regierung möchte genauere Informationen zum Anteil des durch Windkraft erzeugten Stroms (s. Tabelle auf der vorherigen Seite) erhalten.

a. Eine Windkraftanlage erzeugt ca. 15 GWh (an Land) bzw. ca. 66 GWh (auf See) pro Jahr. Wie viele Windkraftanlagen (jeweils Land und See) müssten ungefähr pro Jahr gebaut werden, damit der in Aufgabe 1 errechnete Verbrauch bis Ende des Jahres 2033 gedeckt wird? Hältst du deine Ergebnisse für realistisch?
b. Der Ausbau erneuerbarer Energien verlief in der Region in der Vergangenheit nicht immer reibungslos. Welche Treiber und Hindernisse ergeben sich bei der Realisierung des in Aufgabe 2 genannten Ziels? Nenne und erläutere diese kurz.

Aufgabe 4: Die Regierung hat nicht viel Zeit, sich in die Unterlagen und Berechnungen einzuarbeiten. Stelle abschließend deine Ergebnisse der Aufgaben 1 bis 3 in einem zusammenfassenden Schaubild dar.

HINWEIS: Triff dort, wo Informationen fehlen, sinnvolle Annahmen und erläutere deinen Rechnungsweg.

Lösungsweg

Aufgabe 1: Berechnung des Stromverbrauchs der Privathaushalte im Jahr 2033
Zur Ermittlung des Stromverbrauchs der Privathaushalte im Jahr 2033 müssen Annahmen zur Größe und dem durchschnittlichen Stromverbrauch eines Privathaushalts aufgestellt werden. Nimmt man an, dass ein Privathaushalt aus zwei Personen besteht – wie in (nord-)europäischen Ländern üblich –, ergibt sich für die Northern Renewable Energy Union eine Anzahl von 15 Millionen Privathaushalten.

Aufgrund der zunehmenden Technologisierung (z. B. Wärmepumpen, E-Autos) könnte man schlussfolgern, dass der Energieverbrauch in Zukunft steigt. Dem ist jedoch entgegenzuhalten, dass Geräte immer energieeffizienter und die Einwohner:innen geschult werden, Strom zu sparen. In der Grafik zum Stromverbrauch sehen wir leichte Schwankungen um den Mittelwert von 3.000 Kilowattstunden (kWh), können jedoch keinen Trend herauslesen. Daher treffen wir auf Basis der vorliegenden Informationen die Annahme, dass der Stromverbrauch pro Haushalt auch bis ins Jahr 2033 konstant bleibt. Außerdem treffen wir die Annahme, dass die Anzahl der Haushalte sowie die Haushaltsgröße gleich bleibt.

Jahr	Stromverbrauch pro Haushalt (kWh)
2019	3.000
2020	2.950
2021	3.100
2022	2.950
2023	3.000

Stromverbrauch eines durchschnittlichen Privathaushalts in den Jahren 2019–2023, Angaben in kWh (Region Northern Renewable Energy Union)

Ergebnis: Unter diesen Annahmen ergibt sich für das Jahr 2033 ein Stromverbrauch der Privathaushalte in der Northern Renewable Energy Union von ca. 45.000 GWh.

- 15.000.000 Privathaushalte × 3.000 kWh/Privathaushalt = 45.000.000.000 kWh = 45.000.000 MWh = 45.000 GWh

Aufgabe 2: Stromverbrauch 2033 – 100 Prozent erneuerbare Energien
Um das Ziel zu erreichen, 100 Prozent des Stromverbrauchs der Privathaushalte bis Ende des Jahres 2033 aus erneuerbaren Energien zu decken, müssen zunächst die Anteile der verschiedenen Arten der erneuerbaren Stromerzeugung und der jeweilige jährliche Wachstumsfaktor berechnet werden. Da die Anteile der Stromerzeugung gleich bleiben sollen, können wir die Rechnung vereinfachen und zunächst die gesamte Stromerzeugung aus erneuerbaren Energien berechnen, um anschließend das Gesamtwachstum zu ermitteln:

	Windenergie auf See	Windenergie an Land	Große Solaranlagen	Kleine Solaranlagen	Wasserkraft	Gesamterzeugung	Gesamtwachstum
2019	10.000	5.000	6.300	2.800	900	**25.000**	**5,0%**
2020	10.500	5.250	6.615	2.940	945	**26.250**	**5,0%**
2021	11.025	5.512	6.946	3.087	992	**27.562**	**5,0%**
2022	11.576	5.788	7.293	3.241	1.042	**28.941**	**5,0%**
2023	12.155	6.078	7.658	3.403	1.094	**30.388**	**5,0%**
Anteile	**40,0%**	**20,0%**	**25,2%**	**11,2%**	**3,6%**	**100,0%**	

Verteilung der erneuerbaren Stromerzeugung sowie Gesamterzeugung und -wachstum pro Jahr von 2019–2023, Angaben in GWh (Region Northern Renewable Energy Union)

Auf Basis der ersten beiden Zeilen ist bereits erkennbar, dass das Gesamtwachstum der Stromerzeugung zwischen 2019 und 2020 fünf Prozent betrug. Durch weitere Stichproben in den einzelnen Kategorien lässt sich diese These auch für die folgenden Jahre bestätigen. Da das Wachstum der letzten Jahre gleich bleiben soll, können wir also von einem konstanten Wachstum von fünf Prozent pro Jahr ausgehen. Durch das exponentielle Wachstum von fünf Prozent pro Jahr haben wir einen steigenden Wachstumsfaktor. Damit lassen sich die Zahlen auf das Jahr 2033 hochrechnen:

#	Jahr	Wachstumsfaktor (2023 = 1,0)	Gesamtstromerzeugung aus erneuerbaren Energien (GWh)
1	2024	1,05	31.907
2	2025	1,10	33.502
3	2026	1,16	35.178
4	2027	1,22	36.936
5	2028	1,28	38.783
6	2029	1,34	40.722
7	2030	1,41	42.758
8	2031	1,48	44.896
9	2032	1,55	47.141
10	2033	1,63	49.498

Gesamtstromerzeugung aus erneuerbaren Energien von 2024–2033, Angaben in GWh (Region Northern Renewable Energy Union)

Vereinfacht ließe sich der Wert auch überschlagen. Der Verbrauch der Zweipersonenhaushalte beträgt, wie in Aufgabe 1 berechnet, insgesamt 45.000 GWh. Im Jahr 2023 werden ca. 30.000 GWh generiert. Demnach werden noch 15.000 GWh benötigt, um das Ziel zu erreichen. Wenn das Wachstum linear stattfände, hätten wir, ausgehend von der Differenz zwischen den Jahren 2023 und 2024, ein gleich bleibendes Wachstum von ca. 1.500 GWh pro Jahr (5 Prozent × 30.000 GWh = 1.500 GWh). Somit wäre das Ziel in genau zehn Jahren erreicht. Durch das exponentielle Wachstum (Zinseszinseffekt) können wir aber davon ausgehen, dass wir unser Ziel schon früher erreichen.

Ergebnis: Unter der Annahme eines gleich bleibenden Wachstums wird das Ziel, den Stromverbrauch aller Privathaushalte (45.000 GWh) bis 2033 komplett durch erneuerbare Energien zu decken, erreicht. Genau genommen wird das Ziel sogar bereits früher, nämlich im neunten Jahr, erreicht.

Limitationen: Das Wachstum ist vermutlich nicht gleich bleibend (fünf Prozent pro Jahr), sondern anfänglich eher schwach und gegen Ende stärker (z. B. aufgrund von regulatorischen Anforderungen, bürokratischem Aufwand und dem Aufbau von Lieferketten). Außerdem ist das Wachstum der erneuerbaren Energien vermutlich unterschiedlich stark, da Ressourcen und Aufwand in den verschiedenen Energieerzeugungskategorien voneinander abweichen. Die Annahme gleicher Anteile setzt das Vorhandensein von genügend Ressourcen (Wind, Sonne und Wasserkraft) voraus. Außerdem gehen wir von einer gleich bleibenden Anzahl von Privathaushalten und Haushaltsgrößen aus, womit Bevölkerungswachstum bzw. Änderungen in der Anzahl von Personen pro Haushalt nicht berücksichtigt werden.

Aufgabe 3: Anzahl der Windkraftanlagen, Treiber und Hindernisse

Die Aufgabe lässt sich auf zwei Arten lösen:

1. vereinfachte Berechnung
2. lineare Gleichungen

1. Vereinfachte Berechnung: Aus der Tabelle mit den Angaben zur Stromerzeugung lässt sich ablesen, dass im Jahr 2023 ungefähr 18.000 GWh Strom aus Windkraftanlagen auf See (ca. 12.000 GWh) und an Land (ca. 6.000 GWh) produziert werden. Für das Jahr 2033 haben wir in Aufgabe 1 einen Gesamtverbrauch von 45.000 GWh berechnet. Dies entspricht jedoch dem gesamten Anteil erneuerbarer Energien. Der Anteil der Windkraft an den erneuerbaren Energien beträgt 60 Prozent (40 Prozent auf See und 20 Prozent an Land) oder 27.000 GWh. Demnach fehlen noch 9.000 GWh, die in den nächsten zehn Jahren aufgebracht werden müssen. Bei gleich bleibenden Anteilen (2:1) entspricht dies 6.000 GWh für die Windkraft auf See und 3.000 GWh für die Windkraft an Land. Jeweils geteilt durch die Energiegewinnung pro Windkraftanlage (66 GWh auf See bzw. 15 GWh an Land), ergibt sich hiermit eine Gesamtanzahl von mindestens 91 Offshore- bzw. 200 Onshore-Anlagen oder jeweils 9,1 bzw. 20 Anlagen, die pro Jahr über die nächsten zehn Jahre gebaut werden müssen.

Berechnungsschritt	Auf See (GWh)	An Land (GWh)	Gesamt (GWh)
Aktuell vorhandene Energie aus Windkraft	12.000	6.000	18.000
Noch benötigte Energie aus Windkraft (Differenz)	6.000	3.000	9.000
Neubau Windkraftanlagen gesamt	90,9	200,0	~300
Neubau Windkraftanlagen pro Jahr	9,1	20,0	~30

Stromerzeugung durch Windkraft auf See und an Land, Angaben in GWh
(Region Northern Renewable Energy Union)

2. Lineare Gleichungen: Die Berechnung lässt sich auch durch das Aufstellen von zwei Gleichungen vornehmen. Wir wissen bereits, dass die Differenz der durch Windkraft erzeugten Energie 9.000 GWh (27.000 GWh – 18.000 GWh) ist. Ebenso wissen wir, dass die beiden Windkraftanlagen-Typen je 66 bzw. 15 GWh pro Jahr erzeugen. Zusätzlich sollen die Anteile der Energiegewinnung konstant bleiben, wobei der Anteil der Windkraftanlagen auf See doppelt so hoch ist wie der derjenigen an Land.

Wenn x die Anzahl der Windkraftanlagen auf See und y die Anzahl der Windkraftanlagen an Land ist, so ergibt sich auf Basis der bisherigen Erkenntnisse:

- $66\,x + 15\,y = 27.000 - 18.000 = 9.000$
- $66\,x = 15\,y \times 2$

Löst man die zweite Gleichung nach y auf und fügt diese in die erste Gleichung ein, ergibt sich folgende Berechnung:

- $66\,x + 33\,x = 9.000$
- $99\,x = 9.000$
- $x = 90{,}91$ und $y = 200$

Nun sehen wir uns noch an, ob unsere Ergebnisse realistisch sind. Vom Jahr 2022 auf das Jahr 2023 ist der Anteil der Stromerzeugung durch Windkraft um ca. 600 GWh auf See und 300 GWh an Land gestiegen. Geteilt durch die Stromerzeugung pro Windkraftanlage, ergeben sich ähnliche Zahlen wie eben berechnet. Somit scheint unsere Kalkulation realistisch zu sein und wir können davon ausgehen, dass bei gleich bleibendem Wachstum die Ergebnisse auch realistisch sind. Unabhängig davon ließe sich diskutieren, ob die Anzahl der Windkraftanlagen wirklich im gleichen Tempo weiterwächst, sofern keine Vorkehrungen dafür (Einreichen von Anträgen etc.) getroffen wurden.

Ergebnis: Beide Rechenarten kommen zu dem gleichen Resultat. Pro Jahr müssen im Schnitt mindestens zehn Windkraftanlagen auf See und 20 an Land gebaut werden. Vergleicht man die Zahlen mit dem Wachstum der Windkraftanlagen aus dem Vorjahreszeitraum, scheint das Ergebnis realistisch zu sein.

Folgende beispielhafte Treiber können einen Einfluss haben:

- Die Abhängigkeit von endlichen fossilen Brennstoffen und Stromimporten aus dem Ausland erhöht den politischen Handlungsdruck sowie die Energiekosten.
- Der Fokus der Regierung auf schnelle Ergebnisse und der damit einhergehende regulatorische Druck sorgen für schnelle Entscheidungen und unterstützende Maßnahmen.
- Ein gestiegenes öffentliches Bewusstsein und die Sensibilität für den Klimawandel in der Bevölkerung erhöhen den politischen Handlungsdruck der Regierungen.
- Zu berücksichtigen ist der technologische Fortschritt hinsichtlich gesunkener Kosten für erneuerbare Energien aber auch bezogen beispielsweise auf die Rolle der KI bei der Erkennung von Mustern in Daten und bei der intelligenten Steuerung von Stromsystemen.
- Die finanzielle Förderung der erneuerbaren Energien (z. B. in der Forschung) kann sich positiv auf die Leistungsfähigkeit der erneuerbaren Energien auswirken.

Folgende beispielhafte Hindernisse sind möglich:

- Ungünstige regulatorische Rahmenbedingungen (z. B. Abstandsregelungen zwischen Windkraftanlagen, bautechnische Normen) bremsen den Ausbau.
- Hohe Investitionskosten zusammen mit ungünstigen Marktbedingungen (z. B. Rezession, hohe Zinsen) bremsen die Investitionsbereitschaft in erneuerbare Energien.
- Eine eingeschränkte Rohstoff-Verfügbarkeit (z. B. Kupfer oder seltene Erden) und die Herstellung und Beschaffung außerhalb Europas inklusive Lieferketten bergen die Gefahr der Abhängigkeit von anderen Staaten und möglicher Verzögerungen bei Lieferengpässen.
- Eine geringe soziale Akzeptanz in der Bevölkerung aufgrund von negativen Auswirkungen des Ausbaus erneuerbarer Energien (z. B. Versiegelung von Bodenflächen, Artenschutz, Nähe zu Siedlungen) sowie steigende Stromkosten, basierend auf der Umlage der Investitionskosten, bremsen den Ausbau.
- Defizite bei den Stromspeicherkapazitäten bzw. beim Transport über große Distanzen zwischen dem Ort der Herstellung (z. B. auf See) und dem Ort des Verbrauchs sowie begrenzte Kapazitäten des Stromnetzes erfordern einen kosten- und zeitintensiven Netzausbau.

HINWEIS: Treiber und Hindernisse lassen sich auch anhand der Faktoren einer PESTEL-Analyse ableiten (politisch, ökonomisch, sozial, technologisch, ökologisch und rechtlich).

Diese Fallstudie wird dir präsentiert von

Horváth

Standorte in Deutschland:
Stuttgart (Zentrale), Berlin, Düsseldorf, Frankfurt am Main, Hamburg, München

Standorte weltweit: 18
(sowie weitere Offices in insgesamt 20 Ländern im Cordence Worldwide Network)

Tätigkeitsschwerpunkte: Managementberatung mit den Schwerpunkten Performance Management und Transformation

Beschäftigte in Deutschland: über 800

Beschäftigte weltweit: über 1.200

Aufgabe 4: Zusammenfassung der Ergebnisse

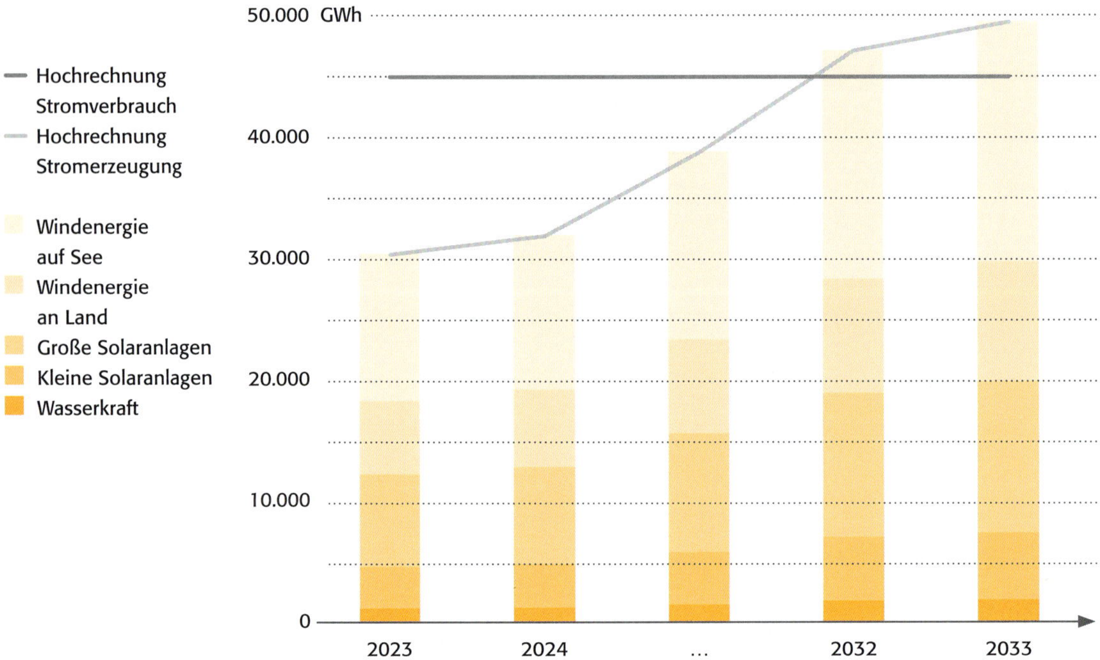

Hochrechnung Stromverbrauch und Stromerzeugung nach Art der Erzeugung

Hindernisse

– regulatorischer Rahmen
– hohe Investitionskosten
– Rohstoff-Verfügbarkeit
– soziale Akzeptanz
– ungeklärte Stromspeicher
…

Treiber

+ politischer Handlungsdruck
+ Fokus auf schnelle Ergebnisse
+ öffentliches Bewusstsein
+ technologischer Fortschritt
+ finanzielle Förderung
…

Diese Fallstudie wird dir präsentiert von

HORVÁTH

Horváth

Rotebühlstraße 100
70178 Stuttgart
www.horvath-partners.com
www.successfullytogether.com

Sonja Stöckl
HR Marketing & Employer Branding
+49 711 66919-0
career@horvath-partners.com

Aufstellung des Bundeshaushalts

von Ryan Marquez und Moritz Hahn

Aufgabenstellung

Zu den zentralen Aufgaben des Bundesministeriums der Finanzen (BMF) gehören die jährliche Aufstellung des Bundeshaushalts sowie die Festlegung des Finanzplans für die darauffolgenden drei Jahre. Basis dafür sind die erwarteten Einnahmen und Ausgaben des Bundes, die sich unter Berücksichtigung der politischen Schwerpunkte der Bundesregierung berechnen lassen. Die Haushaltsabteilung des BMF trägt alle Informationen zusammen, die für den Haushaltsentwurf und den Finanzplan entscheidend sind. Nachdem das BMF die Haushaltsverhandlungen mit allen Bundesoberbehörden im Rahmen der oben genannten Eckwerte durchgeführt hat, werden der Haushaltsentwurf und der Finanzplan im Bundeskabinett diskutiert und beschlossen. Wenn der Bundesrat den eingereichten Entwurf für den Bundeshaushalt und den Finanzplan gesichtet und freigegeben hat, wird dieser dem Bundestag zur Abstimmung vorgelegt. Erst wenn der Bundestag den Haushalt verabschiedet und der Bundespräsident ihn unterzeichnet hat, wird das Bundeshaushaltsgesetz mit dem Haushaltsplan verkündet und tritt am 1. Januar des jeweiligen Kalenderjahres als Gesetz in Kraft.

Beantworte bitte unter Zuhilfenahme dieser Hintergrundinformationen die folgenden Fragestellungen.

Frage 1: Schätze das Volumen des Bundeshaushalts. Wie würdest du dabei vorgehen?

Frage 2: Wie verteilen sich die Mittel strukturell auf welche (Ressort-)Bereiche?

Frage 3: Welche Faktoren beeinflussen die Aufstellung des Bundeshaushalts?

Lösungsweg

Frage 1: Schätzung des Volumens des Bundeshaushalts
Um eine Schätzung des Bundeshaushaltsvolumens vorzunehmen, kommen mehrere Berechnungswege infrage.

Eine Möglichkeit ist die **Top-down-Berechnung**, bei der die Bundesregierung einen Fiskalrahmen für den Bundeshaushalt anhand der erwarteten Staatseinnahmen setzt. Im Jahr 2023 wurden Staatseinnahmen in Höhe von etwa 1,3 Billionen Euro erwartet. Im Vorjahr wurden etwa 38 Prozent der erwarteten Staatseinnahmen für den Bundeshaushalt verwendet. Da unter Berücksichtigung dieser Kennzahlen eine Obergrenze respektive ein Finanzierungsrahmen gesetzt wird, werden von der Hauhaltsabteilung des BMF in Abstimmung mit den einzelnen Ressorts und Haushaltsposten die vorhandenen Mittel aufgeteilt und die Einzelpläne erstellt. Dies ist seit 2012 die gängige Methode der Aufstellung des Bundeshaushalts.

Im Gegensatz dazu steht eine **Bottom-up-Berechnung**, bei der die einzelnen Ressorts respektive Haushaltsposten (14 Ressorts à 30–40 Milliarden Euro und elf Haushaltsposten à 2–10 Milliarden Euro) dem Bundesministerium der Finanzen ihre Haushaltsvoranschläge mitteilen und anschließend über die jeweiligen Ressortwünsche „von unten nach oben" verhandelt wird.

Zudem könnte man das Volumen des Bundeshaushalts anhand von **Benchmarking** schätzen, indem man Größenangaben aus Haushalten anderer Staaten mit einer ähnlichen Wirtschaftsstärke wie Deutschland als Vergleichswerte heranzieht. Ein für einen solchen Vergleich geeigneter Staat wäre Frankreich mit einem „budget de l'État" für das Kalenderjahr 2023 in Höhe von 305,5 Milliarden Euro bei einem Bruttoinlandsprodukt (BIP) von etwa 2,78 Billionen Euro im Jahr 2022. Frankreich verwendet also etwa ein Zehntel seines BIP für das „budget de l'État". Wenn davon ausgegangen wird, dass Deutschland und Frankreich ein ähnliches BIP pro Einwohner:in haben, kann das BIP Deutschlands berechnet werden. Hierfür werden die geschätzten Einwohnerzahlen beider Staaten dividiert, um herauszufinden, um welchen Faktor größer die Bevölkerungszahl Deutschlands ist. Zudem wird eine ähnliche Berechnung des Bundeshaushalts sowie eine ähnliche Verteilung der Mittel in Deutschland erwartet, wodurch der zu schätzende Bundeshaushalt ebenfalls ca. ein Zehntel des errechneten BIPs beträgt.

In der folgenden Tabelle wird die genaue Lösungslogik zusammengefasst:

Bottom-Up-Prinzip („von unten nach oben")	**Top-Down-Prinzip („von oben nach unten")**	**Benchmarking**
Berechnung Haushaltsvolumen: Ca. 420 Mrd. Euro für die Ressorts + Ca. 60,5 Mrd. Euro für die posten = ca. 480,5 Mrd. Euro	Bundesregierung setzt den Fiskalrahmen auf Grundlage der erwarteten Staatseinnahmen im Jahr 2023 fest: • Ca. 38 % der erwarteten Einnahmen werden für den Bundeshaushalt verwendet. • Erwartete Staatseinnahmen: ca. 1,3 Bio. Euro 38 % von 1,3 Bio. Euro ≈ 490 Mrd. Euro werden als Obergrenze freigegeben.	Auswahl eines Vergleichsfalls mit ähnlichen wirtschaftlichen Gegebenheiten; europäische Staaten eignen sich gut, z. B. Frankreich: • BIP 2022: ca. 3 Bio. Euro • Haushalt 2023: ca. 305,5 Mrd. Euro
Einzelpläne der jeweiligen Ressorts und Haushaltsposten an das BMF: • 14 Ressorts mit 20–40 Mrd. Euro • 11 Haushaltsposten mit 2–10 Mrd. Euro	Aufteilung des Budgets auf die einzelnen Ressorts und Festlegung der Einzelpläne in Gesprächen mit dem BMF: • 14 Ressorts mit 20–40 Mrd. Euro • 11 Haushaltsposten mit 2–10 Mrd. Euro	x = Anteil des BIP am französischen Haushalt $x = \frac{\text{Haushalt}}{\text{BIP}} = \frac{305{,}5 \text{ Mrd. Euro}}{3 \text{ Bio. Euro}} \approx \frac{1}{10}$ Einwohnerzahl Frankreich: ca. 65 Mio. Einwohnerzahl Deutschland: ca. 83 Mio. Einwohnerverhältnis: 83 Mio. ÷ 65 Mio. ≈ 1,3
Haushaltsaufstellungsschreiben des BMF an die Bundesministerien und weitere Haushaltsposten	Berechnung Haushaltsvolumen: Ca. 420 Mrd. Euro für die Ressorts + Ca. 60,5 Mrd. Euro für die Haushaltsposten = ca. 480,5 Mrd. Euro	Berechnung Haushaltsvolumen: • Deutsches BIP: 1,3 × 3 Bio. Euro ≈ 4 Bio. Euro • Deutscher Haushalt: 1/10 × 4 Bio. Euro ≈ 400 Mrd. Euro

HINWEIS: Mit dieser Fragestellung werden Methodenkompetenz, Selbststeuerung sowie Sektor- und Auftraggeberverständnis der Bewerberin bzw. des Bewerbers abgefragt. Die Interviewer:innen erwarten hierbei, dass wichtige Vergleichs- und Kenngrößen (z. B. BIP Deutschlands, Staatsquote, Neuverschuldung) grob beziffert werden können und sich die Bewerberin bzw. der Bewerber eine sinnvolle Gesamtabschätzung zutraut. Darüber hinaus sollte die Bewerberin bzw. der Bewerber wichtige Rahmenbedingungen, wie Konjunkturschwankungen, Sonderfonds und -ausgaben aufgrund der Coronapandemie sowie Sondervermögen (z. B. der Bundeswehr als Reaktion auf den Ukraine-Krieg), benennen können, da diese Rahmenbedingungen Nachtrags- oder Nebenhaushalte bewirken.

Frage 2: Verteilung der Mittel auf die (Ressort-)Bereiche
Zu den wichtigsten Ressorts respektive Bundesministerien zählen das Bundesministerium für Arbeit und Soziales (BMAS), das Bundesministerium der Verteidigung (BMVg), das Bundesministerium für Digitales und Verkehr (BMDV), das Bundesministerium für Gesundheit (BMG), das Bundesministerium für Bildung und Forschung (BMBF) sowie das Bundesministerium für Wirtschaft und Klimaschutz (BMWK). Weitere zentrale Haushaltsposten auf Bundesebene stellen die Allgemeine Finanzverwaltung und die Bundesschuld dar.

Die größten Beträge erhalten hierbei das BMAS, das BMVg und das BMVD, wobei aufgrund des ausgeprägten Sozialstaatsprinzips rund ein Drittel des Bundeshaushalts allein dem BMAS zur Verfügung gestellt wird und die genannten drei Haupthaushaltsstellen zusammen über die Hälfte des Haushalts ausmachen. Wie bereits in der Aufgabenstellung erwähnt, wirken sich die politischen Präferenzen der amtierenden Bundesregierung auch auf die Verteilung der Mittel aus. Doch nicht nur innenpolitische Schwerpunktsetzungen, sondern auch außenpolitische Faktoren (z. B. Krieg, internationale Wirtschaftslage etc.) beeinflussen die Aufstellung des Bundeshaushalts und die konkrete Verteilung der Mittel. In Anbetracht dessen erscheint es nicht verwunderlich, dass aktuell der Haushaltsanteil des BMVg, des BMWK und des BMG im Jahr 2023 erhöht wurde.

Die Verteilung der Mittel erfolgt zudem über verschiedene Ausgabearten (z. B. Zuweisungen versus Zuschüsse, konsumtive versus investive Staatsausgaben etc.). Unter dem Begriff der Zuweisung versteht man die einmalige oder fortlaufende Weiterleitung von Haushaltmitteln zwischen öffentlichen Stellen (z. B. von einem Bundesministerium an eine Gebietskörperschaft), während Zuschüsse Geldleistungen an den nicht öffentlichen Bereich darstellen. Darüber hinaus existieren konsumtive und investive Staatsausgaben. Bei konsumtiven Staatsausgaben handelt es sich um alle Ausgaben, die von einem Wirtschaftssubjekt (Unternehmen, Privathaushalte, Bürger:innen) für Konsumzwecke (z. B. Sachaufwendungen, Personalausgaben, Zuschüsse sowie Förderungen, Zinsausgaben und sonstige Vermögensausgaben) verwendet werden, während mit investiven Staatsausgaben der Staat unmittelbar Investitionen (z. B. Finanzierungshilfen, Sachinvestitionen etc.) vornimmt. Zu den letzteren Ausgaben gehört auch die mittelbare Anregung von Investitionen bei möglichen Empfängern.

HINWEIS: Mit dieser Fragestellung werden Sektor- und Auftraggeberverständnis sowie die Selbststeuerung abgefragt. Die Interviewer:innen erwarten hierbei, dass mindestens drei bis fünf wichtige Ressorts und/oder Haushaltsposten genannt werden können und eine sinnvolle und begründete Reihenfolge der Verteilung der Mittel dargestellt wird, die von der nachfolgenden Tabelle nur geringfügig abweicht. Außerdem sollte die Bewerberin bzw. der Bewerber in der Lage sein, die Bundesministerien BMAS, BMVg und BMVD namentlich zu benennen und sie als größte Ressorts im Haushalt zu identifizieren. Schließlich sollten der Bewerberin bzw. dem Bewerber die Unterschiede zwischen den verschiedenen Ausgabearten bewusst sein.

Haushaltsposten	**Budget 2023 in Mrd. Euro**	**Anteil am Bundeshaushalt**
Bundesministerium für Arbeit und Soziales	166.229.393	34,90 %
Bundesministerium der Verteidigung	50.117.445	10,52 %
Allgemeine Finanzverwaltung	42.257.893	8,87 %
Bundesschuld	42.178.987	8,86 %
Bundesministerium für Digitales und Verkehr	35.579.415	7,47 %
Bundesministerium für Gesundheit	24.483.492	5,14 %
Bundesministerium für Bildung und Forschung	21.462.749	4,51 %
Bundesministerium für Wirtschaft und Klimaschutz	14.567.714	3,06 %
Bundesministerium für Familie, Senioren, Frauen und Jugend	13.569.256	2,85 %
Bundesministerium des Innern und für Heimat	13.092.059	2,75 %
Bundesministerium für wirtschaftliche Zusammenarbeit und Entwicklung	12.156.837	2,55 %
Bundesministerium der Finanzen	9.669.503	2,03 %
Auswärtiges Amt	7.475.797	1,57 %
Bundesministerium für Wohnen, Stadtentwicklung und Bauwesen	7.334.340	1,54 %
Bundesministerium für Ernährung und Landwirtschaft	7.249.639	1,52 %
Bundeskanzler und Bundeskanzleramt	3.895.673	0,82 %
Bundesministerium für Umwelt, Naturschutz, nukleare Sicherheit und Verbraucherschutz	2.449.694	0,51 %
Deutscher Bundestag	1.140.618	0,24 %
Bundesministerium der Justiz	1.006.094	0,21 %
Bundesrechnungshof	186.956	0,04 %
Der Bundesbeauftragte für den Datenschutz und die Informationsfreiheit	45.699	<0,01 %
Bundespräsident und Bundespräsidialamt	44.981	<0,01 %
Bundesverfassungsgericht	40.465	<0,01 %
Bundesrat	39.676	<0,01 %
Unabhängiger Kontrollrat	16.388	<0,01 %

Tabelle in enger Anlehnung an die Daten des Bundesministeriums der Finanzen (2023): www.bundeshaushalt.de/DE/Bundeshaushalt-digital/bundeshaushalt-digital.html

Frage 3: Einflussfaktoren auf die Aufstellung des Bundeshaushalts
Grundlegend für die Aufstellung des Bundeshaushalts ist die Einhaltung der Vorschriften und Regulierungen der Bundeshaushaltsordnung. Dabei spielt die Einhaltung des Grundsatzes der Gesamtdeckung und der sachlichen Spezialisierung eine entscheidende Rolle. Um diese Prinzipien nicht zu verletzten, müssen alle Einnahmen von den Ausgaben getrennt betrachtet und berechnet werden. Zudem sind alle Einnahmen für alle Ausgaben aufzuwenden (Gesamtdeckungsprinzip), wobei Einnahmen nach Entstehungsgrund und Ausgaben nach Zweck und Betrag veranschlagt werden (Einzelveranschlagung).

Demnach wird deutlich, dass vor allem die Ausgabenseite für die Aufstellung des Haushaltsplans von Relevanz ist. Während sich die Staatseinnahmen primär aus Bundessteuern, Schuldenaufnahmen, Gebühren und Beiträgen sowie Erwerbseinkünften zusammensetzen und von den gesetzlich vorgeschriebenen Steuersätzen sowie der Bemessungsgrundlage abhängig sind, gestaltet sich die Identifizierung der bestimmenden Faktoren auf der Ausgabenseite komplizierter. Die folgende Tabelle illustriert, welche Faktoren bei der Aufstellung des Bundeshaushalts berücksichtigt werden:

Kurzfristige Faktoren	• Regierungspläne und politische Prioritäten (bei der Ampel-Koalition: Sozialpolitik, Klimaschutz, Verteidigungspolitik, feministische Außenpolitik etc.) • Einhaltung des Koalitionsvertrags, z. B. „Zeitenwende" der Ampel-Koalition • Konjunkturlage (z. B. Inflation) • Aktuelle Situationen (z. B. Corona-Pandemie, Ukraine-Krieg)
Langfristige Faktoren	• Megatrends, wie z. B. Klimawandel und -schutz • Entwicklung der Wirtschaft respektive Erhaltung des Wohlstands • Demografischer Wandel • Digitale Infrastruktur • Wachstum und Transformation
Strukturell-rechtliche Faktoren	• Maastricht-Kriterien (gem. Art. 126 AEU-Vertrag: staatlicher Schuldenstand nicht über 60 % des BIP) • Schuldenbremse (und deren unterschiedliche Auswirkungen in der Praxis) • 2-Prozent-Ziel der NATO für die Verteidigungsausgaben der Mitgliedsstaaten • Supranationale Entwicklungen und völkerrechtliche Verträge

HINWEIS: Mit dieser Fragestellung werden Selbststeuerung und Methodenkenntnis sowie das Sektor- und Auftraggeberverständnis abgefragt. Die Interviewer:innen erwarten, dass die Bewerberin bzw. der Bewerber die Einnahmen- und Ausgabenseite als Entwicklungsgrundlage des Bundeshaushalts festlegen und die wichtigsten Elemente für beide Seiten definieren kann. Außerdem ist eine strukturell-rechtliche, langfristige und kurzfristige Differenzierung der verschiedenen Elemente von Nöten.

Value Creation Case – Weißwarenlogistik

von Barbora Demčáková und Brian Titze

Aufgabenstellung

Interviewer:in: WaschMasch ist ein führender Hersteller von Waschmaschinen in Deutschland und vertreibt seine Produkte sowohl über den Einzelhandel als auch über den Direktvertrieb an die Endverbraucher:innen (Direct-to-Consumer, „DTC"). Während der Covid-19-Pandemie rechnete die Unternehmensleitung mit einem sprunghaften Anstieg der Nachfrage im DTC-Geschäft. Sie konzentrierte sich daher auf den Aufbau einer großen Kapazitätsreserve im Logistiknetz, um die zusätzliche Nachfrage decken zu können. Infolge der mangelnden Aufmerksamkeit des Managements sank jedoch die Effizienz und Attraktivität der angebotenen Zusatzleistungen für die Kund:innen („Serviceangebot"). Die prognostizierte Nachfragespitze blieb aus, was zu einer geringen Auslastung des Logistiknetzes und zu überhöhten Logistikkosten führte. Darüber hinaus hat ein besseres Serviceangebot der Wettbewerber zu Kundenverlusten geführt. Der CEO von WaschMasch möchte daher das Logistiknetzwerk und den logistischen Betrieb analysieren, um Wertsteigerungspotenziale zu identifizieren.

Lösungsweg

Bewerber:in: Das ist eine sehr spannende Klientensituation und ein Sektor, den ich strategisch extrem interessant finde, da er derzeit mit vielen disruptiven Kräften konfrontiert ist. Bevor ich mit meiner Analyse beginne, möchte ich sichergehen, dass ich die Problemstellung richtig verstanden habe: Die Firma WaschMasch nutzt das bestehende Logistiknetzwerk nicht optimal, hat ein unattraktives Serviceangebot im Vergleich zur Konkurrenz und einen ineffizienten logistischen Betrieb. Diese Aspekte führen zu hohen Kosten, der Abwanderung von Kund:innen und zu damit verbundenen Umsatzeinbußen. Habe ich das richtig verstanden?

Interviewer:in: Genau richtig.

Bewerber:in: Sehr gut. In diesem Fall möchte ich mir zunächst einen Moment Zeit nehmen, um meine Analyse sinnvoll zu strukturieren.

Ich werde mit der Analyse des bestehenden Logistiknetzes beginnen, um dessen optimale Nutzung und die EBITDA-Effekte der Optimierung zu ermitteln. Anschließend werde ich das derzeitige Serviceangebot untersuchen, um Verbesserungspotenziale zu identifizieren, damit die entsprechende Kundenattraktivität erhöht und potenzielle EBITDA-Verbesserungen berechnet werden können. Schließlich werde ich die Effizienz des derzeitigen Zustellbetriebs bewerten, um zu beleuchten, welche Verbesserungspotenziale es in diesem Bereich geben könnte. Zuletzt werde ich meine Ergebnisse zusammenfassen und eine Empfehlung für die nächsten Schritte geben.

Interviewer:in: Das klingt gut.

HINWEIS: Die Bewerberin bzw. der Bewerber hat zunächst versucht, offene Fragen zu klären und anschließend die gegebenen Informationen zusammengefasst, um sicherzustellen, dass die Ausgangssituation und die Aufgabe richtig verstanden wurden. Es empfiehlt sich, danach die Gedanken zu ordnen und einen Lösungsweg zu skizzieren, anhand dessen man sich bis zur Lösung strukturiert vorarbeiten kann. Dies hilft der Interviewerin bzw. dem Interviewer, dem analytischen Fluss der Lösung zu folgen.

Bewerber:in: Alles klar, dann möchte ich mir zuerst das Logistiknetzwerk genauer anschauen. Eine geringe Auslastung des Netzwerks kann verschiedene Ursachen haben. Zum einen ist es möglich, dass WaschMasch zu viele Standorte hat, was zu niedrigen Kapazitätsauslastungen pro Standort führen könnte. Zum anderen könnten die einzelnen Logistikstandorte nicht strategisch optimal ausgewählt worden sein. Ich gehe davon aus, dass ein optimales Logistiknetz es WaschMasch ermöglichen sollte, so viele Kund:innen wie möglich innerhalb kürzester Zeit zu erreichen. Daher möchte ich zunächst verstehen, in welchen Gebieten sich die Kund:innen sowie die Standorte von WaschMasch befinden. Außerdem ist die durchschnittliche Distanz der Standorte zu den jeweiligen Kund:innen wichtig, sprich: Innerhalb welcher Fahrzeit kann ein entsprechend großer Kundenanteil abgedeckt werden? Je kürzer, desto besser. Ich würde annehmen, dass 60 Minuten angemessen sind, wenn man die Größe der meisten städtischen Gebiete in Deutschland bedenkt. Wäre das eine vernünftige Annahme?

HINWEIS: Bewerber:innen sollten klar darstellen, welche Annahmen sie der Durchführung der Analysen zugrunde legen. Sie sollten auch erklären, warum die getroffenen Annahmen angemessen sind. Wenn die Bewerber:innen nicht sicher sind, ob eine Annahme angemessen ist, können sie ihr Gegenüber im Interview dies verifizieren lassen. Eine strukturierte Erklärung zu den Annahmen und dem Rechenweg hilft den Interviewenden die Denkweise der Bewerber:innen nachzuvollziehen und gegebenenfalls Hilfestellung zu leisten.

Interviewer:in: Eine Fahrzeit von 60 Minuten ist eine angemessene Annahme. Das aktuelle Logistiknetzwerk besteht aus mehreren Lagerhäusern, in denen WaschMasch seine Produkte lagert, bevor sie an die Kund:innen geliefert werden. Neben dem eigenen Zustellvertrieb arbeitet WaschMasch mit mehreren Transportunternehmen zusammen, die die Produkte ausliefern.

WaschMasch hat uns eine Karte des derzeitigen Logistiknetzes zur Verfügung gestellt. Die Karte zeigt die Standorte der Lagerhäuser von WaschMasch sowie das Gebiet, das innerhalb einer 60-minütigen Fahrtzeit abgedeckt werden kann (graue Flächen). Die Gebiete, in denen sich Konzentrationen von Kund:innen befinden, sind ebenfalls eingezeichnet (rote Flächen). Diese haben unsere Data Analytics-Expert:innen anhand der absoluten Kaufkraft pro Quadratmeter geschätzt.

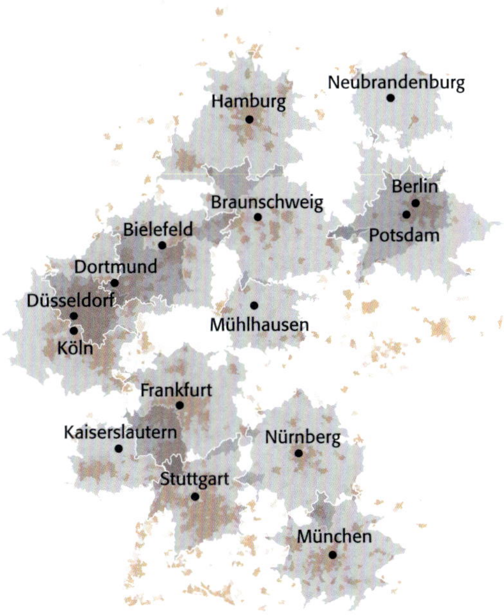

Logistische Standorte von WaschMasch und deren Abdeckung der Kundenkaufkraft

Bewerber:in: Anhand der Karte lässt sich zunächst festhalten, dass ein Großteil der Kund:innen innerhalb einer 60-minütigen Fahrzeit erreicht werden kann. Die geringe Auslastung scheint daher zu kommen, dass sich einige Standorte stark überschneiden oder in Gebieten liegen, wo WaschMasch nur ein geringes Kundennetzwerk hat. Um diese erste Einschätzung besser einordnen zu können und das optimale Netzwerk zu ermitteln, würde ich eine detaillierte Kosten-Nutzen-Analyse des aktuellen Logistiknetzwerks durchführen. Dabei würde ich die Kosten und den Nutzen jedes Standorts im Netzwerk sorgfältig abwägen. Auf der Kostenseite würde ich mir die Mietkosten der jeweiligen Standorte anschauen, da ich annehme, dass diese am stärksten zwischen den Standorten variieren. Auf der Nutzenseite würde ich die Anzahl der Kund:innen, die in 60 Minuten vom jeweiligen Standort aus erreicht werden können, und die Überschneidung mit anderen Standorten berücksichtigen. Gibt es zusätzliche Informationen zu den Kosten und der Kundenabdeckung in Bezug auf die Logistikstandorte?

Interviewer:in: Die verfügbaren Informationen sind in der nachstehenden Tabelle zusammengefasst. Ein besonderes Augenmerk sollte auf das Eigentumsmodell gelegt werden: Einige Standorte sind gemietet und verursachen monatliche Mietkosten. Die Mietverträge könnten sofort und ohne zusätzliche Kosten gekündigt werden. Andere Standorte befinden sich im Eigentum von WaschMasch und müssten verkauft werden, um Wert zu generieren. Die in der Tabelle dargestellten Mietkosten und Verkaufspreise sind daher nicht direkt vergleichbar. Wie würde das optimale Netz auf der Grundlage dieser Daten aussehen?

* Diese Standorte befinden sich seit über 30 Jahren im Besitz von WaschMasch und können daher nach den derzeitigen Rechnungslegungsgrundsätzen als vollständig abgeschrieben betrachtet werden.

	Eigentums-modell	**Mietkosten/ Verkaufspreis** in Euro	**Überschneidung mit anderen Standorten**	**Erreichbare Bevölke-rungsdichte**	**Kapazitätseinheiten verfügbare**	**genutzte**
Berlin	Zur Miete	6.500	Sehr hoch	Hoch	40	5
Bielefeld*	Eigentum	290.000	Hoch	Mittel	60	6
Braunschweig*	Eigentum	190.000	Niedrig	Mittel	50	40
Dortmund*	Eigentum	290.000	Hoch	Hoch	70	30
Düsseldorf	Zur Miete	7.500	Sehr hoch	Sehr hoch	20	5
Frankfurt*	Eigentum	490.000	Hoch	Sehr hoch	120	45
Hamburg	Zur Miete	10.000	Niedrig	Hoch	30	20
Kaiserslautern	Zur Miete	5.000	Mittel	Niedrig	40	8
Köln*	Eigentum	450.000	Sehr hoch	Hoch	100	50
Mühlhausen*	Eigentum	100.000	Niedrig	Niedrig	30	5
München*	Eigentum	500.000	Mittel	Hoch	140	80
Neubrandenburg	Zur Miete	3.000	Niedrig	Niedrig	10	1
Nürnberg*	Eigentum	490.000	Mittel	Hoch	110	80
Potsdam	Zur Miete	4.000	Sehr hoch	Hoch	40	5
Stuttgart*	Eigentum	500.000	Mittel	Hoch	140	70

Liste der Logistikstandorte von WaschMasch und ihrer jeweiligen Spezifika in Bezug auf Kosten, Kapazitäten und Standorteigenschaften

Bewerber:in: Zuerst lässt sich festhalten, dass sich die einzelnen Standorte stark in ihren monatlichen Kosten und ihrem Nutzen in Bezug auf die Abdeckung und Überschneidung unterscheiden. Basierend auf den bereitgestellten Informationen, würde ich vorschlagen, dass WaschMasch die folgenden Komponenten bei der Optimierung des Logistiknetzwerks berücksichtigt:

- Reduzierung der Anzahl gemieteter Standorte, um monatliche Kosten zu senken
- Standorte in Gebieten mit hoher erreichbarer Bevölkerungsdichte als Basis des Logistiknetzwerks, da dies WaschMasch ermöglicht, eine größere Anzahl von Kund:innen abzudecken und somit Transportkosten zu senken
- Verkauf von im Eigentum befindlichen Standorten in Räumen mit geringer erreichbarer Bevölkerungsdichte, um Kosten zu senken und sich auf Gebiete mit höherer Nachfrage zu konzentrieren
- Verlagerung von Standorten mit hoher Überlappung mit anderen Standorten, um eine effizientere Lager- und Lieferkette aufzubauen, was wiederum Kosten einspart
- Automatisierung des Logistikbetriebs, um Effizienz und Genauigkeit zu verbessern und Kosten zu senken

Interviewer:in: Okay, welche Standorte würden anhand ihrer Komponenten im optimierten Netz weiterbestehen und wie groß wäre der monetäre Effekt der Optimierung?

Bewerber:in: Für diese Entscheidung ordne ich die Standorte zunächst nach ihrem Nutzen in Bezug auf die Abdeckung und Überschneidung. Anhand dessen lege ich dann fest, welche Standorte weiter bestehen bleiben sollten.

Zuerst sollten Standorte in Gebieten mit einer (sehr) hohen erreichbaren Bevölkerungsdichte und einer niedrigen Überschneidung in die optimierte Standortliste aufgenommen werden, da sie den höchsten Nutzen für WaschMasch darstellen. Zu diesen gehört Hamburg. Auch Standorte mit einer mittleren Überschneidung und einer zugleich hohen Abdeckung sollten weiterhin bestehen bleiben. Dazu zählen Stuttgart, München und Nürnberg.

Bei den Standorten mit einer hohen Kundenabdeckung und einer gleichzeitigen hohen Überschneidung mit anderen Standorten müssen die jeweiligen Standorte für sich und deren Kostenfaktoren genauestens betrachtet werden. Berlin und Potsdam überschneiden sich stark, Berlin hat jedoch höhere Mietkosten. Daher würde ich aufgrund der geringeren Mietkosten den Potsdamer Standort weiterbetreiben und den Berliner Standort schließen. Zudem kann man auf der Karte erkennen, dass sich Bielefeld, Dortmund, Düsseldorf und Köln sehr stark überschneiden. Hier würde ich die Standorte Dortmund und Köln weiterbestehen lassen, da sie große Teile der Kundenkonzentration abdecken und gleichzeitig zum Eigentum von WaschMasch gehören. Schließlich ist der Standort Düsseldorf aufgrund der hohen Überschneidung mit Köln weniger attraktiv, sodass sich WaschMasch die monatlichen Mietkosten für den Düsseldorfer Standort in Höhe von 7.500 Euro sparen könnte. Darüber hinaus befindet sich der Standort Bielefeld zwar ebenfalls im Eigentum von WaschMasch, allerdings wird diese Region fast komplett durch die Standorte Dortmund und Braunschweig abgedeckt. Als Letztes würde ich noch Frankfurt in den weiteren Bestand aufnehmen und in diesem Zuge Kaiserslautern schließen, da sich auch diese beiden Standorte überschneiden und Frankfurt im Gegensatz zu Kaiserslautern zum Eigentum von WaschMasch zählt. Dadurch würden weitere monatliche Kosten gespart.

Darüber hinaus würde ich den Standort Neubrandenburg und den Standort Mühlhausen aufgrund der äußerst geringen Kundenkonzentration schließen. Damit würde man sich im Falle von Neubrandenburg weitere Mietkosten sparen und durch die Schließung von Mühlhausen frisches Kapital für beispielsweise weitere Investitionen erwirtschaften.

Zusammenfassend könnte man also vor allem die Standorte Berlin, Bielefeld, Düsseldorf, Kaiserslautern, Neubrandenburg und Mühlhausen schließen, um monatliche Kosten in Form von Mieten zu sparen. Konkret wären das pro Monat 6.500 Euro für Berlin, 7.500 Euro für Düsseldorf, 5.000 Euro für Kaiserslautern und 3.000 Euro für Neubrandenburg, also insgesamt 22.000 Euro im Monat. Zudem würden durch den Verkauf der Lager in Dortmund und Mühlhausen weitere Einmalerlöse in Höhe von 390.000 Euro realisiert werden. Der jährliche EBITDA-Effekt des optimierten Logistiknetzes beliefe sich dementsprechend auf insgesamt 654.000 Euro. Mit diesen Einsparungen könnte WaschMasch andere strategische Standorte eröffnen, wie z. B. südlich von Stuttgart oder südlich von Potsdam.

Das optimale logistische Netz ist in dieser Tabelle zusammengefasst:

	Eigentums-modell	**Mietkosten/ Verkaufspreis** in Euro	**Kapazitätseinheiten verfügbare**	**genutzte**	**Empfeh-lung**	**EBITDA-Effekt** in Euro	**Auslas-tung**
Neubrandenburg	Zur Miete	3.000	10	k.A.	✗	36.000	k.A.
Kaiserslautern	Zur Miete	5.000	40	k.A.	✗	60.000	k.A.
Berlin	Zur Miete	6.500	40	k.A.	✗	78.000	k.A.
Düsseldorf	Zur Miete	7.500	20	k.A.	✗	90.000	k.A.
Mühlhausen	Eigentum	100.000	30	k.A.	✗	100.000	k.A.
Bielefeld	Eigentum	290.000	60	k.A.	✗	290.000	k.A.
Potsdam	Zur Miete	4.000	40	11	✓	k.A.	28 %
Hamburg	Zur Miete	10.000	30	20	✓	k.A.	67 %
Braunschweig	Eigentum	190.000	50	45	✓	k.A.	90 %
Dortmund	Eigentum	290.000	70	36	✓	k.A.	51 %
Köln	Eigentum	450.000	100	55	✓	k.A.	55 %
Frankfurt	Eigentum	490.000	120	49	✓	k.A.	41 %
Nürnberg	Eigentum	490.000	110	80	✓	k.A.	73 %
München	Eigentum	500.000	140	80	✓	k.A.	57 %
Stuttgart	Eigentum	500.000	140	74	✓	k.A.	53 %

✗ schließen
✓ bleiben

Darüber hinaus würde sich die Kapazitätsauslastung verbessern. Vor der Optimierung betrug die logistische Gesamtkapazität 1.000 Einheiten, von denen insgesamt 450 genutzt wurden. Das entspricht einer Auslastung von 45 Prozent. Nach der Optimierung sinkt die Gesamtkapazität auf 800 Einheiten, was zu einer Verbesserung der Auslastung um elf Prozent auf 56 Prozent führt. Obwohl dies eine erhebliche Verbesserung ist, bleibt genügend freie Kapazität für künftige Erweiterungen übrig. Die Unternehmensleitung könnte jedoch eine Erweiterung des Standorts Braunschweig in Erwägung ziehen, da dieser mit einer Auslastung von 90 Prozent arbeitet, was wenig Raum für Wachstum lässt.

HINWEIS: Bewerber:innen sollten eine klare Struktur in der Argumentation haben und diese kommunizieren. Es sollte deutlich werden, anhand welchen Vorgehens und welcher Kriterien die Standorte geschlossen oder beibehalten werden sollen, sodass dies logisch nachvollziehbar ist. Hier ist weniger die genaue Nennung bestimmter Standorte relevant, sondern vor allem die Struktur der Argumentationskette. Darüber hinaus zeigt eine Quantifizierung des Wertpotenzials sowohl die quantitativen Fähigkeiten der Kandidatin bzw. des Kandidaten als auch ihren bzw. seinen Geschäftssinn.

Interviewer:in: Vielen Dank. Was wären weitere Punkte, um die Situation, in der sich WaschMasch derzeit befindet, besser zu verstehen?

Bewerber:in: Um die Situation von WaschMasch besser beurteilen zu können, möchte ich im nächsten Schritt das Serviceangebot genauer betrachten und mit demjenigen der Konkurrenz vergleichen.

Interviewer:in: Das macht Sinn. Wie hängt das Serviceangebot von WaschMasch mit den gegenwärtigen Problemen des Unternehmens zusammen?

Bewerber:in: Zum einen ist der Umfang des Angebots für die Konkurrenzfähigkeit des Unternehmens wichtig. Mehr relevante und attraktive Angebote für die Kund:innen würden verhindern, dass diese zur Konkurrenz wechseln. Weitere Aspekte im Zusammenhang mit den Angeboten, wie z. B. eine schnellere Lieferung und ein verbessertes Rücknahmeprogramm für alte Waschmaschinen, könnten für die Kund:innen ebenfalls von Vorteil sein. Diese Zusatzleistungen müssen sorgfältig ausgewählt werden, um sicherzustellen, dass sie zum einen für die Kund:innen attraktiv und zum anderen auch wirtschaftlich sinnvoll für WaschMasch sind. Eine größere Kundenanzahl, durch ein relevanteres und preislich attraktiveres Serviceangebot würde die Umsätze von WaschMasch steigern. Für eine genauere Bewertung würde ich gerne verstehen, welche Zusatzleistungen derzeit angeboten werden und zu welchem Preis.

Interviewer:in: Die verfügbaren Informationen sind in der nachstehenden Tabelle zusammengefasst. Welche Erkenntnisse lassen sich aus diesen Informationen ableiten?

	Derzeit angeboten?	Von der Konkurrenz angeboten?	Nachfrage-frequenz pro Woche*	Umsatz pro erbrachter Leistung	Kosten pro erbrachter Leistung
Auspacken und Entsorgung von Verpackungsmaterial	Ja	Ja	65	10 Euro	3 Euro
Demontage und Entsorgung von Altgeräten	Ja	Ja	52	0 Euro	4 Euro
Anschluss an vorhandene VDE-gerechte Anschlüsse	Ja	Ja	39	30 Euro	4 Euro
Built-in-Installation	Nein	Nein	3*	30 Euro	24 Euro
Wochenend- und Spätzustellung	Nein	Ja	25*	25 Euro	6 Euro
Installation von Verbindungsrahmen	Nein	Nein	20*	25 Euro	18 Euro
Wechseln des Türanschlags	Nein	Ja	3*	30 Euro	8 Euro
Auswechseln der Türe	Nein	Nein	5*	50 Euro	12 Euro
Viererteam	Nein	Nein	12*	50 Euro	24 Euro

*Geschätzte Frequenz, wie oft der Service pro Woche geleistet wird

Liste des bisherigen Serviceangebots und der möglichen Zusatz-Serviceleistungen sowie deren jeweilige Merkmale

Bewerber:in: Anhand der Daten würde ich meine Analyse gerne in zwei Teile aufsplitten. Zum einen würde ich das bestehende Angebot im Hinblick auf die Kostenstruktur analysieren und zum anderen würde ich mir anschauen, welche Angebote in Zukunft in das Serviceportfolio aufgenommen werden sollten.

Interviewer:in: Alles klar.

Bewerber:in: Ich denke, es gibt nicht viele Möglichkeiten, an den Standard-Dienstleistungen und deren Kosten etwas zu ändern. Da WaschMasch konkurrenzfähig bleiben will, hat die Firma nicht viel Freiraum, die Preise stark zu erhöhen. In manchen Fällen ist es vielleicht sogar gesetzlich vorgeschrieben, eine bestimmte Dienstleistung anzubieten. Bei den Standard-Dienstleistungen wäre es jedoch möglich, eine Effizienzsteigerung zu realisieren, wenn man beispielsweise mehr Services in kürzerer Zeit durchführen könnte. Dies würde zu einer Profitabilitätssteigerung führen.

Interviewer:in: Das ist alles richtig. Der Preis für die Entsorgung ist beispielsweise gesetzlich festgeschrieben. Die Effizienzsteigerung ist ein wichtiger Punkt. Lass uns jedoch zunächst über den Ausbau des Serviceangebots sprechen. Wie kann beurteilt werden, ob ein Service neu in das Portfolio aufgenommen werden sollte?

Bewerber:in: Um zu bewerten, welcher Service neu aufgenommen werden sollte, würde ich mir anschauen, ob die Konkurrenz diese Zusatzleistung derzeit anbietet, wie die Marge der Zusatzleistung ist und wie hoch ihre Nachfragefrequenz ist. Damit kann ich dann die monetären Effekte schätzen.

Die Built-in-Installation, die Installation von Verbindungsrahmen, das Auswechseln der Türe und das Viererteam sind alles Serviceangebote bzw. Zusatzleistungen, die weder von der Konkurrenz noch von WaschMasch angeboten werden. Um sich also von der Konkurrenz abzuheben und die Wettbewerbsfähigkeit entsprechend zu steigern, wäre es sinnvoll, diese Zusatzleistungen zukünftig anzubieten. Die Installation von Verbindungsrahmen und das Viererteam sind vor allem interessant, da erwartet wird, dass diese Services häufig nachgefragt werden. Dienstleistungen mit hoher Nachfrage, binden eine größere Kundenzahl und sind daher wichtig für die Umsatzsteigerung. In Bezug auf die Marge ist vor allem das Auswechseln der Tür attraktiv. Hier müssen Abwägungen getroffen werden, ob die EBITDA-Steigerung durch eine höhere Frequenz oder durch bessere Margen erreicht werden soll.

Der Service der Wochenend- und Spätzustellung und das Wechseln des Türanschlags wird derzeit schon von der Konkurrenz angeboten. Hier würde ich die Wochenend- und Spätzustellung in das Serviceportfolio aufnehmen, da dabei sowohl die Marge als auch die Nachfrage hoch sind. In Bezug auf Preiserhöhungen und damit verbundene Profitabilitätssteigerungen lässt sich bei diesen Dienstleistungen nur wenig optimieren, da die Kund:innen einfach zur Konkurrenz wechseln können. Eine Benchmark-Analyse zu den Kosten könnte hier zeigen, bei welchen Angeboten die höchsten Kosteneinsparungspotenziale möglich sind.

Ich würde das aktualisierte Dienstleistungsportfolio wie in der nachstehenden Tabelle dargestellt zusammenfassen. Auf der Grundlage der Daten zu den Kosten und Erträgen pro Dienst sowie der Frequenz, mit der der jeweilige Dienst nachgefragt wird, würde ich den gesamten EBITDA-Effekt auf 59.020 Euro schätzen.

	Derzeit angeboten?	Frequenz pro Woche	Extra-Umsatz pro Jahr	Extra-Kosten pro Jahr	EBITDA-Effekt
Auspacken und Entsorgung von Verpackungsmaterial	Ja	65	k. A.	k. A.	k. A.
Demontage und Entsorgung von Altgeräten	Ja	52	k. A.	k. A.	k. A.
Anschluss an vorhandene VDE-gerechte Anschlüsse	Ja	39	k. A.	k. A.	k. A.
Built-in-Installation	Nein	3	4.680 Euro	3.744 Euro	936 Euro
Wochenend- und Spätzustellung	Nein	25	32.500 Euro	7.800 Euro	24.700 Euro
Installation von Verbindungsrahmen	Nein	20	26.000 Euro	18.720 Euro	7.280 Euro
Auswechseln der Türe	Nein	5	13.000 Euro	3.120 Euro	9.880 Euro
Viererteam	Nein	12	31.200 Euro	14.976 Euro	16.224 Euro

Optimiertes Serviceangebot von WaschMasch

Interviewer:in: Verstehe. Vorhin hatten wir schon kurz über das bereits existierende Serviceangebot gesprochen und mögliche Effizienzsteigerungen als wichtigen Punkt herausgestellt. Anhand welcher Metriken könnte die Effizienz des derzeitigen Zustellbetriebs analysiert werden?

Bewerber:in: Eine detaillierte Analyse der Routen, Zeitpläne und der Anzahl der erforderlichen Lieferungen könnte dabei helfen, Schwachstellen im Zustellprozess zu identifizieren. Eine solche fortgeschrittene Datenanalyse müsste jedoch per Computer durchgeführt werden.

Daher würde ich mich auf die Lieferzeit als zentrale Metrik fokussieren, um die Effizienz zu quantifizieren. Ich würde mir anschauen, wie lange die einzelnen Schritte des Zustellungsprozesses dauern und anhand dessen ableiten, bei welchem Schritt Optimierungspotenziale realisiert werden können. Gibt es dazu weitere Informationen?

Interviewer:in: Ja! WaschMasch hat Daten zur Ausführung der derzeit während des Zustellungsprozesses angebotenen Dienstleistungen ausgewertet und visualisiert.

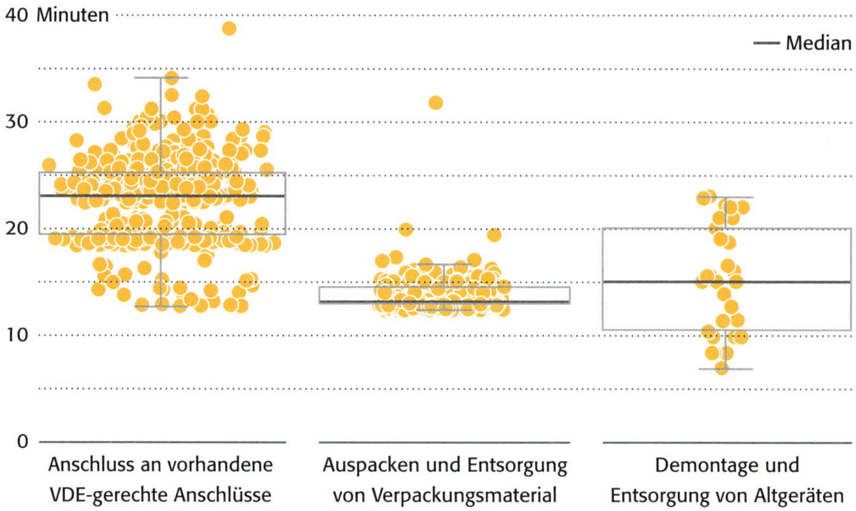

Verteilung der Servicedauer pro aktuell von WaschMasch angebotener Zusatzleistung

Bewerber:in: Anhand der drei Plots lässt sich erkennen, dass die jeweiligen Schritte unterschiedlich lange dauern. Zudem variiert die Abweichung vom Median sehr stark. Um die Effizienz zu steigern, müssten Schritte, die besonders lange dauern, verkürzt werden und die Varianz innerhalb eines Schrittes müsste verringert werden. Das Auspacken dauert im Median am kürzesten. Die meisten Datenpunkte befinden sich innerhalb einer kleinen Spanne, mit Ausnahme eines sehr starken Ausreißers. Hier gibt es daher weniger Effizienzsteigerungspotenziale. Die Deinstallation und Mitnahme von Altgeräten dauert im Median nicht viel länger, jedoch ist die Variationsbreite hier größer. Ich kann mir vorstellen, dass es hier Maßnahmen gäbe, mit denen die Abweichungen vom Median verringert werden könnten, z. B. weitere Standardisierungen des Prozesses sowie die Einführung von Best Practices und gesonderten Trainingsmaßnahmen. Die Neugeräteinstallation dauert von den drei Schritten am längsten. Wenn WaschMasch es schaffen würde, hier die durchschnittliche Zeitdauer zu verringern, hätte das die größten Auswirkungen auf den gesamten Zustellungsprozess. Mit einer effizienteren Durchführung der einzelnen Schritte könnte WaschMasch also Kosten einsparen, was wiederum die Profitabilität steigern würde.

Interviewer:in: Das klingt alles sehr fundiert. Wie lassen sich die Erkenntnisse der Analyse nun zusammenfassen und welche Empfehlungen würdest du WaschMasch geben?

Bewerber:in: Die Ergebnisse der Analyse lassen sich für mich in drei Hauptmaßnahmen festhalten: Erstens die Optimierung des Logistiknetzwerks durch die Schließung ineffizienter Lagerhäuser, was eine höhere Kapazitätsauslastung generiert und gleichzeitig zu einer EBITDA-Verbesserung von 654.000 Euro im ersten Jahr führen wird. Zweitens der Ausbau eines relevanten und preislich attraktiven Serviceangebots, was das EBITDA um weitere etwa 60.000 Euro verbessern wird. Drittens ein effizienterer Zustellungsprozess durch erhöhte Standardisierung, welcher gleichermaßen auch die Profitabilität positiv beeinflussen wird.

Um diese Ergebnisse umzusetzen, würde ich einen Aktionsplan erstellen. Dabei würde ich sicherstellen, dass die Maßnahmen die Bedürfnisse der Kund:innen erfüllen und gleichzeitig die Rentabilität von WaschMasch verbessern. Auch die zeitliche Dimension sollte berücksichtigt werden, um sicherzustellen, dass Maßnahmen, die schnell realisiert werden können, priorisiert werden. Hierzu zählt z. B. die Verbesserung der Margen für ausgewählte Serviceangebote, und zwar durch Kostensenkungsmaßnahmen oder Umsatzsteigerungen, indem die Frequenz erhöht wird. Die Ausarbeitung von Standardisierungsprozessen oder die Eröffnung neuer strategischer Standorte benötigen dagegen mehr Zeit.

Interviewer:in: Vielen Dank!

SynergiTech: Act quickly before it's too late!

von Stefanie Köstner

Aufgabenstellung

Interviewer:in: Ein Automobilhersteller steht vor Herausforderungen in seiner Wertschöpfungskette. In den letzten zwei Jahren ist die Umsatzrentabilität des Unternehmens gesunken und so sieht die CEO dringenden Handlungsbedarf. Sie beauftragt dich und dein Beraterteam damit, zu analysieren, inwiefern der Erwerb einer neuen Technologie die Probleme des Unternehmens lösen kann.

Frage 1: Beschreibe bitte zunächst die aktuelle Situation des Unternehmens anhand der vorgegebenen Kennzahlen und identifiziere potenzielle Gründe für die rückläufige Rentabilität.

Frage 2: Fasse die Vor- und Nachteile des Erwerbs einer neuen Technolgie für den Automobilhersteller kurz zusammen.

Frage 3: Dir werden vier potenzielle Technologien präsentiert. Gib auf Basis der gegebenen Kennzahlen eine Einschätzung dazu ab, welche Technologie am besten zur aktuellen Situation des Unternehmens passt, und mache der CEO eine Kaufempfehlung für ein geeignetes Target.

Lösungsweg

Frage 1: Identifikation der Probleme im Bereich der Wertschöpfung

Interviewer:in: Beginnen wir mit meiner ersten Frage. Damit du die aktuelle Situation des Automobilherstellers zunächst verstehen und einordnen kannst, habe ich dir die folgenden Materialien mitgebracht:

- **Produktpalette:** Luxusfahrzeuge, Motorräder, Kleinwagen
- **Wettbewerber:** Audi, Honda, Hyundai, Jaguar, Lexus, Mercedes, Toyota, Škoda

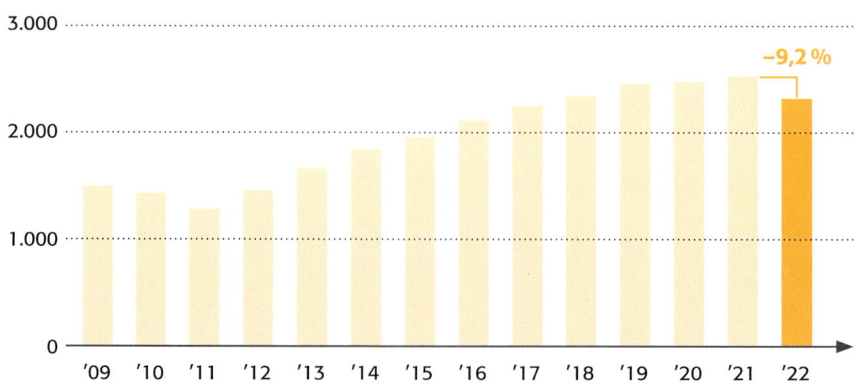

Absatzvolumen des Automobilherstellers in den Jahren 2009 bis 2022

Daten und Fakten

Hauptsitz	**Bayern (Deutschland)**
Gründungsjahr	**1960**
Kennzahlen im Geschäftsjahr 2022	
Umsatz (in Euro)	**300 Mio.**
EBITDA (in Euro)	**15 Mio.**
EBITDA (in %)	**5**
Mitarbeiter:innen (VZÄ)	**~1.480**
• Direkt	~815
• Indirekt	~665
• R&D	~305
• Logistik	~145
• Administration	~215
Services an den Standorten	
Bayern	G&A, Produktion, Logistik, R&D
Brasilien	Produktion
China	Produktion, Logistik, R&D
Mexiko	G&A, Logistik
Osteuropa	Produktion

Bewerber:in: Vielen Dank. Die Materialien zeigen zwar nicht alle Kennzahlen, die dafür notwendig wären, die negative Entwicklung frühzeitig zu identifizieren, dennoch stelle ich gerne meine Beobachtungen dazu dar.

Interviewer:in: Welche zusätzlichen Unternehmenskennzahlen fehlen dir?

Bewerber:in: Mir fehlen für eine fundierte Analyse z. B. die folgenden Kennzahlen:
- Return on Investment (ROI): Umsatzrendite × Kapitalrendite
- Umschlagshäufigkeit des Vermögens: Umsatzerlös ÷ durchschnittl. Gesamtkapital
- Eigenkapitalquote: Eigenkapital ÷ Gesamtkapital × 100
- Cashflow
- Cashflow in Prozent der Betriebsleistung
- Return on Equity (ROE): Gewinn ÷ Eigenkapital
- Cash Conversion Cycle (CCC): Days Inventory Outstanding (DIO), Days Sales Outstanding (DSO), Days Payable Outstanding (DPO)

Dann erläutere ich nun gerne meine ersten Beobachtungen zu potenziellen Gründen für einen Rückgang der Rentabilität. Zum einen wäre da die **EBITDA-Marge**, die mit fünf Prozent weit unter dem Durchschnitt der Tier-1-Automobilhersteller liegt, deren Margen auf über zwölf Prozent steigen.

HINWEIS: Es wird vorausgesetzt, dass Bewerber:innen grundlegende Industrietrends im Automobilbereich kennen. Auch wenn dir die durchschnittliche Marge von Tier-1-Automobilherstellern nicht bekannt ist, solltest du einordnen können, dass eine Marge im einstelligen Prozentbereich nicht profitabel ist.

Auch im Bereich des **Bestandsmanagements** lassen sich einige Defizite erkennen. So besitzen z. B. vier der fünf Unternehmensstandorte eine eigene Produktion. Hier könnte man sich die jeweiligen Auslastungskennzahlen der Standorte ansehen und unter Umständen Kapazitäten verlagern, um eine schlankere Produktion zu erwirken. Das würde gleichzeitig durch Fixkosten bedingte, potenzielle Kostentreiber (Miete, Telefon, Strom etc.) eindämmen. Zudem können hierdurch ruhende Bestände (d. h. gelagerte Artikel, die nicht verkauft werden und somit Geld binden) vermieden werden.

Auch das **Absatzvolumen** des Unternehmens ist zwischen 2021 und 2022 um ca. neun Prozent zurückgegangen. Hier stellt sich die Frage, ob geopolitische Disruptionen in den kommenden Jahren zu einem weiteren Rückgang führen. Ob lediglich das Absatzvolumen sinkt, die Preise aber stabil bleiben, ist aus den Unternehmensdaten nicht ablesbar.

Zuletzt möchte ich mir noch die **Verteilung der Mitarbeitenden auf die Standorte** ansehen. Aus der Tabelle geht hervor, dass G&A-Mitarbeiter:innen an zwei Standorten (in Mexiko und in Deutschland) angesiedelt sind. Hier könnte man überlegen, ob die Services nicht in einer Zentralfunktion an einem Standort gebündelt werden sollten.

HINWEIS: Mitarbeiter:innen im Bereich G&A (General & Administrative) sind z. B. Angestellte der Buchhaltung sowie von Verwaltung, HR und Marketing.

Meine Beobachtungen enthalten teilweise Möglichkeiten zur Vorgehensweise im Kostensenkungsbereich. Allerdings möchte ich mich zunächst den Herausforderungen in der Wertschöpfungskette, sprich: den „Operational Inefficiencies" (= ineffiziente Betriebsabläufe) widmen, die in jedem Fall zu einem späteren Zeitpunkt auch aus finanzieller Sicht betrachtet werden müssen. Im Allgemeinen sehen sich Automobilhersteller aktuell mit den folgenden Herausforderungen konfrontiert und ich gehe davon aus, dass diese auch das vorliegende Unternehmen betreffen:

- Recycling als Erweiterung der Wertschöpfungskette
- Umstellung auf das Batterie-Ökosystem, ohne zu starke Abhängigkeiten zu entwickeln
- industriepolitische Herausforderungen (Erhalt der Fahrzeugproduktion in Deutschland)
- Umstellung auf resiliente Lieferketten
- Schaffung von Transparenz hinsichtlich der Leistung von Prozessen an allen Standorten
- Anpassung der Lagerhaltung, bedingt durch Anzeichen für eine Veränderung auf dem Halbleitermarkt von Knappheit hin zu freien Kapazitäten bei stabilen Preisen
- Anpassungen der Lieferantenbeziehungen (Die „Halbleiterkrise" führte zu einer starken Marktmacht der Lieferanten mit strengeren, verbindlicheren Verträgen in Bezug auf Volumina und zeitliche Verpflichtungen.)

Frage 2: Gegenüberstellung von Vor- und Nachteilen beim Erwerb einer neuen Technologie

Interviewer:in: Korrekt, das sind die Herausforderungen, mit denen sich Automobilhersteller in Deutschland aktuell konfrontiert sehen.

Wie du richtig erkannt hast, lassen einen die eingangs gezeigten Grafiken und Tabellen insbesondere mit Blick auf die finanzielle Lage des Unternehmens annehmen, dass Kosteneinsparungen ein wichtiges Thema bei der „Rehabilitation" des angeschlagenen Automobilherstellers sind. Allerdings wollen wir im Folgenden keine Kosteneinsparungsprogramme herleiten, sondern den Erwerb einer neuen Technologie als eine Möglichkeit zur Steigerung der Effizienz des Unternehmens betrachten. Denn: Die CEO möchte die Probleme im Bereich der Wertschöpfungskette dadurch lösen. Was spricht dafür? Was dagegen?

Bewerber:in: Vielen Dank für den Hinweis. Ich sehe die relevantesten Vor- und Nachteile wie folgt:

Vorteile	Nachteile
• Neue Kompetenzen und Ressourcen, die den Automobilhersteller fit für die Zukunft machen • Technologie ist ein Wegbereiter. Unternehmen, die modernen Technologien gegenüber resistent bleiben, werden es schwer haben, ihr Geschäft in Zukunft weiterzuführen. • Steigerung der Produktivität, da durch Investitionen in Technologie Prozesse automatisiert werden können, wodurch repetitive Aufgaben entfallen • Neue Technologien können, wenn sie richtig eingesetzt werden, 24/7 ohne menschliche Eingriffe laufen, was ebenfalls zu einer höheren Produktivität führt.	• Arbeitsverdichtung kann zunächst zunehmen (Konzeption, Einführung, Training) • Anforderungen an die technische Sicherheit können Digitalisierungsprozesse ausbremsen (anhaltender Fachkräftemangel, fehlende finanzielle Mittel und Zeit, Cyberkriminalität) • Angesichts des raschen Wandels in der Welt kann Technologie auch sehr schnell veralten, sodass die investierten Ressourcen überflüssig und/oder unrentabel werden. • Wenn es sich um eine Technologie handelt, die regelmäßig aktualisiert werden muss, kann dies dazu führen, dass mehr Ressourcen als ursprünglich geplant investiert werden müssen, wodurch eine ständige Abhängigkeit entsteht.

Die Liste mit den Vorteilen könnte man weiterführen. Allerdings bin ich mir bereits jetzt sicher, dass der angesprochene Automobilhersteller in eine neue Technologie investieren sollte, da er nur so für die Zukunft gewappnet ist. Wenn die Due Diligence gründlich durchgeführt wird und die neue Technologie ein strategischer Fit für das Unternehmen ist, gibt es keinen guten Grund, der gegen deren Akquisition spricht.

Frage 3: Auswahl des geeigneten Targets für eine Übernahme

Interviewer:in: Vielen Dank für diese Einschätzung. Das Unternehmen entscheidet sich also für den Erwerb einer neuen Technologie und nimmt dafür die folgenden vier Targets in die engere Wahl. Bitte wähle eines der Targets für die Akquisition aus und begründe deine Auswahl.

Zahlen und Fakten	• **Name:** AgRob • **Industrie:** AI, industrielle Automatisierung, Machine Learning, Robotics • **Standort:** München (Deutschland) • **Mitarbeitende:** 89, davon 53 im Bereich Technik, 9 in Ausbildung, 5 im Bereich Kommunikation, 4 im IT-Bereich, 18 andere • **Gründungsjahr:** 2018 • **Rechtsform:** Kapitalgesellschaft
Produkt- und Dienstleistungsangebot	• **Geschäftsmodell:** Entwicklung intelligenter Robotersysteme und Anbieter von Anwendungsdienstleistungen • **Produkt:** Zu den Kernprodukten gehören Leichtbauarm- und Allzweck-Robotersteuerungen mit sieben Freiheitsgraden
Finanzen	• **Geschätzter Umsatz:** <1 Mio. US-Dollar • **Letzte Finanzierungsart:** Series B • 3 Finanzierungsrunden mit insgesamt 240,1 Mio. US-Dollar • 8 Investor:innen
Kundeninformationen	• **B2B-Hauptkunden:** Luft- und Raumfahrtzentren, OEMs, industrielle Fertigungsunternehmen

Target Nr. 1: AgRob

Zahlen und Fakten	• **Name:** WV • **Industrie:** AI, IT, Machine Learning, Predictive Analytics, SCM • **Standort:** Wien (Österreich) • **Mitarbeitende:** 11–50 • **Gründungsjahr:** 2017
Produkt- und Dienstleistungsangebot	• **Geschäftsmodell:** Datenanalyse-Startup, das sich auf die Vorhersage von Lieferkettenrisiken aus Social-Media-Daten spezialisiert hat • **Produkt:** Entwicklung einer Coronavirus-Störungskarte, die in Echtzeit Einblicke in die Auswirkungen der Covid-19-Pandemie auf die globalen Lieferketten bietet
Finanzen	• **Geschätzter Umsatz:** k. A. • **Letzte Finanzierungsart:** Seed • 2 Finanzierungsrunden, die letzte Finanzierung wurde am 16. Juni 2020 in einer Seed-Runde aufgenommen • 6 Investor: innen
Kundeninformationen	• **B2B-Hauptkunden:** Audi, Porsche, VW, Kärcher

Target Nr. 2: WV

• **Name:** ChX • **Industrie:** Automobil, Clean Energy, Electrical Distribution • **Standort:** München (Deutschland) • **Mitarbeitende:** 1–10 • **Gründungsjahr:** 2017 • **Rechtsform:** Privat	**Zahlen und Fakten**
• **Geschäftsmodell:** bietet Lösungen zum Laden von Elektroautos • **Produkt:** Entwicklung einer modernen Ladelösung für Elektrofahrzeuge	**Produkt- und Dienstleistungsangebot**
• **Geschätzter Umsatz:** k. A. • **Letzte Finanzierungsart:** Series A • 2 Finanzierungsrunden, die letzte Finanzierung wurde am 11. Januar 2019 in einer Series-A-Runde aufgenommen • 2 Investor:innen	**Finanzen**
• **B2B/B2C-Hauptkunden:** Fuhrparkbetreiber, Hotels, Autohäuser, Familienbetriebe, Messen, lokale Behörden	**Kundeninformationen**

Target Nr. 3: ChX

• **Name:** Loop • **Industrie:** Luftverkehr, Transport, erneuerbare Energien • **Standort:** Valencia, Spanien • **Mitarbeitende:** 39, davon 12 im Bereich Technik, 7 im Business Development, 5 im Management, 4 in R&D, 11 andere • **Gründungsjahr:** 2016 • **Rechtsform:** Privat	**Zahlen und Fakten**
• **Geschäftsmodell:** entwirft und entwickelt neue Technologien für ein nachhaltiges und effizientes Verkehrswesen, die es ermöglichen, mit erneuerbarer Energie 1.000 km/h zu fahren • **Produkt:** Entwicklung von Hyperloops	**Produkt- und Dienstleistungsangebot**
• **Geschätzter Umsatz:** 1–10 Mio. US-Dollar • **Letzte Finanzierungsart:** Series A • 4 Finanzierungsrunden mit insgesamt 8,1 Mio. US-Dollar • 7 Investor: innen	**Finanzen**
• **B2B-Hauptkunden:** Luftfahrt- und Eisenbahnindustrie	**Kundeninformationen**

Target Nr. 4: Loop

Bewerber:in: Da die Frage gar nicht so leicht zu beantworten ist, würde ich gerne das Ausschlussverfahren wählen, um mir meine Antwort herzuleiten. Zunächst gehe ich darauf ein, welche Targets meines Erachtens nicht infrage kommen:

- **Target Nr. 4: Loop**
  - Kein direkter Kundenfit: Das Target bedient hauptsächlich Kunden aus der Luftfahrt- und Eisenbahnindustrie.
  - Kein direkter Produktfit: Eine Technologie, die es ermöglicht, mit erneuerbaren Energien bis zu 1.000 km/h schnell zu fahren, ist zwar spannend, hilft dem Automobilhersteller jedoch nicht dabei, seine Betriebsabläufe zu optimieren.
- **Target Nr. 3: ChX**
  - Kein direkter Produktfit: Hochmoderne Ladelösungen für Elektrofahrzeuge lösen nicht die oben genannten Herausforderungen des Automobilherstellers in der Wertschöpfungskette.
- **Target Nr. 2: WV**
  - Obwohl namhafte Automobilhersteller im Kundenportfolio gelistet sind, ist das Target in der aktuellen Seed-Finanzierungsphase vermutlich (zu) stark damit beschäftigt, das eigene Produkt erfolgreich am Markt einzuführen und den Proof of Concept für eine nächste erfolgreiche Runde zu erbringen. Daher bietet es sich aktuell (noch) nicht für den Kauf an.
  - Kein direkter Produktfit: Eine KI-generierte Karte, die anzeigt, welche Produktionsstätten weltweit coronabedingt aktiv oder geschlossen sind, passt nicht in das aktuelle Bild des Automobilherstellers.

Entsprechend komme ich zu der Schlussfolgerung, dass Target Nr. 1, AgRob, für den Kauf zu präferieren ist. Es sind weitere Automobilhersteller im Kundenstamm dieses Unternehmens gelistet und eine aktuelle Series-B-Finanzierungsrunde deutet darauf hin, dass die Nachfrage des Produkts bereits bedient wird. Eine entsprechende Professionalisierung scheint mit Blick auf die Mitarbeiterzahl gegeben. Zudem adressiert das Geschäftsmodell von AgRob Themen im Bereich der Produktionsautomatisierung, sprich: Folgende Herausforderungen können – nach Abstimmung mit dem Target – angegangen werden:

- Umstellung auf resiliente Lieferketten
- Schaffung von Transparenz hinsichtlich der Leistung von Prozessen an allen Standorten
- Anpassung der Lagerhaltung

Insbesondere im Bereich Lager- und Bestandsmanagement kann die Technologie des Targets einen wichtigen Beitrag leisten, da sie die folgenden Aufgaben übernehmen kann:

- Automatisierte Sortierung von Sendungen
- Kommissionierung und Einlagerung von Sendungen im Lager
- Palettierung und Depalettierung einzelner Sendungen, d. h. Be- und Entladen von Waren von und auf Paletten
- Einpacken und Auspacken von Kartons
- Überwachung von Lagerbeständen durch deren Zählung mithilfe von Sensoren
- Navigation in den Gängen zur Bestandsverwaltung

Die Automatisierung in diesen Bereichen kann die manuelle Arbeitszeit reduzieren und damit auch die Fehleranfälligkeit aufgrund von Konzentrationsverlusten.

Im nächsten Schritt sollte eine umfassende Due Diligence durchgeführt werden, die den strategischen Fit der Akquisition allumfassend beleuchtet, z. B. gemeinsam mit Finance (Business Case, WACC-Berechnung (Weighted Average Cost of Capital), Impairment-Test, Finanzierungskonzept) und Tax (Auswirkungen auf den Kaufpreis).

Interviewer:in: Vielen Dank für die Einschätzung und die Übernahmeempfehlung. Bitte fasse nun zuletzt deine Erkenntnisse in einem Schaubild für die CEO zusammen.

Bewerber:in: Sehr gerne:

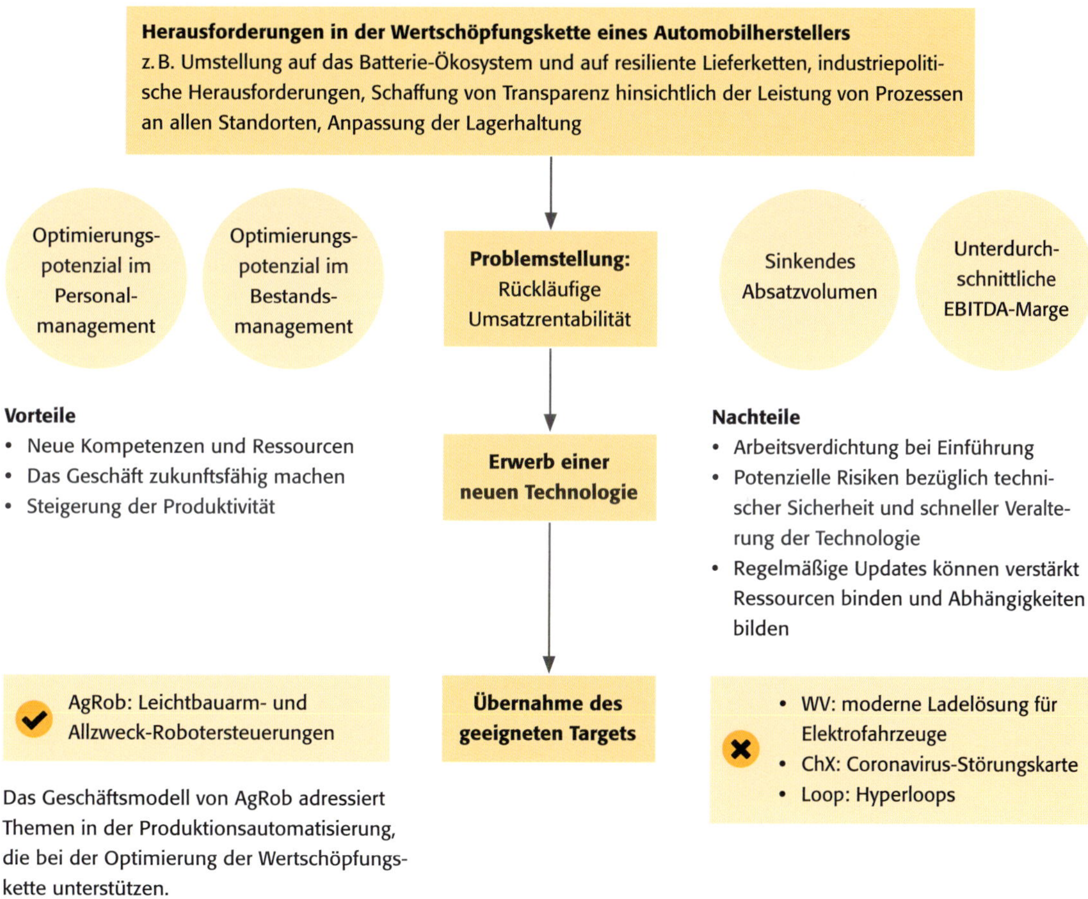

Strategische Ausrichtung des Nachhaltigkeitsmanagements für die NachhaltigeMöbel GmbH

von Dr. Maren Ingrid Kropfeld

Aufgabenstellung

Das Unternehmen NachhaltigeMöbel GmbH ist ein großer Möbelproduzent mit Sitz in Deutschland, der preiswerte Holzmöbel aus vorwiegend nachhaltiger Forstwirtschaft vertreibt. Zu den Kunden von NachhaltigeMöbel gehören unter anderem große Möbelhäuser sowie Onlineplattformen hauptsächlich auf dem europäischen Markt. Die Lieferanten und die Produktion von NachhaltigeMöbel sitzen vor allem in Osteuropa, die Kunden wiederum in Nord- und Westeuropa. NachhaltigeMöbel hat bereits vor einigen Jahren damit begonnen, CO_2-Bilanzen zu erarbeiten, möchte sein Nachhaltigkeitsmanagement nun aber ganzheitlich aufstellen. Besonders das Thema Kreislaufwirtschaft und das Wohl der Belegschaft in der Lieferkette beschäftigen die Firma seit diesem Jahr. Außerdem ist sie als großes Unternehmen mit Sitz in der EU ab dem Jahr 2026 von der europäischen Corporate Sustainability Reporting Directive (CSRD) betroffen, welche sie dazu verpflichtet, umfassend und transparent über ihre Nachhaltigkeitsaktivitäten zu berichten.

Sowohl um das zukünftige Nachhaltigkeitsmanagement ganzheitlich und strategisch aufzusetzen und dafür die zentralen Nachhaltigkeitsthemen zu identifizieren als auch um den Anforderungen der CSRD zu entsprechen möchte NachhaltigeMöbel eine doppelte Materialitätsanalyse (auch „doppelte Wesentlichkeitsanalyse“ genannt) durchführen. Bei der doppelten Materialitätsanalyse werden potenziell relevante Nachhaltigkeitsthemen aus den Bereichen Umwelt (Environment (E)), Soziales (Social (S)) und Governance (G) in zwei Dimensionen bewertet:

Finanzielle Wesentlichkeit („Financial Materiality“)	**Ökologische und soziale Wesentlichkeit („Impact Materiality“)**
• Welche potenziellen Chancen und Risiken können sich für das Geschäft von NachhaltigeMöbel ergeben? • Beispiel: Die Beeinträchtigung der Lieferketten durch Hitze und Trockenheit ist ein Geschäftsrisiko bedingt durch den Klimawandel.	• Welche potenziellen positiven bzw. negativen Auswirkungen könnte das Geschäft von NachhaltigeMöbel auf die Umwelt und die Gesellschaft haben? • Beispiel: Der in der Produktion verursachte CO_2-Ausstoß ist eine negative Auswirkung auf das Klima.

Zwei Dimensionen der Wesentlichkeitsanalyse, basierend auf: https://eur-lex.europa.eu/legal-content/DE/TXT/HTML/?uri=CELEX:52019XC0620(01)

Anschließend werden die Themen in einer Matrix positioniert und anhand nachvollziehbar gesetzter Grenzwerte die sogenannten „materiellen Themen“, sprich: die relevantesten Themen definiert. Auf diesen wird im nächsten Schritt die Nachhaltigkeitsstrategie der NachhaltigeMöbel aufgebaut. Die materiellen Themen bestimmen zukünftig auch, worüber NachhaltigeMöbel in seinem CSRD-Bericht berichten muss.

Frage 1: Überlege, welche Nachhaltigkeitsthemen für NachhaltigeMöbel relevant sein könnten. Welche ESG-Themen könnten das Geschäft von NachhaltigeMöbel beeinflussen bzw. wo könnte NachhaltigeMöbel selbst einen Einfluss auf Umwelt und Gesellschaft haben?

Environment (E) [Ökologie]	**Social (S)** [Betroffene Gruppen]	**Governance (G)** [Geschäftsgebaren]
Klimaschutz	Eigene Belegschaft	Lieferantenbeziehungen
...	...	...

Frage 2: Bewerte die Impact Materiality, also die potenziell positiven und negativen Auswirkungen des Geschäfts der NachhaltigeMöbel auf Umwelt und Gesellschaft für die in Frage 1 genannten Themen. Sammle hierfür die möglichen Auswirkungen (positiv und negativ) und begründe und bewerte diese jeweils auf einer Skala von 1 bis 10 (1 = sehr geringe Auswirkung, 10 = sehr große Auswirkung). Sammle mindestens eine positive und eine negative Auswirkung pro Thema, inkl. Begründung und Bewertung.

Frage 3: Bewerte die Financial Materiality, also die potenziellen Chancen und Risiken für das Geschäft von NachhaltigeMöbel für die in Frage 1 genannten Themen. Sammle hierfür die möglichen Chancen bzw. Risiken und begründe und bewerte diese jeweils auf einer Skala von 1 bis 10 (1 = sehr geringe Auswirkung, 10 = sehr große Auswirkung). Sammle mindestens eine Chance und ein Risiko pro Thema, inkl. Begründung und Bewertung.

Frage 4: Übertrage die Durchschnittsbewertung pro Thema in eine Matrix, um die Themen zueinander zu positionieren. Lege anschließend nachvollziehbare Grenzwerte für Impact und Financial Materiality fest, um die materiellen Themen zu bestimmen. Begründe die Grenzwerte und die daraus resultierenden materiellen Themen und skizziere eine mögliche strategische Nachhaltigkeitsausrichtung von NachhaltigeMöbel.

Lösungsweg

Frage 1: Potenziell relevante Nachhaltigkeitsthemen

Um potenziell relevante Nachhaltigkeitsthemen zu identifizieren, sollen neben klassischen Umweltthemen auch soziale und Governance-Themen berücksichtigt werden. Für ein ganzheitliches Nachhaltigkeitsverständnis spielen dabei nicht nur Themen eine Rolle, die das Unternehmen direkt betreffen. Vielmehr wird die gesamte Wertschöpfungskette, von der Ressourcenextraktion bis hin zur Nutzung durch die Endkund:innen in die Analyse einbezogen. Die CSRD gibt dieses ganzheitliche Verständnis ebenso vor und enthält folgende Themen, welche in einer Materialitätsanalyse verpflichtend geprüft werden müssen:

Environment (E) [Ökologie]	**Social (S)** [Betroffene Gruppen]	**Governance (G)** [Geschäftsgebaren]
Klimaschutz	Eigene Belegschaft	Lieferantenbeziehungen
Wasser- und Meeresressourcen	Beschäftigte in der Wertschöpfungskette	Unternehmenskultur und Geschäftsgebaren
Bodenqualität	Betroffene (lokale) Bevölkerungsgruppen	Politisches Engagement und Lobbying
Biodiversität und Ökosysteme	Konsument:innen und Endnutzer:innen	
Ressourcennutzung und Kreislaufwirtschaft		

HINWEIS: Es wird nicht erwartet, dass Bewerber:innen alle Themen benennen können. Pro Kategorie sollten jedoch mindestens zwei Aspekte bekannt sein. Im Bereich Soziales können auch konkrete Subthemen, wie etwa „attraktive Arbeitsbedingungen“, „Aus- und Weiterbildung“ oder „Diversität, Gleichberechtigung und Inklusion“ genannt werden.

Frage 2: Bewertung der Impact Materiality

Bei der Bewertung der Impact Materiality muss die Rolle von NachhaltigeMöbel als Produzent und Vertreiber von Holzmöbeln berücksichtigt werden. Dadurch ergeben sich insbesondere Auswirkungen auf die Umwelt und die Gesellschaft in den Bereichen Klimaschutz, Kreislaufwirtschaft und Biodiversität aufgrund von Abholzung, Produktion sowie der Transportwege und der Lebensdauer der Möbel.

Ebenso ergeben sich soziale Belange bezüglich der Mitarbeiter:innen in der Lieferkette und der Produktion, wie z. B. die Frage der Arbeitsplatzsicherheit aufgrund der zunehmenden Digitalisierung von Produktionsprozessen.

Im Bereich Governance sind gute Lieferantenbeziehungen die Grundlage für eine erfolgreiche Geschäftstätigkeit, da besonders auf dem Sektor günstiger Möbel die schnelle Verfügbarkeit sowie platz- und ressourcensparende Produktion und der Transport für einen Wettbewerbsvorteil am Markt entscheidend sind.

Bei der Bewertung aller Auswirkungen muss stets deren Ausmaß, Schwere und Eintrittswahrscheinlichkeit evaluiert werden. So sind die negativen Auswirkungen im Bereich der eigenen Belegschaft begrenzt auf die eigenen Mitarbeitenden, die negativen Auswirkungen auf die Endkonsument:innen aber deutlich größer, da sie eine entscheidend höhere Zahl von Menschen betreffen.

Eine Übersicht über die Themen der Impact Materiality und ihre jeweilige Bewertung findet sich auf den Seiten 210–211.

Frage 3: Bewertung der Financial Materiality
Bei der Sammlung potenzieller Geschäftschancen und -risiken im Bereich der Nachhaltigkeitsthemen für NachhaltigeMöbel sollten wesentliche marktwirtschaftliche Entwicklungen berücksichtigt sowie ein grobes Verständnis für die Wertschöpfungskette eines produzierenden Unternehmens aufgezeigt werden. Dabei müssen die einzelnen Aspekte immer vor dem Hintergrund ihrer potenziellen Auswirkung auf den Umsatz bzw. den Cashflow betrachtet werden.

Im Bereich Umwelt zählen wesentlich Klimarisiken, wie Hitze, Trockenheit und die damit verbundene Beeinträchtigung der Lieferketten sowie die Verschlechterung der Arbeitsbedingungen an den Produktionsstandorten, zu den Risiken für das Unternehmen. Im Gegenzug dazu könnten Innovationen im Bereich kreislauforientierter Prozesse und Business-Modelle eine interessante Geschäftschance für NachhaltigeMöbel darstellen.

Im Bereich Soziales stehen insbesondere die Themen Fachkräftemangel (und damit die Schaffung attraktiver Arbeitsbedingungen für die eigene Belegschaft), Information und Aufklärung von Endkonsument:innen zum Thema Nachhaltigkeit sowie Sorgfaltspflicht für Mitarbeitende in der Lieferkette (u. a. aufgrund des Lieferkettensorgfaltspflichtengesetzes) sowohl bei den Chancen als auch den Risiken im Vordergrund.

Im Bereich Governance stellen die Lieferantenbeziehungen ein übergreifendes Thema dar, aus welchem sich verschiedene Chancen, beispielsweise die Einhaltung von hohen Umweltstandards in der Lieferkette oder die Zusammenarbeit bei der Entwicklung von Innovationen der Kreislaufwirtschaft, der Schutz von Whistleblower:innen sowie die Einigkeit über ethische Standards des gemeinsamen Wirtschaftens und politischen Engagements, ergeben können. Die Risiken im Bereich Governance umfassen vor allem die Konsequenzen bei der Nichteinhaltung von europäischen und nationalen Gesetzen, instabile Lieferketten oder sich abwendende Kund:innen bei fragwürdigen Geschäftspraktiken (z. B. Korruption, Kinderarbeit) und damit eine ausbleibende Produktion sowie sinkender Umsatz.

Bei der Bewertung der Financial Materiality sollten stets der Umfang (Auswirkung auf den Umsatz bzw. den Cashflow), die Eintrittswahrscheinlichkeit sowie die Unumkehrbarkeit von Risiken bzw. die realistische Nutzung von Chancen berücksichtigt werden.

Eine Übersicht über die Themen der Financial Materiality und ihre jeweilige Bewertung findet sich auf den Seiten 212–213.

HINWEIS: Die nachfolgende Bewertung der materiellen Themen nach ihrer Bedeutung für Umwelt, Gesellschaft und das Geschäft von NachhaltigeMöbel ist ein Lösungsvorschlag. Auch andere Rankings sind denkbar, müssen aber von der Bewerberin bzw. dem Bewerber nachvollziehbar begründet werden können.

	Thema	Positive Auswirkungen (Beispiele)	Ranking
E	Klimaschutz	Reduktion von Scope-1- bis Scope-3-Emissionen durch Einsatz von erneuerbaren Energien, kurzen Transportwegen und gezielter Wiederaufforstung	9/10
E	Wasser- und Meeresressourcen	Vermeidung von Plastikelementen und Verkürzung der Transportwege zur Reduktion von Mikroplastik; Reduktion des Frischwassergebrauchs in der Produktion, z. B. durch Regenwassernutzung	5/10
E	Bodenqualität	Förderung einer guten Bodenqualität in den Wäldern; Vermeidung von Flächenversiegelungen	4/10
E	Biodiversität und Ökosysteme	Förderung der Biodiversität in Wäldern und lokalen Ökosystemen; Reduktion von Luft-, Wasser- und Bodenverschmutzung zum Schutz der Ökosysteme	4/10
E	Ressourcennutzung und Kreislaufwirtschaft	Kreislauffähige Produkte und Geschäftsmodelle, z. B. Rücknahme von Möbeln; ressourcenoptimierte Prozesse und Einsatz von Rezyklaten; Angebot von Reparaturdienstleistungen und Ersatzteilen	8/10
S	Eigene Belegschaft	Förderung von flexiblen Arbeitszeitmodellen und Homeoffice; betriebliches Gesundheitsmanagement; Förderung der Gleichstellung; Chancengleichheit; Förderung von Aus- und Weiterbildungsprogrammen	9/10
S	Beschäftigte in der Wertschöpfungskette	Sicherstellung von fairer Bezahlung und gesunden Arbeitsbedingungen in der Lieferkette; Etablierung von Whistleblower-Systemen; keine Toleranz von Kinderarbeit	5/10
S	Betroffene (lokale) Bevölkerungsgruppen	Aufklärung und Bildung der lokalen Bevölkerung an den Produktionsstandorten; Schutz der Interessen der Gemeinden an den Orten der Rohstoffextraktion	3/10
S	Konsument:innen und Endnutzer:innen	Aktiver Stakeholderdialog mit den Kund:innen und End:nutzerinnen zur Sensibilisierung für langfristige Möbelnutzung; Reparatur und umweltgerechte Entsorgung bzw. Kreislaufführung	7/10
G	Lieferantenbeziehungen	Vertrauensvolle Zusammenarbeit, ressourcenschonende Lieferketten und nachhaltige Geschäftsmodellinnovationen durch enge, langfristige und aktiv gemanagte Lieferantenbeziehungen	6/10
G	Unternehmenskultur und Geschäftsgebaren	Engagement für ethisches Verhalten und Anti-Korruptions-Maßnahmen in der gesamten Wertschöpfungskette	5/10
G	Politisches Engagement und Lobbying	Aktives politisches Engagement für einheitliche und strenge Regelungen von ökologischen und sozialen Mindeststandards	3/10

Bewertung der Impact Materiality (Ranking aus zehn Punkten)

Negative Auswirkungen (Beispiele)	**Ranking**	**Ø**
CO_2-Emissionen durch Produktion, Transport und Abholzung	9/10	**9**
Verschmutzung des lokalen Grundwassers durch Produktionsunfälle; Einbringung von Mikroplastik durch Verpackungsmaterialien und Reifenabrieb	6/10	**5,5**
Verschmutzung des lokalen Bodens durch Produktionsabfälle; Bodenversiegelungen an Produktionsstandorten; Verringerung der Bodenqualität durch einseitige Beforstung	5/10	**4,5**
Reduktion der Biodiversität durch einseitige Beforstung; Übernutzung von Wäldern (Abholzung)	5/10	**4,5**
Ressourcenverschwendung durch Verschnitt in der Produktion; Einsatz von nicht recyclebaren Materialien; kurze Lebensdauer der Möbel; keine Rückführung in den Kreislauf am End of Life; keine Reparierbarkeit durch geringe Qualität	10/10	**9**
Unfälle in der Produktion und Logistik; Gefährdung der Gesundheit durch Nachtschichtarbeit; Umgang mit Gefahrenstoffen, hoher Stressbelastung und fehlender Wertschätzung am Arbeitsplatz; Burnout-Syndrom; Belastung der Angehörigen durch Krankheits- und Pflegefälle	8/10	**8,5**
Bezug von Vorprodukten und Materialien aus Risikoländern; keine Überprüfung der Lieferanten auf Sozial- und Umweltstandards	5/10	**5**
Gesundheitlich negative Auswirkungen durch die lokale Produktion und hohes Lkw-Aufkommen in der Logistik; potenzielle Flächenkonflikte in Anbaugebieten	4/10	**3,5**
Intransparente Berichterstattung zu Nachhaltigkeitsaktivitäten; Greenwashing zur Fehlleitung der Konsument:innen; fehlende Informationen zur Nachhaltigkeitsperformance	5/10	**6**
Ressourcenverschwendung durch unzureichende Abstimmung und Zusammenarbeit; vermehrt Umwelt- und Sozialrisiken durch fehlende Lieferantenüberprüfung	6/10	**6**
Implizite Duldung von Korruption, Bestechung und Unterstützung nicht demokratischer Systeme durch fehlendes Engagement und nicht vorhandene Verhaltensgrundsätze	5/10	**5**
Politische Lobbyarbeit gegen die Verabschiedung strengerer Umwelt- und Sozialgesetze	4/10	**3,5**

	Thema	Geschäftschancen (Beispiele)	Ranking
E	Klimaschutz	Versorgungssicherheit durch eigene Produktion erneuerbarer Energien; Kosteneinsparungen durch Energieeffizienzmaßnahmen	8/10
E	Wasser- und Meeresressourcen	Versorgungssicherheit und Reduktion der Kosten für die Frischwassernutzung durch Regenwassernutzung und Abwasseraufbereitung	3/10
E	Bodenqualität	Kostenreduktion durch den besseren Schutz vor Überschwemmung aufgrund der Verringerung der Bodenversiegelung an den Produktionsstandorten	3/10
E	Biodiversität und Ökosysteme	Kosteneinsparungen durch Reduktion des ökologischen Fußabdrucks und des Ressourcenbedarfs	4/10
E	Ressourcennutzung und Kreislaufwirtschaft	Kostenreduktion und höhere Gewinne durch Ressourceneinsparungen; höhere Prozesseffizienz und Erschließung neuer Märkte durch neue, zirkuläre Geschäftsmodelle (Voraussetzung: zirkuläres Produkt- und Prozessdesign)	8/10
S	Eigene Belegschaft	Recruitment und Entwicklung guter Fachkräfte, damit Sicherung des Geschäfts in Zukunft durch attraktive Arbeitsbedingungen auch für jüngere Generationen	7/10
S	Beschäftigte in der Wertschöpfungskette	Langfristige Verträge und qualitativ hochwertige Arbeit durch hohe Sozialstandards in der Lieferkette (Kostenreduktion)	4/10
S	Betroffene (lokale) Bevölkerungsgruppen	Positives Image und neue Kooperationsmöglichkeiten durch aktiven Stakeholderdialog und gesellschaftliches Engagement (potenziell positive Umsatzentwicklung)	4/10
S	Konsument:innen und Endnutzer:innen	Positive Umsatzentwicklung durch Erschließung neuer, nachhaltigkeitsbewusster Zielgruppen mit entsprechendem Engagement sowie diesbezüglicher Kommunikation und Interaktion; Innovationspotenzial durch Open-Innovation-Projekte	6/10
G	Lieferantenbeziehungen	Liefersicherheit (geringere Kosten) und Innovationspotenzial (zukünftiger Umsatz) durch gute und enge Zusammenarbeit mit den Lieferanten	7/10
G	Unternehmenskultur und Geschäftsgebaren	Positive Auswirkungen auf den Cashflow als bevorzugter Kunde bzw. Lieferant, basierend auf nachhaltigkeitsgetriebenen Auswahlkriterien; positive Auswirkungen auf den Status als attraktiver Arbeitgeber durch wertschätzende Unternehmenskultur	6/10
G	Politisches Engagement und Lobbying	Potenziell Verbesserung des Cashflows, des Umsatzes und der Absatzmärkte durch Einbringen eigener Geschäftsinteressen und aktive Beteiligung an Brancheninitiativen als Nachhaltigkeitsvorreiter	4/10

Bewertung der Financial Materiality (Ranking aus zehn Punkten)

Geschäftsrisiken (Beispiele)	Ranking	Ø
Höhere Kosten durch steigende Energiepreise, Klimarisiken (z. B. Dürre, Hitze und Extremwetterereignisse) und dadurch entstehende Lieferschwierigkeiten; steigende Ausgaben im Retrofitting von Gebäuden und für die Gesundheit der Mitarbeitenden	9/10	**8,5**
Erhöhte Kosten für die Nutzung und schlechtere Verfügbarkeit von Frischwasserressourcen; höhere Auflagen für den Schutz von Frischwasser und Meeresressourcen	3/10	**3**
Strafzahlungen und Haftung bei Bodenverunreinigungen auf dem Produktionsgelände	3/10	**3**
Umsatzverlust durch schlechtes Image oder Klagen aufgrund einer nicht nachhaltigen Forstwirtschaft	4/10	**4**
Erhöhte Kosten wegen Ressourcenmangels und höherer Entsorgungskosten	5/10	**6,5**
Fachkräftemangel durch fehlendes Recruiting oder hohe Mitarbeitendenfluktuation; Abgang von Wissensträger:innen durch alternde Bevölkerung	8/10	**7,5**
Kosten aufgrund von Klagen wegen der Verletzung der Sorgfaltspflicht in der Lieferkette; Umsatzverlust durch negatives Image bei schlechten Arbeitsbedingungen	5/10	**4,5**
Kosten aufgrund von lokalen Initiativen, welche sich gegen die Geschäftstätigkeit (Produktion, Ressourcenextraktion, Logistik) wenden	4/10	**4**
Image- und Umsatzverlust durch ein nicht nachhaltiges Geschäftsmodell; Kosten aufgrund von Klagen wegen Greenwashing-Aussagen	6/10	**6**
Lieferschwierigkeiten und erhöhte Kosten durch Lieferantenwechsel bei schlechten Zulieferbeziehungen	5/10	**6**
Depriorisierung als Kunde bzw. Lieferant aufgrund von schlechter Nachhaltigkeitsperformance; Klagen durch Verbände wegen unethischer Geschäftstätigkeit; negative Auswirkungen auf die Motivation der Belegschaft aufgrund der Unternehmenskultur, Schwierigkeiten beim Recruiting	6/10	**6**
Umsatzeinbußen und potenzielle Klagen aufgrund von Korruption und fragwürdigen Geschäftstätigkeiten; hohe Kosten für Lobbyingaktivitäten	3/10	**3,5**

Frage 4: Materialitätsmatrix und Definition der materiellen Themen
Um die materiellen Themen zu bestimmen, werden die Durchschnittswerte pro Thema gebildet (z. B. Chance = 5, Risiko = 7, ergibt eine durchschnittliche Bewertung der Financial Materiality von 6 für dieses Thema). Die Themen können dann gemäß ihrer Bewertung in einer Matrix angeordnet werden (X-Achse: Impact Materiality, Y-Achse: Financial Materiality).

Laut der CSRD müssen alle Themen, die entweder eine starke Auswirkung auf Umwelt und Gesellschaft (Impact Materiality) oder eine hohe Geschäftsrelevanz (Financial Materiality) haben, als materiell eingestuft werden. Die Grenzwerte dafür können beliebig festgelegt werden. Für die zukünftige strategische Ausrichtung des Nachhaltigkeitsmanagements von NachhaltigeMöbel empfiehlt sich eine Definition von ca. fünf bis sieben materiellen Themen. Im auf der gegenüberliegenden Seite aufgeführten Beispiel wurden die Grenzwerte für die Impact und die Financial Materiality bei jeweils ≥6 gewählt (vgl. den orange markierten Bereich). So ergeben sich sechs zentrale materielle Themen (vgl. die Begriffe in Fettschrift), die sich in ihrer Bewertung deutlich von den anderen Themen abheben:

1. Klimaschutz
2. Eigene Belegschaft
3. Ressourcennutzung und Kreislaufwirtschaft
4. Lieferantenbeziehungen
5. Konsument:innen und Endnutzer:innen
6. Unternehmenskultur und Geschäftsgebaren

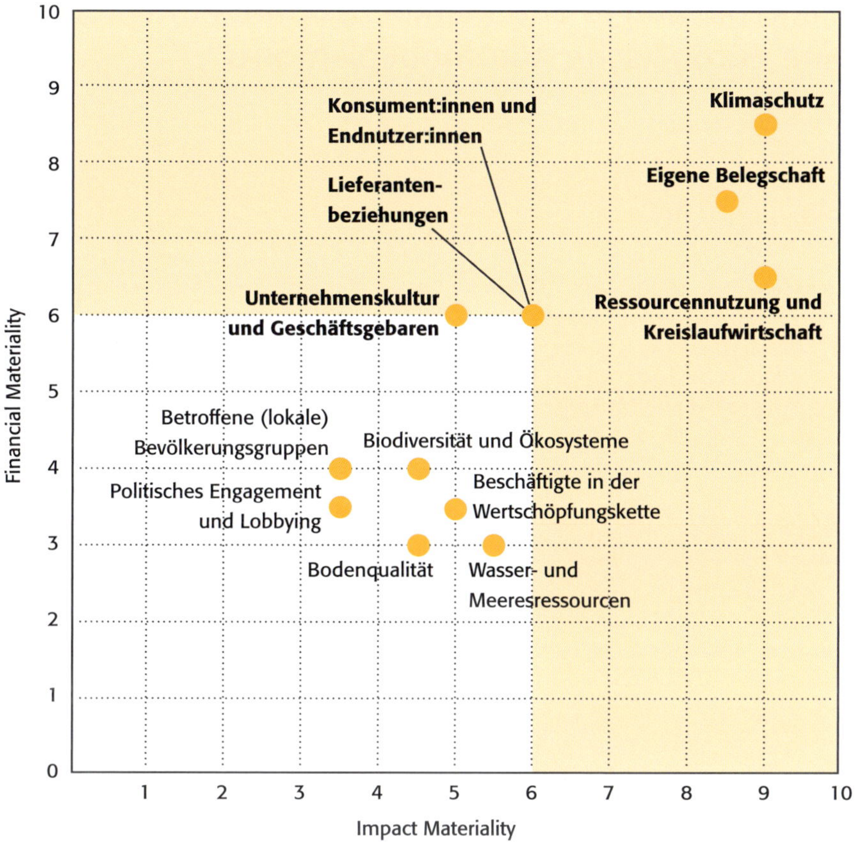

Eine Nachhaltigkeitsstrategie und ein zukünftiges Nachhaltigkeitsmanagement von NachhaltigeMöbel könnte sich also insbesondere auf diese Themen fokussieren, indem das Unternehmen sich beispielweise ein ambitioniertes Klimaziel gemäß dem 1,5-Grad-Szenario setzt und gemeinsam mit seinen Lieferanten und Kund:innen Produkt-, Prozess- und Geschäftsmodellinnovationen im Sinne der Kreislaufwirtschaft (z. B. Einsatz von Rezyklaten, Erhöhung der Nutzungsdauer und Recyclingfähigkeit der Produkte, Reparatur- oder Verleihangebote) vorantreibt. Dabei könnte sich NachhaltigeMöbel nicht nur als verantwortungsbewusster und innovativer Produzent nachhaltiger Möbel, sondern auch als attraktiver Arbeitgeber für Nachwuchskräfte positionieren und durch entsprechende Angebote langjährige Mitarbeitende halten und fördern.

Markenstrategie und Marketingoptimierung für eine europäische Automobilplattform

von Verena De Smedt-Zügner und Sarah Kothe

Aufgabenstellung

Interviewer:in: Dein Klient, ImmediateCar, ist ein Betreiber mehrerer Online-Plattformen. Konkret handelt es sich dabei um Vermittlungsportale für Automobile. Auf den Plattformen können Kaufinteressent:innen Angebote für Gebrauchtwagen einsehen und Kontakt mit den Verkäufer:innen aufnehmen. Kaufinteressent:innen können den Service kostenlos nutzen, während Verkäufer:innen bei Abschluss eines Geschäfts eine Gebühr für die erfolgreiche Vermittlung zahlen müssen. Alle Plattformen von ImmediateCar sind im gleichen europäischen Land tätig.

ImmediateCar hat sich durch den sequenziellen Zukauf mehrerer Automobil-Plattformen eine führende nationale Marktposition aufgebaut. Das Management möchte nun die Produkt- und Marketingstrategie neu ausrichten und bittet dich dafür um Unterstützung. Es soll geklärt werden, ob weiterhin alle Plattformen als eigenständige Marken angeboten oder ob sie komplett bzw. teilweise zusammengefasst werden sollten.

Anschließend ist für 2025 die umsatzoptimale Aufteilung des Marketingbudgets auf verschiedene Maßnahmen und Kanäle zu ermitteln.

Der Fokus der Produkt- und Marketingstrategie liegt dabei auf der Seite der Kaufinteressent:innen und bei deren Präferenzen und Nutzungsverhalten. Der Grund dafür ist, dass die Verkäufer:innen automatisch diejenige Plattform wählen, die auch von den meisten Käufer:innen genutzt wird, da sie dort das größte Umsatzpotenzial haben.

Lösungsweg

Bewerber:in: Danke für die Informationen. Ich würde mich zunächst gerne auf die Markenstrategie fokussieren. Um konkretere Hypothesen zur zukünftigen Rolle der Marken aufstellen zu können, würde ich gerne im ersten Schritt die heutige Marktposition besser verstehen. Wie verteilen sich die Marktanteile auf die einzelnen Anbieter im Markt und welche davon gehören zum Portfolio von ImmediateCar?

Interviewer:in: Zum Portfolio des Kunden gehören die Plattformen Beta, Gamma und Delta. Beta und Gamma haben jeweils einen Marktanteil von 18 Prozent unter den Autosuchenden. Auf Delta entfallen sechs Prozent. Die zwei wichtigsten Wettbewerber sind Alpha mit einem Marktanteil von 38 Prozent und Epsilon mit einem Marktanteil von 15 Prozent. Die restlichen Marktanteile liegen bei verschiedenen kleineren Anbietern.

Bewerber:in: Also hat ImmediateCar unter den Kaufinteressent:innen insgesamt einen Marktanteil von 42 Prozent. Ob die drei Plattformen des Unternehmens zusammengelegt werden sollten, hängt unter anderem davon ab, welche Zielgruppen jeweils von den einzelnen Plattformen angesprochen werden. Hierbei muss initial unterschieden werden, ob der Markt stark segmentiert ist, sodass die einzelnen Plattformen unterschiedliche Gruppen von Kund:innen bedienen, oder ob die Kundenbedürfnisse eher homogen sind und die Plattformen ähnliche Kundentypen ansprechen.

Im ersten Fall würde ich wie folgt vorgehen:
- Verfolgen einer Multi-Marken-Strategie, um mit den jeweiligen Marken die unterschiedlichen Segmente anzusprechen.
- Der Unique Selling Point (USP) der jeweiligen Plattformen sollte noch stärker auf die Bedürfnisse der individuellen Segmente ausgerichtet und klar differenziert werden, um Kannibalisierung zu vermeiden.
- Die Marketingstrategie jeder Plattform sollte möglichst stark auf das jeweilige Zielsegment ausgerichtet sein und auch die Branding-Maßnahmen sollten gezielt ausgespielt werden.

Im zweiten Fall würde ich gegensätzlich vorgehen:
- Der Fokus sollte klar auf eine einzige Plattform gelegt werden, auf der die Marktanteile gebündelt werden.
- Alle Marketingaktivitäten sollten dann auf diese Kernmarke ausgerichtet werden, um maximale Visibilität im Markt zu erreichen.
- Hier würde es sich empfehlen, die Plattform mit der aktuell größten Reichweite zu wählen. Die weiteren Plattformen im Portfolio sowie deren Kund:innen sollten mittelfristig in die Kernplattform integriert werden. Danach sollten die nicht im Fokus liegenden Plattformen auslaufen.

Interviewer:in: Vielen Dank, das ergibt Sinn. Folgende Daten aus einer Umfrage unter aktuellen Nutzer:innen der verschiedenen Plattformen liefern uns weitere Informationen zum Nutzungsverhalten der Kaufinteressent:innen.

		… nutzten auch				
		Alpha	Beta	Gamma	Delta	Epsilon
x Prozent der Nutzer:innen von …	Alpha		19 %	23 %	22 %	16 %
	Beta	24 %		72 %	57 %	24 %
	Gamma	32 %	45 %		80 %	10 %
	Delta	34 %	79 %	95 %		11 %
	Epsilon	8 %	8 %	12 %	5 %	

Anteil der Kaufinteressent:innen pro Plattform, die auch andere Plattformen nutzen

Bewerber:in: Hier lässt sich erkennen, dass ein hoher Anteil der Nutzer:innen einer ImmediateCar-Plattform auch auf den anderen beiden Plattformen aktiv ist. Beispielsweise verwenden 45 Prozent der Gamma-Nutzer:innen auch Beta und 80 Prozent auch Delta. Vermutlich sind die angebotenen Fahrzeuge vergleichbar, aber nicht dieselben, sodass Interessent:innen öfter zwei oder sogar alle drei Plattformen des Unternehmens besuchen, bis sie das gewünschte Fahrzeug finden. Es würde also aus dieser Beobachtung heraus Sinn ergeben, das Angebot auf einer Hauptplattform zu konzentrieren. Diese Maßnahme würde die Attraktivität der Hauptplattform für Nutzer:innen insgesamt erhöhen, was wiederum einen Zuwachs an Fahrzeugangeboten mit sich bringen könnte, da die Verkäufer:innen, wie gesagt, an der Plattform mit der höchsten Reichweite interessiert sind.

Als Hauptplattform sollte man diejenige Plattform wählen, die aktuell bereits einen hohen Marktanteil hat. Mit je 18 Prozent könnten das sowohl Beta als auch Gamma sein. Haben wir weitere Informationen, die uns mehr Einblicke in die Attraktivität von Beta und Gamma liefern könnten?

Interviewer:in: Gute Überlegungen! In der Tat macht es Sinn, über eine Fokussierung der Markenstrategie auf Beta oder Gamma nachzudenken. Wir haben weitere Ergebnisse aus der Befragung der Nutzer:innen. Sie sind auch gebeten worden, die Plattformen entlang verschiedener Qualitätsmerkmale zu bewerten. Im Folgenden siehst du die Auswertung einmal für Beta und einmal für Gamma:

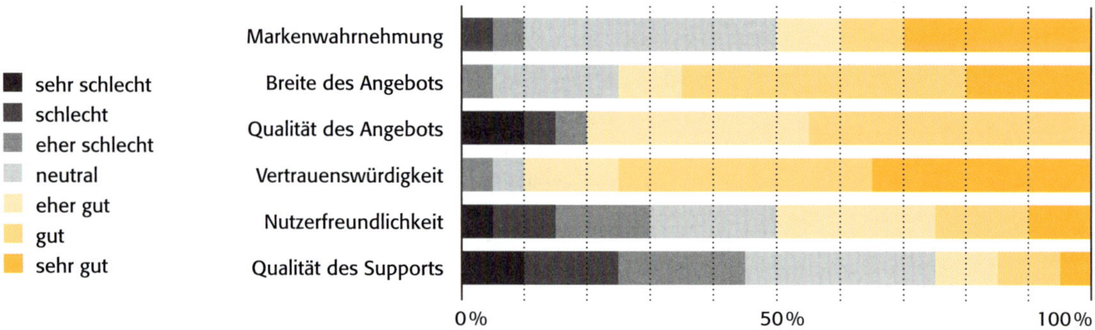

Verteilung der Kaufinteressent:innen über die Wahrnehmung einzelner Qualitätsmerkmale: Plattform Beta

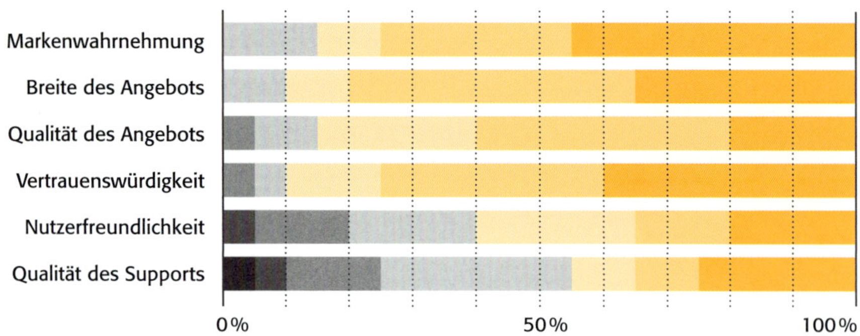

Verteilung der Kaufinteressent:innen über die Wahrnehmung einzelner Qualitätsmerkmale: Plattform Gamma

Bewerber:in: Man sieht, dass die Kaufinteressent:innen beide Plattformen insgesamt recht positiv bewerten. Allerdings wird Gamma etwas positiver wahrgenommen als Beta. Das lässt sich an mehreren Kriterien erkennen: Z.B. bewerten 75 Prozent der Nutzer:innen die Marke Gamma als eher „gut" bis „sehr gut", 45 Prozent sogar als „sehr gut" und niemand nimmt die Marke als „schlecht" bis „sehr schlecht" wahr. Die Marke Beta erachten allerdings „nur" 50 Prozent als eher „gut" bis „sehr gut", 40 Prozent haben eine neutrale und zehn Prozent sogar eine schlechte Markenwahrnehmung. Einen ähnlichen Unterschied können wir auch bei einigen anderen Kriterien beobachten, bei denen Beta ebenfalls schwächer als Gamma bewertet wurde.

Zusammengefasst ist somit meine Empfehlung an ImmediateCar, die drei Marken Beta, Gamma und Delta zu einer Plattform zusammenzuführen. Dafür spricht, dass alle drei Plattformen gemäß den verfügbaren Daten ähnliche Kundenbedürfnisse bedienen. Ein größeres, zentrales Angebot würde den Wert für die Nutzer:innen erhöhen, da der Aufwand, auf mehreren Plattformen suchen zu müssen, entfallen würde. Als zukünftige Kernplattform bietet sich Gamma an, da der Marktanteil zusammen mit Beta der höchste ist und die Wahrnehmung (im direkten Vergleich mit Beta) positiver ist.

Interviewer:in: Das klingt nach einer sinnvollen Strategie, vielen Dank. ImmediateCar möchte sich tatsächlich auf die Gamma-Plattform konzentrieren und alle Marketingmaßnahmen darauf ausrichten, die Markenbekanntheit sowie den Umsatz dieser neuen Hauptplattform zu steigern. Für das Jahr 2025 steht dafür ein Marketingbudget von 400.000 Euro zur Verfügung, das möglichst optimal eingesetzt werden soll. Dazu haben wir eine Auswertung der Marketingabteilung des Unternehmens zur Performance der verschiedenen Maßnahmen und Kanäle aus den letzten Jahren erhalten. Die Informationen kannst du der folgenden Tabelle entnehmen:

Kanal	**Jahr**	**Ausgaben** in Tsd. Euro	**Conversions** in Tsd.	**Ø Umsatz pro Conversion** in Euro
SEA	2021	50	1,0	100
	2022	70	1,4	100
	2023	100	2,0	100
Affiliate	2021	50	0,8	280
	2022	70	1,0	350
	2023	100	1,0	350
Brand-Kampagnen	2021	100	1,4	400
	2022	150	1,5	400
	2023	200	1,5	400
Gesamt	2021	200	3,3	275
	2022	290	3,9	280
	2023	400	4,5	255

Marketingausgaben von ImmediateCar von 2021 bis 2023

Bewerber:in: Vielen Dank für die Informationen. Um die Effektivität der verschiedenen Marketingkanäle beurteilen zu können, werde ich zunächst den Return on Investment (ROI) für das eingesetzte Budget je Kanal berechnen. Dazu berechne ich als Erstes den generierten Umsatz je Kanal, indem ich die Anzahl der Conversions mit dem durchschnittlichen Umsatz pro Conversion multipliziere. Im zweiten Schritt teile ich diese Größen durch die Ausgaben je Kanal.

Kanal	ROI 2021	ROI 2022	ROI 2023
SEA	2,0	2,0	2,0
Affiliate	4,5	5,0	3,5
Brand-Kampagnen	5,6	4,0	3,0

Anhand des ROI würde ich die Effektivität der verschiedenen Kanäle wie folgt beurteilen:

- Der ROI auf SEA-Maßnahmen ist mit einem Wert von 2,0 zwar über alle Jahre hinweg der niedrigste, er bleibt aber mit dem eingesetzten Budget konstant.
- Trotz einer Erhöhung des erzielbaren Umsatzes pro Conversion von 280 auf 350 Euro im Jahr 2022 nimmt der Umsatz im Affiliate-Kanal nicht weiter zu. Grund dafür ist, dass mit 1.000 Conversions bei 70.000 Euro Ausgaben das Maximum in diesem Kanal erreicht zu sein scheint. Eine weitere Erhöhung der Marketingausgaben (wie in 2023 geschehen) senkt den ROI somit sogar.
- Diesen Effekt sehen wir ebenfalls bei dem Kanal „Brand-Kampagnen“: Den höchsten ROI hat ImmediateCar hier im Jahr 2021 mit Ausgaben in Höhe von 100.000 Euro erreicht. Zusätzlich erzielte Conversions standen danach in einem ungünstigeren Verhältnis zu weiteren Ausgaben.

Um den optimalen Kanalmix allein aus einer Investitions-Profitabilitäts-Perspektive - basierend auf den historischen Daten - abzuleiten, werde ich darüber hinaus die inkrementellen ROI für die zusätzlichen Ausgaben für 2022 und 2023 je Kanal berechnen, indem ich den zusätzlichen Umsatz durch die zusätzliche Investition dividiere:

▸ $$\text{inkrementeller ROI} = \frac{\text{zusätzlicher Umsatz}}{\text{zusätzliche Investition}}$$

▸ $$\text{inkrementeller ROI} = \frac{(\text{Conversions}_{t2} \times \text{Umsatz je Conversion}_{t2}) - (\text{Conversions}_{t1} \times \text{Umsatz je Conversion}_{t1})}{\text{Ausgaben}_{t2} - \text{Ausgaben}_{t1}}$$

Kanal	ROI 2022	ROI 2023
SEA	2,0	2,0
Affiliate	6,3	0
Brand-Kampagnen	0,8	0

Anhand der Ergebnisse komme ich somit zu folgender Empfehlung für die Verteilung des Marketingbudgets:

- Offenbar hat ImmediateCar zuletzt Marketingausgaben in Kanäle bzw. Maßnahmen (Affiliate und Brand-Kampagnen) investiert, bei denen bereits ein Sättigungseffekt eingetreten ist. Jeder weitere investierte Euro hat dort keine zusätzlichen Conversions und damit keine zusätzlichen Umsätze generiert. Hier kann ImmediateCar seine Marketingausgaben optimieren, indem das Unternehmen das ineffizient verwendete Budget zukünftig in SEA-Maßnahmen investiert, da dort scheinbar (noch) keine Sättigung eingetreten ist.
- Die ersten 100.000 Euro sollten in Brand-Kampagnen investiert werden, um hier den maximalen ROI von 5,6 (wie schon in 2021) zu erzielen, da die Erhöhung der Ausgaben um weitere 50.000 (wie in 2022) nur noch zu einem inkrementellen ROI von 0,8 geführt hat.
- Der beste ROI für das Affiliate-Marketing (5,0) wird erreicht, wenn ImmediateCar in diesem Kanal 70.000 Euro (wie in 2022) investiert, da die Erhöhung der Ausgaben um 20.000 Euro (wie in 2022) zu einem inkrementellen ROI von 6,3 geführt hat, jedoch bei einer weiteren Steigerung (wie in 2023) kein zusätzlicher Umsatz erreicht werden konnte.
- Bei einem Gesamtbudget von 400.000 verbleiben 230.000 Euro. Diesen Betrag sollte ImmediateCar für SEA-Maßnahmen aufwenden, sofern hier der ROI auch bei steigenden Ausgaben konstant bei 2,0 bleibt.

Interviewer:in: Das klingt sinnvoll. Mit welcher Umsatzsteigerung kann ImmediateCar im Jahr 2025 im Vergleich zu 2023 rechnen, wenn die von dir vorgeschlagene Strategie umgesetzt wird?

Bewerber:in: Hierfür berechne ich zunächst den Gesamtumsatz für das Jahr 2023. Dazu greife ich auf die bereits vorliegenden Daten zurück und multipliziere jeweils die Conversions mit dem Umsatz. Das ergibt ca. 1.15 Millionen Euro über alle drei Kanäle hinweg. Im nächsten Schritt multipliziere ich für das Jahr 2025 das je Maßnahme bzw. Kanal eingesetzte Budget mit dem jeweiligen ROI.

- Für Brand-Kampagnen hatten wir Ausgaben in der Höhe von 100.000 Euro mit einem ROI von 5,6 ermittelt. Das ergibt 560.000 Euro.
- Für Affiliate-Marketing sollte ImmediateCar 70.000 Euro aufwenden. Bei einem ROI von 5,0 ergibt das 350.000 Euro.
- Für SEA-Maßnahmen sollte das Unternehmen 230.000 Euro einsetzen und erzielt dabei einen ROI von 2,0. Das würde 460.000 Euro ergeben.

Summieren wir diese Zahlen (560.000 Euro + 350.000 Euro + 460.000 Euro) ergeben sich insgesamt 1,37 Millionen Euro. Gegenüber den mit dem gleichen Marketingbudget von 400.000 Euro erzielten Umsätzen aus 2023 ist das eine Steigerung des Umsatzes von rund 19 Prozent.

Interviewer:in: Das Management bedankt sich für diese Kalkulation und fragt, welche Aspekte neben der isolierten ROI-Betrachtung je Kanal noch eine Rolle spielen können.

Bewerber:in: Natürlich möchten wir das Marketingbudget umsatzoptimal einsetzen. Es ist zu bedenken, dass die SEA-Maßnahmen und das Affiliate-Marketing hauptsächlich der direkten Umsatzsteigerung dienen. Sie tragen jedoch kaum zur Markenbekanntheit bei. Zwar hat die für dieses Projekt erhobene Befragung gezeigt, dass bestehende Nutzer:innen von Gamma bereits eine sehr positive Markenwahrnehmung haben, jedoch möchte ImmediateCar mittel- bis langfristig sicherlich auch Neukund:innen gewinnen. Dafür ist eine starke Marke auch unter heutigen Nicht-Nutzer:innen wünschenswert.

Darüber hinaus ist zu bedenken, dass durch eine Brand-Kampagne erzeugte Conversions weniger messbar sind als solche, die durch Affiliate-Marketing und SEA-Maßnahmen erzielt werden. Es ist davon auszugehen, dass durch die Brand-Kampagne zusätzliches organisches Wachstum generiert wird und auch die anderen Maßnahmen von einer größeren Markenbekanntheit profitieren.

Interviewer:in: Besten Dank für deine Erläuterungen und deine Empfehlung!

Brainteaser

von Yevgen Lantsuzovskyy

Aufgabenstellung

1. Autoshow

Drei Väter, vier Kinder und ein Großvater besuchen gemeinsam eine Autoshow. Wie viele Karten müssen sie kaufen, um sich die Automesse anzuschauen?

2. Zwillinge

Ella und Nina sind Zwillinge. Heute feiert Ella ihren Geburtstag. Nina muss dagegen noch ein bis zwei Tage warten, bis sie das Geburtstagskind ist. Kann das sein?

3. Puzzle

In einem Regal liegen Puzzle-Packungen mit verschiedenen Jahreszeitenmotiven. Zum Puzzle mit dem Wintermotiv gehört ein Drittel aller Puzzle-Packungen im Regal. Zum Puzzle mit dem Frühlingsmotiv gehören fünf Packungen weniger als zum Puzzle mit dem Wintermotiv. Die restlichen zwölf Packungen gehören zu den Puzzels mit dem Sommer- und dem Herbstmotiv. Wie viele Puzzle-Packungen gibt es im Regal?

HINWEIS: Es kann hilfreich sein, den Fall grafisch darzustellen.

4. Dreiecke

Wie viele Dreiecke gibt es in diesem Quadrat?

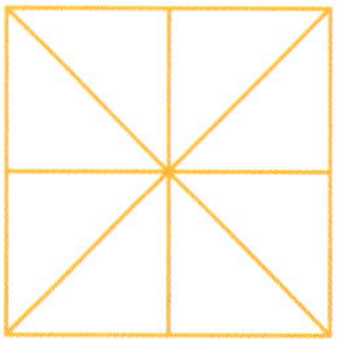

5. Hotel

Ein Hotel hat drei Stockwerke. Im Erdgeschoss befinden sich die Rezeption und ein Souvenirladen. Im ersten Stock gibt es zehn und im zweiten Stock zwölf Zimmer. Im dritten Stock gibt es eine Lounge mit einer Bar und einem schönen Blick auf die Stadt. Welche Taste wird im Fahrstuhl am meisten gedrückt?

HINWEIS: Hier ist Out-of-the-box-Denken gefragt!

6. 69–72–24

Welches Ordnungsprinzip versteckt sich hinter der folgenden Zahlenreihe?
69 72 24 27 9 __

7. Handydisplay

Welche Zahl ergibt sich, wenn man alle Ziffern auf einem Handydisplay miteinander multipliziert?

8. Flohmarkt
Auf einem Flohmarkt will Ina ein Bild, eine Vase und eine Tischdecke kaufen. Das Bild kostet 7 Euro und die Vase 3 Euro. Beim Zahlen merkt Ina, dass die Summe der Preise für die drei erworbenen Einzelartikel die gleiche ist wie das Produkt der drei Preise. Wie teuer ist die Tischdecke?

9. Ein Tag zum Lügen
Eines Tages treffen sich ein Fuchs und ein Papagei und tauschen sich miteinander aus. Man weiß, dass der Fuchs von Montag bis Mittwoch lügt und an den anderen Tagen die Wahrheit sagt. Der Papagei lügt dagegen von Donnerstag bis Samstag und sagt an allen anderen Tagen die Wahrheit.

Der Fuchs sagt: „Ich habe gestern gelogen."

Der Papagei erwidert: „Ich auch."

Von welchem Tag sprechen sie?

10. Fehlende Zahl
Welche Zahl wird hier gesucht?

2022 = 1

2024 = 2

2026 = ?

2028 = 3

11. Geburtstag
Constanza ist am 10. Juli geboren worden. Ihren Geburtstag feiert sie im Winter. Wie kann das sein?

12. Telefonnummer
Gegeben ist die Telefonnummer 8 (315) 906742. Was ist das Besondere an dieser Nummer?

HINWEIS: Hier gibt es zwei Besonderheiten.

Lösungen auf der folgenden Seite ▶

Lösungsweg

1. Autoshow

Es handelt sich um drei Generationen ein- und derselben Familie. Der Großvater, seine zwei Söhne und zwei Enkelkinder sind damit zusammen „drei Väter, vier Kinder und ein Großvater". Für den Großvater sind seine Nachkömmlinge (also zwei Söhne und zwei Enkelkinder) „seine" vier Kinder. Die beiden Enkelkinder haben ihre beiden Väter – so, wie die beiden Väter ihren (Groß-)Vater haben. Zusammen müssen sie also fünf Eintrittskarten kaufen.

2. Zwillinge

Ella ist am 28. Februar kurz vor Mitternacht geboren. Ihre Schwester Nina kam ein paar Minuten später, also erst am 1. März, auf die Welt. Daher feiert die Erstgeborene ihren Geburtstag am 28. jeden Jahres. Die Zweitgeborene muss sich noch einen Tag (reguläres Jahr) oder sogar zwei Tage (Schaltjahr) länger gedulden.

3. Puzzle

Die Antwort lautet: 21 Puzzle-Packungen. Die grafische Lösung könnte wie folgt aussehen:

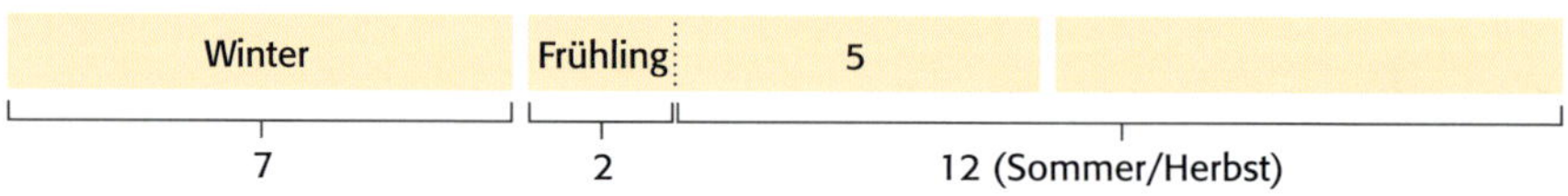

Man weiß, dass ein Drittel der Puzzle-Packungen zum Wintermotiv gehören (= das erste von drei Kästchen in der grafischen Darstellung). Zudem ist bekannt, dass das Frühlingsmotiv fünf Packungen weniger als das Wintermotiv umfasst und die restlichen zwölf Puzzle-Packungen zum Sommer- und Herbstmotiv gehören. Zieht man nun die genannten 5 Puzzle-Packungen von den zwölf Packungen des Sommer- und Herbstmotivs ab, erfährt man, dass ein Drittel der Puzzle-Packungen sieben Packungen sind. Somit gibt es insgesamt 21 Puzzle-Packungen im Regal ($7 \times 3 = 21$).

Alternative Lösung mittels einer Gleichung:

- $1/3\,x + 1/3\,x - 5 + 12 = x$
- $2/3\,x + 7 = x$
- $1/3\,x = 7$
- $x = 21$

4. Dreiecke

Es gibt 16 Dreiecke im Quadrat.

5. Hotel

Die Antwort ist: das Erdgeschoss. Unabhängig davon, was sich auf den oberen Stockwerken befindet, müssen alle Gäste nach unten fahren, um das Hotel zu verlassen.

6. 69–72–24
Das versteckte System ist: + 3 ÷ 3 + 3 ÷ 3. Die nächste Zahl muss also 12 sein.

7. Handydisplay
Die Antwort ist: 0

8. Flohmarkt
Die Antwort lautet: 50 Cent. x ist der Preis für den dritten Artikel. Wenn man eine Gleichung erstellt und dabei die im Text angegebenen Informationen berücksichtigt, erhält man folgendes Ergebnis:

- $7 + 3 + x = 7 \times 3 \times x$
- $10 + x = 21\,x$
- $10 = 20\,x$
- $x = 0{,}5$

9. Ein Tag zum Lügen
Die Antwort ist: Mittwoch. Die Aussage des Fuchses wäre am Donnerstag korrekt, die des Papageien am Sonntag. Somit ist anzunehmen, dass eines der beiden Tiere lügt.

Treffen sich die beiden Tiere am Donnerstag, wäre die Aussage des Fuchses ehrlich und die des Papageien eine Lüge. Gehen wir davon aus, dass sich die beiden an einem Sonntag treffen, müsste der Fuchs lügen. Da der Fuchs jedoch nur von Montag bis Mittwoch lügt, kommt diese Option nicht infrage.

Daraus ergibt sich: Fuchs und Papagei haben sich am Donnerstag getroffen. Der gesuchte Tag ist also der Mittwoch.

10. Fehlende Zahl
Die Antwort lautet: 2. Für die Lösung zählt man die durch die Zahlen grafisch eingeschlossenen Bereiche.

2022 = 1

2024 = 2

2026 = 2

2028 = 3

11. Geburtstag
Constanza lebt auf der Südhalbkugel der Erde (z. B. in Chile oder Australien). Dort ist von Dezember bis März Sommer und von Juni bis September Winter.

12. Telefonnummer
Die Telefonnummer beinhaltet alle Ziffern von 0 bis 9. Außerdem sind die Ziffern in alphabetischer Reihenfolge angegeben.

Wie du als Mitglied von e-fellows.net immer einen Karriereschritt voraus bist

Einladung zu exklusiven Netzwerkevents
Mehr als 200 Karriereevents sowie Case Study Trainings mit den besten Unternehmensberatungen:

- *Consulting Day* für Studierende und Absolvent:innen
- *Karriere-Brunch Consulting* für Berufserfahrene
- *MBA Day* zur Vorbereitung auf Führungspositionen und Erweiterung des beruflichen Netzwerks

www.e-fellows.net/Events

Insider-Informationen aus der Unternehmensberatung

- Erfahrungsberichte zu Consulting-Projekten, Praktika und dem erfolgreichen Weg in die Beratung
- Bewerbungstipps von Recruiter:innen
- Blick hinter die Kulissen der großen Unternehmensberatungen

www.e-fellows.net/Consultingberichte

Du bist ein kluger Kopf?
Von noch mehr Leistungen profitierst du, wenn du dich erfolgreich für das e-fellows.net-Stipendium bewirbst.

Karriereratgeber als E-Book
Kostenlose Karriereratgeber der Reihe *e-fellows.net wissen* zum Download:

- *Weiblich, erfolgreich, MINT*
- *Traumjob IT*
- *Perspektive Jura*

www.e-fellows.net/Wissen

Aktuelle Jobs und Praktika im Consulting

- 3.000 Stellen für Studierende, Absolvent:innen und Young Professionals
- zu deinem Profil passende Praktikums- und Jobangebote per E-Mail, z. B. von Accenture oder Deloitte

www.e-fellows.net/Jobs

Kostenlos als Mitglied anmelden: www.e-fellows.net/Mitglied-werden

5. Erfahrungsberichte

Dr. Fabian Mair

Associate bei ZS Associates

Laptop statt Pipette – von der Forschung in die Beratung

Ich hätte nie gedacht, dass ich meinen Laborkittel gegen Anzug und Krawatte eintauschen würde. Zu Beginn meines Studiums ahnte ich nicht, dass mich meine Leidenschaft für die Biochemie auf eine aufregende Reise jenseits der Grenzen des Labors führen würde. Ausgestattet mit meinem Fachwissen, wagte ich den Schritt in die Beratung und entdeckte eine völlig neue Welt der Möglichkeiten.

Nach Abschluss meiner Promotion, in der ich mich mit der Entschlüsselung der Komplexität von Lipoproteinen und ihrer Rolle bei der Bekämpfung verheerender Krankheiten (wie etwa der Neurodegeneration oder kardiovaskulärer Erkrankungen) beschäftigte, hängte ich meine Forschungsstelle als Postdoc an den Nagel und nahm meine neue Aufgabe bei ZS Associates an. Es begann ein aufregendes neues Kapitel, gefüllt mit Meetings, Brainstorming-Sessions und interessanten Projekten, die mich in einer Weise herausforderten, die ich nie für möglich gehalten hätte. Vor mir lag eine Welt jenseits des Mikroskops und ich war bereit, sie zu entdecken.

Ein Doktortitel ist nur der Anfang…

Meine Reise als promovierter Chemiker war geprägt von wissenschaftlichen Entdeckungen, spannenden Begegnungen, Beharrlichkeit und einer ungebrochenen Leidenschaft für das Lernen. Während meines Studiums an der Universität Innsbruck hatte ich das Privileg, in Deutschland und den USA zu forschen, und konnte somit Einblicke in die unterschiedlichsten Labore gewinnen.

Als sich mein Abschluss näherte, begann ich, über meine Karriereoptionen außerhalb des Labors nachzudenken. Ich stellte fest, dass mich mein Chemiestudium nicht auf die vielfältigen Karrierewege vorbereitet hatte, die promovierten Chemiker:innen offenstehen. Daher begann ich, mich selbst damit zu beschäftigen, und stieß dabei auf die studentische Unternehmensberatung icons - consulting by students.

Während meiner dreieinhalb Jahre im Promotionsprogramm konnte ich durch die Arbeit bei icons - consulting by students erste Eindrücke vom Beratungsalltag gewinnen. Ich sammelte Erfahrungen und knüpfte Kontakte zu Mitarbeitenden aus verschiedenen Beratungsunternehmen. Für mich, als Wissenschaftler, waren das geschliffene Auftreten der Berater:innen und die Verwendung komplexer Begriffe und Akronyme zunächst einschüchternd, aber ich war wissbegierig.

Als ich anfing, über meinen zukünftigen Berufsweg nachzudenken, wurde mir bewusst, dass mich an der Beratung insbesondere die intellektuelle Herausforderung, Geschäftsprobleme zu lösen, und das viele Reisen in verschiedene Städte und Länder reizten. Im Gegensatz zur Forschung bot mir die Strategieberatung eine neue und spannende Möglichkeit, meine Fähigkeiten als promovierter Chemiker einzusetzen. Und so wagte ich schließlich den Schritt und begann meine Karriere in der Beratung.

Überqualifiziert? Im falschen Beruf? Oder doch der richtige Fit?

Was ich an der Beratungstätigkeit am meisten schätze, ist die Möglichkeit, mein Fachwissen auf reale Probleme anzuwenden und den Kunden zu helfen, ihre Ziele zu erreichen. Anders als im akademischen Bereich, wo es Jahre dauern kann, bis man die Ergebnisse seiner Forschung sieht, kann ich in der Beratung die unmittelbare Wirkung meiner Bemühungen erkennen. Es ist unglaublich befriedigend, wenn man in nur kurzer Zeit einen spürbaren Unterschied bewirken kann. Aber es geht nicht nur um die unmittelbare Wirkung.

Die Beratungstätigkeit bietet ein intensives und zugleich abwechslungsreiches Arbeitsumfeld, das mich auf Trab hält und mich zusätzlich mit biochemienahen Themen, wie z. B. der Entwicklung von Gentherapien, konfrontiert. Jedes Projekt ist einzigartig und erfordert einen innovativen Ansatz, sodass es nie langweilig wird. Als Chemiker bringe ich wertvolle Fähigkeiten, wie kritisches Denken, komplexe Problemlösungsansätze, Beständigkeit und datengestützte Entscheidungsfindung, mit.

Einer der interessantesten Aspekte der Beratungstätigkeit ist es, mit einer Vielzahl von Kunden aus unterschiedlichen Branchen und Kontinenten zusammenzuarbeiten. Ich konzentriere mich im Moment jedoch ausschließlich auf den pharmazeutischen Sektor, da das der Fokus meines derzeitigen Arbeitgebers ist, der es Wissenschaftler:innen wie mir ermöglicht, sich mit Healthcare-Themen außerhalb des Labors zu beschäftigen.

Zusammenfassend lässt sich sagen, dass die Unternehmensberatung für promovierte Chemiker:innen die perfekte Lösung sein kann. Man bleibt nah an der Forschung und den aktuellen Trends, arbeitet in einem gemeinschaftlichen Umfeld und kann sich ständig weiterentwickeln. Promovierten Chemiker:innen, die auf der Suche nach einer neuen Herausforderung sind, kann ich es also nur empfehlen, sich in der Beratungsbranche umzusehen. Ich habe es nicht bereut!

Meine Empfehlung an die Leser:innen

Zuallererst sollten sich Absolventen:innen der Naturwissenschaft fragen, ob der Wechsel in die Wirtschaft für sie interessant sein könnte. Um eine bessere Vorstellung davon zu bekommen, empfehle ich die Teilnahme an Get-together- oder Recruiting-Veranstaltungen, die von Beratungsunternehmen organisiert werden. Diese Events bieten eine ideale Gelegenheit, Kontakte zu Berater:innen zu knüpfen und wertvolle Einblicke in die Branche zu gewinnen.

Wenn man merkt, dass einem die Arbeit in der Unternehmensberatung taugt, rate ich, kurze Einzelgespräche mit ein bis zwei Mitarbeitenden bei einem Beratungsunternehmen zu vereinbaren. Darüber hinaus kann man in der studentischen Unternehmensberatung bereits während der Studienzeit die ersten praktischen Erfahrungen sammeln. Diese studentischen Vereine arbeiten oft mit globalen Unternehmensberatungen zusammen und bieten so einen direkten Zugang zu potenziellen Arbeitgebern.

Durch die Teilnahme an Recruiting-Veranstaltungen, den persönlichen Austausch mit erfahrenen Berater:innen und das Engagement in der studentischen Unternehmensberatung können Student:innen der Naturwissenschaften wertvolles Wissen erwerben, ihre beruflichen Kontakte ausbauen und fundierte Entscheidungen über ihre berufliche Laufbahn treffen.

Joshua Spreng

Student B.Sc. Wirtschaftsingenieurwesen

Praktikum bei Ginkgo Management Consulting

Vom Hörsaal in die spezialisierte Boutique-Beratung

Ohne Zweifel ist der Beratungsjob einer der interessantesten und abwechslungsreichsten Berufe, für die man sich entscheiden kann. Jeden Tag stehen neue Herausforderungen innerhalb unterschiedlicher Themengebiete bevor. Regelmäßig arbeitet man sich selbstständig in gänzlich neue Problemstellungen und Fachbereiche ein. Vor allem die hohe Dichte an interessanten und motivierten Menschen ist einzigartig. Dies waren die wichtigsten Beweggründe, die mich für ein Prakikum in die Beratung zogen. Ich persönlich finde den Beratungsalltag vor allem deswegen so spannend, weil man für das stetige Dazulernen bezahlt und gefördert wird! Als eine Person, die ständig auf der Suche nach der nächsten Herausforderung ist, entschied ich mich dazu, das spannende Beratungsumfeld kennenzulernen.

Mehrwert schaffen ohne fachliches Expertenwissen – geht das?

Mit einem Praktikum oder dem Berufseinstieg in der Beratung kannst du dir in einem sicher sein: Dir wird so schnell nicht langweilig. Als ich mein Praktikum anfing, dauerte es nicht lange und ich war schon tief drin im Arbeitsgeschehen. Sofort wurde ich von meinem Mentor mit auf ein Projekt genommen, lernte das kundenseitige Team kennen und arbeitete mich in ein neues Thema ein. Ohne tiefgehende IT-Erfahrung, befand ich mich nun bei meinem ersten Digitalisierungsprojekt in einer IT-Beratung.

Zu Beginn und vor dem Praktikum fragte ich mich, inwieweit man überhaupt ein Unternehmen beraten kann, wenn man selbst kein:e Expert:in in dem jeweiligen Thema ist. Bald stellte ich fest, dass Berater:innen nicht zwangsläufig über Expertenwissen verfügen müssen, um eine gute Beratungsleistung zu erbringen. Manche Projekte und Teams benötigen Personen mit einem unvoreingenommenen Blick, die das vorliegende Problem aus einer Außenperspektive und mit Erfahrungen aus vergleichbaren Problemstellungen beleuchten. Dies war ein entscheidender Vorteil für mich: Selbst mit meiner begrenzten IT-Erfahrung konnte ich einen Mehrwert bei den Projekten leisten. Mit dieser Erkenntnis wandelte sich mein Blick auf die Beratungstätigkeit.

Wenn es bei manchen Projekten nicht ausschließlich auf das Expertenwissen ankommt, was sind dann die Alleinstellungsmerkmale eines Consultants? Während meines Praktikums versuchte ich, viel Zeit mit erfahrenen Berater:innen bei Projekten zu verbringen, um genau dieser Frage auf den Grund zu gehen. Meines Erachtens stachen drei Eigenschaften heraus, die alle hochklassigen Berater:innen gemein hatten.

Überzeugungskraft: Prägnante und klare Kommunikation

Jede:r von ihnen zeichnete sich durch eine herausragende Kommunikationsfähigkeit aus. Ideen klar und prägnant kommunizieren zu können, ist von essenzieller Wichtigkeit im Beratungsumfeld. Eine der besten Möglichkeiten, sich diese Fähigkeit während des Studiums anzueignen, ist das Engagement in Hochschulgruppen. Ich persönlich verfolge beispielsweise das Hobby des Debattierens und kann dir dieses nur wärmstens ans Herz legen. Der Besuch eines Debattierclubs oder z. B. einer Model United Nations Society bietet herausragende Möglichkeiten, die eigenen Redefähigkeiten in einem spielerischen Rahmen zu erproben und zu verbessern. Vor allem macht es auch einfach Spaß!

Extrameile: Überdurchschnittliche Lern- und Leistungsbereitschaft
Es ist kein Geheimnis, dass Unternehmensberater:innen hin und wieder etwas mehr arbeiten. In meiner intensivsten Arbeitswoche arbeitete ich weit mehr, als ich mir vor meinem Praktikum hätte vorstellen können. Mein längster Arbeitstag ging bis spät in die Nacht. Das mag zunächst einmal abschreckend klingen. Ist es aber nicht zwingend, solange es nicht zur Regelmäßigkeit wird. Ehrlich gesagt finde ich, dass solche kurzen Sprints auch etwas sehr Reizvolles haben können. Während derart anspruchsvoller Phasen nahm ich ein ungeheures Gefühl der Zusammengehörigkeit und Integration im Team wahr. Alle arbeiten auf ein gemeinsames Ziel hin und ziehen an einem Strang. Jede:r bringt seine Fähigkeiten und Stärken ein und das Team erzeugt in kürzester Zeit sehenswerte Ergebnisse. Nicht selten schloss ich in solch intensiven Zeiten enge Freundschaften über das kollegiale Verhältnis hinaus und lernte enorm viel dazu. Rückblickend würde ich die Sprints zu den spannendsten Erfahrungen meines Praktikums zählen und bin dankbar für die gemeinsam bezwungenen Extrameilen!

Eigeninitiative: Fordern und Fördern
Wenn ich meinem jüngeren Ich vor dem Praktikum einen Rat mit auf den Weg hätte geben können, wäre es folgender gewesen: Sei proaktiv. Initiative zu zeigen, sich bei internen Projekten zu engagieren sowie eine aufrichtige Leistungsbereitschaft zu kommunizieren, öffnet mehr Türen, als man zunächst glauben mag. Es erfordert eben diese Proaktivität, um ein Projekt voranzubringen und dem Kunden Ergebnisse mit Mehrwert zu präsentieren. Ebenso ist die Beteiligung an internen Projekten von großer Bedeutung. Dadurch, dass ich mein Interesse an neuen Themen und Aufgaben mit meinen Kolleg:innen teilte, erhielt ich nicht nur mehr Verantwortung bei den Projekten. Auch kamen mehr Kolleg:innen mit spannenden Aufgaben auf mich zu, durch die ich viel dazulernte und die mich mit neuen Perspektiven wappneten.

Beyond Size – Hidden Champion Versus Big Player
Zuletzt möchte ich die Möglichkeit eines Berufseinstiegs bei kleineren Unternehmensberatungen aufzeigen und unterstreichen. Mein Praktikum spielte sich in einer Boutique-Beratung ab und ich hätte dahingehend keine bessere Entscheidung treffen können. Bei der Auswahl des Unternehmens sollten die dort vorherrschende Kultur sowie die Werte und das Zielbild des Unternehmens mit den eigenen Werten übereinstimmen. Ein Kriterium, das hierbei eine Rolle spielen kann, ist die Größe. Kleine Firmen haben oft eine vertrauensbasierte und kollaborative Kultur, in der sich alle kennen, während große Firmen eine formelle und hierarchische Kultur haben können. Mir gab es ein sehr gutes Gefühl, sofort als wertvoller Bestandteil des Teams gesehen zu werden und die meisten meiner Kolleg:innen zu kennen. Dadurch haben sich tiefe und persönliche Freundschaften über das kollegiale Verhältnis hinaus ergeben.

Für mich persönlich war das Consulting-Praktikum die richtige Entscheidung und eine Erfahrung, die ich nicht missen möchte. Ich kann den Berufseinstieg ins Consulting all jenen empfehlen, die sich einen spannenden und facettenreichen Arbeitsalltag wünschen und bereit sind, die Extrameile zu gehen. Der Beratungsberuf ist gewiss ein interessanter Ort, der nur darauf wartet, von leistungs- und lernbereiten Menschen ausprobiert zu werden!

Kevin Hilzinger

Associate Consultant
bei KPMG

Reality Check: Was ist dran an typischen Beratungsklischees?

Den Begriff „Beratung" assoziieren viele zunächst mit rund um die Uhr arbeitenden, schick gekleideten Strategieberater:innen, die sich mehr mit der Konzeption von Geschäftsmodellen als mit deren Umsetzung beschäftigen. Nach ersten Beratungserfahrungen während meines Studiums der Wirtschaftsinformatik (studentische Beratung, Praktikum, Werkstudententätigkeit) und nach meinem Festeinstieg ins Consulting bei KPMG kann ich jedoch sagen: Das entspricht so nicht der Realität! Um dem Stereotyp entgegenzuwirken, möchte ich meinen Arbeitsalltag als IT-Consultant vorstellen, mit den Klischees aufräumen und Transparenz schaffen. Und, wer weiß, vielleicht einige Leser:innen für einen Berufseinstieg in die IT-Beratung begeistern.

Routine war gestern – Adventure Is King!

Durch die vielfältigen Tätigkeiten eines IT-Consultants ist jeder Tag geprägt von Abwechslung und neuen Themen. Mitunter die wichtigste Aufgabe liegt in der Aufnahme der Anforderungen unserer Kunden. Dieser Prozess ist mal mehr, mal weniger einfach, da uns bei jedem neuen Projekt unterschiedlich konkrete Vorstellungen begegnen: Es gibt Kunden, die verstehen ihre eigene IT-Systemlandschaft besser als andere. Daher ist oft gute Kommunikationsfähigkeit gefragt, um herauszufinden, welche Zielsetzungen und Anforderungen ganz konkret an das Projekt gestellt werden.

Die Umsetzung muss dann fortlaufend mit dem jeweiligen Kunden abgestimmt werden. So kann sichergestellt werden, dass man nicht in eine falsche Richtung arbeitet und das Ergebnis den größtmöglichen Mehrwert bietet sowie die zuvor definierten Zielsetzungen trifft. Zudem nimmt man als Consultant an Milestone-Meetings mit den Kunden teil, bei denen wichtige Projektupdates und natürlich auch abschließende Projektergebnisse präsentiert werden. Auch als jüngerer Berater wurde ich in den Projektteams von meinen Kolleg:innen und von den Kundenmitarbeiter:innen stets sehr wertgeschätzt und erhielt viel Zuspruch und Unterstützung.

Die Arbeit im Team erfordert außerdem einen täglichen Austausch in Form von planmäßigen sowie spontanten Meetings per Videocall oder vor Ort mit dem gesamten Projektteam. Hierbei werden die Arbeitspakete verteilt, die je nach Aufgaben allein oder gemeinsam durchgeführt werden.

Der Bereich der Technologieberatung ist vor allem für all jene interessant, die für ein technisches Thema, z. B. Data Science & Analytics, Robotic Process Automation oder ERP-Systeme brennen. Dabei ist es keine Pflicht, bereits während des Studiums Profi in einer bestimmten Programmiersprache, der Nutzung eines bestimmten Tools oder im Umgang mit den heißesten Buzzwords à la Big Data, Deep Learning oder Blockchain zu sein. Denn: Neue Technologien schießen jeden Tag wie Pilze aus dem Boden! Wichtiger sind Begeisterungsfähigkeit und die Motivation, sich in neue Themen einzuarbeiten. Auch Freude an der Arbeit im Team und am gemeinsamen Erreichen von Zielen ist sicher gut. Somit machen die folgenden drei Eigenschaften einen guten Fit im IT-Consulting aus: Wissbegierde, Motivation und Teamgeist.

Reality Check: Jetzt heißt es aufräumen mit den Klischees!

Von allen Klischees, die sich um das Consulting ranken, ist eines sicherlich am präsentesten: Berater:innen arbeiten rund um die Uhr. Meiner Erfahrung nach trifft das jedoch in keiner Weise zu. Zwar kommt es vor, dass auch einmal Überstunden anfallen. Gerade zu Ende eines Projekts steigt das Arbeitspensum. Doch niemand muss pausenlos verfügbar sein. Überstunden können in weniger intensiven Projektphasen abgebaut werden. Denn klar ist, dass Bestleistungen auch Ruhephasen benötigen, in denen der Akku wieder aufgeladen werden kann.

Ein weiteres, verbreitetes Klischee ist sicherlich das des anzugtragenden Consultants. Ganz klar: Ein gepflegtes Erscheinungsbild ist wichtig. Das heißt, zerrissene Jeans und ausgetretene Turnschuhe haben bei Kundenterminen nichts zu suchen. Ich wurde aber noch nie schräg angeschaut, weil ich nicht im klassischen Dreiteiler erschienen bin.

Ein weiteres Stereotyp bezüglich des Beratungsjobs liegt in der Arbeit selbst: Angeblich sind Consultants unter Dauerstress, weil sie permanent mehrere Bälle gleichzeitig in der Luft halten müssen. Da ich auch schon in Industrieunternehmen arbeiten durfte, habe ich den direkten Vergleich: Es stimmt, dass Consultants häufig an mehreren Projekten parallel arbeiten. Das bedeutet aber gleichzeitig, dass sie sich in kürzester Zeit stark weiterentwickeln können. Das habe ich so in der Industrie nicht erlebt.

Auch das allen bekannte „please fix“ hat ausgedient. Aufgaben werden nicht nur von oben nach unten durchgereicht. Führungskräfte begegnen mir immer auf Augenhöhe und wenn meine To-do-Liste wieder mal lang wie ein Kassenzettel war, konnte ich immer auf die Unterstützung von meinem Team und meiner Führungskraft zählen.

Meine Take-aways aus zwei Jahren Beratung

Klischees sind längst überholt: Meiner „Give-It-A-Try“-Mentalität habe ich zu verdanken, dass ich trotz meiner anfänglichen Skepsis Spaß an der Beratungswelt gefunden habe. Interessierten kann ich deshalb nur raten, einfach mal reinzuschnuppern und sich ein eigenes Bild zu machen. Praktika oder Werkstudierendentätigkeiten sind ideal, um die Branche kennenzulernen, und beim Berufseinstieg ins Consulting zudem gern gesehen.

Steile Lernkurve: Fehlende Kenntnisse, z.B. in einer speziellen Technologie, sind kein Hindernis. Vielmehr werden sie als Ansporn begriffen, sich weiterzuentwickeln und jeden Tag hinzuzulernen. Das ist im Consulting möglich wie in wahrscheinlich keinem anderen Bereich. Während die viel zitierte „steile Lernkurve“ immer wie ein Klischee klingt, spüre ich sie doch jeden Tag: Im Team findet sich garantiert immer jemand mit dem passenden Skillset, Know-how und Background, um nahezu jede Fragestellung zu beantworten.

Der Weg ist das Ziel: Gerade im technischen Consulting ist eines extrem hilfreich: Resilienz. Wer Spaß an kniffligen Herausforderungen hat und hartnäckig an einer Lösung tüftelt, wird den Aha-Moment und die Genugtuung lieben, wenn das anfangs schier unüberwindbar erscheinende Problem auf einmal gelöst ist und der Knoten wortwörtlich „platzt“. Durchhaltevermögen und Motivation werden in solchen Momenten belohnt wie wohl in keinem anderen Beruf.

Raphael Würffel

Studium der Soziologie und Politikwissenschaft

Ehem. 1. Vorsitzender und Vorstand für Öffentlichkeitsarbeit des BDSU

Rüstzeug für die Karriere

Unabhängig davon, ob die Karriere mittel- bis langfristig in Richtung Beratung geht: Allein schon das dort erlernte Handwerkszeug hilft für den weiteren Karriereweg. Einige Spitzenberater:innen werden nach ihrer Beratungszeit zu erfolgreichen Gründer:innen – weniger Zufall als Ergebnis ihrer Ausbildung und der genutzten Chancen. Sie haben sich ein Netzwerk aufgebaut und von Anfang an gelernt, zu kommunizieren sowie zielorientiert zu arbeiten.

Einstieg in die studentische Unternehmensberatung

Bereits im ersten Semester meines Studiums der Soziologie und Politikwissenschaft bin ich zu Junior Management Solutions – Augsburg e. V. (JMS Augsburg) gekommen. JMS ist die studentische Unternehmensberatung der Universität Augsburg. Ziel der studentischen Beratung ist es, Studierenden parallel zu ihrem Studium zu Praxiserfahrung zu verhelfen, deren Hard und Soft Skills auszuprägen und sich gleichzeitig mit anderen Student:innen und Unternehmensvertreter:innen zu vernetzen. Mein Studium in den Geisteswissenschaften zeigt, dass es nicht eines Wirtschaftswissenschaftsstudiums bedarf, um in die Beratung zu gehen. Auch wenn der Großteil wirtschaftswissenschaftlichen Hintergrund hat, kommen die Mitglieder bei JMS Augsburg aus mehr als 15 verschiedenen Studiengängen. Aber von Anfang an.

Nach meiner Bewerbung bei JMS Augsburg, bestehend aus meinem CV und einem Motivationsschreiben, wurde ich zu den Workshop-Tagen eingeladen. An diesen galt es, innerhalb einer mir zugewiesenen Gruppe gemeinsam verschiedene Cases zu lösen. Anschließend wurde ein Feedbackgespräch mit mir geführt. Nach ein paar Tagen erfolgte die Zusage.

In den ersten sechs Monaten bearbeiten Anwärter:innen ein Anwartschaftsprojekt. Dabei handelt es sich entweder um ein internes Projekt, das JMS Augsburg und dessen Weiterentwicklung in den Fokus stellt, oder um ein externes Pro-bono-Projekt. Parallel dazu erhalten Anwärter:innen Schulungen, um sich entsprechendes Basiswissen anzueignen, wie z. B. richtig zu präsentieren. Gleichzeitig haben Anwärter:innen die Möglichkeit, sich in verschiedenen Themenfeldern intern auszuprobieren und tiefer einzusteigen. Letztendlich geben die ersten sechs Monate sowohl der studentischen Beratung, als auch den Anwärter:innen die Möglichkeit, herauszufinden, ob sie zueinanderpassen. Dies wird mittels regelmäßiger Feedbackgespräche unterstützt.

Laufbahn als Mitglied

Nach der erfolgreichen Anwartschaft erfolgt die Aufnahme als Mitglied. Daran anschließend stehen verschiedene Optionen für den weiteren Weg offen. So ist es möglich, als Mitglied interne sowie externe Projekte durchzuführen, sich innerhalb der verschiedenen Teams in den Bereichen Sales, Public Marketing, IT, Legal und einigen mehr einzubringen oder direkt Führungsverantwortung zu übernehmen. Ich bewarb mich auf die Position Head of Public Marketing. Damit konnte ich innerhalb eines überschaubaren Verantwortungsbereichs meine ersten Führungserfahrungen sammeln. Mein Team umfasste fünf Teammitglieder. Das war ab Mitte 2020 – als die Coronapandemie noch viele Unsicherheiten mit sich brachte. Zwei der großen Herausforderungen waren dabei die Aufrechterhaltung der Motivation in der rein digital stattfindenden Zusammenarbeit aller Teammitglieder und die anfängliche Unsicherheit gegenüber den teilweise deutlich erfahreneren Teammitgliedern. Sicherheit gab dabei für beide Problemstellungen der regelmäßige 1:1-Austausch mit den Teammitgliedern. In diesen Gesprächen wurden beidseitige Erwartungen abgesteckt und Feedback gegeben, Verfügbarkeiten abgeklärt und Zwischenstände bei Aufgabenpaketen besprochen.

Parallel dazu war ich Projektmitglied eines externen Projekts. Bei diesem Projekt beriet ich mit zwei weiteren Berater:innen ein Augsburger Start-up. Ziel war es, ein Vermarktungskonzept auszuarbeiten und dieses zu implementieren. Nach der Implementierung hielten wir einen Workshop für die Mitarbeiter:innen und begleiteten diese die ersten Wochen bei der Anwendung. Dadurch konnte das Konzept erfolgreich implementiert und schlussendlich von den Mitarbeiter:innen genutzt werden.

Nach meiner Zeit als Head of Public Marketing wurde ich 1. Vorsitzender und Vorstand für Finanzen & Controlling (F&C) von JMS Augsburg. Hintergrund der Entscheidung für das Vorstandsressort F&C waren die sinkenden Corona-Infektionszahlen Mitte 2021. Dadurch sah ich die Notwendigkeit, schnell handlungsfähig zu sein, was die Mitgliederdynamik anbelangte. Mittels zielgerichteter Investitionen konnten unsere Mitglieder, der aktuellen Coronasituation angepasst, in die Präsenz zurückgeholt werden. Heute zählt JMS Augsburg mit über 620 Beratungstagen zwischen dem 1. August 2021 und dem 31. Juli 2022 zu den performantesten studentischen Unternehmensberatungen in Deutschland.

Direkt nach meiner Vorstandszeit bei JMS Augsburg wurde ich 1. Vorsitzender und Vorstand für Öffentlichkeitsarbeit des Bundesverbands Deutscher Studentischer Unternehmensberatungen e. V. (BDSU). Der BDSU vereint die führenden studentischen Unternehmensberatungen in Deutschland. Der Kern meiner Aufgaben umfasste, das Konzept der studentischen Unternehmensberatung in Deutschland bekannter zu machen und den Verband strategisch weiterzuentwickeln. Insgesamt war ich an 98 Tagen meines Amtsjahres für den BDSU unterwegs und lernte in dieser Zeit viele spannende Menschen kennen. Mein Team umfasste mehr als 15 Personen. Die besondere Herausforderung war es, meine in ganz Deutschland verteilt arbeitenden Teammitglieder zu koordinieren und zu motivieren.

Learnings aus der Zeit in der studentischen Unternehmensberatung

Zu den größten Learnings in meiner Zeit in der studentischen Beratung gehört die Arbeit im Team. Gerade bei Gruppenprojekten an der Uni merkte ich schnell die Unterschiede in der Kommunikation und konnte meine strukturierte Arbeitsweise einbringen. Dazu lernte ich von Anfang an, mit meinem Kalender umzugehen und Aufgaben zu priorisieren. Neben den Soft Skills waren es die Weiterbildungsmöglichkeiten während meiner gesamten Mitgliedschaft, von denen ich bis heute profitiere. Vor allem lernte ich viele interessante und inspirierende Menschen kennen.

Lohnend für jede:n

In der studentischen Unternehmensberatung lernen alle voneinander. Wichtig ist es, die verfügbaren Ressourcen zu nutzen, Workshops zu besuchen und sich aus der eigenen Komfortzone zu bewegen. Jede:r bekommt die Möglichkeit, verschiedene Bereiche auszuprobieren und selbst herauszufinden, ob Beratung zur eigenen Person passt. Ob konkret das Netzwerken, die Reisemöglichkeiten oder die Vertiefung der Hard und Soft Skills, es ist die Vielfalt, die die studentische Unternehmensberatung so spannend macht.

Dr. Laura Gruber

Associate Partnerin bei Batten & Company

Eine Liebeserklärung an die Vereinbarkeit von Beruf und Familie in der Unternehmensberatung

Als ich mein Psychologiestudium abschloss, hatte ich nicht die Absicht, in der Beratung zu arbeiten. Ich fasste eine Karriere in der Wissenschaft ins Auge und promovierte in der Grundlagenforschung der Sozial- und Kognitionspsychologie. Im Laufe meiner Promotion wurde mir bewusst, dass ich mir gerne Alternativen anschauen würde. Bei Batten & Company arbeiteten schon damals einige Psycholog:innen und so stieg ich während meiner Promotion dort als Associate ein. Mich überzeugte sofort die Mischung aus verschiedenen Themen, die Schnelllebigkeit und vor allem die Zusammenarbeit mit meinen Kolleg:innen.

Diese Kolleg:innen haben mir dann auch geholfen, die Lücken zum klassischen BWL-Wissen zu schließen, das man in der Beratung natürlich als Basis braucht. Aber auch mein Wissen aus dem Psychologiestudium ist sehr wertvoll, wenn es darum geht, qualitative und quantitative Befragungen aufzusetzen und auszuwerten. Zudem zeichnet meine Projekte immer eine hohe Kundenzentrierung aus. Da nützt ein Verständnis für Menschen und Motive bei der Interpretation von Primär- und Sekundärdaten ungemein. Aber das wichtigste Lernprinzip in der Beratung ist Learning by Doing. Aktuell beschäftigen wir uns mit neuen Technologien wie etwa dem Metaverse, Web 3.0 oder New Work, um zu verstehen, was das für unsere Kunden bedeutet. Es gibt also immer eine steile Lernkurve, auch noch nach vielen Jahren.

Ein Leben ohne Beratung ist möglich, aber sinnlos

Auch wenn mir mein Job viel Freude bereitete, konnte ich mir damals nicht vorstellen auf Dauer in der Beratung tätig zu sein. Unter der Woche meist vier Tage beim Kunden vor Ort zu sein, war für eine gewisse Zeit lang großartig, aber eben kein Dauerzustand. So entschied ich mich, im Jahr 2018 die Beratung zu verlassen. Nachdem die Coronapandemie und ein kleines Baby mein Leben auf den Kopf gestellt hatten, traf ich während der Elternzeit im Jahr 2021 eine ehemalige Kollegin. Nach einigen Gesprächen fiel uns auf, dass ein großer Knackpunkt – die Reisetätigkeit als Berater:in – durch die Coronapandemie weitestgehend weggefallen war. Also entschied ich mich für das Experiment, die Vereinbarkeit von Beruf und Familie in der Beratung zu leben.

Ist die Unternehmensberatung vielleicht der beste Platz für berufstätige Eltern?

Ehrlicherweise war ich zunächst skeptisch, ob sich der Beratungsalltag mit einer Familie vereinbaren ließe. Meine Idealvorstellung war das Bild einer entspannten und erfolgreichen Karrierefrau, die auch ihre Zeit als Mutter in vollen Zügen genießt. Ich wollte nicht gehetzt sein, mit einem ständig schlechten Gewissen. Doch wie es so ist, die Wahrheit liegt in meinem Alltag meist irgendwo dazwischen. Denn ob Berater:in oder nicht, Mann oder Frau – Kompromisse muss jede:r eingehen. Auch wenn man das Gegenteil vermuten würde, ist der Beratungsjob in meinen Augen dennoch einer der besten Berufe, wenn es um die Vereinbarkeit von Familie und Beruf geht:

1. **Flexibilität ist der Schlüssel:** Ich kann arbeiten, wann und wo ich will. Als Folge der Coronapandemie und aufgrund unseres Nachhaltigkeitsbestrebens wird viel weniger gereist. Auch haben wir jetzt einige Kolleg:innen, die nicht mehr an unseren Bürostandorten in München und Düsseldorf wohnen, sondern sich beispielsweise privat in Berlin oder Hamburg niedergelassen haben. Sie arbeiten dort in einem der BBDO-Offices oder natürlich flexibel im Homeoffice. Im Sommer arbeite ich meist

mehrere Wochen in „Workation", wo ich in den Kita-Ferien an einem Ort meiner Wahl für die Firma tätig sein kann und das mit einem Urlaub kombiniere. Am liebsten arbeite ich aber in unserem Büro, denn ich mag es, morgens aus dem Haus zu gehen, die Mutterrolle abzustreifen und mich dort voll konzentrieren zu können.
2. **Produktivität anpassen:** Zurzeit bin ich in Teilzeit tätig. Während Mitarbeiter:innen in anderen Branchen dafür oft als weniger produktiv angesehen werden, habe ich einfach anteilig niedrigere Ziele. Somit arbeite ich genauso an Kundenprojekten wie meine Kolleg:innen in Vollzeit es auch tun, nur weniger. Die Kunden merken es meist gar nicht. Falls doch, dann stört es sie nicht, denn ich arbeite ohnehin nicht meine gesamte Zeit für ein Kundenprojekt.
3. **Entwicklungsmöglichkeiten nutzen:** Als Berater:in hat man viele Freiheiten, sich den Themen oder Kunden zu widmen, für die man sich interessiert. Man kann sich auf eine Branche fokussieren oder Expertise in bestimmten Technologien aufbauen. So schafft man es, am Puls der Zeit oder des Marktes zu bleiben. Und sollte man doch eine Veränderung ins Auge fassen, qualifiziert man sich stets weiter.

Vereinbarkeit von Beruf und Familie in der Beratung: Mein persönliches Modell

Es gibt kein Patentrezept, wie diese Vereinbarkeit in der Beratung gelingt, jede Familie muss dies für sich erproben. Aus meiner Sicht sind jedoch folgende Faktoren wichtig:
1. **Partnerschaft:** Wenn beide Eltern ambitioniert berufstätig sind, ist das auch eine Entscheidung, die beide zusammen treffen müssen. Mein Mann hat mich immer sehr unterstützt und trotzdem dauerte es etwas, bis alles wirklich glattlief. Bei uns ist z. B. klar, dass bei Krankheit des Kindes er genauso wie ich zu Hause bleibt. Er ist auch Berater und schätzt die oben genannten Vorzüge der Beratung genauso.
2. **Externe Unterstützung:** Wir sind in der komfortablen Lage, die Großeltern vor Ort zu haben. Ohne sie wären viele Dinge nicht möglich. Trotzdem bin ich eine Verfechterin von externer Unterstützung, z. B. durch eine Kinderfrau bzw. einen Kindermann oder eine:n Babysitter:in. Das verschafft einem die Flexibilität, die man für den Beratungsberuf benötigt.
3. **Vorgesetzte und Kolleg:innen**: Ich erfahre sehr viel Unterstützung und auch Verständnis von meinen Kolleg:innen. Sie nehmen Rücksicht auf die Zeiten, in denen ich nicht arbeite, mein Kind krank oder die Kita geschlossen ist. Es schaut mich niemand schief an, wenn ich statt eines Akquisetermins oder Workshops im Kindergarten eine Laterne bastele. Es ist wichtig, dass das berufliche Umfeld die Rahmenbedingungen respektiert, sonst ist es ein ständiger Kampf.

Mein abschließender Rat und mein Fazit

Flexibilität ist als Berater:in sehr wichtig und notwendig – in die eine wie die andere Richtung. Manchmal muss die Babysitterin bzw. der Babysitter einspringen. Manche Termine, Deadlines oder auch sozialen Events im Beruf sind einfach wichtig (wie z. B. unser Team-Event auf Mallorca). Genauso wichtig ist aber auch die Zeit mit der Familie. Man muss Grenzen setzen und diese auch würdigen und verteidigen. Und trotzdem muss man sie manchmal etwas dehnen. Es ist und bleibt ein ständiges Abwägen. Für mich ist es das absolut wert und ich freue mich jeden Tag aufs Neue darauf.

Jana Kirchen

Produktstrategie-Managerin bei MAN Truck & Bus SE

zuvor: Führungskraft bei der P3 Group

Mobilität im Wandel und ich mittendrin

Meine Zeit in der Beratung verging wie im Flug. Nachdem ich bereits zwischen Bachelor und Master in einem Beratungsunternehmen gearbeitet hatte, suchte ich dort für meine Masterarbeit den erneuten Einstieg. Als Wirtschaftsingenieurin interessierten mich insbesondere der technologische Fortschritt sowie der Wandel der Automobilindustrie hin zur Elektromobilität. Die Technologieberatungsbranche ermöglichte mir die Bearbeitung der technischen sowie wirtschaftlichen Gesichtspunkte.

Ab meinem ersten Tag wurde ich in ein Projekt für einen Sportwagenhersteller eingebunden, übernahm neben meiner Abschlussarbeit auch eigene Aufgabenpakete im Projekt und hatte schnell direkten Kundenkontakt. So dynamisch sich die Elektromobilität seit dieser Zeit weiterentwickelte, so schnell tat ich dies auch persönlich. Im Anschluss an meine Abschlussarbeit stieg ich als Beraterin im selben Unternehmen ein, wurde bald Senior-Beraterin und leitete zuletzt ein eigenes Team.

Nach meiner eigenen Reise kann ich mit dem Vorurteil aufräumen, es ginge in der Beratung primär darum, schöne Folien zu malen oder „schlau daherzureden".

Es geht um Persönlichkeit: Wissbegierde, Kritikfähigkeit, Teamfähigkeit und Integrität

Ein:e exzellente:r Technologieberater:in zeichnet sich meiner Meinung nach durch gewisse Eigenschaften aus. Neben der grundlegenden Passion für das entsprechende Themengebiet, bedarf es z. B. auch der Wissbegierde und Kollaborationsfähigkeit. Der Beratungsjob setzt Teamarbeit voraus, innerhalb der eigenen Organisation, aber auch mit externen Stakeholdern. Um komplexe Fragestellungen unter oftmals hohem Zeitdruck zu bearbeiten, braucht es nicht nur einen kühlen Kopf, sondern auch Kritikfähigkeit. In keiner anderen Branche habe ich die Feedback-Kultur so ausgeprägt kennengelernt wie in der Beratung.

Da viele Berater:innen mit hochsensiblen Daten in Berührung kommen, wird zudem Verlässlichkeit und Integrität großgeschrieben. Ein starkes Auftreten und Selbstsicherheit helfen, Kunden ein gutes Gefühl zu geben und sich auch in schwierigen Situationen zu behaupten. Bereits als 27-Jährige reiste ich zu internationalen Produktionswerken, nahm an Produktverhandlungen von Lieferanten teil und hielt Vorträge auf Konferenzen sowie vor Geschäftsführer:innen.

Es geht um Fähigkeiten: Perspektivenwechsel, Technikaffinität und Marktverständnis

Ich würde meine Erfahrung in der Beratung als „faszinierenden Wahnsinn" beschreiben. Durch ein kontinuierlich wechselndes Arbeitsumfeld und sich stets verändernde Projektinhalte bietet die Beratung eine steile Lernkurve, viel Abwechslung und Einblicke in unterschiedliche Unternehmen.

In diesem Umfeld gibt es einige Fähigkeiten, die man mitbringen sollte. So z. B. Offenheit für verschiedene Perspektiven. Fehlende Offenheit für einen Perspektivenwechsel resultiert für mich in einem nicht zufriedenstellenden Projektergebnis nach „Schema F". Grundlage für die Fähigkeit, den Blickwinkel auch einmal zu ändern, ist ein breites Marktverständnis. Neben meiner Projektarbeit verbrachte ich daher viel Zeit mit dem Lesen von wissenschaftlichen Artikeln und dem Austausch mit Expert:innen.

Gegenüber der klassischen Strategieberatung wird in der Technologieberatung eine hohe Technikaffinität vorausgesetzt. So habe ich mich zwar früh auf Elektromobilität fokussiert, schreckte aber nie vor der großen Bandbreite an Themen – von der Ladeinfrastruktur bis zur Halbleiterproduktion – zurück. Darüber hinaus bringt die beste Technologie ohne Wirtschaftlichkeit und Markterfolg wenig, sodass auch ein wirtschaftliches Verständnis vorteilhaft ist.

Wer Spaß daran hat, eigenständig zu arbeiten und sich mit (teils) neuer Materie zu befassen, wird seinen Traumjob in der Technologieberatung finden.

Keine zwei Tage sind gleich: Von ASIL-Anforderungen bis zu Aktienmärkten
Der Arbeitsalltag in der Technologieberatung ist sehr unterschiedlich – abhängig von der Branche und der Positionierung der Beratung. Meiner hat mich zum Multitasking-Champion gemacht. Er war geprägt von In- und Auslandsreisen, Recherchen und Bewertungen, Kundenpräsentationen sowie Akquiseterminen. Weiterentwickelt habe ich mich dabei sowohl auf fachlicher als auch auf menschlicher Ebene.

Ich startete in einem Batterie-Entwicklungsprojekt für einen deutschen Automobilhersteller. Meine Kernaufgaben waren die Koordination und Erstellung der Lastenhefte mit rund 2.000 technischen Anforderungen. Hier lernte ich insbesondere die technische Detailebene sowie die Entwicklungsprozesse und Arbeitsmethoden in der Automobilentwicklung kennen.

Später erweiterten Projektleitung sowie Führungsverantwortung mein Aufgabenspektrum und Qualitätssicherung sowie Personalgespräche rückten in den Fokus. Ich arbeitete mit Investmentbanken und setzte mich mit deutlich strategischeren Fragestellungen auseinander: „Wie kann ein Unternehmen in einen bestimmten Markt eintreten? oder „Soll die Bank in ein Unternehmen investieren? Wie ist die Technologie des potenziellen Targets zu bewerten?“

Der Schritt in die Industrie – eine schwere und ganz persönliche Entscheidung
Die Beratung hat mir einen breiten Technologie- und Marktüberblick, die Möglichkeit zur Selbstentfaltung sowie einen schnellen Aufstieg geboten. Nach sieben Jahren in der Beratungsbranche habe ich Anfang 2023 dennoch den Entschluss gefasst, in die Industrie zu wechseln. Bisher waren meine Projekte meist zwischen drei Wochen und drei Monate lang. Jetzt möchte ich eine Strategie definieren und deren rollierende Anpassung sowie längerfristige Implementierung mitverfolgen.

Wenn ich auf meine Zeit in der Beratung zurückblicke, denke ich weniger an die anstrengenden Tage oder das auch mal kritische Feedback von Kunden oder Teammitgliedern. Ich denke an die dankbaren Worte der Kunden, mit denen wir neues Geschäftspotenzial identifizieren konnten, und ich denke an meine Projekte in Südkorea, Großbritannien, Schweden oder den USA, bei denen ich unterschiedliche Technologie-Trends und Arbeitsweisen kennenlernen durfte.

Mein Fazit: Für mich war es absolut die richtige Entscheidung, meinen beruflichen Werdegang in der Technologieberatung zu beginnen, und es ist nicht ausgeschlossen, dass ich zu einem späteren Zeitpunkt wieder in die Beratung zurückkehren werde.

Stefanie Schuster

IT-Beraterin
bei viadee Unternehmensberatung AG

Mit Spanischer Kulturwissenschaft in die IT-Beratung?

Wenn mich andere Menschen nach meinem Beruf fragen und ich antworte „IT-Beraterin für Versicherungen", blicke ich in fragende Gesichter. „Was macht man da eigentlich? Ist das nicht total langweilig?" Ehrlich gesagt hätte ich vor sieben Jahren genau das auch gedacht. Wenn ich dann auch noch erkläre, dass ich keinen IT-Hintergrund habe, sondern Spanisch im Hauptfach und BWL im Nebenfach studiert habe, ist das Erstaunen groß. Aber beginnen wir ganz von vorne.

Wie bin ich zur Beratung gekommen?

In der Schulzeit war ich schon immer beeindruckt, wenn meine Freund:innen genau sagen konnten, was sie später werden wollten. Für mich war nur klar: Ich organisiere gerne und interessiere mich für verschiedene Kulturen. Nach einer endlosen Studiumsrecherche entschied ich mich daher für ein kulturwissenschaftliches Studium. Es ist naheliegend, mit diesem Studium dann auch im Kulturbereich zu arbeiten. Daher habe ich über ein Praktikum in einem Flamencotanz-Museum diese Branche für mich erkundet. Hier stellte ich fest, dass ich weder kulturelle Weichen stellen möchte noch gut mit den oft improvisierten Strukturen leben kann. Es sollte also in Richtung Privatwirtschaft gehen. Folglich war eine meiner nächsten Stationen ein längeres Praktikum im internationalen Projektmanagement bei einem Großkonzern. Hier gefielen mir besonders die vielfältigen Aufgaben, die Abstimmungen mit verschiedenen Abteilungen über Ländergrenzen hinweg und das Bewusstsein, größere Themen bewegen zu können. Auf der anderen Seite ist das Arbeiten in einem großen Konzern anonym und die Abteilungen sind oft voneinander abgeschottet. Außerdem haben einige Unternehmen nicht den besten Ruf, nachhaltig und sozial verträglich zu wirtschaften. Das brachte mich zu meiner nächsten Station: einer kleinen Hilfsorganisation. Ich wollte etwas von dem Glück, das ich in meinem Leben bisher hatte, zurückgeben. Es gab mir eine besondere Motivation, zu wissen, dass ich für einen guten Zweck arbeitete. Gleichzeitig merkte ich aber, dass meine Karriereziele ambitionierter sind als die, die mir eine Hilfsorganisation bieten kann.

Mein Beruf als Beraterin

Für meinen Berufseinstieg entschied ich mich daher für eine Stelle im Projektmanagement in einer Unternehmensberatung – zufälligerweise in einer IT-Beratung. Davor hatte ich keine Berührungspunkte mit IT gehabt – geschweige denn mit der Entwicklung von Softwareanwendungen. Und doch fühlte ich mich schnell sehr wohl in der Branche, da der Blick dort immer Richtung Zukunft und Innovation gerichtet ist.

Ich arbeite im Projektmanagement und in der Business-Analyse im IT-Kontext. Das bedeutet, dass ich im Team Aufgaben plane und verteile, Themen strukturiere und für komplexe Probleme nachhaltige Lösungen finde. In der Business-Analyse bin ich vor allem damit beschäftigt, wie eine neue Funktionalität in einer Anwendung umgesetzt werden kann (z. B. die Upload- oder Teilen-Funktion in einer App). Dafür bringe ich Menschen aus verschiedenen Abteilungen zusammen (z. B. IT, Fachbereich, Marketing, Datenschutz) und stimme mit ihnen ab, wie die Anforderung für alle passend aussehen kann. Und hier finde ich auch meine kulturellen Themen wieder: Es gibt nicht nur eine Vielzahl an Kulturen im Sinne von Nationalitäten, sondern es können auch schon in einem Unternehmen verschiedene Kulturen aufeinanderprallen. Ich habe große Freude daran, meinen Kunden zuzuhören, ihre Bedürfnisse zu erkennen und Brücken zwischen Menschen zu bauen. Beim „Übersetzen" von verschiedenen Wünschen für alle Beteiligten bin ich zu Hause. Außerdem coache ich ITler:innen darin, wie neue Formen der Zusammenarbeit (partnerschaftliches Arbeiten, Selbstorganisation, wertschätzende Kommunikation) für sie konkret aussehen könnten. Dafür moderiere ich Workshops mit Kunden und stelle sicher, dass durch eine tiefergehende Diskussion sinnvolle Maßnahmen erarbeitet werden.

Normalerweise bin ich zwei bis drei Tage in unserer Geschäftsstelle oder bei Kunden vor Ort. Die restliche Zeit arbeite ich im Homeoffice. Dabei bin ich drei bis vier Tage für Kunden tätig und die verbleibende Zeit nutze ich für Weiterbildung, Austausch mit Kolleg:innen und die Erarbeitung spezifischer Themen (z. B. um einen Blogbeitrag zum Thema User Experience zu schreiben).

Welche Kriterien waren für mich ausschlaggebend?

Spannend an der Arbeit bei einem Beratungsunternehmen finde ich, dass ich immer wieder gefordert werde, mich schnell in einen neuen Kontext einzuarbeiten, und dass ich zusammen mit den Kunden etwas gestalten und mit motivierten Kolleg:innen arbeiten kann. Aber Beratung ist nicht gleich Beratung. Für mich war die größte Herausforderung, zu eruieren, in welchen Kriterien sich Beratungen unterscheiden, was mir wichtig ist und wie ich die passende Beratung finde. Von außen ist das schwer zu erkennen, da beispielsweise alle Beratungen mit Work-Life-Balance werben. Ein wichtiger Entscheidungspunkt war für mich die branchenübergreifende Beratung, im Gegensatz z. B. zum Arbeiten in einer Abteilung nur für das Gesundheitswesen. Außerdem wollte ich eher operativ arbeiten und sehen, dass meine Themen umgesetzt werden, anstatt in einer Strategieberatung mit Fokus auf Konzeption zu wirken. Des Weiteren habe ich mich für flache Hierarchien und gegen geregelte Beförderungen alle zwei Jahre nach einem festen Modell entschieden. Eine sehr gute Überstundenregelung im Gegensatz zur 60-Stunden-Woche war für mich ebenfalls entscheidend. Wesentlich war auch, dass ich in einer mittelständischen Beratung meine Kolleg:innen kenne und jede:n ohne Vorbehalte ansprechen kann. Die interne Zusammenarbeit sollte aktiv gefördert werden und innerhalb der Regelarbeitszeit – nicht während der Überstunden – stattfinden. Schließlich war mir ein wertschätzender Umgang unter den Kolleg:innen wichtig und ich wollte eine Ellbogen-Kultur vermeiden. Dafür habe ich die Unternehmenswebsites und Bewertungsportale angeschaut, in den Vorstellungsgesprächen nach konkreten Beispielen gefragt und auf mein Bauchgefühl gehört.

Schlägt mein Herz für die IT-Beratung? Jein. Ich habe einen Job gefunden, der mir Freude bereitet und abwechslungsreich ist, in dem ich gut bin und Wirkung erziele und der mir gutes Geld bringt. Mein Herz schlägt für neue Kulturen und Reisen, gutes Essen und weitere Aktivitäten (Kanu fahren, ins Musical gehen etc.). Und das ist gut so! Wenn ich zum Feierabend meinen Laptop zuklappe, kann ich meistens gut abschalten und mich meinen Hobbys widmen – und ja, dafür habe ich noch genug Zeit!

Würde ich rückblickend etwas anders machen?

Nein. Ich habe bei jeder Berufsstation Erfahrungen gesammelt und Schlüsse für meinen weiteren Lebensweg gezogen. Ich möchte dich ermutigen, dich auszuprobieren, es okay zu finden, nicht den Plan für dein Leben zu haben, und vor allem, dich nicht von anderen Menschen unter Druck setzen zu lassen. Du gibst den roten Faden in deinem Leben vor und das wird das passende Unternehmen auch zu schätzen wissen.

6. Unternehmensporträts

BearingPoint GmbH

Standorte in Deutschland: Berlin, Düsseldorf, Frankfurt am Main, Hamburg, Leipzig, München, Stuttgart, Walldorf

Standorte weltweit: 47 Offices in 24 Ländern

Tätigkeitsschwerpunkt:
Management- und Technologieberatung

Beschäftigte in Deutschland: 1.664

Beschäftigte weltweit: 5.253

Geplante Neueinstellungen 2024:
Wir wachsen kontinuierlich und suchen laufend sowohl Absolvent:innen und Young Professionals als auch erfahrene Consultants.

NEW Consulting starts with YOU:
BearingPoint ist eine unabhängige Management- und Technologieberatung mit europäischen Wurzeln und globaler Reichweite. Wir bieten Beratung, die Strategie mit Technologie vereint, und verbinden Unternehmertum mit Innovationsgeist. Zu unseren Kunden gehören viele der weltweit führenden Unternehmen und Organisationen. Mit unserem tiefgreifenden Branchen-Know-how und unserer fachlichen Kompetenz verstehen und berücksichtigen wir die individuellen Bedürfnisse unserer Kunden – und helfen ihnen so, ihre Ziele zu erreichen.

BearingPoint®

Speicherstraße 1
60327 Frankfurt am Main
www.bearingpoint-careers.de

Ingeborg Gottschalk
Managerin Recruiting
+49 800 0001824
professionals@bearingpoint-careers.de

Was bietet BearingPoint seinen Talenten? Mit BearingPoint entscheidest du dich für spannende, abwechslungsreiche Projektarbeit, tägliches Lernen und vielfältige Entwicklungsmöglichkeiten. Neben einer individuellen Karriereplanung und einem attraktiven Vergütungsmodell findest du mit unseren Work-Life-Balance-Angeboten zudem viele Möglichkeiten, deine beruflichen und privaten Interessen und Wünsche ganz flexibel miteinander in Einklang zu bringen.

Wer passt gut zu BearingPoint? Zu unseren Teams gehören Kolleg:innen mit unterschiedlichen Fachhintergründen, die Branchenkenntnisse mit fachlicher und technischer Expertise vereinen. Zu uns passen daher ausgeprägte Teamplayer mit hoher Motivation, Flexibilität und Kreativität. Neben überdurchschnittlichen Leistungen in Schule und Studium solltest du dabei anspruchsvolle Praktika, Auslandserfahrung, sehr gute Deutsch- und Englischkenntnisse sowie uneingeschränkte Mobilität mitbringen. Zudem sind analytische und konzeptionelle Fähigkeiten sowie Kommunikationsstärke gefragt.

Wie verläuft der Bewerbungsprozess? Wir stellen das ganze Jahr über neue Mitarbeitende ein, sodass keine bestimmten Fristen zu beachten sind. Gerne kannst du dich jederzeit online über unser Karriereportal bewerben. Für Berufseinsteigende findet nach absolviertem Online-Test der Career Day statt. In Gruppen durchläufst du verschiedene Übungen und stellst deine analytischen und sozialen Kompetenzen unter Beweis. Dabei wollen nicht nur wir dich persönlich und fachlich besser kennenlernen, sondern auch du selbst hast die Gelegenheit, dir ein Bild von uns und unserem Unternehmen zu machen. Bei erfolgreichem Bestehen erwartet dich dann ein Interview, in dem du deine potenziellen Vorgesetzten und weitere Berater:innen kennenlernst.

Wie sieht der Berufseinstieg bei BearingPoint aus? An unserem monatlich stattfindenden New Member Day erhältst du als Neueinsteiger:in einen Überblick über unser Geschäftsmodell, unsere Arbeitsweisen, Methoden und Tools. Anschließend wirst du von deiner bzw. deinem „Onboarder" und deiner bzw. deinem persönlichen Tutor:in willkommen geheißen. Außerdem steht dir ein:e Karrierementor:in zur Seite, welche:r dir wertvolle Ratschläge zu deiner Laufbahnplanung gibt und in regelmäßigen Abständen deine Entwicklung mit dir bespricht. Einen tieferen Einblick in unsere interdisziplinäre Arbeitsweise bekommst du im Rahmen unserer einwöchigen Be.School. Hier erlebst du die BearingPoint-Kultur, erfährst mehr über unser internationales Netzwerk und bearbeitest mit Neueinsteiger:innen aus aller Welt verschiedene Case Studies.

Was zeichnet die Personalentwicklung von BearingPoint aus? Internationale und nationale Trainings qualifizieren dich systematisch für den Beratungsalltag sowie die nächste Karrierestufe und ergänzen das On-the-Job-Lernen. Das Angebot reicht von der Be.School-Einführungswoche bis hin zum Training für erfahrene Manager an der Yale University. Die Aus- und Weiterbildung ist dabei fokussiert auf fachliche und technische Kompetenzen, methodische Kenntnisse sowie auf Soft Skills. Deine individuelle Entwicklung ist uns sehr wichtig. Unser Führungszielbild „Empower to Inspire" bietet dazu den Raum für die Entwicklung der bzw. des Einzelnen, inspiriert durch Vernetzung und Wertschätzung und hat die nachhaltige Entwicklung von BearingPoint im Blick.

Johannes Polacsek

Jahrgang 1993

Business Analyst

Mein Berufseinstieg im Consulting bei BearingPoint

Als Business Analyst im Bereich Treasury & Risk Management (TRM) bei BearingPoint begleite ich gemeinsam mit meinem Team Kunden bei der Analyse, Optimierung und Harmonisierung ihrer Treasury-Prozesse. Wir betreuen in unseren Projekten branchenübergreifend unterschiedliche Kunden – von Automobilzulieferern über Banken bis hin zu Versicherungen.

Wo ich herkomme

Nach meinem Studium der Internationalen Wirtschaftswissenschaften & Digital Business in Innsbruck war ich auf der Suche nach einer neuen Herausforderung. Gefunden habe ich sie bei BearingPoint. Als leidenschaftlicher Skifahrer fiel es mir zwar schwer, die Nähe zu den Bergen aufzugeben, doch private Gründe brachten mich in die Umgebung von Ulm. Da mobiles Arbeiten bei BearingPoint schon lange gelebte Praxis ist, war auch das Standortproblem schnell gelöst.

Was mich an BearingPoint überzeugte

Aufmerksam auf die offene Stelle wurde ich durch einen Freund, der bei BearingPoint arbeitete. Ich war begeistert von seinen Beschreibungen der offenen und unkomplizierten Zusammenarbeit in seinem Team. Schon im Bewerbungsprozess bekam ich ein erstes Gefühl für die Unternehmenskultur. Die Gespräche waren professionell, offen und darauf ausgelegt, die richtige Stelle für mich zu finden. Der positive erste Eindruck vom Teamspirit bestätigte sich schon kurz nach meiner Einstellung, als wir uns privat für einen Tauchkurs mit anschließendem Barbecue getroffen haben.

Mein Consultingalltag bei BearingPoint

Mein Tag beginnt meist mit einer ersten Abstimmung und Priorisierung meiner Tasks bei den verschiedenen Projekten. Aktuell arbeite ich an einer SAP-TRM-Einführung und unterstütze bei einem SAP-Migrationsprojekt im TRM-Bereich. Meine Tasks erstrecken sich vom Begleiten konzeptioneller Workshops bis hin zur Umsetzung der Konzepte im SAP-Customizing. Genau diese Abwechslung reizt mich besonders. Kein Tag ist wie der andere und man lernt unglaublich viel.

Warum ich mich bei BearingPoint wohlfühle

Zusammengefasst sehe ich BearingPoint als eine unglaublich vielseitige und offene Firma an, in der das Miteinander und die Kooperation im Fokus stehen. Lösungen werden gemeinsam entwickelt und Fehler werden gemeinsam ausgebadet. Es stellt sich schnell ein sehr familiäres Gefühl ein. Wir haben außerdem flache Hierarchien, die diesen familiären Umgang noch weiter begünstigen. Damit man diese Kultur auch von Anfang an kennen und leben lernt sowie die Scheu vor dem Fragenstellen verliert, bekommt man in den ersten Wochen bei BearingPoint eine:n Tutor:in zur Seite gestellt – meinen Tutor würde ich inzwischen sogar als einen Freund bezeichnen.

Mein Tipp für den Start ins Berufsleben

Mein wichtigster Tipp für den Einstieg ins Consulting ist, alles offen und neugierig anzugehen. Es zahlt sich nicht aus, lange im stillen Kämmerchen alleine eine Lösung auszuarbeiten. Man lernt am meisten und kommt am schnellsten voran, wenn man sich mit den Kolleg:innen austauscht und sich gemeinsam der Herausforderung stellt.

BearingPoint®
NEW
STARTS
WITH
YOU
Your perspective.
Your career.
www.bearingpoint-careers.de

BwConsulting
Die Inhouse-Beratung der Bundeswehr

Standorte in Deutschland:
Köln (Hauptstandort), Berlin

Tätigkeitsschwerpunkte: methodische und fachliche Beratung des Verteidigungsressorts in den Themenfeldern Strategie & Steuerung, Prozesse & Organisation, Projektmanagement

Beschäftigte in Deutschland: ca. 200

Geplante Neueinstellungen 2024: 25

Nicht nur anspruchsvoll, sondern auch sinnvoll – das zeichnet unsere Arbeit aus. Denn als Inhouse-Beratung der Bundeswehr unterstützen wir die strategischen, leitungsrelevanten Projekte des Verteidigungsministeriums. Unsere Berater:innen bringen ihre methodische und fachliche Expertise unmittelbar in wichtige gesellschafts- und sicherheitspolitische Themenfelder ein. So treiben wir Veränderungen im Verteidigungsressort voran, fördern im Sinne der Zeitenwende dessen nachhaltige Weiterentwicklung und tragen zum erfolgreichen Management vielfältiger Projekte bei.

bwconsulting

Ferdinand-Porsche-Straße 1a
51149 Köln
www.bwconsulting.de

Felix Eckstein
Personalabteilung
+49 151 23220532
bewerbungen@bwconsulting.de

Worin unterscheidet sich BwConsulting von seinen Wettbewerbern? Wir beraten das Verteidigungsressort inhouse und bringen so unser Know-how unmittelbar in dessen herausfordernde Themen ein – das macht uns einzigartig und ist vor dem Hintergrund der Zeitenwende besonders sinnstiftend. Dabei setzen wir auf Kontinuität: Unserem Personal bieten wir eine „Stay and grow"-Perspektive statt des sonst weitverbreiteten Up-or-Out. Nach unserer Meinung ist dies für die Systemkenntnis einer professionellen Inhouse-Beratung extrem wichtig.

Was zeichnet die Unternehmenskultur von BwConsulting aus? Beratung ist People Business – dieser Überzeugung folgen wir auch nach innen. Das drückt sich durch flache Hierarchien und den hohen Stellenwert von Teamorientierung in den Projekten ebenso wie durch transparente Entscheidungen, eine unternehmensweite Duz-Kultur und die Berücksichtigung persönlicher Entwicklungslinien beim Projekt-Staffing aus. Zudem gibt es keine Denkverbote, mit Fehlern gehen wir wertschöpfend um. Außerdem haben wir in Form unserer „Multiplikatoren-Gruppe" ein permanentes Sounding Board mit Vertreter:innen aller Unternehmensteile.

Wie sieht das Projektportfolio konkret aus? Unser Projektportfolio ist top-priorisiert und wird unmittelbar von der Leitung des Verteidigungsministeriums festgelegt. Es umfasst eine Vielzahl von Gestaltungsfeldern – von Planungs- und HR-Fragen über die Prozess- und Organisationsentwicklung bis hin zu den Herausforderungen der Digitalisierung und Cybersicherheit. Besonders macht sie der enge Bezug zur Stärkung der Landes- und Bündnisverteidigung und damit zur Zeitenwende.

Kann man bei BwConsulting auch während des Studiums Erfahrungen sammeln? Ja, wir bieten hierzu die Möglichkeit zu Praktika oder einem Werkstudium an unseren Standorten in Köln und Berlin an. Während des Masterstudiums besteht zudem die Möglichkeit, im Rahmen unseres Masterandenprogramms Master@BwConsulting eine Abschlussarbeit in Kooperation mit uns zu schreiben. Aus der Erfahrung heraus empfehlen wir eine Bewerbung frühestens zum Ende des Bachelorstudiums, für ein Gap Year oder vor bzw. während des Masterstudiums und mit einer Dauer von mindestens drei Monaten.

Wie läuft das Bewerbungsverfahren bei BwConsulting ab? Idealerweise übermittelst du uns deine Bewerbung online über unsere Website. Solltest du dich für ein Praktikum oder eine Werkstudierendentätigkeit interessieren, laden wir dich bei entsprechender Passung zu einem digitalen Kennenlerngespräch ein, welches in der Regel mit zwei Mitarbeitenden des Beratungsbereichs stattfindet. Interessierst du dich für den Einstieg als (Senior) Consultant, laden wir dich bei entsprechender Eignung zu einem unserer Recruiting Days ein, die sowohl vor Ort als auch online stattfinden: Hier möchten wir dich in mehreren Einzelgesprächen besser kennenlernen, mit dir über klassische Beratungsthemen sprechen und dich mit unserem Unternehmen näher vertraut machen. Bei einem Mittagessen mit unseren jungen Beraterinnen und Beratern kannst du zudem in ungezwungener Atmosphäre deine offenen Fragen klären – und im Idealfall endet der Tag mit einem Vertragsangebot für dich.

Antonia Krupski

Jahrgang 1994

Consultant

Ich erhalte passende Schulungen, um meine persönliche Entwicklung zu forcieren

So bin ich zur Inhouse-Beratung der Bundeswehr gekommen

Ich habe als Studentin während der Covid-19-Pandemie für den Malteser Hilfsdienst gearbeitet und im Verlauf dessen auch die IT im Berliner Impfzentrum geleitet. Später habe ich zudem die Leitung des operativen Geschäfts eines Impf-Drive-in in Berlin-Lichtenberg und der mobilen Impfteams übernommen. Dabei bin ich mit Soldat:innen in Kontakt gekommen, die schon in anderen Projekten des Verteidigungsressorts erfolgreich mit der BwConsulting zusammengearbeitet hatten und überaus positiv davon berichteten. Um das Unternehmen besser einordnen zu können, habe ich mir die Website und den LinkedIn-Auftritt angesehen. Die Offenheit und die Themen, die dort beleuchtet werden, haben mein Interesse verstärkt, mich bei der BwConsulting zu bewerben.

Erster Kontakt und Bewerbungsprozess sind überzeugend

Nach meiner Bewerbung habe ich sehr schnell eine persönliche Rückmeldung erhalten. In einem Telefonat haben wir geklärt, ob ich lieber an einem Recruiting Day teilnehmen oder im Vorstellungsgespräch die Details der Zusammenarbeit klären möchte. Im Vergleich zu anderen Bewerbungsprozessen war hier sehr viel Dynamik zu spüren: Anfang August hatte ich den ersten Kontakt zu BwConsulting. Im September habe ich meinen Master abgeschlossen und bereits am 1. Oktober startete ich mit dem Onboarding.

Das ist besonders bei der Inhouse-Beratung der Bundeswehr

Schon vor meinem Start wurde ich ausführlich darüber informiert, welcher Entwicklungsprozess für mich angedacht ist. Es war absolut transparent, was auf mich zukommt. Ich bin mit offenen Armen empfangen worden und habe von Beginn an die besondere Unternehmenskultur gespürt: Ich bekam auf jede Frage eine umfassende Antwort und war kein „Neuling", der irgendwo abgestellt wurde. Stattdessen war ich sofort in alles eingebunden und bekam Aufgaben – wie etwa im Projekt „Strategische Digitalisierung" –, die exzellent zu meinem Profil passten. Ein ausgereiftes Mentor:innen-Programm hat mich zudem von Tag eins an unterstützt.

Exzellenz durch Vielfalt und Augenhöhe

Im Unternehmen wird nachhaltig Diversity und das respektvolle Miteinander gelebt. Die Kolleg:innen kommen aus den verschiedensten wissenschaftlichen Fachgebieten und sind unterschiedlich in Alter, Herkunft oder sexueller Orientierung. Man duzt sich, ob Geschäftsführer:in oder Consultant. Hierarchien gibt es nur auf Basis von Kompetenz. Aus dieser gelebten Vielfalt entwickelt sich meiner Einschätzung nach eine besondere Exzellenz.

So läuft meine persönliche Weiterentwicklung bei der BwConsulting

Ich erhalte fortlaufend passende Angebote – ob im Mentor:innen-Gespräch oder via Intranet –, um meine persönliche Entwicklung zu forcieren, meine Kompetenzen zu erweitern und infolgedessen die Karriereleiter hinaufzusteigen. Als Nächstes stehen für mich folgende spannende Schulungen und Trainings an: „Grundlagen der Interaktion und Moderation", „Erweitertes Projektmanagement", „Nachhaltige Umsetzung" und „Strategische Analyse". Ich freue mich schon darauf!

Deloitte

Standorte in Deutschland: 16

Tätigkeitsschwerpunkte:
Audit & Assurance, Risk Advisory, Tax & Legal, Consulting, Financial Advisory

Beschäftigte in Deutschland: ca. 10.000

Beschäftigte weltweit: ca. 415.000

Geplante Neueinstellungen 2024:
Absolvent:innen: ca. 1.700
Experienced Hires: 1.000
Praktikant:innen: 2.000

Die Einstiegsmöglichkeiten bei Deloitte sind facettenreich – ganz gleich, ob du Design-Thinking-Expert:in bist, dich den Trends rund um Supply Chain 4.0 widmest, technologiebegeistert im Bereich SAP S/4HANA oder Cloud Solutions bist, ein Faible für Analytics oder Finance hast, im Bereich Cognitive & AI forschst oder dich klassischer Strategiethemen oder Fragen rund um Talent und Organisation annimmst. Wir setzen auf interdisziplinäre und agile Projektteams, die namhafte Unternehmen verschiedenster Branchen von der Strategie bis zur Implementierung beraten – gerade wenn es um komplexe Themenstellungen wie etwa Digital Transformation geht. In unserer Innovationsschmiede – der Garage – erfinden wir schon heute das Beratungsgeschäft von morgen.

Deloitte.

Erna-Scheffler-Straße 2
40476 Düsseldorf
www.deloitte.de

Deloitte Recruiting Team
career@deloitte.de

Was macht die Arbeit bei Deloitte so attraktiv? Als professionelles Full-Service-Unternehmen ist das Spektrum unserer Dienstleistungen außergewöhnlich breit. Unser ganzheitlicher Ansatz basiert auf dem Zusammenspiel unserer fünf starken Unternehmensbereiche Audit & Assurance, Risk Advisory, Tax & Legal, Financial Advisory und Consulting. Entsprechend interdisziplinär sind unsere Teams zusammengesetzt. Das verschafft unseren Mitarbeiter:innen äußerst vielseitige Aufgaben und vielfältige Blickwinkel – der Schlüssel zu unserem Erfolg. Vielfältig ist auch unsere Kundenstruktur, die vom Start-up über mittelständische Unternehmen bis hin zu international agierenden Konzernen reicht. So besteht in jedem Bereich die Möglichkeit, spannende Einblicke in völlig unterschiedliche Industrien, Prozesse und Organisationsstrukturen zu erhalten oder durch einen internationalen Einsatz den eigenen Horizont zu erweitern.

Wie sieht der Einstieg ins Consulting aus und wie gestaltet sich der typische Arbeitsalltag? Alle Neueinsteiger:innen eines Monats starten gemeinsam an den zentralen Welcome Days, wo sie Antworten auf ihre ersten Fragen erhalten und das Wichtigste über unsere Unternehmenskultur und unsere Strategie erfahren. Danach geht es dann in die einzelnen Projekte. „Typische" Arbeitstage sind selten, da du dich im Consulting permanent neuen Herausforderungen stellst. Typisch ist sicherlich der Einsatz auf Projekten beim Kunden vor Ort, wobei das Kundenunternehmen, der Einsatzort und die Teamzusammensetzung sich von Projekt zu Projekt unterscheiden. Nach deinem Einstieg als Absolvent:in wirst du entsprechend deinen Qualifikationen an die Übernahme erster Aufgabenpakete herangeführt und übernimmst schnell Verantwortung im Rahmen deines Projekts. Darüber hinaus unterstützt du uns durch den Einsatz bei internen Projekten, wie z. B. der Erstellung von Fachstudien und -konzepten, und im Recruiting.

Wodurch zeichnet sich die Unternehmenskultur bei Deloitte aus? Bei uns wird eine offene Duz-Kultur über alle Level hinweg gelebt. Jeder und jedem stehen jederzeit alle Türen und Ohren offen. Wir geben unseren Mitarbeiter:innen schon sehr früh Freiraum und Verantwortung und helfen ihnen, ihre Ideen zu realisieren. Wir wissen: ohne Innovation kein Wachstum. Daher schätzen und fördern wir Neugier und den Wissensaustausch unter unseren Mitarbeitenden. Und um neue Ideen zu entwickeln, braucht es verschiedenste Sichtweisen und Perspektiven. Daher finden sich in unseren Teams Kolleg:innen mit sehr unterschiedlichen fachlichen und kulturellen Hintergründen.

Wie fördert Deloitte seine Beschäftigen? Das Know-how unserer Mitarbeiter:innen ist unsere Stärke. Mit flexiblen Arbeitszeit- und Vergütungsmodellen, breit gefächerten Fort- und Weiterbildungsmaßnahmen, langfristigen Karriereperspektiven und internationalen Einsätzen in unserem globalen Verbund gewährleisten wir eine individuelle Förderung aller Mitarbeiter:innen. Auf jeder Karrierestufe unterstützen wir mit maßgeschneiderten Trainings, zum Teil auf dem Campus unserer eigenen Deloitte University. Wichtig ist uns, dass alle voneinander lernen können und sollen. Dafür haben wir ein Trainingsangebot entwickelt, das aktuelle digitale Lernformate mit klassischen Lernmethoden kombiniert.

Daniel Haas

Senior Consultant

Mein Berufseinstieg im Consulting bei Deloitte

Mein Name ist Daniel und ich bin im Januar 2021, frisch nach meinem Studium, als Consultant ins Team Mergers & Acquisitions eingestiegen. Unser Team gehört zum Bereich Strategy, Analytics und M&A innerhalb der Consulting-Sparte von Deloitte.

Wieso hast du dich für einen Berufseinstieg im Consulting, und dort im M&A-Bereich, entschieden?

Bei meinen Praktika und im Studium haben mir die Projekte am meisten Spaß gemacht, bei denen man konzeptionell und strategisch ein Problem durchleuchtet und nach einer Lösung sucht. Ein wesentlicher Anteil an Analytik und Datenverarbeitung war mir dabei sehr willkommen. Hier hat mich zum einen die Investment-Perspektive und zum anderen das Thema Unternehmensstrategie interessiert. Das spiegelt sich auch in meiner Masterthesis wider, in der ich mich mit der Frage beschäftigt habe, ob und ab wann sich der Zukauf von Innovationen und Unternehmen lohnt. Lösungen zu entwickeln und dann den Kunden damit alleinzulassen, erschien mir dabei schon immer zu kurz gegriffen. Ich wollte die ausgearbeiteten Konzepte auch umsetzen. M&A kombiniert das alles. Mithilfe bestimmter Methoden und Tools werden Konzepte und Investmentstrategien entwickelt, die dann gemeinsam mit dem Kunden tatsächlich auch operativ umgesetzt werden. So kam es zu meiner Entscheidung für eine Karriere im Bereich M&A.

Welche Rolle haben der Bewerbungsprozess und dein Team bei deiner Entscheidung für Deloitte gespielt?

Wie die meisten Bewerber:innen habe ich mich bei zahlreichen Unternehmen beworben und habe auch das eine oder andere Angebot bekommen. Deloitte unterschied sich aber schon im Bewerbungsprozess wesentlich von den anderen. Trotz Pandemie kam die Rückmeldung auf meine Bewerbung zügig. Der Bewerbertag war perfekt organisiert. Nach einer Unternehmensvorstellung ging es rasch in die Gruppen- und individuellen Gespräche. Hier hatte ich meine Entscheidung eigentlich schon getroffen, sofern ich ein Angebot bekommen würde. Die Gespräche mit meinen jetzigen Kolleg:innen liefen alle hervorragend. Alle waren merklich an meiner Person interessiert, konnten mir Optimierungspotenziale bezüglich meiner Herangehensweisen gut und fair aufzeigen und ließen sich auch gerne auf ein persönliches Gespräch ein. Auch im Umgang zwischen den Kolleg:innen fiel mir auf, dass die allgemeine Stimmung im Team wirklich positiv, locker und dabei stets professionell war. Lange Rede, kurzer Sinn: Das Angebot, das dann folgte, konnte ich nicht ausschlagen. Heute, als Teil des Teams, hat sich mein Eindruck bestätigt. Wir arbeiten viel und hart zusammen. Da ist es einfach toll zu wissen, dass alle Kolleg:innen ein offenes Ohr haben, niemand die anderen mit dem Ellenbogen zur Seite stößt und wir uns insgesamt unterstützen.

Consulting war schon lange dein Ziel. Jetzt bist du Senior Consultant. Bist du also am Ziel? Wie geht es weiter?

Das Etappenziel ist erreicht. Dafür muss man sich mal kurz einen Augenblick nehmen und feiern. Doch danach geht es eigentlich erst los. Consulting ist kein Sprint. Es ist ein Marathon, oder noch besser: ein Ironman. Es gibt verschiedene Disziplinen, in denen man sich immer wieder verbessern kann. Und letztlich geht es darum, für sich den richtigen Ausgleich zu finden zwischen Arbeit, Sport, Freund:innen und Familie. Und ja, das ist möglich. Deloitte bietet da jede Menge Unterstützung.

E.ON Inhouse Consulting

Standorte in Deutschland: Essen

Tätigkeitsschwerpunkte: Managementberatung für die E.ON-Gruppe (Energiewirtschaft) in den Segmenten Costumer Solutions, Energy Networks und Group Functions. Unser Projektportfolio umfasst die Themen Strategy & Growth, Digitalization, Business Excellence und Transformation.

Beschäftigte in Deutschland: ca. 125 (E.ON Inhouse Consulting)

Beschäftigte weltweit: 72.000 (E.ON-Gruppe)

Geplante Neueinstellungen 2024: Wir suchen das ganze Jahr über Talente auf verschiedenen Einstiegsebenen: Studierende, Absolvent:innen, Young Professionals oder auch erfahrene Consultants.

E.ON Inhouse Consulting vereint zwei große Vorteile: Du bist als Berater:in tätig und sammelst gleichzeitig Erfahrungen in einem sich stetig wandelnden und zukunftsorientierten Energiekonzern. Du kannst mit deiner Arbeit einen wahrhaftigen Unterschied machen und gestaltest die Energiewende aktiv mit. Wir konzentrieren uns auf das, was wirklich wichtig ist. Wie? Indem wir strategische und transformative Themen vorantreiben. Dabei haben wir immer ein Ziel vor Augen: eine nachhaltige und grünere Zukunft für uns alle.

E.ON
Inhouse
Consulting

Brüsseler Platz 1
45131 Essen
www.eon.com/econ

Recruiting Team
energize-your-career-econ@eon.com

Worin unterscheidet sich ECON von seinen Wettbewerbern? Als interne Unternehmensberatung sind wir Teil von E.ON und mittendrin in den Themen, die den Konzern und die Energiewirtschaft bewegen. Wir haben die Chance, aktiv an der Lösung einer der größten Herausforderungen unserer Zeit mitzuwirken. Zusammen arbeiten wir für ein Ziel und den gemeinsamen Unternehmenserfolg. Unsere Kund:innen sind gleichzeitig Teammitglieder, deswegen sprechen wir intern auch von E.ON-Partnern. Das schafft großes Vertrauen und eine Zusammenarbeit auf Augenhöhe. So kann jeder die Wirkung der eigenen Arbeit und den eigenen Einfluss auf den Konzern nachvollziehen. Zudem bieten wir die Möglichkeit, durch vielfältige Projekte ein tiefes Verständnis für die Energiebranche zu entwickeln und ein starkes Netzwerk aufzubauen.

Was zeichnet die Unternehmenskultur bei ECON aus? Teamwork wird bei uns großgeschrieben. Gemeinsam mit ambitionierten Kolleg:innen lösen wir komplexe Problemstellungen. Auch außerhalb der Projekte legen wir viel Wert auf Zusammenhalt und organisieren Events und Afterworks. Besonders beliebt sind unsere Winter und Summer Strategy Days, bei denen sich alle ECONs in einer besonderen Location treffen und durch gemeinsame Aktivitäten und informellen Austausch zusammenwachsen. Darüber hinaus zeichnet sich unsere Zusammenarbeit durch eine großartige Feedbackkultur aus. Dazu gehört nicht nur das regelmäßige Feedback durch die Projektleitung, sondern wir ermutigen auch alle, Peer-to-Peer- und Upward-Feedback zu geben.

Wie sieht die Work-Life-Flexibility bei ECON aus? Natürlich ist die Beratungstätigkeit auch bei uns anspruchsvoll und intensiv. Dennoch legen wir großen Wert darauf, dass unsere Berater:innen ihren Arbeitsalltag so flexibel wie möglich gestalten können. Wir bieten individuell zugeschnittene Arbeitszeitmodelle, zehn zusätzliche Tage unbezahlten Urlaub und bis zu 20 Tage Workation (Arbeiten von fast überall in Europa) pro Jahr. Darüber hinaus messen wir mit dem sogenannten Pulse Check alle zwei Wochen anonym in den Projektteams, wie die aktuelle Arbeitsbelastung empfunden wird. So kann jedes Team gemeinsam Maßnahmen ergreifen, um diese gegebenenfalls zu reduzieren. Und obwohl das gemeinschaftliche Arbeiten im Office oder gelegentliche Reisen zu E.ON-Partnern eine gute Gelegenheit zum Austausch bieten, nutzen viele unserer Berater:innen die Möglichkeit, einige Tage in der Woche von zu Hause aus zu arbeiten und so Reisezeit zu sparen.

Hanna Hafner, Senior Consultant: „Nachdem ich meinen Doppelmaster an der Universität Passau und der University of Stirling in Schottland absolviert hatte, bin ich über e-fellows.net auf ein Sourcing-Event von ECON aufmerksam geworden. Die kollegiale Arbeitsatmosphäre in einem jungen, ambitionierten Team hat mich überzeugt. Die Arbeit bietet kontinuierliche Weiterentwicklungsmöglichkeiten, neue Projektumfelder und Herausforderungen sowie die Möglichkeit, sich auch über die Projektarbeit hinaus zu engagieren (z.B. für Diversity & Inclusion oder auch Corporate Social Responsibility). Dadurch kann man bei ECON stets Dinge mitgestalten."

Welche Möglichkeiten zur Weiterqualifizierung bietet ECON? Die Entwicklung aller Mitarbeitenden ist eines unserer wichtigsten Ziele. Wir bieten ein umfassendes Trainingsprogramm mit mindestens sieben bis neun Trainingstagen pro Jahr an und sind offen für individuelle Trainings- und Coachingbedürfnisse. Darüber hinaus haben alle ECONs einen persönlichen Development Leader (ähnlich einer Mentorin bzw. eines Mentors), der die Learning Journey begleitet und sicherstellt, dass alle die Unterstützung bekommen, die sie brauchen.

Bietet ECON Praktikantenprogramme an? Na klar! Wir bieten Studierenden die Möglichkeit, im Rahmen eines acht- bis zwölfwöchigen Praktikums als Visiting Consultant erste Erfahrungen in der Beratung zu sammeln. Für uns als Arbeitgeber ist das eine tolle Gelegenheit, uns bei dir vorzustellen. Und wenn es für beide Seiten passt, machen wir dir direkt ein Angebot und du kannst nach deinem Studium fest einsteigen. Wir kooperieren mit Hochschulen und organisieren ganzjährig spannende Events. Achte also auf Newsletter deiner Hochschule oder besuche unsere Website, um das richtige Event nicht zu verpassen!

Welchen Abschluss sollten Bewerber:innen haben? Als Visiting Consultant kannst du bereits während deines Bachelorstudiums bei uns einsteigen (natürlich auch gerne später in deiner akademischen Laufbahn). Ab dem Consultant-Level setzen wir einen Master voraus. Unsere Consultants haben unterschiedliche Studienabschlüsse – ob Business, MINT oder sogar Ph.D. Wir schätzen diverse Perspektiven und freuen uns über Bewerbungen.

Dr. Nils Dorsch, Project Manager: „Nach Abschluss meiner Promotion an der TU Dortmund bei ECON ‚neu durchzustarten', war von außen betrachtet vielleicht überraschend, für mich aber konsequent und folgerichtig. Nach der spannenden Herausforderung, mich über mehrere Jahre tief in ein Thema (Smart Grid Communications) eingearbeitet zu haben, wollte ich mich in anderen Kompetenzen weiterentwickeln. Das Thema Energiewende hat mich schon immer fasziniert. ECON war und ist daher eine ideale Kombination aus spannendem Themenangebot und herausfordernder Tätigkeit mit umfassenden Entwicklungsmöglichkeiten. Ich kann das analytische Denken des ‚Technikers' und die Projekterfahrung aus der Forschung einbringen. Gleichzeitig habe ich ein tieferes Verständnis für die Bedeutung der zwischenmenschlichen Ebene von Projektarbeit gewonnen und mit der Beförderung zum Project Manager die Möglichkeit, Projekte aktiv zu gestalten sowie jüngere Kolleg:innen zu fördern."

Wie läuft das Bewerbungsverfahren bei ECON ab? Wir veranstalten zahlreiche Events und andere Formate (z. B. Career Lunches), bei denen du uns vor deiner Bewerbung kennenlernen kannst. Natürlich ist eine Bewerbung über unsere Website auch jederzeit möglich. Anschließend laden wir geeignete Kandidat:innen zu einem Recruiting-Tag (virtuell oder vor Ort) ein. Im Rahmen von drei Case Interviews hast du die Möglichkeit, unserem Interviewteam deine Stärken zu zeigen und selbst Fragen zu stellen. Bei Coffee Chats und Lunch kannst du deinen möglichen zukünftigen Kolleg:innen zusätzlich Löcher in den Bauch fragen. Das Feedback bekommst du noch am selben Tag.

Wie bereitet man sich am besten auf die Bewerbung vor? Informiere dich über E.ON und ECON: Was ist unsere Mission und wie kannst du uns dabei unterstützen? Erzähle uns, wer du bist und was dich an der Energiebranche reizt. Wir möchten, dass sich unsere Bewerber:innen rundum wohlfühlen, deshalb gibt es im Auswahlverfahren keine Überraschungen. Jedes Interview besteht aus einem Case Part (mache dich mit Case Studies und Lösungsstrukturen vertraut), in dem du deine analytischen Fähigkeiten unter Beweis stellen kannst, und einem Personal Fit Part, in dem es um deine bisherigen Erfahrungen und deine Motivation geht. Natürlich hast du auch genügend Zeit, um deine eigenen Fragen zu stellen. Nutze diese Chance und überlege dir vorher, was dich interessiert. Auf unserer Website und unseren Social-Media-Kanälen findest du viele Tipps zum Bewerbungsprozess – schau doch einfach mal vorbei!

E.ON Inhouse Consulting
e·on
Who delivers the seemingly impossible?
I DO!
Let's change energy. For real.

EY (Ernst & Young GmbH)

Standorte in Deutschland: 20

Standorte weltweit: über 700 Büros in mehr als 150 Ländern

Tätigkeitsschwerpunkte: Wirtschaftsprüfung und prüfungsnahe Beratung, Steuer- und Rechtsberatung, Strategy and Transactions sowie Consulting

Beschäftigte in Deutschland: ca. 11.000

Beschäftigte weltweit: ca. 365.400 (internationale EY-Organisation)

Das Ziel von EY ist es, Dinge voranzubringen und entscheidend besser zu machen – für unsere Mitarbeitenden, Mandanten sowie für die Gesellschaft, in der wir leben. Dafür steht unser weltweiter Anspruch „Building a better working world". Deshalb bietet EY seinen Mitarbeitenden ein Arbeitsumfeld, in dem sie ihre besonderen Fähigkeiten entfalten können und sich gegenseitig inspirieren und motivieren. Als global aktive Organisation fördern wir den Aufbau starker und leistungsfähiger Teams, um unseren Mandanten den bestmöglichen Service zu liefern. Wann immer Mitarbeitende zu EY kommen und egal, wie lange sie bei uns bleiben: Von den außergewöhnlichen Erfahrungen, die sie bei EY machen, profitieren sie ein Leben lang.

EY
Building a better working world

Flughafenstraße 61
70629 Stuttgart
www.de.ey.com/karriere

EY-Recruitment-Center
+49 6196 996-10005
karriere@de.ey.com

Was zeichnet EY aus? Unser Denken und Handeln zeichnet sich durch Offenheit und Vielfalt, Integrität und gegenseitigen Respekt aus. Wir engagieren uns – mit Enthusiasmus, Überzeugung und Verantwortung. Uns motiviert das Wissen, auf dem richtigen Weg zu sein. Unsere Werte sind die Richtschnur für das tägliche Handeln unserer weltweit rund 365.400 Kolleg:innen. Sie stellen sicher, dass wir überall nach den gleichen Prinzipien agieren. Und unsere Werte machen deutlich, was uns auszeichnet und worin wir uns von unseren Wettbewerbern unterscheiden.

Welche Karrieremöglichkeiten bietet EY? Unsere Einstiegsmöglichkeiten bieten für alle das Passende – wo du auch gerade stehst oder hinwillst. Absolvent:innen sowie Berufseinsteiger:innen können bei EY mit einem Praktikum oder als Trainee beginnen. Du kannst aber auch deine Ausbildung, dein Studium oder deinen Master bei oder mit uns machen. Mit einem Hochschulabschluss steht dir auch ein Direkteinstieg als Assistant oder Consultant offen. Berufserfahrene finden bei EY ein breites Spektrum an Karrieremöglichkeiten. Sie übernehmen schnell Verantwortung und meistern spannende Herausforderungen. Wir fördern deine Karriereentwicklung durch kontinuierliches Coaching und eine individuelle Aus- und Weiterbildung.

Was sind die Einstellungskriterien bei EY? Wir suchen Talente mit guten bis sehr guten akademischen Leistungen, analytischen Fähigkeiten und idealerweise erster Praxiserfahrung. Daneben setzen wir vor allem auf soziale Kompetenz, Teamfähigkeit und Flexibilität. Während wir weiterhin dynamische Talente mit wirtschaftlichem Hintergrund gewinnen möchten, setzen wir zunehmend auf technische Expertise aus einem erweiterten Talentpool. Denn nur mit einer Vielfalt an Denkweisen und Kompetenzen lassen sich Antworten auf die komplexen Herausforderungen unserer Mandanten finden. Bezüglich der Fachrichtungen decken wir ein breites Spektrum ab. Absolvent:innen der Fachrichtungen BWL, VWL, Jura, (Wirtschafts-)Informatik, Wirtschaftsingenieurwesen, (Wirtschafts-)Mathematik und Naturwissenschaften sind bei uns gleichermaßen willkommen. Uns ist nicht wichtig, woher du kommst. Wohin du willst, entscheidet.

Wie läuft das Bewerbungsverfahren bei EY ab? Den ersten Schritt in eine vielversprechende Karriere machst du mit einem Klick auf unsere Karriereseite unter www.de.ey.com/karriere. Über unser Jobportal jobsgermany.ey.com kannst du dich online auf eine ausgeschriebene Position bewerben, die dir zusagt. Nach Prüfung deiner Bewerbung wirst du bei grundsätzlicher Eignung zu einem persönlichen Gespräch eingeladen.

Gwendolyn Krause-Traudes

Managerin im Bereich Supply Chain & Operations

Der Moment, wenn es „klick" macht

Einen Job im Consulting hatte Gwendolyn Krause-Traudes erst gar nicht auf dem Schirm. Irgendwas mit Supply Chain sollte es werden – aber bloß nicht monoton sein. Über einen Bekannten kam sie mit dem Beratungsgeschäft in Kontakt, war begeistert und wagte nach dem Studium den Direkteinstieg bei EY. Heute ist sie als Managerin im Consulting-Bereich des Supply-Chain-Strategy-Teams tätig.

Gwendolyn, was macht deinen Job im Consulting so besonders?
Ich arbeite hier an hochaktuellen Themen, die uns alle betreffen. Spätestens seit den pandemiebedingten Versorgungsengpässen ist das Supply-Chain-Management allen ein Begriff. Bei Themen wie Lieferengpässe, Nachhaltigkeit in der Supply Chain oder digitale Trends sind wir ganz vorne mit dabei, wenn es darum geht, die Zukunft mitzugestalten. Dabei befasse ich mich immer wieder mit Unternehmen und deren individuellen Herausforderungen, die ich mit meinem Team anpacke und löse. Dieser Moment, wenn es bei unseren Kund:innen „klick" macht und sie sich dafür bedanken, dass wir ihnen entscheidend weitergeholfen haben, ist jedes Mal großartig.

Warum sollten Studierende und Absolvent:innen gerade bei EY einsteigen?
Bei EY arbeitet man am Puls der Zeit und kann tatsächlich etwas bewegen – und auch die Balance zwischen Arbeits- und Privatleben kann man sehr frei gestalten. Durch vielfältige Angebote und flexible Arbeitszeitmodelle werden die körperliche und geistige Gesundheit sowie das soziale Engagement der Mitarbeitenden gefördert. Außerdem kann man den eigenen Karriereweg individuell gestalten. So macht beispielsweise das Buddy-System den Einstieg bei EY sehr angenehm. Mithilfe des Feedbacks und der Ratschläge eines Counselors kann man sich stets weiterentwickeln, was mit regelmäßigen Beförderungen belohnt wird. Und wenn man sich neben der Projektarbeit mit einem bestimmten Thema näher beschäftigen möchte, wird auch das möglich gemacht. Dazu kommt die starke internationale Ausrichtung: Ich selbst hatte schon Einsätze in Spanien, Norwegen, Großbritannien, Belgien, Frankreich, den Niederlanden, der Schweiz, Schweden, Polen und den Vereinigten Arabischen Emiraten.

Welche Eigenschaften und Fähigkeiten sollte man mitbringen, um im Consulting bei EY durchzustarten?
Es geht nicht darum, von Anfang an alles zu wissen. Viel wichtiger ist ein gewisses Tempo im Kopf: Zusammenhänge schnell erkennen können und die richtigen Fragen stellen. Zudem braucht es Neugier, Offenheit und Zielstrebigkeit. Unsere Projekte sind sehr vielfältig – auch innerhalb eines Teams. Lebenslanges Lernen ist hier also nicht nur ein Buzzword, sondern wird aktiv gelebt und gefördert. Außerdem sind ein überzeugendes Auftreten und die Fähigkeit, mit den unterschiedlichsten Menschen auf Augenhöhe kommunizieren zu können, sehr wichtig. Seid bereit, zuzuhören und zu lernen, aber auch, eigene Vorschläge einzubringen!

Wenn du deinem jüngeren Ich rückblickend einen Tipp mit auf den Weg geben müsstest – welcher wäre das?
Ich würde mir sagen: „Mach dir weniger Sorgen und tritt selbstbewusster auf. Du weißt, wovon du sprichst, also steh dazu!"

EY
Building a better working world
Was, wenn deine Karriere so individuell wäre wie deine Playlist?
Deine Laufbahn ist kein vorbestimmter Pfad, sondern ein Weg mit immer neuen Perspektiven - und dein Einstieg bei EY der optimale Startpunkt.
The exceptional EY experience.
It's yours to build.
www.de.ey.com/karriere
YOURS TO BUILD
by EY
14.12.20
14 songs, 47 min
FOLLOW
Global Assignment: Paris
Analytics EY Badge
Entrepreneur of the year
Blockchain project
The better the question. The better the answer.
The better the world works.

Horváth

Standorte in Deutschland:
Stuttgart (Zentrale), Berlin, Düsseldorf, Frankfurt am Main, Hamburg, München

Standorte weltweit: Abu Dhabi, Atlanta, Budapest, Bukarest, Chicago, Dubai, Kopenhagen, Mailand, Riad, Rom, Wien, Zürich

Tätigkeitsschwerpunkt: Managementberatung mit den Schwerpunkten Performance Management und Transformation

Beschäftigte in Deutschland: über 800

Beschäftigte weltweit: über 1.200

Horváth ist eine international tätige, unabhängige Managementberatung. Wir stehen für ein ausgeprägtes Branchenverständnis sowie umfassende fachliche Expertise in sämtlichen Unternehmensfunktionen – mit Fokus auf Performance Management und Transformation. Unser Ziel als Unternehmen: höchste Kundenbegeisterung zu erreichen. Doch wir sind mehr als nur ein Team! Bei uns findest du das passende Umfeld, um mit uns über dich hinauszuwachsen. Du legst großen Wert auf eine einzigartige und wertschätzende Arbeitsatmosphäre, Arbeit auf Augenhöhe, die individuelle Förderung deiner Kompetenzen, vielfältige Entwicklungsmöglichkeiten und unternehmerische Freiräume? Dann sollten wir uns kennenlernen! It's YOU! For Horváth.

HORVÁTH

Rotebühlstraße 100
70178 Stuttgart
www.horvath-partners.com
www.successfullytogether.com

Recruiting Team
+49 711 66919-0
career@horvath-partners.com

Was macht Horváth erfolgreich? Unser Anspruch als Unternehmen ist es, optimale Lösungen für komplexe Herausforderungen zu erarbeiten und damit höchste Kundenbegeisterung zu erzielen. 1981 waren wir ein Start-up und zu dritt. Heute sind wir mehr als 1.200 Horváths an 18 eigenen Standorten. Diesen unternehmerischen Erfolg verdanken wir unseren Kolleg:innen, die ihre gezielte Zusammenarbeit konsequent auf unsere Kunden ausrichten. Gegenseitiges Verständnis, Arbeit auf Augenhöhe, eine besondere Unternehmenskultur sowie hohe fachliche und methodische Expertise – das ist die Basis unseres Erfolgs.

Wofür steht Horváth als Beratungshaus? Ob in der Gesamtorganisation, in Vertrieb, Operations, Einkauf, Controlling & Finance, HR oder in der IT – wir konzipieren und implementieren Veränderungen auf dem Toplevel, mit fundierten Lösungen für neue Strategien, Geschäftsmodelle, Organisationsstrukturen, Prozesse und Systeme auf Basis modernster Technologien und digitaler Möglichkeiten.

Was zeichnet die Unternehmskultur von Horváth aus? Successfully together – nur gemeinsam sind wir erfolgreich! Unser Horváth-Spirit ist geprägt durch die einzigartigen Menschen, die mit uns arbeiten. Der gemeinsame Spaß an der Herausforderung, vielfältige individuelle Stärken, Talente und Kompetenzen sowie ein vertrauensvoller, partnerschaftlicher Umgang – das zeichnet uns und unsere tägliche Arbeitsweise aus.

Wie gestaltet sich dies konkret? Wir sind mehr als ein Team. Teamwork ist für uns nicht nur ein Begriff. Unser Miteinander ist von Respekt geprägt – gegenseitig und gegenüber unseren Kunden. Wir teilen unser Wissen, sind aber keine Besserwisser:innen, sondern Bessermacher:innen: pragmatisch, praxisorientiert, hands-on und ganz ohne Ellenbogen. Bei uns zählen intelligente Argumente mehr als Titel. Uns vereint nicht nur das Streben nach Top-Performance, sondern auch der Spaß an der Herausforderung.

Welche Einstiegsmöglichkeiten gibt es? Ganz gleich, ob du mit beruflicher Erfahrung, Promotion, Bachelor- oder Masterabschluss oder während des Studiums bei uns tätig werden möchtest: Wir bieten eine Vielzahl an Gestaltungs- und Entwicklungsmöglichkeiten. Ein Direkteinstieg, Praktika oder studentische Mitarbeit sind unterjährig zu jedem Zeitpunkt möglich. Wir suchen Kolleg:innen, die andere Menschen begeistern können und Spaß an den Herausforderungen haben, die bei uns auf sie warten. Wir freuen uns auf deine Bewerbung, direkt auf eine ausgeschriebene Position oder auch gerne initiativ.

Welche Möglichkeiten bietet Horváth für Studierende? Unsere Praktikant:innen erhalten einen sehr guten Einblick in den Beratungsalltag und das Projektgeschäft mit unseren Kunden. Wir bieten sowohl Praktikumsplätze während des Semesters als auch in der Orientierungszeit zwischen Bachelor- und Masterstudium an. Studierende, die im Rahmen ihres Praktikums herausragende Leistungen erbracht haben, fördern wir mit der Aufnahme in den Horváth Student Club. Ab diesem Zeitpunkt begleiten wir unsere Student-Club-Mitglieder bis zum Ende des Studiums und bieten in diesem Rahmen exklusive Veranstaltungen, Erfahrungsaustausch sowie die Möglichkeit, als studentische Mitarbeitende weiterhin bei uns tätig zu sein oder die Studienabschlussarbeit bei uns zu schreiben. Dieser Schritt kann der Startpunkt für eine besondere Karriere sein: Viele unserer langjährigen Kolleg:innen und Partner:innen haben genau so ihren Weg zu uns gefunden.

Onboarding, Mentoring und Training. Wie gestalten sich Einstieg und Entwicklung bei Horváth? Hohe fachliche Kompetenz und die Förderung der persönlichen Weiterentwicklung sind wesentliche Bestandteile unserer Unternehmenskultur und unser Anspruch. Wir bieten ein breites Spektrum an professionellen Weiterbildungsmaßnahmen. Der Einstieg bei uns beginnt mit einem professionellen Onboarding und dem Training-on-the-Job-Prinzip. Beim Onboarding definierst du gemeinsam mit deiner Führungskraft Projektaufgaben und Weiterentwicklungsbedarfe. Unsere ausgeprägte Feedbackkultur ist dabei ein Garant für deine persönliche Weiterentwicklung, sowohl bei Projekten als auch bei internen Aufgaben. Und mit unserer mehrtägigen zentralen Onboarding-Veranstaltung bieten wir dir nicht nur einen Rundumblick über die Organisation sowie methodische und inhaltliche Impulse, sondern auch eine erste Möglichkeit zum Networking.

Wissenstransfer und Networking werden bei uns gefordert und gefördert. Unsere Kolleg:innen nehmen sich regelmäßig die Zeit, fernab von Büro, Projekten und Kundenterminen ihr Wissen miteinander auszutauschen, sich untereinander zu vernetzen sowie von externen Expert:innen zu lernen. Unsere anspruchsvollen Inhouse-Trainings, die Horváth Business School und individuelle Schulungen sorgen für kontinuierliche Weiterentwicklung und systematische Qualifizierung.

Fördert Horváth im Rahmen der Weiterbildung auch ein MBA-Studium oder eine Promotion? Mit unserem Horváth Scholarship Program fördern wir Master- und (Executive-)MBA-Programme sowie Promotionsvorhaben – sowohl finanziell als auch durch entsprechende Freistellungen.

Work. Life. Wie wird das bei Horváth in Einklang gebracht? Die Arbeit in einer Unternehmensberatung mit spannenden Projekten und Kunden ist zeitintensiv – keine Frage. Umso wichtiger sind Raum und Zeit für den privaten Ausgleich. Wir bieten viele Möglichkeiten, deine Arbeitszeit individuell zu gestalten, Teilzeitmodelle zu wählen oder Auszeiten zu nehmen. Flexible Arbeitszeitmodelle sind bei uns selbstverständlich und so vielfältig wie das Leben selbst.

Wie läuft der Bewerbungsprozess bei Horváth ab? Für die meisten Positionen im Consulting sehen wir keinen festen Einstellungszeitpunkt vor. Deine Einsatzmöglichkeiten prüfen wir dabei immer bereichsübergreifend. Hast du uns mit deiner Bewerbung überzeugt, laden wir dich zu persönlichen Gesprächen ein – je nach Erfahrungshintergrund mit verschieden Interviewrunden sowie fachlichen und persönlichen Einblicken. Und noch etwas: Wir freuen uns auf dich!

Investors Marketing AG

Standort in Deutschland:
Frankfurt am Main

Tätigkeitsschwerpunkt: Managementberatung für Finanzdienstleister mit Fokus auf marktorientierten Fragestellungen

Beschäftigte in Deutschland: 32

Geplante Neueinstellungen 2024:
Praktikum/Werkstudententätigkeit: ca. 3–5
Absolvent:innen/Young Professionals: ca. 5

Was uns ausmacht? Unsere Individualist:innen und mutigen Andersdenker:innen, die jeden Tag einen hohen Anspruch an sich selbst stellen, um das Banking der Zukunft aktiv mitzugestalten. Diese Energie spürt man täglich in jedem Projekt. Dafür bieten wir unseren Mitarbeiter:innen Freiräume, Neues zu schaffen und eigene Ideen zu verfolgen. Unsere Zusammenarbeit ist von Integrität, einem zu 100 Prozent kundenzentrierten Ansatz sowie dem Engagement und der Leistungsbereitschaft jeder und jedes Einzelnen geprägt. Unsere Führungsleitlinien spielen dabei eine große Rolle, denn Respekt und Wertschätzung wollen gelebt sein, und das versuchen wir jeden Tag.

INVESTORS MARKETING
MANAGEMENT CONSULTANTS

An der Welle 3
60322 Frankfurt am Main
www.investors-marketing.de/karriere

Gabriele Hufenbach
+49 69 963158-33
bewerbung@investors-marketing.de

Welches Beraterklischee trifft auf Investors Marketing zu und welches nicht? Ja, auch wir malen schöne Folien und denken in Storylines. Und welches Klischee trifft nicht zu? Partner verkaufen die Arbeit von Consultants für ihre eigene und ernten dafür die Credits beim Kunden. Bei 32 Beschäftigten braucht es jede Hand an Deck. Aktives Einbringen eigener Impulse ist nicht nur gewünscht, sondern bei Investors Marketing elementar, um für die Probleme unserer Kunden innovative Lösungen zu entwickeln.

Alexandra Lehmann, Principal: „Arbeiten bei Investors Marketing bedeutet für mich: ein Job, der Freude macht, herausragende Kolleginnen und Kollegen und die Möglichkeit, die Zukunft des Bankings mitzugestalten."

Investors Marketing – 100 Prozent kundenzentriert. Was bedeutet das? 100 Prozent kundenzentriert zu sein, bedeutet für uns, die Ziele unserer Klienten und den Kunden im Fokus zu haben, strukturiert, fundiert und messbar zu arbeiten und praxisorientierte Lösungen zu entwickeln. Wir entwerfen Wachstums- und Ertrags-, aber auch Kosten- und Effizienzstrategien immer aus der Sicht der relevanten Zielgruppe – des Kunden! Um das optimale Kundenerlebnis zu erzielen, beziehen wir die Mitarbeitenden unserer Klienten von Anfang an in die Entwicklung der Lösung mit ein. Eine umfassende, praxisorientierte Begleitung der Umsetzung ist für uns erfolgskritisch und selbstverständlich.

Wer passt gut zu Investors Marketing? Definitiv keine „stereotypen" Berater:innen, sondern individuelle Persönlichkeiten mit Überzeugungen und Charakter. Menschen, die Lust haben, Banken und Finanzdienstleister zukunftsfähig aufzustellen und unsere Ziele gemeinsam zu erreichen. Uns ist es wichtig, dass du Spaß am Durchdenken komplexer Sachverhalte hast und diese kommunikativ auf den Punkt bringst. Neben einem erfolgreich abgeschlossenen Bachelor- und/oder Masterstudium aus den Fachbereichen Wirtschafts-, Natur- oder Sozialwissenschaften verfügst du über hohe analytische und konzeptionelle Fähigkeiten und machst nicht halt vor Herausforderungen.

Julia Decker, Manager: „Persönliche Weiterentwicklung und der Freiraum, eigene Ideen einzubringen, werden bei Investors Marketing großgeschrieben."

Was bietet Investors Marketing seinen Talenten? Spannende Projekte für das Topmanagement der Finanzindustrie, eine bunte und dynamische Unternehmenskultur, individuelle Weiterentwicklung, eine attraktive Vergütung sowie weitere Benefits. Investors Marketing bietet lukrative Karriereperspektiven und echte Entwicklungschancen – denn in unseren heutigen Consultants sehen wir unsere Führungskräfte von morgen. Bei uns steht daher die individuelle Förderung und Entwicklung deiner Talente im Fokus – und zwar in deinem Tempo. Das Ganze erfolgt operativ in unserem modernen Büro in zentraler Lage. Zusätzliche Benefits stellen unsere flexible Homeoffice-Regelung, auf deine Persönlichkeit und Skills abgestimmte Trainings und Weiterbildungen sowie anderweitige Zusatzleistungen, wie z. B. ein monatlicher Essenszuschlag, eine betriebliche Altersvorsorge und vermögenswirksame Leistungen, dar.

Wie läuft der Bewerbungsprozess ab? Wir lernen einander in einem dreistufigen Bewerbungsverfahren kennen und im besten Fall heißt es am Ende: It's a match! Zunächst starten wir mit einem kurzen Telefongespräch, um gegenseitig einen ersten Eindruck voneinander zu bekommen. Im nächsten Schritt laden wir dich nach Frankfurt am Main in unser Office ein, um mehr über dich, deinen Werdegang und deine persönlichen Erwartungen zu erfahren. Hierbei möchten wir vor allem dich als Person kennenlernen. Ist auch diese Hürde genommen, folgt zum Abschluss ein Bewerbertag. Dort erwarten dich Fragen zu deinem bisherigen Werdegang und deinen bereits gesammelten Erfahrungen. Außerdem präsentierst du deine Ergebnisse einer kurzen Case Study und zeigst uns, was wir von dir als Consultant erwarten dürfen.

Wie geht es nach dem Einstieg bei Investors Marketing weiter? Du startest mit einer Trainings- und Onboarding-Woche, um das Unternehmen sowie deine neuen Kolleg:innen kennenzulernen und die notwendigen Beratungs-Skills vermittelt zu bekommen. Parallel dazu versuchen wir, dich von Anfang an als vollwertiges Teammitglied in Projekte auf Topmanagement-Level einzubinden, damit du schnell erste wertvolle Erfahrungen sammeln kannst und unser Themenportfolio sowie unseren Beratungsansatz kennenlernst.

Nicolas Henn, Consultant: „Die enge Zusammenarbeit über alle Level hinweg motiviert mich täglich aufs Neue. Als Consultant bist du nicht nur Ergänzungsspieler:in, sondern auch Gestalter:in und das wird von Investors Marketing auch so gewünscht."

Was spricht sonst noch für Investors Marketing? Fachexpertise seit mehr als 24 Jahren mit einem entsprechend großen Netzwerk sowie Kunden- und Projektportfolio. Investors Marketing hat sich in dieser Zeit als Ansprechpartner für strategische Finanzprojekte etabliert. Die daraus entstandenen Kundenbeziehungen führen immer wieder zu neuen und spannenden Aufgaben, die wir gemeinschaftlich mit unseren Kunden lösen. Darüber hinaus bietet unser Unternehmen die Möglichkeit, frühzeitig Verantwortung zu übernehmen, indem du dich z. B. in die diversen internen Ressorts, wie etwa das Hochschulmarketing oder die Betreuung der Social-Media-Kanäle, einbringst und diese aktiv mitgestaltest.

Wie kann man Investors Marketing kennenlernen? Melde dich zu unserem IM Career Event 2024 an und teile uns deine Gedanken zur Finanzindustrie von morgen mit. Dort lernst du weitere mutige Andersdenker:innen kennen, erfährst mehr über den Einstieg in die Managementberatung und welche Vorteile Investors Marketing dir bietet. Scanne zur Anmeldung einfach den QR-Code auf der gegenüberliegenden Seite.

McKinsey & Company

Standorte in Deutschland: Berlin, Düsseldorf, Frankfurt am Main, Hamburg, Köln, München, Stuttgart

Standorte weltweit: über 130 Büros in mehr als 65 Ländern

Tätigkeitsschwerpunkte: Strategie, Organisation, operative Verbesserung, Aufbau neuer Geschäfte, Digitalisierung, Nachhaltigkeit

Beschäftigte in Deutschland: >3.100
davon Berater:innen: 2.000

Beschäftigte weltweit: 30.000

McKinsey ist eine weltweit tätige Unternehmensberatung, die Organisationen dabei unterstützt, nachhaltiges, integratives Wachstum zu erzielen. Wir arbeiten mit Klienten aus dem privaten, öffentlichen und sozialen Sektor zusammen, um komplexe Probleme zu lösen und positive Veränderungen für alle Beteiligten zu schaffen. Wir kombinieren mutige Strategien und transformative Technologien, um Unternehmen dabei zu helfen, Innovationen nachhaltiger zu gestalten, dauerhafte Leistungssteigerungen zu erzielen und Belegschaften aufzubauen, die für diese und die nächste Generation erfolgreich sein werden. Durch wechselnde Einsatzgebiete, ein breites Trainingsangebot und das tägliche Zusammenspiel mit Kolleg:innen und Klientenmitarbeiter:innen kannst du deine Fähigkeiten optimal entwickeln.

McKinsey
& Company

Christophstraße 17
50670 Köln
karriere.mckinsey.de

Anne Hiedemann
Recruiting
+49 221 208-7518
karriere@mckinsey.com

Was zeichnet die Unternehmenskultur von McKinsey aus? Die Unternehmenskultur von McKinsey ist stark von Werten geprägt: Wir möchten die Leistungsfähigkeit unserer Klienten substanziell und dauerhaft verbessern. Gleichzeitig möchten wir außergewöhnliche Persönlichkeiten für uns gewinnen, sie weiterentwickeln und nachhaltig begeistern. Aus- und Weiterbildung sind somit ein fester Bestandteil der Unternehmenskultur von McKinsey. Der wichtigste Grundsatz unserer Beratung ist „Client first“: McKinsey nimmt einen Auftrag nur an, wenn wir überzeugt sind, wesentlich zur Lösung eines wichtigen Problems beitragen zu können. Absolute Integrität, strengste Geheimhaltung aller vertraulichen Klienteninformationen und professionelle Unabhängigkeit sind weitere wichtige Voraussetzungen für unsere Beratungsarbeit. McKinsey vertritt stets eine unabhängige, auf Analysen basierende Sichtweise gegenüber dem Topmanagement - auch wenn sie eine abweichende ist. Diese Werte bestimmen die tägliche Arbeit und das Miteinander in unserem Unternehmen.

Welche Möglichkeiten zur Weiterqualifizierung bietet McKinsey? Persönliche Betreuung, individuelles Coaching und vielfältige Trainings sorgen dafür, dass Consultants bei McKinsey ihre Fähigkeiten optimal entwickeln können. Insgesamt absolvieren Berater:innen bei uns fünf bis neun Wochen Training schon allein in den ersten zwei Jahren. Vom ersten Tag an stehen ihnen erfahrene Mentor:innen zur Seite, die ihre Entwicklung in regelmäßigen Abständen mit ihnen besprechen. Zudem bereitet sie ein Basistraining auf die speziellen Anforderungen der Beratung vor und vermittelt die bei McKinsey genutzten Methoden und Instrumente. Wirtschaftswissenschaftliche Kenntnisse sind absolut kein Muss. Die Grundbegriffe des Wirtschaftslebens erlernen alle Kolleg:innen in Trainings. Gerade die diversen Fachhintergründe machen unsere Teams aus. Bei McKinsey wird Diversität explizit gefördert. Daher freuen wir uns über Bewerbungen aus allen Fachrichtungen.

Welche internationalen Einsatzmöglichkeiten gibt es? Zu unseren Klienten gehören nicht nur mehr als 60 Prozent der Global-500-Unternehmen, sondern auch der wachstumsstarke Mittelstand, Regierungsstellen sowie private und öffentliche Institutionen. Eine Karriere bei McKinsey ist geprägt durch internationales Arbeiten. Der freie Austausch von Berater:innen und Know-how zwischen unseren mehr als 130 Büros in über 65 Ländern kommt unseren Klienten ebenso zugute wie unseren Consultants. Mehr als 50 Prozent unserer Berater:innen arbeiten im Laufe eines Jahres im Ausland.

Welche Karrieremöglichkeiten bietet McKinsey? Einsteiger:innen gehören vom ersten Tag an zu einem Projektteam, das im direkten Kontakt zum Topmanagement unserer Klienten an der Lösung strategischer und operativer Fragen arbeitet. Die enge Zusammenarbeit mit zahlreichen führenden nationalen und internationalen Unternehmen eröffnet den Berater:innen dabei nahezu unbegrenzte Entwicklungs- und Karrieremöglichkeiten.

Wie sieht ein typischer Arbeitstag aus? In der Beratung gibt es keinen typischen Arbeitstag: Bei jedem neuen Klienten warten neue Themen und ungewohnte Perspektiven auf die Teams. Berater:innen arbeiten in der Regel von Montag bis Donnerstag beim Klienten vor Ort. Freitags haben sie ihren Office Day im McKinsey-Büro.

Welche Fachrichtungen werden gesucht? McKinsey sucht herausragende Hochschulabsolvent:innen aller Fachrichtungen, Akademiker:innen mit einem zweiten Abschluss (Promotion oder MBA) und Professionals. Absolvent:innen aus den Natur- und Ingenieurwissenschaften oder der Medizin arbeiten ebenso bei uns wie Absolvent:innen eines wirtschafts-, geistes- oder rechtswissenschaftlichen Studiums.

Kann man bei McKinsey schon während des Studiums Erfahrungen sammeln? Als Praktikant:in für acht bis zwölf Wochen haben Interessierte schon vor Ende ihrer akademischen Ausbildung die Möglichkeit, als Fellow Intern bzw. Associate Intern McKinsey und die Beratungstätigkeit kennenzulernen. Fellow Interns studieren meist im Hauptstudium und stehen vor ihrem ersten akademischen Abschluss. Associate Interns haben ihren ersten Abschluss bereits hinter sich und befinden sich gerade auf dem Weg zum zweiten. Gegebenenfalls sind auch Praktika im Ausland möglich. Die Länderpräferenzen der Bewerber:innen werden von McKinsey berücksichtigt.

Was sind die Einstellungskriterien? Wir suchen Akademiker:innen, die Verantwortung übernehmen und etwas bewegen möchten. Außerdem achten wir auf exzellente Noten, sehr gute analytische und kommunikative Fähigkeiten sowie Englischkenntnisse. Ebenso sind Kreativität und Teamfähigkeit gefragt.

Wie läuft das Bewerbungsverfahren ab? Wenn uns die schriftlichen Unterlagen überzeugt haben, laden wir Bewerber:innen zu einem sogenannten Auswahltag ein. Dort haben sie Interviews mit McKinsey-Berater:innen und bearbeiten Fallstudien. Beispiele für solche Fallstudien sowie Tipps zur Vorbereitung auf den Auswahltag finden sich auf unserer Website. Wir bringen die Kandidat:innen nicht in kompetitive Situationen mit anderen Teilnehmer:innen. Vielmehr bitten wir unsere potenziellen neuen Kolleg:innen zu Gesprächen mit unseren Consultants.

Welche Deadlines gibt es für Bewerbungen? Du kannst dich bei McKinsey ganzjährig für ein Praktikum oder den Festeinstieg bewerben. Egal zu welchem Zeitpunkt du dich bewirbst – du hast immer die gleichen Chancen auf eine Einladung. Wir sammeln alle Bewerbungen bis zur nächsten Deadline und sichten sie dann unter gleichen Rahmenbedingungen. Nachdem wir unsere Entscheidung getroffen haben, hörst du von uns. Durch unsere Bewerbungsdeadlines schaffen wir bestmögliche Transparenz und Planbarkeit für deinen Einstieg. Es ist Zeit, dich zu bewerben: karriere.mckinsey.de/dein-einstieg-bei-mckinsey

Porsche Consulting GmbH

Standorte in Deutschland: Hamburg, Berlin, Frankfurt am Main, München, Stuttgart

Standorte weltweit: Palo Alto, Atlanta, São Paulo, Mailand, Paris, Shanghai, Peking

Tätigkeitsschwerpunkte:
Branchen: Automobilindustrie, Bauindustrie, Energiewirtschaft, Finanzdienstleistungen, Industriegüter, Konsumgüter, Luftfahrt, Pharma und Medizintechnik, Transport
Leistungen: Strategie und Organisation, Marke und Vertrieb, Operations, Technologie und Entwicklung

Beschäftigte weltweit: 900

Geplante Neueinstellungen 2024: 120

Werte wie Teamspirit, Sportsgeist und Leidenschaft prägen unsere Unternehmenskultur. Wir stellen den Menschen in den Mittelpunkt. Diversität, Teamwork, Nachhaltigkeit und New Work leben wir, um ein wertschätzendes und dynamisches Umfeld zu schaffen. Wir sind füreinander da – mit individueller Förderung, persönlichen Entwicklungschancen und vielfältigen Aufgaben. Wir bieten zahlreiche Benefits im Bereich Sport, Mobilität, Information und Weiterbildung. So garantieren wir, dass wir für unsere Klienten exzellente Lösungen liefern und gleichzeitig Spaß bei der Arbeit haben. Zufriedene Klienten und Mitarbeiter:innen gehören für uns zusammen.

Porsche Consulting
Strategisch denken. Pragmatisch handeln.

Porschestraße 1
74321 Bietigheim-Bissingen
www.porsche-consulting.com

Stefan Stock
Leiter Personal
career@porsche-consulting.com

Worin unterscheidet sich Porsche Consulting von seinen Wettbewerbern? Wir denken strategisch und handeln pragmatisch. Aus unserer eigenen Entstehungsgeschichte heraus entwickeln wir nicht nur überzeugende Erfolgsstrategien, die unsere Klienten überraschen und einen echten Mehrwert bieten. Wir sorgen auch für eine pragmatische Umsetzung, die unsere Kunden dabei unterstützt, diese Strategien kraftvoll auf die Straße zu bringen. Das macht uns innerhalb der Branche einzigartig und setzt ein unterstützendes Miteinander sowie absolutes Vertrauen in das Können und in die Leistung unserer Expert:innen voraus.

Wie sieht das Projektportfolio konkret aus? Als führende internationale Strategieberatung hinterlassen wir deutliche Spuren bei unseren Kunden. Klienten aus den Branchen Automobilindustrie, Bauindustrie, Energiewirtschaft, Finanzdienstleistungen, Industriegüter, Konsumgüter, Luftfahrt, Pharma und Medizintechnik sowie Transport verlassen sich auf unsere Expertise in vielen funktionalen und crossfunktionalen Unternehmensbereichen. Unsere Kernkompetenzen liegen unter anderem in den Bereichen Unternehmensstrategie und Organisationsentwicklung, Finanzen und M&A, Digitale Transformation, Nachhaltigkeit, Wert- und Effizienzsteigerung, Mensch und Kultur, Marken- und Vertriebsstrategie, Forschungs- und Entwicklungsstrategie, Innovationsmanagement und Produktentwicklung sowie Qualität, Beschaffung, Produktion und Logistik.

Welche internationalen Einsatzmöglichkeiten gibt es? Im Jahr 2022 haben wir für unsere rund 350 nationalen und internationalen Klienten über 1.000 Projekte realisiert. Wir sind weltweit mit 13 Bürostandorten in sechs Ländern vertreten. Neben unserer Zentrale und fünf weiteren Büros in Deutschland haben wir Tochtergesellschaften in Italien, Frankreich, Brasilien, China und den USA. Eine Karriere bei uns bietet die Möglichkeit, neue Perspektiven einzunehmen und sich global zu vernetzen.

Wie läuft das Bewerbungsverfahren ab? Interessent:innen können sich über den Karrierebereich auf unserer Website oder über den Porsche Job Locator bewerben. Bei einer erfolgreichen Bewerbungszusendung erhalten die Bewerber:innen eine Eingangsbestätigung. Mit vielversprechenden Kandidat:innen führen wir für ein erstes Kennenlernen zunächst ein halbstündiges Videointerview. Vor einer möglichen Einstellung finden zwei weitere Gespräche statt, die wir gerne auch persönlich vor Ort durchführen. Daran nehmen Führungskräfte aus dem Fachbereich und Personalspezialist:innen teil. Im Gespräch können uns die Bewerber:innen durch das Lösen einer Fallstudie von ihren Kenntnissen überzeugen. Bewerber:innen für ein Praktikum werden zu einem Videointerview eingeladen. Nach einem erfolgreichen Praktikum besteht die Möglichkeit, bei uns als Werkstudent:in einzusteigen oder eine Abschlussarbeit zu schreiben. Ein Einstieg ist jeweils zum Monatsbeginn oder zur Monatsmitte möglich. Damit unsere Expert:innen direkt von Anfang durchstarten können und optimal auf ihren neuen Job vorbereitet sind, lernen sie in einer dreiwöchigen Onboarding-Phase nicht nur unser Unternehmen, sondern auch unser strategisches Denken und unsere pragmatische Arbeitsweise kennen. Abgerundet wird das Onboarding-Programm durch gemeinsame Essen, Teambuilding-Maßnahmen und das Porsche Driving Event, wodurch die Neueinsteiger:innen untereinander wertvolle Kontakte knüpfen können.

Was erwartet Bewerber:innen in fachlicher und persönlicher Hinsicht? Unsere Expert:innen denken unternehmerisch und strategisch und haben ein gutes Gespür für Menschen. Darüber hinaus begeistern sie mit Umsetzungs- und Ergebnisorientierung, Problemlösungskompetenz und Überzeugungskraft. Mit Konzeptionsstärke und hoher Methodenkompetenz ausgestattet, haben sie oft schon bereits bei einem Industrieunternehmen oder in der Beratung gearbeitet und sind im Projektmanagement versiert. Unsere Berufseinsteiger:innen haben in der Regel einen Masterabschluss – oftmals in Bereichen der Betriebswirtschaftslehre oder des Ingenieurwesens. Praktische Erfahrungen in der Industrie oder in Unternehmensberatungen runden das Profil ab. Bei uns steht der Mensch im Mittelpunkt. Jede:r bringt eine eigene Persönlichkeit, eigene Talente sowie eine eigene Herkunft und Geschichte mit – genau das macht unseren ganz besonderen Teamspirit aus.

Welche Karrieremöglichkeiten gibt es? Zu Beginn ihrer Karriere sind unsere Consultants bei Klienten eingesetzt und tragen die gesamtheitliche Verantwortung für ein Teilprojekt. Auf dem Weg vom Associate Consultant zum Consultant und Senior Consultant werden die Projektumfänge Schritt für Schritt größer. Unsere Manager und Senior Manager leiten ein bis zwei Projekte, steuern die Problemlösungsprozesse in den verschiedenen Teilprojekten und führen das Projektteam. Associate Partner, Partner und Senior Partner sind die zentralen Ansprechpersonen für die Auftraggeber bei unseren Klienten und betreuen die strategische Geschäftsentwicklung sowie die Weiterentwicklung der Mitarbeitenden. Zusätzlich sind sie die „Architekt:innen" in der Angebotsphase. Alternativ bieten wir eine Expertenlaufbahn an. Dabei spezialisieren sich die Senior Experts auf ein Fachgebiet, fungieren darin branchenübergreifend als Wissensdrehscheibe und unterstützen die Projektteams in der kritischen Anfangsphase sowie bei anspruchsvollen Spezialthemen.

Welche Möglichkeiten zur Weiterqualifizierung gibt es? Zwei Wochen im Jahr werden ausschließlich für die Förderung unserer Mitarbeitenden durch interne und externe Trainings genutzt. Dazu kommt unser gesamtes Unternehmen für jeweils eine Woche in Stuttgart zusammen. Neben Keynotes zu aktuellen Themen bieten wir Trainings zur individuellen Förderung persönlicher und fachlicher Kompetenzen an, welche von den Mitarbeitenden je nach Präferenz gewählt werden können. Uns ist besonders wichtig, die persönlichen Stärken unserer Mitarbeitenden gezielt zu fördern. Wer berufsbedingt individuelle Trainings und Seminare benötigt oder einen weiteren Abschluss (MBA oder Promotion) anstrebt, wird ebenfalls von uns unterstützt. Dabei wird die Förderung individuell gestaltet. Für die Weiterentwicklung unserer Führungskräfte arbeiten wir mit internationalen und renommierten Hochschulen, z. B. der Harvard Business School, zusammen.

Wo findet man Informationen zu Events, bei denen man Porsche Consulting treffen kann? Da wir stets auf der Suche nach neuen Talenten sind, richten wir eigene Karriereevents aus und nehmen auch an Veranstaltungen von Dienstleistern teil. Deshalb findet man uns bei verschiedenen Netzwerkevents oder kann den Porsche-Consulting-Spirit an unseren Karrieretagen, z. B. am Hockenheimring, live erleben. Studierende können uns auf Karrieremessen bei Einzelgesprächen oder in Workshops bei studentischen Unternehmensberatungen kennenlernen und hierbei alles zum Thema Praktikum oder Berufseinstieg bei Porsche Consulting erfahren. Eine Übersicht sowie Informationen zu unseren Events finden Interessierte auf unserer Karriereseite.

PricewaterhouseCoopers GmbH Wirtschaftsprüfungsgesellschaft

Standorte in Deutschland: 21 Standorte in ganz Deutschland

Standorte weltweit: 680 Standorte in 152 Ländern

Tätigkeitsschwerpunkte: Transaktionen, Finanzierung und Investition, Sanierung, Restrukturierung, Forensic Services, Strategie, Digital Transformation, Cyber Security, Data & Analytics, Technology Partnerships, Technology Consulting, Organisation, Prozesse und Systeme, Prüfung, Rechnungslegung und Berichterstattung, Steuern, Branchenregulierung, Wissenstransfer

Beschäftigte in Deutschland: >13.000

Beschäftigte weltweit: 327.000

Join our community of solvers: Du bist Analyst:in, Betriebswirt:in, IT-Spezialist:in, Wirtschaftsprüfer:in, Innovationstreiber:in? Lass dich überraschen, wie viele unterschiedliche Personen bei PwC Deutschland zusammenkommen, um gemeinsam daran zu arbeiten, mit Einfallsreichtum, Erfahrung und technologischer Innovation entscheidende Herausforderungen zu lösen, nachhaltige Ergebnisse zu schaffen und das Vertrauen in unsere Gesellschaft auszubauen.

pwc

Friedrich-Ebert-Anlage 35–37
60327 Frankfurt am Main
www.karriere.pwc.de

PwC Deutschland
Personalmarketing & Recruiting
+49 69 9585-5226
DE_Karriere@pwc.com

Innovation und Purpose: Als Arbeitgeber fördern wir agile Arbeitsweisen, die Nutzung und Entwicklung neuer Technologien sowie innovative Methoden, um den kulturellen Veränderungsprozess nachhaltig voranzutreiben. Dabei sind wir Treiber der Transformation und stehen unseren Mandanten im digitalen Wandel als verlässlicher Partner zu Seite. Arbeite mit uns an den Lösungen für morgen und hilf uns dabei, ein hohes Maß an Vertrauen in unsere Gesellschaft sicherstellen zu können.

Wertschätzender Umgang: Auf der Grundlage unserer Werte schaffen wir ein gesundes Umfeld und Freiraum, damit du dich mit deiner Arbeit identifizieren kannst, dich gerne einbringst und dich entwickeln und entfalten kannst. Denn wir sind überzeugt davon, dass wir als Organisation nur erfolgreich sind, wenn wir eine positive Arbeitsatmosphäre schaffen, in der individuelle Bedürfnisse und gegenseitige Rücksichtnahme im Vordergrund stehen. Zudem bieten wir dir eine große Palette an Vorteilen und Arbeitgeberleistungen an: vom Smart Working (z. B. Überstundenausgleich, Homeoffice-Zuschuss) über die Ausstattung mit dem modernsten technologischen Equipment sowie diversen Sport- und Gesundheitsangeboten bis hin zu finanziellen Vorteilen und einem umfangreichen Angebot an Qualifikationsförderungen.

Inklusion und Teamwork: Wir setzen auf Vielfalt. Bei all den individuellen Fähigkeiten und Facetten, die wir in unserer Community of Solvers finden, liegt uns ein offener und wertschätzender Umgang am Herzen. Wir bauen auf das Gefühl der Zugehörigkeit und stehen für Integration, Verständnis und Respekt. Darüber hinaus möchten wir in allem, was wir tun, ein starkes Signal geben – auf allen Ebenen setzen wir uns daher für Gleichberechtigung und Chancengleichheit ein.

Persönliche und fachliche Entwicklung: In unserem weltweiten Netzwerk kannst du als Individuum wachsen, tragfähige Beziehungen aufbauen und wirklich Einfluss nehmen. Dabei möchten wir dir so viel Freiraum wie möglich geben – damit du dich weiterentwickeln und mehr aus dem machen kannst, was du dir vorgenommen hast. Du wirst eine Laufbahn einschlagen können, die dich erfüllt und die du nach deinen eigenen Fähigkeiten und Vorstellungen gestalten kannst. Neben dem kontinuierlichen Training on-the-Job investieren wir viel in deine fundierte Aus- und Weiterbildung. Dazu gehören unter anderem unser Digital-Upskilling-Programm „Your Tomorrow", Fachschulungen, Soft-Skill-Workshops oder auch die Förderung von Berufsexamina, wie etwa im Steuerberatungs- und Wirtschaftsprüfungsbereich. Dabei lernst du nicht nur fachlich dazu, sondern kannst auch viele Kontakte im PwC-Netzwerk knüpfen.

Flexibilität: Gemeinsam haben alle Mitarbeitenden bei PwC eine neue Grundlage der Zusammenarbeit entwickelt, bei der individuelle Bedürfnisse und gegenseitige Rücksichtnahme im Fokus stehen. Wir wollen, dass alle Beschäftigten bei PwC ihr Arbeitsumfeld optimal gestalten können – egal, ob es um die Anwesenheit im Office, die Regelung der Arbeitszeiten oder die Arbeit beim Kunden geht. Fixe Präsenzzeiten sollen genauso der Vergangenheit angehören wie das Erscheinen im Office aus reiner Routine. Durch diese individuellen Regelungen können wir die Bedürfnisse unserer Kunden, Teams und einzelnen Mitarbeitenden bestmöglich abdecken.

Marlene Lenke

Senior Associate
im Bereich
Technology M&A

Spannende Projekte und neue Herausforderungen bei Deutschlands führender Transaktionsberatung

Ich bin Marlene und arbeite bei PwC Deutschland im Bereich der Transaktionsberatung. Wir begleiten weltweit Kunden bei (Ver-)Käufen ganzer Unternehmen oder einzelner Geschäftsbereiche, und das in allen Phasen der Transaktion: vom Finden geeigneter Firmen bis hin zum Abschluss der Verhandlungen und von der Unternehmens- und Marktanalyse bis hin zur Integration. Dabei sind für uns die Analyse von Wertschöpfungspotenzialen, die Festlegung von Transaktionszielen und die richtige Einschätzung von Risiken entscheidende Parameter für den erfolgreichen Verlauf. Ganz gleich, ob es um Umstrukturierungen, Börsengänge, Zukäufe oder Carve-outs geht.

Seit drei Jahren bin ich im Team „Delivering Deal Value" und hier speziell dafür zuständig, die Technologiefunktion des Kunden bei den unterschiedlichen Deal-Projekten (z. B. IT Due Diligence, IT Carve-out, IT-Post-Merger-Integration) zu unterstützen. Wir arbeiten eng mit den Führungskräften der Kunden-IT-Abteilung zusammen. Dabei geht es maßgeblich um umfassende Überprüfungen der Strategie, der IT-Infrastruktur und -Architektur sowie der Prozesse, der Datensicherheit und der Finanzen.

Dass mein beruflicher Fokus einmal auf Technologie-Systemen liegen sollte, hätte ich vor einigen Jahren sicherlich nicht erwartet. In meinem BWL-Studium hatte ich den Schwerpunkt Finance, Accounting, Controlling und Steuern. Während meines Masterstudiums wollte ich zusätzliche praktische Erfahrungen sammeln und da ich die Branche der Big Four schon immer spannend fand, habe ich mich für ein Praktikum beworben. So bin ich im Bereich der Risikoberatung gelandet, wo ich erst einmal die Themen Software Asset und Lizenz-Management kennengelernt habe, bis ich dann schließlich in meinem heutigen Aufgabenfeld angekommen bin.

Heute weiß ich, dass eine solche berufliche Entwicklung mehr die Regel als die Ausnahme ist. Ich habe die Erfahrung gemacht, dass es bei PwC Deutschland vor allem darauf ankommt, welche Persönlichkeit und welches Mindset du mitbringst: eine offene Art und Aufgeschlossenheit, Organisationstalent, Interesse an neuen Themen und Herausforderungen und die Leidenschaft, gemeinsam Lösungen für unsere Kunden zu finden. Natürlich sollte man auch fachlich eine gewisse Grundkenntnis mitbringen, allerdings gibt es zahlreiche Trainings und Schulungen, über die man sich stetig weiterbilden und sein Wissen vertiefen kann. Darüber hinaus lernt man auch unglaublich viel im Arbeitsalltag und von den Kolleg:innen im Team.

Und was die Arbeit am Ende des Tages immer besonders macht, das sind natürlich die Personen, mit denen man zusammenarbeitet. Mir bedeutet es sehr viel, in einem so divers aufgestellten Team zu arbeiten, in dem ich mich sehr wohlfühlen kann und in dem uns nicht nur die Arbeit verbindet, sondern auch die Leidenschaft für die Themen sowie gemeinsam Spaß zu haben. Was mir darüber hinaus viel bedeutet, ist, dass mir der Freiraum geboten wird, mich sowohl in der Arbeit als auch darüber hinaus zu entfalten. Es gibt viele Angebote, die es mir erleichtern, meine persönlichen Interessen mit meinem Arbeitsalltag unter einen Hut zu bringen. Und genau diese Flexibilität und diesen Gestaltungsspielraum an Möglichkeiten wünsche ich mir auch für meine zukünftige berufliche Entwicklung.

Roland Berger

Standorte in Deutschland: Berlin, Düsseldorf, Frankfurt am Main, Hamburg, München, Stuttgart

Standorte weltweit: 52 Offices in 35 Ländern

Tätigkeitsschwerpunkte: Wir beraten international führende Industrie- und Dienstleistungsunternehmen sowie öffentliche Institutionen in allen Branchen und Funktionsbereichen – von der Strategieberatung bis zur erfolgreichen Umsetzung.

Beschäftigte weltweit: 3.000

Geplante Neueinstellungen 2024:
Neue Kolleg:innen für verschiedene Karrierestufen: ca. 350
Praktikant:innen als „Berater:innen auf Zeit" für unsere Projektteams: ca. 180–220

Roland Berger, 1967 gegründet, ist die einzige weltweit führende Unternehmensberatung mit europäischen Wurzeln. Von Beginn an haben wir in unterschiedlichen Sprachen und Kulturen gearbeitet. Wir schätzen verschiedene Sicht- und Herangehensweisen und setzen auf die Vielfalt unserer Mitarbeiter:innen. Wir suchen und fördern authentische Persönlichkeiten mit Unternehmergeist. Wenn du gern die Initiative ergreifst und im Team etwas bewegen willst, bist du bei uns richtig.

Roland Berger

Sederanger 1
80538 München
www.join.rolandberger.com

Lisa Stryz
Human Resources
+49 89 9230-8778
lisa.stryz@rolandberger.com

Was zeichnet Roland Berger aus? Wir suchen Talente, die mit uns innovative, maßgeschneiderte und nachhaltige Lösungen für unsere Kunden entwickeln und umsetzen. Wir sind verantwortungsvolle Berater:innen, die bei den Projekten eng mit den Kundenmitarbeiter:innen kooperieren und diese als Partner:innen verstehen. Unternehmergeist ist seit unserer Gründung fest in unserer Firmenkultur verankert. Das bedeutet für dich, dass du vom ersten Tag an deine eigenen Ideen einbringst und schnell Verantwortung übernimmst.

Unser Beratungsspektrum bauen wir kontinuierlich aus: Neben Strategie- und großen Infrastrukturprojekten, die unsere Zukunft prägen, unterstützen wir unsere Kunden auch bei den Herausforderungen im Zeitalter der digitalen Transformation. In unserem Digital Hub „Spielfeld", den wir zusammen mit Visa in Berlin betreiben, arbeiten Unternehmen, Digitalexpert:innen und Start-ups mit unseren Berater:innen zusammen, um Innovationen zu entwickeln, zu lernen und Ideen umzusetzen. „Spielfeld" bietet dabei ein kreatives Umfeld, das Unternehmen dabei unterstützt, die Digitalisierung zu meistern. Es ist ein Ort, an dem der digitale Wandel real wird.

Wie international ist Roland Berger? Bei uns arbeiten Kolleg:innen aus über 60 Nationen. Mindestens 75 Prozent unserer Projekte schließen internationale Fragestellungen mit ein. Es ist bei uns an der Tagesordnung, dass du in internationalen Projektteams arbeitest. Neben Projekteinsätzen im Ausland hast du auch die Chance, im Rahmen unserer Transferprogramme in eines unserer weltweiten Offices zu wechseln.

Welchen Studienhintergrund haben die „Berger:innen"? Um für unsere Klienten die bestmöglichen Lösungen zu entwickeln, setzen wir unsere Projektteams interdisziplinär zusammen. Wir glauben, dass nur durch Vielfalt kreative und innovative Lösungen entstehen. Andersdenken ist bei uns gefragt! Deshalb stellen wir Kolleg:innen mit verschiedenen Studienhintergründen, unterschiedlichen Stärken und Talenten ein.

Was bietet Roland Berger seinen Talenten? Als Neueinsteiger:in lernst du im Rahmen eines 14-tägiges Kick-off-Trainings unsere Arbeitsweise und deine Kolleg:innen kennen. Für jede Karrierestufe bieten wir zahlreiche Seminare für deine persönliche und fachliche Weiterentwicklung an – von Präsentations- und Kommunikationstrainings über Leadership-Themen bis hin zu Data Analytics. Bachelorabsolvent:innen bieten wir eine Förderung für das Masterstudium. Durch unsere Doktoranden- und MBA-Programme unterstützen wir dich bei deiner Promotion und öffnen dir die Türen zu renommierten Universitäten und Business Schools.

Im Rahmen unserer Fellowships kannst du mehrere Monate bei einem Start-up verbringen, deine eigene Unternehmensgründung vorantreiben oder dich sozial engagieren. Mit einem Sabbatical ermöglichen wir dir eine Auszeit vom Beratungsalltag. Ein bis sechs Monate hast du dann Zeit für deine persönlichen Projekte – sei es eine Weltreise oder mehr Zeit mit der Familie. Dank verschiedener Teilzeitmodelle kannst du Familie und Beruf vereinbaren. Wir sind stolz darauf, bereits 2005 mit dem Zertifikat „berufundfamilie" ausgezeichnet und regelmäßig erfolgreich rezertifiziert worden zu sein.

Debora

Projektmanagerin

Hohe Flexibilität und vom ersten Tag an spannende Projekte – Deboras Weg bei Roland Berger

Debora, was hat dich überzeugt, in die Beratung zu gehen?
Als Politikwissenschaftlerin und Kriminologin habe ich einen Beruf gesucht, der es mir ermöglicht, gesellschaftspolitische und unternehmerische Fragestellungen zu kombinieren. Bei Roland Berger berate ich im Bereich Civil Economics weltweit Kunden aus dem öffentlichen Sektor und konnte dabei schon seit meinem Berufseinstieg an wichtigen Projekten und Entscheidungen mitarbeiten. So kann ich nicht nur gesellschaftliche Themen mitbewegen, sondern profitiere gleichzeitig von der steilen Lernkurve und der vielen Abwechslung bei Roland Berger - und last, but not least: Von Anfang an hat es mich begeistert, in so bunt gemischten Teams mit Mitgliedern aus unterschiedlichsten Fachrichtungen und Ländern zu arbeiten, wo alle gemeinsam an einem Strang ziehen und in kürzester Zeit innovative Strategien und Lösungen auf die Beine stellen.

Was macht Roland Berger für dich zu einem besonderen Arbeitgeber?
Die Unternehmenswerte Empathie, Exzellenz und Entrepreneurship werden wirklich tagtäglich gelebt. Ich glaube, Exzellenz hat in jeder großen Strategieberatung einen hohen Stellenwert. Was Roland Berger für mich aber von anderen Beratungen unterscheidet, ist der gelebte Unternehmergeist - sei es bei der Entwicklung kreativer Hands-on-Ideen gemeinsam mit den Kunden oder bei unseren firmeninternen Initiativen, die Kolleg:innen dabei unterstützen, ihre eigenen Start-up-Ideen zu verwirklichen. Empathie wird nicht nur nach außen mit den Kunden gelebt, sondern auch intern: Ich kann mich einfach zu 150 Prozent auf meine Kolleg:innen verlassen. Außerdem ist die Strukturierung entlang von Fach-Plattformen ein riesiger Vorteil: So hat man in der Firma immer einen fixen „Heimathafen“ und kann schon als Berufseinsteiger:in schnell relevante Expertise aufbauen.

Heißt Beratung nicht automatisch 60-Stunden-Wochen weit weg von zu Hause? Sind ein Job in der Beratung und eine Familie miteinander vereinbar?
Es ist kein Geheimnis, dass die Beratung ein forderndes Berufsfeld ist. Auch in meiner Laufbahn hatte ich, je nach Projekt, bereits intensive Phasen. Roland Berger hat hier allerdings eine Reihe von Initiativen gestartet, um die Work-Life-Balance der Mitarbeitenden nachhaltig zu verbessern. Gleichzeitig hat die Coronapandemie in der ganzen Branche für ein starkes Umdenken gesorgt - inzwischen sind viele von uns nicht mehr jede Woche von Montag bis Donnerstag beim Kunden, sondern profitieren von gut abgewägten und deutlich reduzierten Dienstreisen.

Ich persönlich arbeite zudem in Teilzeit, da ich eine kleine Tochter habe und es sehr genieße, am Nachmittag die notwendige Flexibilität dafür zu haben, Zeit mit meiner Familie zu verbringen. Die Firma hat das von Anfang an unterstützt - beispielsweise mit klaren Vereinbarungen zu „Off-Zeiten“, mehr Projekten am Heimatstandort und weiteren Unterstützungsangeboten für Familien. Mein Fazit nach über einem Jahr: Richtig umgesetzt, bietet gerade die Beratung extrem viel Flexibilität für eine gute Vereinbarkeit von Familie und Beruf - man kann auf ein supermotiviertes Team zurückgreifen, zwischen Projekten längere Auszeiten planen und bei vielen Projekten auch in flexiblen Standort- oder Zeitmodellen arbeiten.

Roland
Berger
Coffee
Be
yourself.
You have your very own story and a unique way of looking at things. That is essential for finding new ideas, and it's why we love working with authentic personalities. At Roland Berger, we embrace different perspectives and diverse backgrounds in our teams around the globe. Create a world where everyone can thrive – together with us.
join.rolandberger.com

thyssenkrupp Management Consulting

Standort in Deutschland: Essen

Tätigkeitsschwerpunkte: Strategy & Markets, Performance & Transformation, Transactions, Sustainability, Venture Building & Digitization

Beschäftigte in Deutschland: ca. 70

Geplante Neueinstellungen 2024:
Absolvent:innen und Young Professionals: 10–15
Praktikant:innen: 10–15

Wir sind thyssenkrupp Management Consulting (TKMC), die interne Strategie- und Managementberatung von thyssenkrupp. Möchtest auch du in einem einzigen Unternehmen die unterschiedlichsten Industrie-Sparten kennenlernen? Und mit sinnstiftenden und herausfordernden Projekten vom Start weg in einem globalen Konzern sichtbar werden – in einem eingeschworenen Team, das Fair Play, Spaß und harte Arbeit miteinander verbindet? Dann bist du bei uns genau richtig!

thyssenkrupp

thyssenkrupp Management Consulting

thyssenkrupp Allee 1
45143 Essen
www.thyssenkrupp-management-consulting.com

Elisabeth Remm
Talent Acquisition
+49 174 2006713
TKMCrecruiting@thyssenkrupp.com

Was zeichnet die Unternehmenskultur von TKMC aus? So unterschiedlich unsere kulturellen Hintergründe oder beruflichen Vorerfahrungen auch sind, eine Sache möchten wir alle: gemeinsam vorankommen. Sei es, um gemeinsam als Team thyssenkrupp voranzutreiben, oder auch, um persönlich an ständig neuen Herausforderungen zu wachsen. Dafür sind wir bereit, das eine oder andere Mal auch die berühmte „Extra-Meile" zu gehen. Wir sind ein junges Team, für das „flache Hierarchien" keine Floskel ist, sondern wo dieses Prinzip auch gelebt wird. Wir legen Wert auf regelmäßiges Feedback und individuelle Förderung. Wir feiern Erfolge – die kleinen und großen. Und: Bei TKMC wird nicht nur der berufliche Alltag miteinander verbracht; neben der Arbeit werden eine Vielzahl an gemeinsamen Events und Freizeitaktivitäten angeboten, sodass der Spaß nie zu kurz kommt.

Wie sieht das Projektportfolio von TKMC aus? Bei unseren Projekten konzentrieren wir uns auf die Schwerpunkte Strategy & Markets, Performance & Transformation, Transactions, Sustainability und Venture Building & Digitization. Hierbei entwickeln wir z. B. Geschäftsstrategien, identifizieren Wachstumspotenziale, begleiten die Umsetzung von Transformationsprogrammen und beraten unsere Kunden zu Nachhaltigkeitsthemen wie etwa der CO_2-Reduktion. Rund 30 Prozent der Projekte finden im Ausland statt – europaweit, weltweit: Unsere Projekte führen uns überall dorthin, wo sich auch Standorte von thyssenkrupp befinden.

Wie kann ich mir den Projektalltag vorstellen? Einen typischen Projekt- bzw. Arbeitsalltag gibt es in dem Sinne nicht. Jeder Tag gestaltet sich anders und ist abhängig vom jeweiligen Projekt. In der Regel beginnt jedoch jedes Projektteam den Tag mit einem kurzen Check-in-Termin, bei dem über den aktuellen Status der einzelnen Arbeitspakete gesprochen wird, aber auch darüber, welche Aufgaben an diesem Tag bzw. in dieser Woche anstehen. Danach startet jede:r in seinen Arbeitsalltag, der primär von Kundenmeetings als auch der inhaltlichen Arbeit geprägt ist. Gegen Abend findet dann eine gemeinsame Prio-Runde statt, in der die Berater:innen besprechen, was an dem Tag noch erledigt werden muss und was eventuell noch warten kann.

Fördert TKMC im Rahmen der Weiterbildung auch ein MBA-Studium oder eine Promotion? Ja! Möchtest du auf deinen Master- oder Diplomabschluss noch ein MBA-Studium oder eine Promotion setzen, dann bieten wir dir einen 12- bis 24-monatigen „Leave" an, in dem du dein akademisches Know-how vertiefen kannst. Die Wahl der Universität oder Business School liegt dabei ganz in deinen Händen. Gleichzeitig unterstützen wir dich finanziell und tragen dafür Sorge, dass du auch während deines Leaves weiterhin in Kontakt mit uns und thyssenkrupp bleibst.

Welche Einstellungskriterien gibt es? Bei all unseren Positionen benötigst du in der Regel Vorerfahrungen im Consulting bzw. in der Strategieabteilung eines Großunternehmens. Aber auch der Quereinstieg mit entsprechenden Vorerfahrungen aus der Industrie oder dem Ingenieurwesen ist möglich. Wir sind offen für verschiedene Hintergründe, solange eine Verknüpfung zu Wirtschafts- oder Industriethemen erkennbar ist. Kommen dann noch Auslandserfahrungen und überdurchschnittlich gute Noten dazu, ist das umso besser! Wir suchen nicht einfach nur die besten Talente, sondern auch die richtigen! Generalist:innen, die sich schnell in eine neue Materie eindenken. Überflieger:innen, die zugleich mit beiden Füßen fest auf dem Boden stehen. Kolleg:innen, die auch Freund:innen sein können – in jedem Fall aber überzeugte Teamplayer:innen sind.

Welchen Abschluss sollten Bewerber:innen mitbringen? Bei uns sind alle Studienabschlüsse herzlich willkommen! Für einen ersten Einblick in die Beratungswelt bietet sich ein Praktikum an. Hierfür solltest du dich im fortgeschrittenen Bachelor- oder im Master-Studium befinden. Bachelor-Absolvent:innen können bei uns als Junior Consultant starten, Master-Absolvent:innen als Consultant. Professionals können sich, je nach Berufserfahrung, auf verschiedene Positionen bewerben.

Wie läuft das Bewerbungsverfahren ab? Bewerben kannst du dich online über unser Bewerbungstool. Stellen wir anhand deiner Unterlagen fest, dass du zu uns passen könntest, laden wir dich zu einem unserer Recruiting-Tage ein. Wie in der Beratungsbranche üblich, werden hier Case Studies auf dich zukommen. Bewerber:innen für ein Praktikum erhalten im Erfolgsfall noch am gleichen Tag unser Vertragsangebot. Bist du für einen Festeinstieg im Prozess, geht es für dich nach einer erfolgreichen ersten Phase weiter in eine zweite Gesprächsrunde, und zwar mit unserer Geschäftsführung. Durchläufst du auch diese mit einem positiven Feedback, erhältst du zeitnah unser Angebot und deinem Start bei TKMC steht nichts mehr im Wege.

Welche Deadlines gibt es für Bewerbungen? Grundsätzlich ist der Einstieg ins TKMC-Team ganzjährig möglich. Immer zum Monatsersten starten bei uns neue Kolleg:innen. Eine wirkliche Bewerbungsdeadline gibt es somit nicht; bewirb dich jedoch bitte mindestens drei Monate vor deinem gewünschten Einstiegstermin, um einen reibungslosen und angenehmen Bewerbungs- und Onboardingprozess zu gewährleisten.

Wie sollten sich Bewerber:innen bei den Interviews verhalten? Wir möchten bei den Interviews authentische und motivierte Bewerber:innen erleben. Wir sind an dir als Person interessiert und nicht an einer gespielten Rolle. Zeig uns, warum du dich gerade für uns interessierst und welche Motivation hinter deiner Bewerbung steckt. Nutze den Recruiting-Tag aber natürlich auch, um uns kennenzulernen, und platziere alle Fragen, die du mitbringst. Vor deinem Recruiting-Tag wirst du ausführlich von unserem Talent-Acquisition-Team gebrieft und bekommst alle wichtigen Informationen vorab durchgegeben.

Wie gestaltet sich das Onboarding neuer Kolleg:innen? Nach einer Begrüßung und ersten Tour durch unsere Büroräume im thyssenkrupp-Headquarter stehen für neue TKMC-Kolleg:innen die wesentlichen Basics rund um das administrative und technische Onboarding an. Dazu gehört die Einrichtung von Laptop und Handy ebenso wie die Abholung des Mitarbeiterausweises. Während deiner ersten Tage wirst du immer mehr in die TKMC- und thyssenkrupp-Welt eingeführt und lernst zudem dein Projektteam kennen. Eine TKMC-interne Trainingswoche darf innerhalb deiner ersten Monate bei uns natürlich nicht fehlen: Dabei bekommst du verschiedene Trainings zur Auffrischung deiner Office-Kenntnisse und bist danach noch besser gewappnet für den Beratungsalltag. Ein Buddy aus dem Beraterteam steht dir ab deinem ersten Arbeitstag mit Rat und Tat zur Seite, hilft dir beim Eingewöhnen und unterstützt dich bei allen Fragen, Schwierigkeiten oder sonstigen Belangen abseits des Arbeitsalltags. Ebenso bekommst du einen Career Development Advisor zur Seite gestellt, der bereits erfahren und gut vernetzt ist und sich mit dir zur Besprechung von Themen rund um Feedback, Weiterbildung und deine nächsten Karriereschritte zusammensetzt.

#GENERATIONTK
Neue Wege? Gehen wir.
Mit Empathie, Know-How
und guten Projekten.
Gut beraten? Genau unser Ding! Als Inhouse Consultants entwickeln und realisieren wir bei thyssenkrupp Management Consulting immer wieder neue nachhaltige Lösungen, um die thyssenkrupp Gruppe für die Zukunft zu stärken. Dafür beraten wir nicht nur unsere internen Kund:innen im Hauptquartier in Essen, sondern weltweit. Werde auch du ein Teil der #GENERATIONTK und kreiere gemeinsam mit uns individuelle Lösungen für eine sichere Zukunft:
karriere.thyssenkrupp.com/tkmc
thyssenkrupp

zeb.rolfes.schierenbeck.associates gmbh

Standorte in Deutschland: Berlin, Frankfurt am Main, Hamburg, München, Münster

Standorte weltweit: Amsterdam, Kiew, London, Luxemburg, Mailand, Oslo, Stockholm, Warschau, Wien, Zürich

Tätigkeitsschwerpunkte: Unternehmensberatung, Strategie-, Management- und IT-Beratung für Financial Services, mit dem Fokus auf Banken, Versicherungen und FinTechs

Beschäftigte in Deutschland: ca. 850

Beschäftigte weltweit: ca. 1.000

Geplante Neueinstellungen 2024:
Festeinstellungen: ca. 200
Praktikant:innen: ca. 150

zeb ist eine der führenden, auf den Finanzdienstleistungssektor spezialisierten Strategie-, Management- und IT-Beratungen in Europa. Egal ob in Münster, Amsterdam oder Stockholm – wir von zeb sprechen überall auf der Welt die gleiche Sprache: Klartext. Ein ehrliches Arbeitsumfeld, verbindliche Aussagen und offene Kommunikation sind dabei Teil unserer Unternehmenskultur. Wir glauben daran, dass nur ein partnerschaftliches Miteinander den langfristigen Erfolg sichert. Deshalb legen wir Wert auf flache Hierarchien und eine Kommunikation auf Augenhöhe nach dem Grundsatz „Argument schlägt Hierarchie".

zeb

Hammer Straße 165
48153 Münster
zeb-career.com/de

Fabian Schmitt
Talent Attraction – Employer Branding
+49 251 9712-8211
fabian.schmitt@zeb.de

Worin unterscheidet sich zeb von seinen Wettbewerbern? Wir bei zeb legen Wert auf Grundsätze wie Bodenständigkeit, Respekt, Vertrauen und Teamgeist. Dies findet sich zum einen auf Kundenebene wieder: In der Zusammenarbeit mit Unternehmen pflegen wir ein partnerschaftliches Miteinander, um langfristigen Erfolg zu sichern. Zum anderen haben wir diese Grundsätze auch in unseren Teams verankert. Das zeb lebt vom Austausch auf Augenhöhe unter allen Kolleg:innen, hier wird überzeugend argumentiert und aufmerksam zugehört. Dieser Grundsatz spiegelt sich auch in unserer Duz-Kultur wider. Ab der ersten Sekunde ist man Teil des Teams, wobei wir viel Wert auf eine gute Einarbeitung und Betreuung legen. Buddys und sogenannte Career Development Counselor, kurz CDC, sind Ansprechpartner:innen bei Fragen und Herausforderungen aller Art. Besonders neue Beschäftigte profitieren so vom Erfahrungsschatz und Netzwerk der CDC und kommen schnell im zeb an.

Wie sieht das Projektportfolio von zeb konkret aus? Unser Schwerpunkt liegt auf beratenden Tätigkeiten für Banken, Versicherungen und FinTechs in ganz Europa. Dazu gehören nicht nur Regionalbanken wie etwa die Sparkassen, sondern auch Groß- und Privatbanken. Diese unterstützen wir auf jeglicher Ebene, von der Strategie über den Vertrieb bis hin zu Organisation, Human Capital und IT. Mit eingeschlossen sind auch Projekte zu Agile Work, Digitalisierung und Diversität, die immer größer werdende Bedeutung für unsere Kunden gewinnen.

Warum sollten Bewerber:innen gerade bei zeb einsteigen? Weil bei uns die Karriere jeder einzelnen Person im Fokus steht. Bei uns gilt das Motto „stay and grow“: Wir möchten unseren Mitarbeitenden einen langfristigen Karriereweg mit individuellem Entwicklungspotenzial bieten. Jede:r kann diesen mit einem eigenen Karrierecoach nach persönlichen Wünschen, Fähigkeiten und Engagement gestalten – dafür bieten wir zahlreiche Weiterbildungsprogramme für persönliches und fachliches Wachstum.

Was bedeutet Diversity für zeb? Mit 15 Standorten in elf Ländern beschäftigen wir Mitarbeiter:innen unterschiedlicher Nationalitäten und Kulturen und bauen unser Projektportfolio auf internationaler Ebene kontinuierlich aus. Auch Gender Diversity hat für uns eine besondere Bedeutung. Denn trotz zunehmender Aufmerksamkeit und eines starken Bewusstseins für das Thema sind die Consulting- und Financial-Services-Branchen weiterhin männerdominiert. Um dies Schritt für Schritt zu verändern, verfolgen wir das Ziel, jährlich mindestens 35 Prozent Frauen einzustellen, und achten bei unseren Projektteams explizit darauf, dass mindestens eine Mitarbeiterin ihre Perspektive in die Teamarbeit einbringt. Außerdem haben wir die Female-Excellence-Initiative ins Leben gerufen, die intern und extern Raum zum Netzwerken sowie für Mentoring und grundsätzliche Awareness in Sachen Diversity bei zeb bietet. Doch dies ist nur einer von vielen kleinen Schritten, denn Diversität umfasst so viel mehr als nur die Vielfalt der Geschlechter.

Wo gibt es Infos zu Veranstaltungen, bei denen man zeb treffen kann? Unser Ziel ist es, die führende Strategie-, Management- und IT-Beratung für Finanzdienstleister in Europa zu sein. Damit talentierte und engagierte Kandidat:innen auf uns aufmerksam werden, sind wir ganzjährig Organisator von oder Teilnehmer an Veranstaltungen, Messen und virtuellen Formaten wie z. B. Webinaren. Mehr dazu findest du auf unserer Karriereseite und auch das Recruiting-Team steht dir bei Fragen jederzeit zur Verfügung.

Sandra Lübke

Jahrgang 1992

Managerin
Regional Banks OPEX

Projektarbeit im „New Normal" – Work-Life-Balance und flexible Arbeitsmodelle bei zeb

Wie haben die letzten zweieinhalb Jahre deine Beratungstätigkeit verändert?
Für mich persönlich haben sich durch die Coronapandemie viele positive Änderungen ergeben. Natürlich mussten wir uns auch neuen Herausforderungen stellen, die wir im zeb und im Team kontinuierlich angegangen sind. Im Vergleich zu früher arbeite ich jedoch viel mehr im Homeoffice und habe so mehr Zeit für mein Privatleben. Zudem finde ich es toll, dass unsere Kunden weiterhin nach Möglichkeiten fragen, Projektarbeit und Termine digital umzusetzen. Wenn ein neues Projekt beginnt, klären wir mit ihnen im Vorfeld, für welche Termine Präsenz notwendig ist und welche virtuell stattfinden können. Auch aus Gründen der Nachhaltigkeit finde ich diese Entwicklung sehr positiv.

Wie sieht deine Work-Life-Balance aus?
Die Arbeit bei zeb ist nicht auf Anwesenheit ausgerichtet, sondern darauf, dass wir gute Ergebnisse bei unseren Kunden erzielen. Gute Ergebnisse können wir aber nur erreichen, wenn wir ausgeschlafen, gesund und zufrieden sind. Wir müssen nicht rund um die Uhr erreichbar sein. Das sage ich auch immer neuen Kolleg:innen, die bei uns starten. Besonders bei Neueinsteiger:innen merken wir immer mehr, dass sich die Prioritäten im Arbeitsalltag verschieben. Es wird mehr Wert auf Sinnerfüllung sowie Zeit für Familie, Freund:innen und Hobbys gelegt.

Mir ist es z. B. auch wichtig, dass ich mittags etwas Vernünftiges esse und nicht vor meinem Rechner sitzend ein Brötchen in mich hineinschlinge, während ich mit der anderen Hand tippe. Genauso ist Sport für mich als Ausgleich zur mentalen Arbeit essenziell. Wenn ich bei Kunden vor Ort bin, gehe ich fast immer morgens oder abends joggen oder ins Fitnessstudio des Hotels. Bei einem länger laufenden Projekt hatte ich z. B. ein halbes Jahr lang jeden Montagabend Tennistraining. So unterschiedlich die Bedürfnisse von uns Mitarbeitenden sind, so individuell geht zeb darauf ein. Es ist beispielsweise kein Problem, die Arbeitszeit zu reduzieren, um seine persönlichen Ziele zu erreichen. Mehrere Kolleg:innen haben ihre Arbeitszeit auf 80 Prozent reduziert, um mehr Zeit für sich zu haben oder sich einem Leistungssport zu widmen.

Wie ist die Vereinbarkeit von Familie und Beruf bei zeb?
Diese Frage wird mir immer wieder von Studentinnen bei Recruiting-Veranstaltungen gestellt. Leider hat sie mir noch kein männlicher Student gestellt, was vielleicht auch daran liegt, dass dieses Thema für Männer zwischen Anfang und Mitte 20 noch weit entfernt ist. Allerdings liegt meistens genau dort, nämlich bei der Aufteilung der Aufgaben im Haushalt und der Kinderbetreuung, das Problem, dass Familie und Beruf für Frauen nicht gut vereinbar sind. Natürlich ist die Organisation in einem Job mit Reisetätigkeit schwieriger als wenn man nur vor Ort arbeitet. Aus meiner Sicht ist es aber tatsächlich eine Frage der Organisation in der Partnerschaft. Bei zeb werden flexible Arbeitsmodelle ermöglicht, um Mitarbeitende mit Kindern zu unterstützen. Zudem gibt es ein Working-Parents-Netzwerk, in dem wir uns untereinander austauschen. Auch vor einem Karriereknick braucht man bei zeb in dieser Hinsicht keine Angst zu haben. Ich habe mein erstes Kind mit 27 Jahren auf dem Level eines Senior Consultant bekommen und wurde zwei Jahre später während der zweiten Schwangerschaft zur Managerin befördert.

Perspektive Jura

Aktuelle Ausgabe: Perspektive Jura 2024
ISBN (Print): 978-3-946706-96-0
ISBN (E-Book): 978-3-946706-97-7

Zielgruppe: Studierende, Doktorand:innen und Referendar:innen der Rechtswissenschaften
Inhalt: Das Buch bietet einen Überblick über Karrierewege für Jurist:innen in Justiz, Wirtschaft und (internationalen) Institutionen. Neben Expertentipps zu Bewerbung und Einstieg ermöglichen zahlreiche Erfahrungsberichte einen Einblick in interessante Berufsbilder. Namhafte Kanzleien und Unternehmen stellen sich als Arbeitgeber vor.
Nächster Erscheinungstermin: September 2024

Der LL.M.

Aktuelle Ausgabe: Der LL.M. 2023
ISBN (Print): 978-3-946706-90-8
ISBN (E-Book): 978-3-946706-91-5

Zielgruppe: Studierende, Doktorand:innen und Referendar:innen der Rechtswissenschaften
Inhalt: Ist der LL.M. die richtige Wahl? Das Buch hilft bei der Entscheidung und der Suche nach dem geeigneten LL.M.-Studium. Persönliche Erfahrungsberichte und Praxistipps für die Bewerbung an Unis und für Stipendien helfen Leser:innen bei der Planung des Studiums. Namhafte Hochschulen und große Kanzleien stellen ihre Angebote für Jurist:innen vor.
Nächster Erscheinungstermin: März 2024

Perspektive Patentanwalt

Aktuelle Ausgabe: Perspektive Patentanwalt
ISBN (Print): 978-3-941144-29-3
ISBN (E-Book): 978-3-941144-34-7

Zielgruppe: Naturwissenschaftler:innen und Ingenieur:innen
Inhalt: Was verbirgt sich hinter dem Beruf der Patentanwältin oder des Patentanwalts? Wer kann überhaupt Patentanwältin oder Patentanwalt werden, und wie läuft die Ausbildung ab? Das Buch liefert Antworten auf diese Fragen. (Werdende) Patentanwält:innen berichten von ihren Erfahrungen, und Patentanwaltskanzleien zeigen auf, welche Perspektiven sie Naturwissenschaftler:innen und Ingenieur:innen bieten.

Perspektive Investment Banking & Asset Management

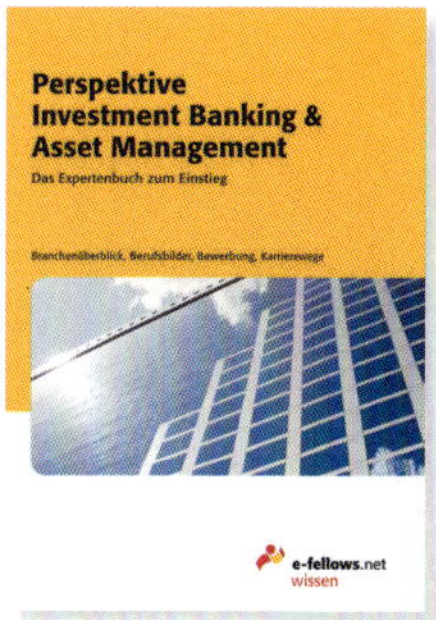

Aktuelle Ausgabe: Perspektive Investment Banking & Asset Management
ISBN (Print): 978-3-941144-20-0

Zielgruppe: Wirtschaftswissenschaftler:innen
Inhalt: Das Buch bietet umfassende Informationen zu Berufsbildern, Bewerbung und Karrierechancen im Investment Banking und im Asset Management. Stipendiat:innen, Alumnae und Alumni von e-fellows.net berichten von ihren Erfahrungen und geben Tipps für die erfolgreiche Bewerbung. Player aus beiden Branchen stellen ihre Praktikums- und Einstiegsprogramme vor.

Traumjob IT

Aktuelle Ausgabe: Traumjob IT 2021
ISBN (Print): 978-3-946706-64-9
ISBN (E-Book): 978-3-946706-65-6

Zielgruppe: Informatiker:innen, Mathematiker:innen und IT-Affine
Inhalt: Das IT-Studium ist abgeschlossen, die Jobmöglichkeiten sind nahezu unbegrenzt, doch wie geht es jetzt weiter? Dieses Buch liefert praxisnahe Antworten: Informatiker:innen aus verschiedenen Branchen schildern ihren Arbeitsalltag und stellen Projekte vor, die für ihren Beruf typisch sind. Alumnae und Alumni von e-fellows.net berichten von ihrem beruflichen Werdegang, und Expert:innen geben Tipps zu Einstieg und Bewerbung.

Weiblich, erfolgreich, MINT

Aktuelle Ausgabe: Weiblich, erfolgreich, MINT 2021
ISBN (Print): 978-3-946706-68-7
ISBN (E-Book): 978-3-946706-69-4

Zielgruppe: Studentinnen und Absolventinnen der Mathematik, Informatik, Naturwissenschaften und Technik
Inhalt: Absolventinnen von MINT-Fächern werden in nahezu jeder Branche gesucht. Dieses Buch hilft bei der Entscheidung für den persönlichen Traumjob: Praktikerinnen aus verschiedenen Wirtschaftszweigen erklären, was ihre Branche speziell für Frauen zu bieten hat. Außerdem gibt es viele Tipps zu Einstieg, Bewerbung und Vereinbarkeit von Beruf und Familie sowie Erfahrungsberichte von e-fellows.net-Alumnae.